REALIEN ZUR LITERATUR
ABT. D:
LITERATURGESCHICHTE

JÜRGEN WILKE

Literarische Zeitschriften des 18. Jahrhunderts (1688-1789)

Teil II: Repertorium

MCMLXXVIII
J. B. METZLERSCHE VERLAGSBUCHHANDLUNG
STUTTGART

CIP-Kurztitelaufnahme der Deutschen Bibliothek
Wilke, Jürgen:
Literarische Zeitschriften des 18. [achtzehnten]
Jahrhunderts: (1688–1789) / Jürgen Wilke. –
Stuttgart: Metzler.

Teil 2. Repertorium. – 1978.
  (Sammlung Metzler; M 175: Abt. D, Literatur-
  geschichte)
  ISBN 3-476-10175-4

ISBN 3 476 10175 4

M 175

© J. B. Metzlersche Verlagsbuchhandlung und Carl Ernst Poeschel Verlag GmbH
in Stuttgart 1978 · Druck: Gulde-Druck, Tübingen
Printed in Germany

INHALTSVERZEICHNIS

Entwicklungsstufen der literarischen Zeitschrift
im 18. Jahrhundert   1

1. Die Zeitschriften Gottscheds und seines Kreises . . .   2

2. Die Zeitschriften der Kritiker und Gegner Gottscheds . 35

3. Die Zeitschriften Lessings und seines Kreises 61

4. Die Zeitschriften des Sturm und Drang und der Empfindsamkeit 98

5. Die National- und Individualjournale des späten 18. Jahrhunderts 129

6. Sonstige Zeitschriften der literarischen Aufklärung . . 178

7. Zeitschriften für ausländische Literatur 206

Register 211

Chronologisches Verzeichnis

1732–1744	Beyträge zur critischen Historie der deutschen Sprache, Poesie und Beredsamkeit	5
1741–1745	Belustigungen des Verstandes und des Witzes	18
1741–1746	Critischer Versuch zur Aufnahme der deutschen Sprache	15
1741–1744	Sammlung critischer, poetischer, und anderer geistvollen Schriften, zur Verbesserung des Urtheils und des Wizes in den Wercken der Wolredenheit und der Poesie	38
1743–1747	Bemühungen zur Beförderung der Critik und des guten Geschmacks	24
1743	Dressdnische Nachrichten von Staats- und gelehrten Sachen	47
1744–1766	Freymüthige Nachrichten von neuen Büchern, und andern zur Gelehrtheit gehörigen Sachen/Wöchentliche Anzeigen zum Vortheil der Liebhaber der Wissenschaften und Künste	41
1744–1757	Neue Beyträge zum Vergnügen des Verstandes und Witzes/Sammlung vermischter Schriften	49
1745	Neue Belustigungen des Gemüths	28
1745–1750	Neuer Büchersaal der schönen Wissenschaften und freyen Künste	9
1747–1748	Ermunterungen zum Vergnügen des Gemüths	32
1747–1748	Der Liebhaber der schönen Wissenschaften	28
1748–1749	Der Schriftsteller nach der Mode	28
1750	Beyträge zur Historie und Aufnahme des Theaters	64
1750–1751	Critische Nachrichten aus dem Reiche der Gelehrsamkeit	70
1751	Crito	45
1751–1762	Nas Neueste aus der anmuthigen Gelehrsamkeit	12
1751	Das Neueste aus dem Reiche des Witzes	67
1753–1762	Neue Erweiterungen der Erkenntnis und des Vergnügens	57
1754–1758	Theatralische Bibliothek	73
1757–1805	[Neue] Bibliothek der schönen Wissenschaften und der freyen Künste	75
1759–1765	Briefe, die neueste Litteratur betreffend	82
1759–1763	Sammlung vermischter Schriften zur Beförderung der schönen Wissenschaften und der freyen Künste	81
1765–1805	[Neue] Allgemeine Deutsche Bibliothek	87
1766–1770	Briefe über Merkwürdigkeiten der Litteratur	102
1767–1771	Deutsche Bibliothek der schönen Wissenschaften	180
1767–1769	Hamburgische Dramaturgie	92
1771–1775	Der Wandsbecker Bothe	106
1772–1790	Frankfurter Gelehrte Anzeigen	111

1772–1776	Magazin der deutschen Critik	183
1773–1810	Der [neue] Teutsche Merkur	132
1774–1780	Die Akademie der Grazien	122
1774–1778	Iris	118
1776–1791	[Neues] Deutsches Museum	141
1776–1793	Deutsche Chronik [und Fortsetzungen]	148
1776–1786	Ephemeriden der Menschheit	163
1776–1797	[Berlinisches] Litterarisches Wochenblatt [und Fortsetzungen]	186
1777–1780	Brittisches Museum für die Deutschen	208
1777–1784	Theater-Journal für Deutschland	167
1778–1797	Olla Potrida	190
1779–1783	Chronologen	155
1780–1785	Göttingisches Magazin der Wissenschaften und der Litteratur	192
1780–1785	Magazin der italienischen Litteratur und Künste	208
1780–1781	Magazin der neueren französischen Litteratur	209
1780–1782	Magazin der spanischen und portugiesischen Litteratur	208
1781	Annalen der britischen Litteratur	208
1782–1791	[Neue] Litteratur und Völkerkunde	250
1782–1784	Magazin für die deutsche Sprache	197
1783–1785	Für aeltere Litteratur und neuere Lectüre	204
1783–1784	Pomona	124
1783–1794	[Neues] Schweitzerisches Museum	174
1784–1787	Das graue Ungeheuer	155
1784–1792	Journal von und für Deutschland	170
1788–1790	Hyperboreische Briefe	155
1791–1792	Paragrafen	155

Entwicklungsstufen der literarischen Zeitschrift im 18. Jahrhundert

Die Beschreibung der im folgenden monographisch angezeigten literarischen Periodika des 18. Jh.s erfolgt in der Regel an Hand der Originale. Neudrucke liegen bisher nur vereinzelt vor, was eine vergleichende Beschäftigung mit den verschiedenen, z. T. verstreuten Titeln erheblich erschwert. Daher ist die vorliegende Darstellung auch nur durch die dankenswerten Dienste einer ganzen Reihe von Bibliotheken ermöglicht worden. Hinzukommt, daß die Zeitschriften nicht an allen, von den Zentralkatalogen nachgewiesenen Standorten auch vollständig vorhanden sind. Unsere Standortnachweise beziehen sich jeweils auf jene Bibliotheken, deren Bestände der hier gegebenen Aufnahme zugrunde lagen. Dies bedeutet nicht, daß bestimmte Bibliotheken nicht gleichzeitig doch über mehrere der verzeichneten Organe verfügten. Besonders reichhaltig sind bekanntlich die Zeitschriftenbestände der Bayerischen Staatsbibliothek München, der Niedersächsischen Staats- und Universitätsbibliothek Göttingen sowie der Herzog August Bibliothek Wolfenbüttel. Aber auch manche andere Bibliotheken weisen noch eine Mehrzahl der genannten Titel auf.

Maßgeblich für die Titelaufnahme waren jeweils das erste Heft bzw. der erste Band. Die Schreibweise folgt hier, wie auch in den Zitaten, den Originalen. Titelwechsel sind gesondert vermerkt. Außer dem Titel werden erfaßt Erscheinungszeitraum, Herausgeber (oder Verfasser), Erscheinungsweise, Erscheinungsort, Verlag, Umfang, bibliographische Inventarisierung bei Carl Diesch und Joachim Kirchner (vgl. Bd. I S. 22) sowie ein Standortnachweis, falls nicht Neudrucke vorliegen. Auch Wechsel der Herausgeberschaft, des Erscheinungsorts oder Verlags sind mitgeteilt. Angaben über Mitarbeiter, so weit ermittelt, wurden in die Beschreibung aufgenommen bzw. ihr angeschlossen. Da der Umfang der Zeitschriften gelegentlich schwankt, sind z. T. nur Grenz- oder Regel-Werte genannt. In einzelnen Fällen sind die Hinweise zu Erscheinungsweise und Erscheinungszeitraum nicht ohne Vorbehalte zu betrachten, da sich die Rekonstruktion der Periodizität meist auf die Eigendatierung der Nummern und Bände stützt, die aber durchaus nicht immer mit den faktischen Publikationsterminen übereingestimmt hat. Wo solche Abweichungen der Literatur zufolge bekannt sind, werden sie vermerkt. Im übrigen gilt uns z. B. viermal jährliches Erscheinen als vierteljährliches Erscheinen, ohne daß damit Regelmäßigkeit behauptet wäre.

1. Die Zeitschriften Gottscheds und seines Kreises

Das Bild von Johann Christoph Gottsched (1700-1766) in der deutschen Literaturgeschichte ist durch die vernichtende Kritik Lessings und die poetische Ausstrahlung von Klassik und Romantik lange verdunkelt worden. Zwar hat es an gelegentlichen Versuchen der Ehrenrettung nicht gefehlt (z. B. A. G. Kästner, Th. W. Danzel, G. Waniek, E. Reichel), doch berührten diese kaum den im allgemeinen Bewußtsein etablierten Kanon. Zuletzt ist erst mit der Rückgewinnung einer mehr empirisch-historischen Perspektive und mit einem erneuerten Interesse an der Aufklärung die Bedeutung Gottscheds wieder angemessener in den Blick getreten. Dabei hatte sich die Kritik nicht nur an grundlegenden Divergenzen über poetologische Prinzipien entzündet, sondern sie bezog sich nicht weniger auf die in späteren Jahren zunehmend in geistiger Enge und Intoleranz erstarrte Haltung Gottscheds, die ihn zu dem viel geschmähten »Diktator des Geschmacks« und zum Musterfall eines literargeschichtlichen Anachronismus machte. Ein historisch gerechtes Urteil wird jedoch den reformerischen Geist vor allem des jungen Gottsched und seine große zeitgenössische Wirkung nicht übersehen.

In den übergreifenden Rahmen seiner Vorstellung von einer noch zu entwickelnden deutschen Nationalkultur gehören vielfältige, von ihm selbst ausgehende oder durch ihn inspirierte Bemühungen. Da ist zunächst sein jahrzehntelanger Einsatz für die theoretische Grundlegung, den Gebrauch und die Verbesserung einer einheitlichen deutschen Hochsprache, der in der »Deutschen Sprachkunst« (1748) mündet. Auf literarischem Gebiet wird das System der rationalistischen Poetik mit dem »Versuch einer critischen Dichtkunst vor die Deutschen« (1730) geschaffen. Anregungen für eine deutsche Theaterkultur gehen von der Sammlung »Deutsche Schaubühne« (6 Bde., 1741-1745) aus. Ferner sind Gottscheds Leistungen als Übersetzer (z. B. Bayles »Dictionnaire«, 1741-1744), seine antiquarischen Forschungen und Editionen zur altdeutschen Literatur (»Nöthiger Vorrath zur Geschichte der deutschen dramatischen Dichtkunst«, 1757-1765) sowie seine Beiträge zur Philosophie (»Erste Gründe der gesamten Weltweisheit«, 1733/34) und Rhetorik (»Ausführliche Redekunst«, 1736), ja auch zur Poesie selbst zu nennen (»Sterbender Cato«, 1731; »Gedichte«, 1736). Schließlich hat er sich auch um das deutsche Zeitschriftenwesen unbestreitbare Verdienste erworben, die Waniek sogar davon sprechen lassen, daß in »seinen Zeitschriften ... der Aufschwung des deutschen Journalismus beginnt« (S. 678). Gelehrte, schöngeistige und publizistische Antriebe sind in seinem Universalismus noch eng verbunden.

Gottscheds Zeitschriften gehören demnach zu jenen Institutionen, die er sich für ein regelmäßiges kulturpädagogisches Wirken schuf. In ihnen hat er nicht nur seine geistig-literarischen Vorstellungen verbreiten können, sondern er hat auch den publizistischen Charakter des Mediums wesentlich mit geprägt. Während die »Hauptwerke ... das normative Gerüst seiner Anschauungen aufrichteten, bildeten die unter seiner Redaktion erschienenen Zeitschriften den lebendigen Schauplatz seiner offensiven und defensiven Detailarbeit. Hier vollzogen sich die entscheidenden Auseinandersetzungen mit den zeitgenössischen gesellschaftlichen, philosophischen und künstlerischen Problemen des In- und Auslandes; hier popularisierte und begründete er seine Theorien in immer neuen Konstellationen und Blickrichtungen; von hier aus bekämpfte er alle vermeintlichen Feinde der deutschen Nation und ihrer Literatur; hier unterlag er schließlich vor den Augen der Öffentlichkeit« (Winkler S. 146).

Als das Journal »Das Neueste aus der anmuthigen Gelehrsamkeit« mit dem Dezemberheft 1762 eingestellt wurde, weil »die Bequemlichkeit der Leser und Käufer es erforderte«, äußerte Gottsched im Schlußwort, er habe »nun seit mehr als 30 Jahren die Rolle eines Journalisten gespielet«. Mit den »Beyträgen zur critischen Historie der deutschen Sprache, Poesie und Beredsamkeit« (1732–1744), dem »Neuen Büchersaal der schönen Wissenschaften und freyen Künste« (1745–1750) und dem gerade zu Ende geführten Blatt (1751–1762) habe er »30 Bände von dieser Art geliefert«. Mit dieser, vom Herausgeber selbst gegebenen Genealogie seiner Zeitschriften ist das publizistische Wirken Gottscheds aber noch keineswegs erschöpft. In Anlehnung an die englischen Vorbilder und in der Nachfolge des Hamburger »Patrioten« (1724–1726) hatte Gottsched bereits 1725/26 die Moralische Wochenschrift »Die Vernünfftigen Tadlerinnen« erscheinen lassen. Ihr schloß sich 1727 bis 1729 im gleichen Typ »Der Biedermann« an. Beide Blätter, obwohl in Entwicklungsstand und Ton durchaus unterschiedlich, erfüllen die charakteristischen Merkmale dieser Zeitschriftengattung und bevorzugen Themen, die der Sittenbildung des Bürgertums, insbesondere auch der Frauen, dienen. Im Unterschied zu anderen Exemplaren der Gattung ist jedoch in »Gottscheds Wochenschriften ... den Themenbereichen Sprache, Redekunst und Dichtkunst ein verhältnismäßig großer Anteil eingeräumt«. (Martens 1975, S. 26*) So lassen sich die Moralischen Wochenschriften auch nicht aus dem literarischen Journalismus Gottscheds ausklammern, wenn sie auch aus typologischen Gründen im vorliegenden Band nicht weiter behandelt werden. Ähnliches gilt auch für die Mitwirkung Gottscheds an den Leipziger »Neuen Zeitungen von gelehrten Sachen«, die seit 1715 erschienen und den ersten Versuch bildeten, »die Form der wöchentlichen politischen Zeitungen auf die gelehrten Zeitschriften zu übertragen« (Prutz 1845, S. 353). Offenbar hat Gottsched Ende der zwanziger Jahre den Herausgeber Johann Gottlieb Krause zeitweise vertreten und damit auch an dieser Form des gelehrten Journalismus teilgenommen. Sein Einfluß blieb hier auch später erhalten, denn sein Schüler Johann Joachim Schwabe leitete das Blatt zwischen 1739 und 1742.

Um die von Gottsched selbst herausgegebenen Zeitschriften ist im folgenden eine Reihe weiterer Journale gruppiert, die ihm mehr oder minder nahegestanden haben. Zumindest anfangs von ihm angeregt waren noch die »Belustigungen des Verstandes und des Witzes« (1741–1745), für welche wiederum Schwabe als Herausgeber verantwortlich war. Dieses Blatt wurde zu dem eigentlichen Organ, in dem der Literaturstreit mit den Schweizern J. J. Bodmer und J. J. Breitinger zum Austrag kam. Andere Zeitschriften sind immerhin noch durch Gottsched inspiriert, weil sie von seinen Schülern gegründet wurden und seinen literarischen Standpunkt mit unterstützten. Insofern wirkte das publizistische Vorbild Gottscheds über seine eigenen Literaturjournale hinaus und setzte Maßstäbe für zahlreiche Nachahmungen; und dies nicht nur für diejenigen, die ihm folgten, sondern auch für jene, die sich von ihm abwandten oder gar polemisch gegnerische Positionen bezogen. Auch die »zentralisierenden Prinzipien« des in den hier genannten Zeitschriften gepflegten literarischen Journalismus weisen über diese selbst weit hinaus gattungsprägend: Vor allem durch wissenschaftliche und ästhetische Kritik im bereits früher beschriebenen Sinne (vgl. Bd. I) sowie durch Witz, der »als allgemeine Kombinatorik, als geordnete Verknüpfung des Ungleichartigen das eigentliche Formprinzip Gottscheds darstellt und darüber hinaus überhaupt die Form der Rokokodichtung bestimmt« (Böckmann, S. 516).

In Gottscheds publizistischer Arbeit über mehr als drei Jahrzehnte hinweg gibt es trotz manchem Wandel bleibende Intentionen und Leitgedanken. Mehr als dies mag heute vielleicht interessieren, wie hier erstmals in der deutschen Literaturgeschichte ein großer literaturpolitischer Konflikt im periodischen Medium der Zeitschrift ausgetragen worden ist.

Literatur: Abraham Gotthelf Kästner: Betrachtungen über Gottscheds Charakter in der königlich deutschen Gesellschaft zu Göttingen. In: Neue Bibliothek der schönen Wissenschaften und der freyen Künste VI, 1. Stück S. 208–218. – *Theodor Wilhelm Danzel:* Gottsched und seine Zeit. Auszüge aus seinem Briefwechsel. Leipzig 1848. – *Gustav Waniek:* Gottsched und die deutsche Litteratur seiner Zeit. Leipzig 1897. – *Eugen Reichel:* Gottsched. 2 Bde. Berlin 1908/1912. – *Paul Böckmann:* Formgeschichte der deutschen Dichtung. 1. Bd.: Von der Sinnbildsprache zur Ausdruckssprache. Hamburg 1949. ⁴1973. – *Marianne Winkler:* Johann Christoph Gottsched im Spiegelbild seiner kritischen Journale. Eine Untersuchung zum gesellschaftlichen und philosophischen Standort des Gottschedianismus. In: Karl Marx-Universität Leipzig. 1409–1959. Beiträge zur Universitätsgeschichte. Leipzig 1959. S. 145–192. – *Werner Rieck:* Johann Christoph Gottsched. Eine kritische Würdigung seines Werkes. Berlin (Ost) 1972. – *Herbert Zeman:* Die deutsche anakreontische Dichtung. Ein Versuch zur Erfassung ihrer ästhetischen und literarhistorischen Erscheinungsformen im 18. Jahrhundert. Stuttgart 1972. – *Wolfgang Martens:* Nachwort. In: *Johann Christoph Gottsched:* Der Biedermann. Faksimiledruck der Originalausgabe Leipzig 1727–1729 hrsg. v. W. M. Stuttgart 1975.

BEYTRÄGE ZUR CRITISCHEN HISTORIE DER DEUTSCHEN
SPRACHE, POESIE UND BEREDSAMKEIT
1732–1744

Hrsg.: Johann Christoph Gottsched
Erscheinungsweise: anfänglich drei bis vier Hefte pro Jahr, später weniger (= 32 Stück in acht Bänden)
Leipzig: Breitkopf
Umfang 9–12 Bogen
Bibliographischer Nachweis: Diesch Nr. 83; Kirchner (1932) Nr. 480; Kirchner (1969) Nr. 4382
Ausgabe: Reprint Hildesheim, New York 1970

Bereits kurz nach seiner Übersiedlung nach Leipzig im Jahr 1724 war Gottsched als 204. Mitglied in die dortige »Deutschübende poetische Gesellschaft« aufgenommen worden. Er stieg schon alsbald zu ihrem Leiter auf, gestaltete sie zur »Deutschen Gesellschaft« mit nationalem Anspruch um und entwickelte sie zu einer Institution für seine weitgespannten, bürgerlich-kulturpädagogischen Bemühungen. Diese Gesellschaft bildet zunächst das Umfeld, in dem Gottsched seine erste literarisch-kritische Zeitschrift begründet hat. So trägt das Titelblatt zunächst auch den Hinweis »herausgegeben von einigen Mitgliedern der Deutschen Gesellschaft in Leipzig«, ab 1739 (s. u.) »herausgegeben von einigen Liebhabern der deutschen Litteratur«. Aus der genannten Gesellschaft gingen anfänglich nicht nur die tragenden Mitarbeiter hervor, sondern mit ihr gemeinsam hat die Zeitschrift auch das Programm, »die Aufnahme der deutschen Litteratur, und die Läuterung des Geschmackes ihrer Landesleute, zu befördern suchen« (1732, I, Geneigter Leser). Wie die Vorrede zum ersten Heft ausführt, bildet die Erkenntnis der kulturellen Rückständigkeit Deutschlands gegenüber seinen Nachbarn den Antrieb, daß »ein ganzes Volk aus seiner natürlichen Rauhigkeit und Barbarey gerissen werden soll« (ebda.). Obwohl Opitz bereits hundert Jahre zuvor ein großartiges Vorbild abgegeben habe, sei man »mit der Ausführung eines so großen Werkes, als die Verbesserung des Geschmackes der Deutschen ist, kaum bis auf die Helfte gekommen« (ebda.).

Entsprechend den schon im Titel der Zeitschrift genannten Themenbereichen stehen im Vordergrund philologische Beiträge, Studien zu Ursprung und Entwicklung der deutschen Sprache sowie weitläufige Erörterungen von mitunter speziellen Fragen der Etymologie, Orthographie, der Wortbildung und Lexikographie, der Grammatik und Namenkunde. Ziel ist die stilistische Reinigung der deutschen Sprache, sowohl durch historisch-theoretische Fundierung wie durch praktische Verbesserung ihres Gebrauchs, um sie zu einem den anderen Nationalsprachen adäquaten Ausdrucksmedium zu machen. Maßstab hierfür sind gerade auch die Übersetzungen ausländischer Werke, denen sich die Zeitschrift mehrfach zuwendet. Sprachbildung ist schließlich auch Voraussetzung für die Entfaltung der Dichtkunst. Die Grundzüge der rationalistischen Poetik, wie sie Gottsched entwickelt hat, werden immer wieder erkennbar: Die Übereinstimmung mit den Regeln als ästhetisches Prinzip; die ethisch-moralische Zweckbestimmung der Kunst, die etwa zur Ablehnung der Oper als einer Form niederen Amüsements führt; die Nachahmung der Natur in den Grenzen des Wahrscheinlichen und Vernünftigen; die Orientierung an der Antike und ihrer Nachfolge insbesondere im französischen Klassizismus. Deutlich ist dagegen in großenteils von Gottsched stammenden Rezensionen die Absage an die späte Barockliteratur

(z. B. A. Zigler von Kliphausen, D. C. von Lohenstein, auch noch J. Chr. Günther). Als Gegenbeispiele werden vor allem M. Opitz, B. Neukirch und F. R. L. von Canitz gewürdigt, auch Chr. Thomasius ist hochgeachtet. Weitere historische Bezüge gehen bis zu Otfried und Notker zurück.

Zwar tauchen nach der Feststellung von Fritz Struth »in den Beyträgen keine von der Gottschedschen Richtung vollständig abweichende neue Gedanken« (S. 15) auf, doch wurde in der Auswahl gleichwohl noch »ohne dogmatische Strenge verfahren« (ebda. S. 14). Immerhin konnte J. E. Schlegel außer seiner »Abhandlung von der Nachahmung« und dem Beitrag über den Reim in der Komödie auch seinen Vergleich von Shakespeare und Gryphius veröffentlichen, der eher zum Vorteil des von Gottsched selbst abgelehnten englischen Dramatikers ausfiel. Auch das Verhältnis zu den Schweizern komplizierte sich erst Ende der dreißiger Jahre, nachdem Bodmers Milton-Übersetzung zunächst durchaus anerkannt worden war und dieser selbst einen Aufsatz beigesteuert hatte.

Verglichen mit den deutschen Gegenständen und Inhalten der Zeitschrift ist der Anteil ausländischer Literatur gering. Doch zeigt sich z. B. in zwei Rezensionen über Stücke Corneilles und in der Besprechung der theoretischen Werke über die Schauspielkunst von Pater Poree und von Aubignac, wie selbst die vorbildliche französische Tragödie von der reinen aristotelischen Kunstregel aus beurteilt wird. Stärker als die zeitgenössische Auslandsliteratur treten noch die antiken Autoren in den Blick, wenngleich es dabei um die bereits erwähnten Übersetzungsprobleme geht. Besonders hervorgehoben wird jedoch Vergil, und auch die folgenreichen Übersetzungen Anakreons gewinnen erste Aufmerksamkeit. Für die Rhetorik, die von den drei im Titel genannten Themenbereichen den geringsten Raum einnimmt, erscheint Cicero als Orientierungsfigur.

Der Inhalt der »Critischen Beyträge« besteht aus im Umfang recht unterschiedlichen Abhandlungen, kritischen Rezensionen von Büchern, aus gelegentlich mitgeteilten Dokumenten und Originalquellen sowie auch aus Gedichten mit lehrhafter Absicht. Von 1734 an erscheint eine Rubrik mit »Nachrichten«, in denen thematisch interessierende Neuerscheinungen kurz angezeigt werden. Nach Auskunft Wanieks war hierfür Gottscheds Frau Luise Adelgunde Victorie zuständig, »Deutschlands erste Journalistin« (S. 219). Sie hat bis zu ihrem Tode 1762 auch sonst an den Journalen ihres Mannes mitgewirkt. Anfänglich fand Gottsched die Mitarbeiter für die Zeitschrift in den Leipziger oder auswärtigen Mitgliedern der »Deutschen Gesellschaft«. Ihre Namen hat er in der Vorrede zum fünften Band 1737 auch genannt und damit die Anonymität aufgehellt. Allen voran steht Johann Georg Lotter, der schon bei der Konzeption des Organs beteiligt war, ja von dem, so behauptet Waniek, überhaupt die Idee dazu ausgegangen sei. Wie Gottsched jedoch später nach Lotters Weggang nach Petersburg und seinem baldigen Tod 1737 über das Blatt schreibt, »konnte sich niemand ein Recht darauf anmaßen als ich, der ich den Anfang dazu gemachet, Entwurf, Einrichtung und die meisten Artikel dazu hergegeben, auch mit den auswärtigen Gehülfen den Briefwechsel ganz allein unterhalten hatte«. (Zit. nach Struth S. 11)

Mit diesem nicht unumstrittenen Anspruch hat Gottsched die Zeitschrift als sein eigenes Werk auch fortgeführt, als er 1738 wegen eines Streites um die zweite schlesische Dichterschule aus der »Deutschen Gesellschaft« austrat und deren Nennung auf dem Titelblatt wegfiel (s. o.). Zwar versuchte man mit »Der Deutschen Gesellschaft in Leipzig Nachrichten und Anmerkungen, welche Sprache, Beredsamkeit und Dichtkunst der Deutschen betreffen« dem periodischen Organ Gottscheds entgegenzutreten, doch erschienen davon zwischen 1739 und 1744 nur vier Stücke. Ohne daß ein grundlegender Bruch vorläge, läßt sich damit der Bestand der »Critischen Beyträge«, zumindest von Untertitel und Mitarbeitern her, in zwei Perioden einteilen, »wovon die erste, vor 1738 unter dem überwiegenden Zeichen der deutschen Gesellschaft steht, die zweite jedoch, mit wenigen Ausnahmen, sich aus seinen Schülern in Leipzig zusammensetzt ... Für die erste Gruppe ist Gottsched der Organisator, der sich an die Spitze der Gleichaltrigen stellt und für die zweite der erzieherische Mentor, der die jüngeren auf den Weg weist« (Struth, S. 17). Dieser Übergang, der sich auch an der Haltung und dem Ton der Kritik ablesen läßt, war zeitschriftengeschichtlich von großer Bedeutung: Während die anfänglichen Mitarbeiter noch dem Gelehrtenjournalismus vom Stil der »Acta Eruditorum« verpflichtet sind, leiten die späteren Mitarbeiter – u. a. J. A. Cramer, Chr. Mylius, J. E. Schlegel und J. J. Schwabe – zu jenen schöngeistig-unterhaltenden Blättern über, die sich dann zunehmend sogar von Gottsched selbst gelöst haben.

Mitarbeiter: G. F. Bärmann, G. Behrndt, J. J. Bodmer, J. Brucker, J. S. Bucka, J. A. Cramer, Chr. T. Damm, J. D. Denso, J. Chr. F. Ernesti, J. Frick, J. Chr. Gottsched, L. A. V. Gottsched, J. D. Gruber, J. F. Kopp, J. G. Krause, J. F. Lamprecht, H. Chr. Lemker, J. G. Lotter, Chr. G. Ludewig, J. Miller, Chr. Mylius, J. G. Schellhorn,

J. E. Schlegel, C. A. Schmid, J. J. Schwabe, A. W. v. Schwicheldt, J. H. v. Seelen, E. Steinbach, W. B. A. v. Steinwehr, G. B. Straube, C. A. Teuber, G. Ventzky, H. Wahn, F. Weichmann, J. H. Winkler.

Literatur: Vgl. *Gustav Waniek* (1897); *Marianne Winkler* (1959); *Friedrich Neumann:* Gottsched und die Leipziger Deutsche Gesellschaft. In: Archiv f. Kulturgesch. 18 (1928) S. 194–212. – *Fritz Struth:* Gottscheds »Beyträge zur Critischen Historie der deutschen Sprache, Poesie und Beredsamkeit«. Ein Beitrag zur Würdigung seiner Verdienste um die Geschichte der deutschen Philologie. Diss. Marburg 1947.

NEUER BÜCHERSAAL DER SCHÖNEN WISSENSCHAFTEN
UND FREYEN KÜNSTE
1745–1750

Hrsg.: Johann Christoph Gottsched
Erscheinungsweise: monatlich (= zehn Bände zu je sechs Stück)
Leipzig: Breitkopf
Umfang: 6 Bogen
Bibliographischer Nachweis: Diesch Nr. 117; Kirchner (1932) Nr. 731; Kirchner (1969) Nr. 4395
Standort: Universitätsbibliothek Leipzig (Sign.: Deutsche Zeitschr. 251)

Von den »Critischen Beyträgen« waren zwischen 1742 und 1744 nur noch vier Hefte erschienen, »und man ward schlüßig«, wie Gottsched 1762 im Rückblick auf das periodische Werk schreibt, »dasselbe nicht höher wachsen zu lassen«. Trotz vielfältiger anderer literarischer Arbeiten kam jedoch bereits im Juli 1745 das erste Heft einer neuen Monatsschrift heraus, die Gottsched mit offenbar nur wenigen Mitarbeitern im wesentlichen allein betreute. Allerdings unterscheidet sich das Blatt – wie auch das folgende – vom vorangegangenen Journal in mehrfacher Hinsicht, handelt es sich doch »nicht mehr um primär sprachlich und literarisch orientierte Organe für das Bildungsbürgertum, sondern um periodische Publikationen allgemeinbildenden Gepräges«. (Winkler S. 149) Man hat auch von einem »Rückfall« (Struth S. 14) gesprochen oder einen deutlichen Rangunterschied konstatiert (Waniek S. 509), der auf den inzwischen eingetretenen Niedergang von Gottscheds literarischem Wirken und Ansehen zurückgeführt wird. Lediglich der Abdruck des dritten Teils von J. E. Schlegels »Abhandlung von der Nachahmung« (1745, V, S. 415 ff.) zeigt eine unmittelbare Kontinuität mit den »Critischen Beyträgen« an. Daß sich mehrere seiner früheren Schüler inzwischen mit eigenen Blättern von ihm abgewandt hatten, darauf mag die folgende Bemerkung der Vorrede bezogen sein: »Hier wird keine Spaltung der Verfasser, oft der besten Monatschrift ein frühes Ende machen.« (1745, I, S. 6)

Doch der Wandel zeigt sich nicht nur am universellen und ausgesprochen internationalen Inhalt der Zeitschrift. Wie ihr Titel schon vermuten läßt, liegt hier ein Organ vor, das überwiegend Rezensionen und Auszüge von Büchern, gelegentlich in einer Reihe von Fortsetzungen, enthält, wogegen selbständige Abhandlungen zurücktreten. Schließlich hat sich auch der kritische Stil geändert. Sicherlich aus Überdruß an der durch die »Belustigungen des Verstandes und des Witzes« (1741–1745) entzündeten, weitreichenden Polemik gewinnt das Referieren gegenüber dem normativen Kritisieren wieder mehr Raum. Wo kritische Urteile dennoch gefällt werden, geschieht dies zudem keineswegs immer auf dem früheren Reflexionsniveau. »Seine Urteile«, so sagt der Gottsched-Biograph Waniek, »entbehrten immer mehr der sachlichen Gründe und waren durch Neid und Mißgunst getrübt.« (S. 507) Den Wandel in der kritischen Absicht kündigt schon die Vorrede zum ersten Heft an. Statt des kritischen Richterspruchs sollen die Tugenden der »*critischen Billigkeit* und *Leutseligkeit*« (1745, I, S. 8) gepflegt werden. Man wolle nicht mehr bei gelehrten Werken »die Urheber derselben, öffentlich zu Staupe hauen«, sondern wichtiger sei, »daß man einander liebreich ertrage, und bescheiden zurecht helfe«. (ebda. S. 9) Doch solche philantropische Toleranz hat Gottsched im folgenden keineswegs durchgängig geübt.

Angesichts der vom Herausgeber beobachteten Entwicklung des Zeitschriftenwesens zu thematisch spezialisierten Blättern wird das neue Journal damit begründet, es seien »die schönen Wissenschaften und freyen Künste noch mit keinem besonderen Tagebuche versehen« (ebda. S. 7). Ein solches Organ erscheine umso dringlicher, als die Zuwendung zu diesen Künsten und Disziplinen längst aus einem allgemeinen Bildungsbedürfnis, auch der Unstudierten, erfolge: »Nun kann man aber aller Orten nicht alle neuen Bücher bekommen, oder erfahren. Man will also wenigstens aus einem Tagebuche Nachricht haben, was in diesen angenehmen Wissenschaften, die sich für alle Lebensarten und Stände schicken, herausgekommen, und was etwa von solchen Sachen zu halten sey.« (S. 7 f.)

Der Geltungsbereich der seit alters tradierten »freien Künste« (Trivium und Quadrivium) und der »schönen Wissenschaften« gibt der Zeitschrift einen noch universellen Charakter. So werden Bücher aus den Naturwissenschaften (vor allem Astronomie und Geometrie), der Geographie, der Historie, der Altertumskunde und Numismatik, ja der Bevölkerungsstatistik und des Schulwesens sowie der Philosophie, der Sprachlehre, der Bildenden Künste und Volkskunde, der Musik und Literatur besprochen oder in Auszügen vorgestellt. Dabei geht der Anteil der deutschen Werke erheblich zurück, während Neuerscheinungen und Entwicklungen des französischen und englischen Geisteslebens vermehrt zur Sprache kommen. Ähnliches gilt für die zunehmend in Übersetzungen zugängliche antike Literatur. Die für Gottscheds Standort zeitlebens grundlegende Orientierung an Frankreich weist jedoch mehr rückwärtsgewandte Züge auf, indem die frühe Aufklärung gegen die neuen, insbesondere sensualistischen Bewegungen ausgespielt wird. Dabei schließt sich Gottsched vornehmlich an den französischen Akademiesekretär Fontenelle (1657–1757) an, dessen »Betrachtungen über die Dichtkunst« im »Neuen Büchersaal« abgedruckt werden, weil sie die Forderung nach einer regelgeleiteten Kunst, nach vernünftiger Wahrscheinlichkeit und ethischer Nützlichkeit unterstützen. St. Mards in mehreren Folgen abgedrucktes »Schreiben von dem Anfange, Fortgange und Verfall des guten Geschmacks« läßt sich in seinen Schlußfolgerungen ebenfalls kritisch für das zeitgenössische Frankreich interpretieren und dient Gottsched als Zeugnis in jenem von Mauvillon erneuerten deutsch-französischen Überlegenheitsstreit, von dem insbesondere die »Belustigungen des Verstandes und des Witzes« (1741–1745) ihren Ausgang nehmen. Zunehmend negativ gesehen wird auch Voltaire und erst recht Montesquieu.

Aus dem Bereich der englischen Literatur findet vor allem Alexander Pope mit seinen kritischen Schriften Beachtung, auch Swifts Beitrag zum Kunstrichtertum wird besprochen. Von den antiken Autoren werden – meist aus Anlaß neuerer Übersetzungen – Homer, Sophokles, Plutarch, Anakreon, Vergil und vor allem Horaz behandelt. Die zeitgenössische deutsche Literatur tritt im »Neuen Büchersaal« dagegen nur wenig in den Blick. Das Interesse ist eher literarhistorischer Art, so wenn ein Werk über den Pegnitz-Orden, die Opitz-Ausgabe von D. W. Triller, die Gedichte Simon Dachs rezensiert oder ein Verzeichnis alter preußischer und österreichischer

Dichter aufgenommen wird. In den Beiträgen zur Sprachlehre wird weiter gegen die dunkle und hyroglyphische Schreibart argumentiert. Daß sich Gottsched philosophisch zunehmend um eine Verteidigung der aufklärerischen Systeme von G. W. Leibniz und Chr. Wolff bemühte, belegt die Zeitschrift ebenfalls an mehreren Stellen. Dieses Bemühen sollte sich in dem dritten Journal noch erheblich verstärken.

Mitarbeiter des »Neuen Büchersaals«, der zu einem nicht geringen Teil aus nachgedruckten Auszügen bestand, waren – nach Waniek – außer Gottsched und seiner Frau auch J. M. Grimm, J. D. Heyde, J. Möser, Th. J. Quistorp, J. F. Reifstein sowie eine »Reihe meist unbedeutender Getreuen«. (S. 506)
 Literatur: Vgl. *Gustav Waniek* (1897); *Fritz Struth* (1947); *Marianne Winkler* (1959).

DAS NEUESTE AUS DER ANMUTHIGEN GELEHRSAMKEIT
1751–1762

Hrsg.: Johann Christoph Gottsched
Erscheinungsweise: monatlich (= zwölf Bände zu je zwölf Stück)
Leipzig: Breitkopf
Umfang: 5 Bogen
Bibliographischer Nachweis: Diesch Nr. 630; Kirchner (1932); Nr. 1030; Kirchner (1969) Nr. 5236
Standort: Hessische Landesbibliothek Darmstadt (Sign.: Zs 3608)

Gegenüber dem vorangegangenen Journal bedeutet diese Zeitschrift »nur Fortführung und Festigung«, ja sie zeigt »im Gesamtbild der journalistischen Aussage das krisenhafte Endstadium des alt gewordenen Gottschedianismus«. (Winkler S. 150) Dabei ist »die Tendenz zum populärwissenschaftlichen Magazin in noch stärkerem Maße« (de Voss S. 106) ausgeprägt. Der Kampf gegen die neueren Strömungen in Philosophie wie in Literatur wird nun ganz aus der Defensive geführt. Zwar kann die Zeitschrift die Existenz dieser Strömungen nicht leugnen, doch in seiner konservativen kunsttheoretischen Erstarrung sieht Gottsched darin nur Verfall und falsches Prophetentum. Unwille und Gereiztheit bestimmen den Ton, weil die Erfahrung, von der geschichtlichen Entwicklung überholt zu sein, unabweisbar wird.
 Schon die Vorrede der Monatsschrift, für welche Kirchner eine Auflage von 1 000 Exemplaren im Verlagsarchiv Breitkopfs ermittelt hat, schließt noch unmittelbar an den »Neuen

Büchersaal« an, mit dessen allgemeinem publizistischem Programm sie sich im ganzen auch deckt. Die »anmuthige Gelehrsamkeit« umgreift, was »nicht zu den sogenannten drey höheren Facultäten gehöret« (1751, I, S. 4), also nicht zur medizinischen, juristischen oder theologischen Disziplin, womit ihr Einzugsbereich immer noch vielfältig genug bleibt. Entsprechend finden sich im »Neuesten« auch wieder Artikel zur Geographie, Naturwissenschaft, Historie, zum Gelehrtenwesen, zur Philosophie und den Künsten. Immerhin sah sich Gottsched gezwungen, die Vielfalt zu Beginn des zweiten Jahrgangs mit dem Hinweis zu begründen, Journale müßten dem Geschmack vieler Leser gefallen. Der kritische Stil der Zeitschrift soll sich »in der Mittelstraße« (1751, I, S. 5) bewegen zwischen übermäßigem Lobspruch und Satire, insbesondere ihrer personalisierten Form. Doch bei allem Bemühen um »Unpartheylichkeit« (1752, I, Vorrede) bleibt des Herausgebers Stellungnahme zu den behandelten Schriften im Prinzipiellen unnachgiebig: »Nur wenn sie offenbar zur Verderbung des Geschmacks abzielen: so werden wir zuweilen davor warnen; damit sich niemand durch blendende Überschriften betriegen lassen.« (1751, I, S. 6) Großenteils besteht die Zeitschrift aus Auszügen und Inhaltsreferaten einer Vielzahl von Büchern. Daneben bietet sie auch Rezensionen, selbständige Abhandlungen sowie in größerem Maße als die Blätter zuvor einmal Nachrichten aus der literarischen, theatralischen und gelehrten Welt, zum anderen auch poetischen Produktion, vor allem Fabeln und Gedichte, überwiegend Oden. Der Anteil der originalen Beiträge scheint jedoch bei weitem geringer als das Material, das sekundär nachgedruckt wurde.

Wie Marianne Winkler in ihrer Studie zu Gottscheds Zeitschriften, die insbesondere auf deren durchgängige Auseinandersetzung mit Frankreich gerichtet ist, dargestellt hat, »wird das letzte Journal der Gottschedianer zum Schauplatz einer erbitterten philosophischen Debatte« (S. 150). Denn in zahlreichen Beiträgen wird das idealistisch-optimistische Denken von G. W. Leibniz und Chr. Wolff gegen die Angriffe des spätaufklärerischen französischen Materialismus verteidigt. In dem Anfang der fünfziger Jahre an einer Nebenfrage entzündeten, alsbald aber ins prinzipiell Weltanschauliche ausgeweiteten Streit zwischen Maupertuis, dem Präsidenten der Berliner Akademie, und dem niederländischen Professor Samuel König bezog Gottsched nach und nach für den letzteren und damit für die Leibniz-Partei Stellung.

Im literarischen Feld versuchte Gottsched vor allem Charles Batteux (1713–1780), dessen literarästhetisches Werk ausgewertet und besprochen wurde, als »eine neue Waffe gegen alle Anhänger der ›regellosen Einbildungskraft‹« (Winkler S. 172) anzuführen. Damit wandte er sich zugleich gegen jene, die in Deutschland Batteux als Hindernis auf dem Weg zu künstlerischer Individualisierung bekämpften. Während einerseits die führenden Gestalten des französischen Geisteslebens, die Enzyklopädisten, vor allem Diderot, Montesquieu, Rousseau und Voltaire zunehmend abgelehnt werden, wird andererseits nach Kronzeugen für die Legitimation der eigenen Auffassung gesucht. So kann Destouches dem Molière vorgezogen und eine Verskomödie des Palinot de Montenoy als Entlarvung falschen Literatentums gefeiert werden. Dabei findet man die französische Klassik wiederum als positive Erscheinung der an Shakespeare anschließenden englischen Schauspieltradition entgegengestellt.

Auch in seinen Stellungnahmen zur deutschen Literatur zeigt sich Gottscheds Unvermögen, eine Entwicklung mitzuvollziehen, die längst über seine eigenen Ansätze hinweggegangen war. So finden sich im Jahrgang 1752 noch »Gutachten« des Verfassers über die christlichen Epen und ihre heroische Versart, sowie sonstige Beiträge, die gegen Klopstock gerichtet sind. Sogar die religiöse Orthodoxie wird hier zum Einschreiten aufgefordert. Auch die Auseinandersetzung mit den Schweizern klingt gelegentlich nach. Gottsched fügt Auszüge aus Neuauflagen seiner eigenen Werke ein, und Anfragen zu Problemen der Schreibweise und des Sprachgebrauchs geben ihm Gelegenheit, seine alte Autorität als deutscher Sprachmentor zu demonstrieren. Positiv kommen allenfalls seine Schüler und literarischen Nachfolger weg, unter ihnen vor allem der durch eine Dichterkrönung zu zweifelhaftem Ruhm gelangte Christoph Otto Freiherr von Schönaich, der selbst zahlreiche Gedichte zu der Zeitschrift beigesteuert hat.

Schließlich diente das »Neueste« Gottsched aber als bevorzugtes Mitteilungsorgan für die 1752 von ihm ins Leben gerufene »Gesellschaft der freyen Künste«, mit der er, wie Waniek sagt, glaubte, »das Wirken seines ganzen Lebens krönen zu sollen«. (S. 611) Doch hatte sich Gottsched im literarischen Leben der Zeit inzwischen derart isoliert, daß seine Zeitschrift eher im anachronistischen als im zeitgemäßen Sinne ein »zentralisierendes Organ« bildete. Wenn Eva-Maria de Voss dennoch auf eine größere Resonanz dieses Journals gegenüber anderen, gleichzeitig erscheinenden literarischen Blättern schließt, so macht sie dafür sein »breitgestreutes, bewußt informativ gehaltenes Angebot und ihre Orientierung an kommerziellen Gesichtspunkten« (S. 109) verantwortlich. Gottsched äußert zwar im Rückblick, »wie gütig auch dasselbe von unsern Landsleuten aufgenommen worden« ist und nennt als Grund für die Einstellung 1762 »die Bequemlichkeit der Leser und Käufer«. Dies mag jedoch ebenso nach einem Euphemismus klingen, wie wenn er hinzufügt: »Ich habe nie einen kritischen Freybeuter abgegeben; sondern den Verdiensten allezeit Gerechtigkeit widerfahren lassen.«

Da eine Scheidung zwischen bloß nachgedruckten und originalen Beiträgen in dieser Zeitschrift nur schwer möglich ist, sind die im folgenden genannten Namen von Mitarbeitern nur mit Vorbehalten zu nehmen.

Mitarbeiter u. a.: A. G. Beck, F. W. Beer, J. G. Bock, J. W. C. G. Casparson, D. J. L. Coradi, J. A. Cramer, M. Grimm, J. G. Hauptmann, P. Chr. Henrici, J. T. Hille, C. F. Hudemann, M. G. Lichtwehr, W. E. Neugebauer, J. G. Scheffner, G. E. Scheibel, Chr. O. v. Schönaich, Chr. Schröter, J. G. Stegmann, D. W. Triller.

Literatur: Vgl. *Gustav Waniek* (1897); *Fritz Struth* (1947); *Marianne Winkler* (1959). – *Eva-Maria de Voss:* Die frühe Literaturkritik der Aufklärung. Untersuchungen zu ihrem Selbstverständnis und zu ihrer Funktion im bürgerlichen Emanzipationsprozeß. Diss. Bonn 1975.

CRITISCHER VERSUCH ZUR AUFNAHME DER DEUTSCHEN SPRACHE

[Jahrgangs-/Bandtitel]
CRITISCHE VERSUCHE AUSGEFERTIGET DURCH EINIGE MITGLIEDER DER DEUTSCHEN GESELLSCHAFT ZU GREIFSWALD
1741–1746

Hrsg.: Johann Carl Dähnert
Erscheinungsweise: unregelmäßig ein bis fünf Hefte pro Jahr (= zwei Bde. zu je sechs Stück, 3. Bd. drei Stück)
Greifswald: Weitbrecht
Umfang: ca. 7 Bogen
Bibliographischer Nachweis: Diesch Nr. 107; Kirchner (1932) Nr. 650; Kirchner (1969) Nr. 4391
Standort: Bayerische Staatsbibliothek München (Sign.: L. germ. 274)

Nach dem Vorbild der von Gottsched in Leipzig 1727 reformierten »Deutschen Gesellschaft« waren in den folgenden Jahren eine Reihe ähnlicher Gründungen in anderen deutschen Städten entstanden. Sie schufen sich ebenfalls eigene periodische Organe, um ihr Wirken öffentlich darzustellen. Diese gehören großenteils zum Typ des gelehrten Mitteilungsorgans, wie ihn die Leipziger »Neuen Zeitungen von gelehrten Sachen« verkörpern, teilweise aber auch zu dem des allgemeinwissenschaftlichen Journals nach dem Muster der »Acta Eruditorum«. Wegen ihres ausgesprochen literarischen Charakters sei hier zumindest die Zeitschrift der Greifswalder »Deutschen Gesellschaft« vorgestellt, deren Sekretär, der Universitätsbibliothekar und Professor der Philosophie Johann Carl Dähnert (1719–1785) als Herausgeber zu nennen ist. Das Blatt schließt in seiner kritischen, sprach- und literarisch-geschmacksbildenden Konzeption unmittelbar an Gottsched und seine »Critischen Beyträge« an und läßt sich insofern, zumindest anfangs, noch seinem Umkreis zuordnen.

Im Vorbericht beziehen sich die ungenannten Herausgeber ausdrücklich auf das durch die »Deutsche Gesellschaft« in Leipzig gegebene Vorbild, hat sie doch »unsern Landsleuten in dieser Art von Schriften den ersten Geschmack beygebracht«. Von den eigenen Versuchen wird gesagt, »daß der Grund ihrer Errichtung ein rühmlicher Eifer gewesen sey, solchen vortrefflichen Vorgängern nachzufolgen.« (1741, I, Vorbericht) Das Ziel sei eine »gesunde Kritik«, die ihre Regeln explizit macht und nach Gründen Lob und Tadel verteilt. Sie hat zudem eine doppelte Richtung: Einmal ist sie übergreifendes Programm der gesamten Zeitschrift, zum anderen auch Prinzip für die einzelnen Beiträge. Allerdings will man sich den damals üblichen Streitigkeiten fernhalten. Obwohl das Blatt als Monatsschrift bezeichnet wird, ist ein regelmäßiges Erscheinen nicht zu erkennen. Nicht einmal die anfangs vorgesehenen sechs Stücke pro Jahr sind auf Dauer erschienen.

Daß die Zeitschrift zunächst von Gottsched inspiriert war, zeigt sich überdies schon daran, daß das erste Heft mit einer ausgiebigen Würdigung der ersten vier Stücke seiner »Beyträge zur critischen Historie der deutschen Sprache, Poesie und Beredsamkeit« einsetzt. Dies hindert jedoch nicht daran, später auch die »Critische Sammlung« der Schweizer J. J. Bodmer und J. J. Breitinger (vgl. S. 38) zu besprechen. Dabei werden deren Kompetenz und Verdienste als Kunstrichter durchaus anerkannt, und Anstoß erregt fast nur noch ihr gegen die Gottsched-Schule gerichteter scharfer polemischer Affekt. Wie der Titel der Zeitschrift bereits andeutet, enthält sie großenteils Beiträge zur theoretischen Sprachlehre und zur praktischen Verbesserung des Sprachgebrauchs. Mehrfach wird z. B. das Problem der »gleichgültigen« (d. h. synonymen) Wörter behandelt, die Zulässigkeit von Neubildungen und die Reinigung der Sprache von überflüssigen Beständen gefordert. Die Auffassungen erscheinen jedoch weniger dogmatisch als bei Gottsched, wenngleich man mit ihm in den Prinzipien und Mitteln der Kultivierung eines vernünftigen Sprachgebrauchs übereinstimmt.

Neben den sprachlichen stehen aber auch literarästhetische Themen. Diese werden in Abhandlungen oder rezensionsartigen Beiträgen zu einzelnen Werken untersucht, die meist als Exempel für grundsätzliche Erwägungen dienen, etwa zur Hierarchie der Dichtungsgattungen. Hier werden z. B. dem noch niedrig eingestuften Roman die Regeln gewiesen oder die Elemente der Satire ermittelt. Da »durch Opitz die verkehrte Gewohnheit ohne Regeln zu singen abgeschaffet worden« (1742, III, S. 314), ist das System der kritisch-rationalistischen Poetik von grundlegender Bedeutung. Dabei erscheint wiederum Gottscheds Lehre vorbildlich. Drei Auflagen seiner »Critischen Dichtkunst« werden miteinander verglichen und mit Breitingers entsprechendem Entwurf konfrontiert. Daß dies keineswegs einseitig geschieht und die Schweizer eher bloß wegen ihrer überzogenen Polemik getadelt werden, mußte, wie Waniek behauptet, im Parteienstreit für »Gottsched Anlaß zur Besorgnis sein« (S. 461). Dies umso mehr als die Hauptmitarbeiter der »Critischen Versuche« D. Aepinus, E. Chr. Koch, J. Lasius und G. F. Meier waren, alles Anhänger des von Gottsched befehdeten Begründers der damaligen Ästhetik, A. G. Baumgarten, dessen Dissertation ohnehin in der Zeitschrift auszugsweise in deutscher Übersetzung veröffentlicht wurde. Die zunehmenden Differenzen zwischen den Greifswaldern und Gottsched blieben auch den Schweizern nicht verborgen, denn diese registrierten aufmerksam alle Schwächungen im Lager ihres literarischen Gegners.

Literatur: Vgl. *Gustav Waniek* (1897); *Ernst Zunker:* Die Greifswalder wissenschaftlichen Zeitschriften und periodischen Veröffentlichungen. Ein Beitrag zur Universitätsgeschichte. In: Festschrift zur 500-Jahr-Feier der Universität Greifswald 17. 10. 1956. Greifswald 1956. Bd. 1 S. 265 ff. – Vgl. dort ferner die Beiträge S. 72, S. 179, S. 227 f.

BELUSTIGUNGEN DES VERSTANDES UND DES WITZES
1741–1745

Hrsg.: Johann Joachim Schwabe
Erscheinungsweise: monatlich (= acht Bände zu je sechs Stück)
Leipzig: Breitkopf
Umfang: 6 Bogen
Bibliographischer Nachweis: Diesch Nr. 559; Kirchner (1932) Nr. 723; Kirchner (1969) Nr. 5210
Standort: Bayerische Staatsbibliothek München (Sign.: Per. 16^s/12)

Gottscheds Wirken im literarischen Journalismus blieb nicht auf die von ihm selbst herausgegebenen oder verfaßten Zeitschriften beschränkt. Er hat vielmehr auch andere Blätter angeregt oder doch Einfluß auf sie genommen, weshalb das hier genannte Journal zunächst sogar »allgemein als Gottscheds Organ« (Waniek S. 425) gelten konnte. Denn seine Gründung fällt in eine Zeit, da sich der seit 1738 abzeichnende Literaturstreit mit den Schweizern J. J. Bodmer und J. J. Breitinger zuspitzte und es Gottsched zweckmäßig erscheinen ließ, »eine scheinbar von ihm unabhängige Zeitschrift ins Leben zu rufen und sich und seinen Anhängern darin ein Organ teils zur Abwehr, teils zum offenen Angriff zu schaffen«. (Ulbrich S. 18) Doch ist diese Tarnung bereits den Zeitgenossen nicht verborgen geblieben.

Seitdem aber Franz Ulbrich (1911) die grundlegende Monographie über die Zeitschrift erarbeitet hat, ist deutlich geworden, daß sich diese zusammen mit ihren Mitarbeitern zunehmend von dem literarischen Ziehvater ablöste. Demnach lassen sich in der Entwicklung des Journals drei Phasen beobachten:

»Während die ersten Bände äußerlich und innerlich unter der Vormundschaft des Leipziger Diktators stehen, beginnt seit 1743 eine bedeutungsvolle Abwendung von Gottsched... Die dritte Periode der ›Belustigungen‹ umfaßt den siebenten und achten Band, der im Juni 1745 zu Ende geht, nachdem im Oktober das erste Heft der ›Bremer Beyträge‹ erschienen war.« (Ulbrich S. 84 f.) Zuletzt hat man die Ansätze zu diesem Vorgang sogar noch weiter vorverlegt: »Loslösung und Abwendung von Gottscheds Lehren und Anschauungen setzen jedenfalls schon mit dem Erscheinen der ersten Bände der *Belustigungen* ein.« (Klinger S. 223) Dennoch läßt sich das Journal, das mit solchen Hinweisen gegenüber den meist höher geachteten »Neuen Beyträgen zum Vergnügen des Verstandes und Witzes« (1744–1750) aufgewertet werden soll, im vorliegenden Zusammenhang kaum anders als im Umkreis Gottscheds lokalisieren.

Die »Belustigungen des Verstandes und des Witzes« sind, abgesehen von ihrer Bedeutung im deutsch-schweizerischen Literaturstreit, eine in mehrfacher Hinsicht wichtige Zeitschrift. Zunächst handelt es sich hier um das erste bemerkenswerte Beispiel eines belletristischen, »poetisch-productiven« Organs, wie Robert Prutz es typologisch von der literarisch-kritischen Zeitschrift abgehoben hat. Zum anderen ist das Blatt denkwürdig, weil eine Reihe maßgeblicher Autoren der Zeit an den »Belustigungen« mitgearbeitet hat, so daß diese gar »für viele die Wege des Ruhmes geworden sind« (Ulbrich S. 211). Hier bot sich jungen, noch unbekannten Schriftstellern die Möglichkeit, ihre ersten literarischen Schöpfungen zu veröffentlichen, und dies hat wiederum auf andere anregend gewirkt.

Solche Traditionsbildung gilt gerade auch für die in dem Blatt gepflegten literarischen Gattungen und Formen, von denen »die Glieder einer ganzen Entwicklungsreihe nebeneinander auftauchen«. (Ulbrich S. 219) Indem die Zeitschrift die Fabeln, Erzählungen und Lustspiele Chr. F. Gellerts, die Satiren G. W. Rabeners, die komischen Heldengedichte von J. F. W. Zachariae und Gottsched selbst, die Lehrgedichte A. G. Kästners, indem sie vielfältige, insbesondere anakreontische Oden und Lieder von J. A. Cramer, J. A. Ebert, K. Chr. Gärtner, J. W. L. Gleim, F. v. Hagedorn, E. v. Kleist, Chr. Mylius und vor allem J. E. Schlegel, sowie sonstige Kleinformen der Lyrik und prosaische Aufsätze der genannten und weiterer Autoren aufgenommen hat, besitzt sie einen außergewöhnlichen literargeschichtlichen Zeugniswert. Dies, zumal die Beiträge entweder nicht wieder nachgedruckt oder von ihren Verfassern z. T. später verändert wurden. Über die Verfassernamen in den Registern der Zeitschrift hinaus hat Franz Ulbrich in zahlreichen Fällen die anonym gebliebene Autorschaft zu klären gesucht, allerdings ohne erschöpfenden Erfolg. An den Zuweisungen Ulbrichs sind neuerdings wiederum Korrekturen angebracht worden (vgl. Klinger).

Als Herausgeber der Zeitschrift wirkte Johann Joachim Schwabe (1714–1784), der dem engsten Schülerkreis Gottscheds entstammt und der sich bereits in verschiedenen journalistischen Tätigkeiten bewährt hatte.

Er war nicht nur Mitarbeiter an des Lehrers »Critischen Beyträgen«, sondern gab 1738 auch eine Moralische Wochenschrift »Der Freymäurer« heraus und zeichnete in den Jahren 1739 bis 1742 als verantwortlicher Redakteur der Leipziger »Neuen Zeitungen von gelehrten Sachen«. Auch sonst hatte er sich schon dienstbar gemacht, etwa durch die Edition von Gottscheds »Gedichten« (1736). Ulbrich beschreibt Schwabe bei aller Anerkennung für seine Bemühungen im literarischen Journalismus als einen »Erzgottschedianer« (S. 73), als eine leicht beeinflußbare Figur, die zwischen der Treue zum verehrten Mentor und Gönner einerseits und zu den Bundesgenossen der jüngeren Generation andererseits schwankte, so daß »die gesamte Zeitschrift einen Riß« aufweise und als »zwiespältiges Dokument« (Ulbrich S. 76) erscheine. Hingegen hat Klinger jetzt mehr die Unabhängigkeit Schwabes von Gottsched und seine »vermittelnde Stellungnahme« (S. 215) hervorgehoben.

In Schwabes Vorrede zum ersten Heft, das im Juli 1741 erschienen ist, wird die Zeitschrift noch keineswegs offen mit der literarischen Fehde zwischen Zürich und Leipzig, sondern mit dem gleichzeitig neu aufgeflammten deutsch-französischen Überlegenheitsstreit motiviert. Nachdem in den bisherigen Journalen aus dem Bereich der Literatur »die practischen Proben derselben meistentheils ausgeschlossen gewesen« (1741, I, S. 4) seien, will man eine »neue Art von Monatschrift« (ebda. S. 5) vorlegen. Das Muster hierzu bilden der »Mercure galant« bzw. »Mercure de France«, der Prototyp jener anderen, neben dem »Journal des Sçavans« in Frankreich entwickelten Zeitschriftengattung, sowie die ihm nachfolgenden »Miscellany«-Journals in England. Daß es sich hier um eine Nachahmung handelt, ist Anlaß, die Diskussion um die angebliche kulturelle Überlegenheit Frankreichs aufzugreifen. Von dergleichen würde nicht zu reden sein, »wenn nicht erst kürzlich wieder ein Schriftsteller hervorgewachsen wäre, der, ohne Fähigkeit von unsern Kräften zu urtheilen, dem Witze seiner Landesleute, durch die Unterdrückung des unsrigen, ein Ehrenmaal aufzurichten gedacht hätte«. (ebda. S. 8) Diese Bemerkung bezieht sich auf Eleazar Mauvillon, den Lektor für französische Sprache am Braunschweiger Carolinum, der 1740 in seinen »Lettres francaises et germaniques« jenes abfällige Urteil des Jesuitenpaters Dominicus Bouhours erneuert hatte, wonach die Deutschen keine Befähigung zur Poesie und keinen echten Dichter besäßen, weil es ihnen an »ésprit« mangele. Diese Diskriminierung wurde weithin als nationale Beleidigung aufgefaßt. Sie rief im folgenden zahlreiche Bemühungen hervor, das Urteil sowohl durch historische wie aktuelle Beispiele aus Deutschlands literarischer Produktion zu widerlegen. Dieser patriotischen Aufgabe widmen sich auch die »Belustigungen« mit dem Versuch, ein »Gesamtbild positiver deutscher Originalproduktion« (Ulbrich S. 18) zu entwerfen.

Entsprechend dieser Zielsetzung ist die Zeitschrift geschaffen zur Aufnahme einer Vielzahl kleinerer literarischer Gattungen und Formen, deren Pflege nach der geltenden Poetik im Sinne von Gottscheds »Critischer Dichtkunst«, obligatorisch war. In abwechslungsreicher Mischung gehören dazu vor allem Oden, Schäfergedichte, Kantaten, Elegien und Lehrgedichte. Den moralischen Zweck der Kunst erfüllen besonders Fabeln und Satiren mit ihrer Kritik an menschlichen Schwächen und Modetorheiten. Zu den im engeren Sinne poetischen Produktionen kommen auch Briefe und Abhandlungen zu allerlei wissenschaftlichen und moralisch-belehrenden Themen, kurz alles, »worinnen sich nur der Witz zeigen kann, ohne der Vernunft lächerlich zu werden; und alle kleine Werke, welche der Verstand nur hervorbringen mag, ohne sich pedantisch dabey zu erweisen« (1741, I, S. 14). Somit erscheint Witz im Sinne von »scharfsinniger Einbildungskraft« (Böckmann S. 506), d. h. als zugleich belehrende und unterhaltende, ernsthafte und spielerische, beziehungsreiche Vereinigung von Phantasie und Scharfsinn, als das zentralisierende Prinzip: »Die ganze Zeitschrift erscheint in einer Form des witzigen Sprechens, die nahe bei der Ironie steht und jedenfalls aus dem Ernst des direkten Sagens herausgetreten ist.« (ebda. S. 521)

Werden Auszüge aus Büchern und Artikel im Stil der »Critischen Beyträge« auch nicht ganz ausgeschlossen, so sollen doch lediglich die alltägliche Gelegenheitsdichtung, bloßes poetisches Spielwerk und – in einem charakteristischen Unterschied zum französischen Vorbild – politische Nachrichten nicht zugelassen sein. In der Aufmerksamkeit für das Theater folgt man jedoch wieder dem »Mercure«. In der literarisch-publizistischen Grundhaltung der Zeitschrift, welche die Vielfalt des einzelnen übergreift und zusammenbindet, treffen demnach belehrende und unterhaltende Intentionen zusammen. Für sie gilt, was Schwabe zur Erklärung des programmatischen, offenbar in Anlehnung an die französischen »Nouveaux amusements de l'ésprit et du coeur« (1737) gebildeten Titels der Zeitschrift ausführt: »Der Witz belustiget sich an aufgeweckten Einfällen, und an sinnreichen Gedanken, und der Verstand an ernsthaften und philosophischen ... Belustigungen müssen keine Arbeiten seyn und nicht ermüden; und man theilet allhier auch nur solche kleine Schriften mit, von denen man dieses nicht sagen kann; sondern deren Verfasser sich bey ihrer Verfertigung belustiget haben, wie andere sich bey deren Durchlesen belustigen werden.« (1741, I, S. 17)

Für den Eindruck, die erste, nach Ulbrichs Analyse bis Ende 1742 reichende Entwicklungsphase der Zeitschrift sei ganz von Gottsched abhängig, sind die in die »Belustigungen« aufgenommenen antischweizerischen Streitschriften ausschlaggebend, insbesondere das von Gottsched vermutlich selbst stammende komische Heldengedicht »Der Dichterkrieg«. Der Konflikt wurde von der Gegenseite ebenfalls publizistisch geführt, vor allem mit dem seit Sommer 1741 in Zürich erscheinenden Journal der »Critischen Sammlung« (vgl. S. 38). Obwohl die Kontroverse inhaltlich auf grundlegenden poetologischen Divergenzen beruhte – Unterschiede in der Auffassung von der Nachahmung, der Einbildungskraft und in der Bewertung der englischen und französischen Literatur –, mieden die polemischen Auseinandersetzungen jedoch zunehmend das Prinzipielle und gerieten ins vordergründig Persönliche. Daß dies auf die allgemeine Rezeption der »Belustigungen« und das Bild von ihren Mitarbeitern abfärbte, bewog die jüngeren Mitarbeiter, einen Wandel der Zeitschrift zu einer mehr neutralen oder unparteiischen Haltung zu verlangen. Einerseits wollte man nicht länger mit Gottsched und seinen Querelen identifiziert werden, zum anderen stand man jenen poetischen Bestrebungen immer weniger ablehnend gegenüber, welche die sklavische Regelpoetik hinter sich ließen.

Die Abkehr vom polemischen literarischen Journalismus der ersten Bände kündigt Schwabe in der Vorrede zum Januarheft 1743 selbst an, die zugleich das markanteste Dokument seiner Verselbständigung gegenüber dem Lehrer bildet. Entscheidend wurden für den Wandel aber auch Verschiebungen im Kreis der Mitarbeiter, insbesondere das Zusammenfinden jenes frühen, empfindsamen Freundschaftsbundes zwischen J. A. Cramer, J. A. Ebert, K. Chr. Gärtner, G. W. Rabener, J. A. Schlegel und C. A. Schmidt, der, nachdem die Umgestaltung der »Belustigungen« nicht den gewünschten Verlauf nahm, zur Gründung eines eigenen, jedoch wiederum durch Anonymität getarnten Organs schritt, den »Neuen Beyträgen zum Vergnügen des Verstandes und Witzes« (1744–1750). Wenngleich erst dort ihre poetischen Bemühungen zur vollen Blüte kamen, so lassen sich die Ansätze für »eine aus den Fesseln traditioneller Formen und Gedanken allmählich sich loslösende Produktion« (Ulbrich S. 219) bereits in ihren Beiträgen zu den »Belustigungen« erkennen. Zwar zogen sich die Mitarbeiter erst allmählich von dieser Zeitschrift zurück, doch mußte die Abzweigung des neuen Organs, die die letzte Phase der »Belustigungen« einleitet, nach und nach zu deren Austrocknung führen, so daß das Blatt schließlich mit dem Juniheft 1745 sein Erscheinen einstellte.

Der Publikumserfolg der Zeitschrift muß beträchtlich gewesen sein, wie schon die Zahl der Nachahmungen zeigt, die sicher nicht ohne Aussicht auf Resonanz alsbald folgten. Da Auflagenzahlen bisher nicht ermittelt sind, hat man den Erfolg daran abgelesen, daß während des Erscheinens nicht nur Neuauflagen bereits vergriffener Hefte notwendig, sondern auch sogenannte Doppeldrucke hergestellt wurden.

Siegfried Scheibe, der die Druckgeschichte der »Belustigungen« genau untersucht hat, kommt aufgrund seiner philologischen Befunde, wenngleich von der Basis der erhaltenen Exemplare ausgehend, zu folgendem Ergebnis: »Es ist ein kontinuierliches Anwachsen der Auflagenhöhe bis zum Herbst 1744 festzustellen, erst in diesem Halbjahr ging der Verkauf der Hefte ... zurück, was ein Sinken der Auflagenhöhe im Frühjahr 1745 veranlaßte. (...) Es sind zwei deutliche Einschnitte in der Entwicklung festzustellen, bei denen jeweils die früher erschienenen Hefte in der inzwischen vergrößerten Auflage angeglichen wurden: im Herbst 1742 und im Herbst 1744. Diese Einschnitte treffen genau zusammen mit den drei Perioden, die *Ulbrich* auf Grund inhaltlicher Kriterien für die Entwicklung der ›Belustigungen‹ erkannt hat.« (S. 123)

Mitarbeiter: D. J. F. Bolte, J. G. J. Breitkopf, J. F. Burg, J. B. Carpzow, J. A. Carstedt, A. P. L. Carstens, J. A. Cramer, J. Chr. Decker, D. H. F. Delius, J. C. Dommerich, J. A. Ebert, H. A. le Fevre, S. E. Frommann, D. Furck, J. G. Gade, J. Chr. Gärtner, C. A. Gebhardi, Chr. F. Gellert, J. H. Gensel, J. W. L. Gleim, J. Chr. Gottsched, L. A. V. Gottsched, J. A. P. Gries, F. v. Hagedorn, J. G. Harrer, J. J. Haupt, J. M. Heinze, J. M. Herbart, J. D. Herrmann, G. v. Holzendorf, C. F. Hommel, G. Chr. Ibbeken, Chr. G. Istrich, A. G. Kästner, E. Chr. v. Kleist, J. F. Kopp, J. J. v. Kreuzberg, J. Chr. Kühne, G. Langemack, Chr. Mylius, S. B. Naumann, Chr. F. Neander, J. D. Overbeck, D. F. L. Pitschel, G. W. Rabener, P. J. Rudnick, N. Chr. Sander, J. J. Schilling, J. A. Schlegel, J. E. Schlegel, M. E. F. Schmersahl, C. A. Schmidt, J. J. Schwabe, J. J. Spalding, J. Chr. Steinauer, M. Steudnitzer, G. B. Straube, F. D. Stübner, J. Chr. Sucro, J. P. Uz, J. G. Walther, D. C. G. Weidlich, J. F. W. Zachariae, J. F. Zernitz, Chr. M. Ziegler.

Literatur: Vgl. *Gustav Waniek* (1897); *Paul Böckmann* (1949); *Franz Ulbrich:* Die Belustigungen des Verstandes und des Witzes. Ein Beitrag zur Journalistik des 18. Jahrhunderts. Leipzig 1911. – *Siegfried Scheibe:* Zur Druck- und Wirkungsgeschichte der »Belustigungen des Verstandes und des Witzes«. Philologische Befunde. In: Forschungen und Fortschritte 39 (1965) S. 119–123. – *Uwe R. Klinger:* Gottsched und *Die Belustigungen des Verstandes und des*

Witzes. In: Lessing Yearbook 3 (1971) S. 215–225. – Vgl. auch die zu den »Neuen Beyträgen des Verstandes und Witzes« S. 57 genannte Literatur.

Bemühungen zur Beförderung der Critik und des guten Geschmacks
1743–1747

Hrsg.: Christlob Mylius, Johann Andreas Cramer
Erscheinungsweise: geplant zweimaliges Erscheinen im Vierteljahr, alsbald unregelmäßig (= zwei Bände zu je acht Stück)
Halle: Hemmerde
Umfang: 4–6 Bogen
Bibliographischer Nachweis: Diesch Nr. 576; Kirchner (1932) Nr. 659; Kirchner (1969) Nr. 4392
Standort: Universitätsbibliothek Erlangen (Sign.: Phs. VII, 9)

Auch diese Zeitschrift entstammt dem Kreis um Johann Christoph Gottsched, wenngleich in der Forschung umstritten geblieben ist, ob es sich um ein zwar vorzüglich getarntes, aber letztlich doch von ihm in Auftrag gegebenes Blatt handelt, oder um ein Organ, das die Herausgeber ohne sein Mitwissen aus eigener Initiative, gleichwohl aber ganz in seinem Sinne geschaffen haben. Im Anschluß an Wanieks Vermutungen sieht auch Ulbrich ein »durchtriebenes Versteckspiel« (S. 152), mit dem der Leipziger Literaturpapst seine Beteiligung zu verbergen gesucht habe, wobei die Wahl Halles als Standort beweisen sollte, »daß auch andernorts Gottscheds Geschmack seine Verfechter, die schweizerischen Theorien ihre Gegner fanden«. (ebda.)

Von seinem eigenen Untersuchungsobjekt her erklärt Ulbrich die Gründung der Zeitschrift aus der literaturpolitischen Konstellation zu dem Zeitpunkt, als sich die »Belustigungen des Verstandes und des Witzes« allmählich aus dem Literaturstreit zurückzogen und eine mehr neutrale Haltung annahmen, zugleich aber Gottsched neben den Schweizern neue Gegner, insbesondere in Berlin und Dresden, erwuchsen. Demgegenüber hat Erwin Thyssen aus zahlreichen Quellen glaubwürdig belegt, daß hier ein sich tatsächlich äußerlich unabhängig von Gottsched anbahnendes Unternehmen vorliegt, zu dem »ein gegenseitiges Sichfinden von Verleger und Schriftsteller ohne Vorwissen Gottscheds« (S. 58) geführt habe. In seinem Bemühen um verlegerische Rivalität zu Breitkopf sei es Hemmerde darum gegangen, »bewährte Kräfte von Konkurrenzzeitschriften zu sich herüberzuziehen und an sich zu fesseln«. (ebda. S. 57) Offensichtlich ist es zunächst auch gut gelungen, die Anonymität der wirklichen Herausgeber zu wahren. Unmittelbar hat Gottsched an dem Journal nicht mitgearbeite, doch daß dieses ihm gelegen kam, zeigt eine positive Rezension in den »Critischen Beyträgen«. Mag die Frage der Urheberschaft der Zeitschrift angesichts unterschiedlicher Bewertungen der Quellen auch nur schwer endgültig zu entscheiden sein, so verleugnen die Autoren und der Inhalt keineswegs die geistige Herkunft aus dem Lager Gottscheds. Hier von der ersten Zeitschrift zu sprechen, »die mit dem Willen zur Selbständigkeit und Unabhängigkeit Ernst macht« (Thyssen S. 77), erscheint daher auch etwas überzogen.

Von den Herausgebern, die beide zu Gottscheds Leipziger Schülerkreis gehörten und schon an seinen »Critischen Beyträgen« und den »Belustigungen« mitgearbeitet hatten, war Mylius offenkundig der Hauptredakteur, während sich Cramer nach anfänglicher eifriger Unterstützung nach und nach mehr dem Kreis um die »Bremer Beiträge« zuwandte und somit eine »Mittelstellung« (Ulbrich S. 195) zwischen den verschiedenen Blättern einnimmt.

Christlob Mylius (1722–1754), der Vetter Lessings und allenfalls noch durch dessen posthume Edition seiner »Vermischten Schriften« (1754) bekannt, verkörpert, wie Ulbrich sagt, »den geborenen Journalisten« (S. 210). Daß damit ein bis heute vielfach gängiges Stereotyp gemeint ist, erkennt man daran, wie Mylius im allgemeinen beschrieben wird: Als eine in Leben und Denken unstete, sorglos-leichtsinnige, oft auch rücksichtslose, zu konzentriertem Schaffen kaum fähige, gleichwohl aber schreibgewandte und der Zeit aufgeweckt begegnende Figur mit einem Hang zur Anpassung aus chronischem Geldmangel. Ulbrich nennt ihn einen »literarischen Handlanger« (S. 144), Trillmich ein »treffliches Werkzeug« (S. 43) für Gottsched. Die Auffassung von Mylius als einem »geborenen Journalisten« ist auch kaum zu entkräften angesichts der zahlreichen Blätter, die er in seinem kurzen Leben herausgegeben, selbst verfaßt oder an denen er mitgewirkt hat.

Außer später noch zu erwähnenden literarischen Zeitschriften gab er die Moralischen Wochenschriften »Der Freygeist« (1745), »Der Naturforscher« (1747/48) und »Der Wahrsager« (1749) heraus, wobei das letztgenannte Blatt wegen seines Verbots denkwürdig ist, das zur Wiederherstellung der Zensur in Preußen führte und derentwegen Mylius »in der Geschichte der preußischen Presse eine größere Rolle [spielt], als ihm nach seiner literarischen Bedeutung gebührt«. (Buchholtz S. 32) Hinzukamen weitere Journale, die entweder philosophisch (»Philosophische Untersuchungen und Nachrichten von einigen Liebhabern der Weisheit«, 1744–1746) oder, der besonderen Neigung des Verfassers gemäß, naturwissenschaftlich orientiert waren (so schon »Der Naturforscher«, später die »Physikalischen Belustigungen«, 1751–1753). Auch in diesen Blättern sind manche literarischen Beiträge enthalten. Schließlich war Mylius in Berlin Vorgänger Lessings als Redakteur der »Berlinischen privilegirten Staats- und Gelehrten Zeitung«, der späteren »Vossischen Zeitung«.

In den »Hallischen Bemühungen«, wie die hier angezeigte Zeitschrift meist verkürzt genannt wird, stammt die Mehrzahl der Beiträge von Mylius, zumal in den letzten Stücken. Die Anteile der beiden Herausgeber und Hauptverfasser haben E. Thyssen (S. 169 ff.) und R. Trillmich (S. 129 ff.) unabhängig voneinander zu klären versucht, wobei sie in einer ganzen Reihe von Fällen zu unterschiedlichen Zuweisungen kamen. Nur wenige Artikel sind von anderen Autoren verfaßt, z. B. von C. N. Naumann, vielleicht auch von A. G. Kästner und J. J. Schwabe. Die schärfsten Beiträge zum Literaturstreit, so ist anzunehmen, hat aber Mylius selbst geliefert.

Dabei erklärte man sich in der Vorrede zum ersten Heft, das im Juli 1743 herauskam, »fest entschlossen, unpartheyisch zu seyn, und von unsern Meynungen und Urtheilen jederzeit Grund anzugeben«. (1743, I, S. 16) Es sieht nach einer vermittelnden Stellung aus, wenn es heißt, die Schweizer Kunstrichter und Gottsched seien »in eine, der Critik nachtheilige, Uneinigkeit gerathen«, obwohl »die schweizerischen Schriften von der Poesie mit der Gottschedischen Dichtkunst in einem Schranke hätten beysammen stehen können, ohne daß eine Schlacht unter ihnen würde vorgefallen seyn« (ebda. S. 12). Man will sich bemühen, der Kritik jenseits bloßer »Buchstäbeley« (ebda. S. 7) jene neue Würde zu verschaffen, die die einleitende, von uns bereits in Bd. I zitierte programmatische »Abhandlung in welcher der Begriff der Critik bestimmet wird« entwickelt. Konstitutiv für die Kritik ist die Anwendung von Regeln, die ihr vernünftige Gründe an die Hand geben: »Wir sind entschlossen, angefochtene Schönheiten zu vertheidigen, geschützte Fehler aber nach der Vorschrift der Critik zu verdammen.« (ebda. S. 15) Daß diese Vorschriften, deren Befolgung zur Bildung von Verstand, Beurteilungskraft, Witz und Geschmack führt, im wesentlichen der »Critischen Dichtkunst« Gottscheds, des »Hauptbeförderers der deutschen Critik« (ebda. S. 11), entstammen, zeigt sich im Reflex auch daran, daß sich die Herausgeber in der Vorrede zum zweiten Band gezwungen sehen, den an sie ergangenen Vorwurf, sie seien »Erzgottschediander«, ausdrücklich zurückzuweisen. Man wehrt sich gegen die Annahme, Gottsched und Schwabe seien selbst die Verfasser, »als ob sie in Deutschland die einzigen Kunstrichter wären«, wo doch »bey noch mehreren Deutschen ein guter Geschmack und eine gesunde Critik anzutreffen ist«. (1744, IX, S. 10) Diese Distanzierung kündigt zugleich einen im zweiten Band der »Bemühungen« erkennbaren literarischen Gesinnungswandel an.

Denn zunächst hatte man, entgegen der versprochenen Unparteilichkeit, schon bald scharfe Angriffe gegen die Schweizer und ihre Literaturauffassung gerichtet. In der laufenden Rezension von Bodmers und Breitingers Journal »Sammlung critischer, poetischer und anderer geistvollen Schriften« wird der Vorwurf eines verderbten Geschmacks und unkultivierten Stils im Theoretischen erhoben, wie er praktisch in der strengen Kritik an der Lyrik des Schweizers Albrecht von Haller exemplifiziert wird, den Gottsched wegen seiner »dunklen« Schreibart bekämpfte und an dessen Hochschätzung sich der Abfall der jüngeren Dichtergeneration besonders deutlich zeigte. Hinzukommen in den »Bemühungen« kritische Gefechte gegen die Feinde Gottscheds in Deutschland selbst, insbesondere gegen den Satiriker Chr. L. Liscow, der in seiner »Vorrede« zur neuen »Longin«-Übersetzung C. H. Heineckes Gottsched und die »Belustigungen« entschieden abqualifiziert hatte. Gegen ihn wird nun die Anklage des Plagiats erhoben. Von Berlin aus antwortete Immanuel Pyra auf die in den »Bemühungen« enthaltene Haller-Kritik mit seinem »Erweis, daß die G⁺ttsch⁺dianische Sekte den Geschmack verderbe« (1743), was eine Erwiderung der attackierten Zeitschrift und eine »Fortsetzung des Erweises« (1744) von Pyra hervorrief.

Neben den oft polemischen Beiträgen zum literaturpolitischen Streit bringen die »Hallischen Bemühungen« auch maßvollere, sachliche Abhandlungen zur Theorie der Kritik und des Kunstrichtertums, zur Pflege der Literatur in der Muttersprache, zum Übersetzungsproblem, zur Bedeutung des Reims im Drama usw. Das Altertum sowie die französische und englische Literatur treten gelegentlich ins Blickfeld der Aufmerksamkeit. Hinzukommen schließlich einige wenige poetische Stücke, vor allem Fabeln, anakreontische und panegyrische Oden, auch moralisierende Erzählungen und Lehrgedichte. Der 1744 einsetzende, bereits in der Vorrede und einem anschließenden (fingierten) Brief sichtbar werdende literarische Gesinnungswandel zeigt sich am deutlichsten in der veränderten Beurteilung des inzwischen verstorbenen Pyra. Mag man mit gutem Willen den Grund für diesen Wandel darin sehen, daß Mylius inzwischen »zu einer selbständigen Persönlichkeit herangereift war« (Thyssen S. 51), so scheint er gleichzeitig doch sein Interesse an der Zeitschrift verloren zu haben, denn diese nahm bis zu ihrem Ende 1747 »einen schleppenden Zug« (ebda. S. 52) an.

Literatur: Vgl. *Gustav Waniek* (1897); *Franz Ulbrich* (1911); *Arend Buchholtz:* Die Vossische Zeitung. Geschichtliche Rückblicke auf drei Jahrhunderte. Berlin 1904. – *Erwin Thyssen:* Christlob Mylius. Sein Leben und Wirken. Ein Beitrag zur Kenntnis der Entwicklung der deutschen Kultur, besonders aber der deutschen Literatur in der Mitte des 18. Jahrhunderts. Diss. Marburg 1912. – *Rudolf Trillmich:* Christlob Mylius. Ein Beitrag zum Verständnis seines Lebens und seiner Schriften. Diss. Halle 1914.

NEUE BELUSTIGUNGEN DES GEMÜTH[E]S
1745

Hrsg.: Christian Nikolaus Naumann
Erscheinungsweise: monatlich (= Stück 1–6)
Hamburg, Leipzig: Martini
Umfang: 6 Bogen
Bibliographischer Nachweis: Diesch Nr. 581 aN; Kirchner (1932) Nr. 675; Kirchner (1969) Nr. 4891
Standort: Fürst Thurn und Taxis Hofbibliothek Regensburg (Sign.: B. L. 141)

DER LIEBHABER DER SCHÖNEN WISSENSCHAFTEN
1747–1748

Hrsg.: Christian Nikolaus Naumann
Erscheinungsweise: zweimonatlich (z. T. Doppelstücke)
Jena: Cuno
Umfang: 6 Bogen
Bibliographischer Nachweis: Diesch Nr. 607; Kirchner (1932) Nr. 705; Kirchner (1969) 5226
Standort: Herzog August Bibliothek Wolfenbüttel (Sign.: P 1877 d Helmst 8°)

DER SCHRIFTSTELLER NACH DER MODE
1748–1749

Hrsg.: Christian Nikolaus Naumann (?)
Erscheinungsweise: monatlich (= zwei Bände zu je acht Stück)
Jena: Güth
Umfang: 5 Bogen
Bibliographischer Nachweis: Diesch Nr. 614 aN; Kirchner (1932) Nr. 707; Kirchner (1969) Nr. 5228
Standort: Niedersächsische Staats- und Universitätsbibliothek Göttingen (Sign.: Scr. var. arg. II 2376)

Hatte das neue, literarisch-publizistische Konzept von Schwabes »Belustigungen des Verstandes und des Witzes« zunächst keine unmittelbare Konkurrenz gefunden, so kam es nach ihrer Einstellung und der Abzweigung der »Neuen Beyträge zum Vergnügen des Verstandes und Witzes« alsbald zu weiteren Nachahmungen, deren Titel schon diese Affinität verraten und die diese in einen eigenen Erfolg umzumünzen suchten. Mit mehreren literarischen Blättern steht Christian Nikolaus Naumann (1720–1797) in dieser Nachfolge.

Der aus Bautzen stammende Naumann hatte zunächst Jura studiert, wandte sich aber vor allem seit seiner zweiten Leipziger Zeit und nach der Übersiedlung nach Jena (1748) verstärkt literarisch-schöngeistigen Interessen zu. Dabei fand er auch zu Gottsched Zugang, gehörte dann aber einem Freundeskreis mit Lessing, Mylius und Ossenfelder an, in dem man sich nicht nur zur Übung der anakreontischen Muse anregte, sondern in dem auch eine Reihe von Zeitschriften ihren Ursprung haben. Mit seinen »Scherzhaften Gedichten nach dem Muster des Anacreon« (1743) folgte Naumann der reimlosen anakreontischen Schreibart Gottscheds. Im Jahre 1746 kam sein Schäferspiel »Die Martinsgans« heraus und 1752 das Heldengedicht »Nimrod«, das den Verfasser, wie Franz Muncker urteilte, als »absolut unfähigen Nachfolger Klopstocks« (S. 304) erweist. Außer den genannten Zeitschriften hat Naumann auch eine Moralische Wochenschrift »Der Vernünftler« (1754) herausgegeben und an weiteren Blättern mitgearbeitet, so an Mylius' Wochenschriften »Der Freygeist« (1745) und »Der Naturforscher« (1747/48) sowie später am »Critischen Sylphen« (1752).

Als Absicht der »Neuen Belustigungen des Gemüths« wird in der Vorrede angegeben, »die eigentliche Anmuth der deutschen Dichtkunst und Beredsamkeit auch denjenigen Lesern recht empfindlich und begreiflich zu machen, die selber niemals einen Versuch gethan haben, durch Erlernung und Ausübung dieser freyen Künste sich eine nutzbare Gemüthsbelustigung zu verschaffen«. (1745, I, S. 4) Das Journal ist der poetischen Produktion gewidmet, d. h. man will beim Leser »durch keine critischen Klag- und Verteidigungsschriften seine Geduld auf die Probe« (S. 5) stellen. Doch wird Gottsched in gereimten Sendschreiben als unverdient geschmähter Vater der deutschen Dichtkunst gepriesen. Ein Huldigungsgedicht ist auch an den Herausgeber der »Belustigungen« gerichtet. Überdies werden einzelne Beiträge aus Schwabes Monatsschrift fortgesetzt oder parodiert, eine scheinbare Kontinuität suggerierend, was deren ehemalige Mitarbeiter veranlaßte, sich von dem neuen Unternehmen zu distanzieren. Naumanns Zeitschrift, die er großenteils vermutlich selbst verfaßt hat, bietet, ähnlich wie das publizistische Vorbild, eine wechselnde Zusammenstellung der verschiedensten kleineren literarischen Gattungen, so Oden, Schäfergedichte, Elegien, Lehrgedichte, Fabeln, Satiren, Parodien sowie scherzhafte und moralisierende Erzählungen. In den Themen, in der Staffage dieser Poesie, in ihrem Gehalt und ihrer ästhetischen Form bleibt sie in den zeittypischen Bahnen der Anakreontik und Rokokodichtung. Allerdings gehört Naumann hier eher zu den zweitrangigen, mehr akademischen als witzigen Vertretern dieser Poesie, was Herbert Zeman von »wahrlich ungelenken, verdrehten und die Themen nicht sehr glücklich auswählenden, manchmal krass parodierenden ... Stücken« (S. 222) sprechen läßt.

Im »Liebhaber der schönen Wissenschaften« tritt dagegen wieder stärker das kritische Element in den Vordergrund. Schon die Zueignungsschrift ist an die Verfasser der Greifswalder »Critischen Versuche zur Aufnahme der deutschen Sprache« gerichtet. Dem Programm nach soll es sich um jene dritte, mittlere Zeitschriftengattung handeln: »Die Erfahrung lehrt, daß die Deutschen derjenigen Monathschriften, die einfach und durch und durch kritisch sind, bey nahe überdrüßig zu werden anfangen: Deßwegen sind wir auf eine wohlgeordnete Vermischung der theoretischen Stücke mit den practischen bedacht gewesen, damit wir die Trockenheit vermeiden...« (1747, I, Vorrede) Der Titel der Zeitschrift ist sowohl auf die Autoren wie auf die Leser gemünzt, von denen vor allem zwei Gruppen ins Auge gefaßt werden und »worunter die ersten Kunstrichter, die andern blosse Liebhaber der Kunst« (ebda.) sind. Ist die erste Gruppe »ohnzweifel die vollkommenste« (ebda.), so die zweite umso zahlreicher.

Was die Kritik betrifft, so will der Herausgeber den deutsch-schweizerischen Literaturkonflikt nicht neu schüren: »nachdem die Völker der bisher im Streit verwickelten Partheien so zu sagen in die Winterquartiere gegangen sind: so würde es wenig nach sich ziehn, wenn man von neuen blinden Lärmen machen, oder zu unglüklichen Scharmützeln Anlaß geben wollte.« (ebda.) Rezensiert werden sowohl poetische Werke wie z. B. J. W. L. Gleims »Versuch in scherzhaften Liedern« (1745) und J. E. Schlegels »Theatralische Werke« (1747), aber auch theoretische Schriften wie die »Critischen Briefe« (1746) der Züricher Kunstrichter. Vor allem aber werden gleichzeitig erscheinende literarische Zeitschriften besprochen und geprüft. In der literarischen Fehde zwischen Gottsched und den

Schweizern wird eine vermittelnde Position gesucht. Dem Deutschen werden durchaus Schwächen angekreidet, während die Verdienste Bodmers und Breitingers anerkannt, ihre polemische Schärfe aber abgelehnt wird. Auch die innerdeutsche Sezession von Gottsched findet Zustimmung, ist doch, wie es im Hinblick auf die Bremer Beiträger heißt, »die kleine Uneinigkeit zwischen ihnen und dem Herausgeber der älteren Belustigungen so nüzlich für die Ausbreitung des guten Geschmaks geworden« (1747, II, S. 174). Außer den kritischen Beiträgen und einzelnen thematischen Abhandlungen enthält die Zeitschrift ähnliche poetische Stücke wie die »Neuen Belustigungen des Gemüths«. Mehrere Mitarbeiter haben Naumann unterstützt, so C. F. Neander, J. F. Löwen und andere, nach den Chiffren allein nicht identifizierbare Autoren.

Während die Herausgeberschaft Naumanns bei den beiden bisher genannten Zeitschriften gesichert ist, war der »Schriftsteller nach der Mode« offenbar stärker ein Gemeinschaftswerk. Joachim Kirchner erklärt in seiner Bibliographie (1932, Nr. 707) jedoch Naumann zum Herausgeber. Doch die Vorrede ist von Christlob Mylius verfaßt, der außer Naumann, M. Agricola, G. A. Junghanns, H. A. Ossenfelder und G. W. Strauß auch eine Reihe von Beiträgen geliefert hat. Daß der Titel in der jüngst geschaffenen Zeitschriftentradition steht, macht die Vorrede klar: »Wenn die Moden Gesetze sind, welchen ein jeder, der mit andern gesellig zu leben für nöthig hält, nachkommen muß: so wird man billig seyn, und es der Ehrfurcht, welche wir gegen dieses Gesetz hegen, zuschreiben, daß wir uns, als Schriftsteller, auch nach der Mode, welche itzt durchgängig im Reiche der Schriftsteller herrscht, richten, und eine Monatschrift herauszugeben anfangen, deren Einrichtung man am vollkommensten durch den bey dergleichen Schriften gewöhnlichen Ausdruck, sie ist, wie die Belustigungen, zu verstehen giebt.« (1748, I, Vorrede) Selbst das unregelmäßige Erscheinen wird später als Modeerscheinung entschuldigt. Man wünscht sich den Namen »galanter Schriftsteller« (ebda.), weil »man gemeiniglich diejenigen, welche sich im gemeinen Leben nach der Mode richten, galant nennet« (ebda.). Zwar bietet die Zeitschrift auch einige naturkundliche und philosophisch-moralisierende Beiträge, dazu einen »Beweiß, daß die Critik einen starken Einflus ins gemeine Leben hat«. Doch überwiegend handelt es sich um poetische Stücke verschiedener Gattungszugehörigkeit, welche die typischen Themen und Gestaltungsformen der anakreontisch tändelnden Poesie variieren.

Joachim Kirchner gibt auch die 1750 von Christian Nikolaus Naumann edierten »Nacheifrungen in den zierlichen Wissenschaften herausgegeben von einigen Mitgliedern der Deutschen Gesellschaft zu Jena« als Zeitschrift aus (1932, Nr. 711). Von dieser Publikation ist jedoch nur ein Stück nachweislich erschienen, in dem jeder Hinweis auf eine geplante periodische Folge fehlt. Das Werk, an dem die Gesellschaftsmitglieder F. A. Consbruch, J. P. Heinrich und J. W. Schubert teilnahmen, bleibt deshalb – mehr Anthologie als Journal – hier außer Betracht.

Naumanns Zeitschriften sind typische Beispiele der Nachahmung und Popularisierung. Er hat mit ihnen zur Verbreitung der anakreontischen Poesie beigetragen, so daß nur so weit, wie man sich an den »zentralisierenden Organen« orientiert, Franz Munckers kritisches Urteil gerechtfertigt ist: »Selbständige Einfälle sucht man in seinen Zeitschriften vergebens; ein selbständiges Verdienst läßt sich in ihnen so wenig wie in einer von seinen übrigen literarischen Leistungen zusprechen.« (S. 303)

Literatur: Vgl. *Herbert Zeman* (1972); *Franz Muncker,* in: ADB 23, S. 302 ff.; *Georg Witkowski:* Geschichte des literarischen Lebens in Leipzig. Leipzig, Berlin 1909.

Ermunterungen zum Vergnügen des Gemüths
1747–1748

Hrsg.: Christlob Mylius
Erscheinungsweise: unregelmäßig (Stück 1–8 = erster Band, Stück 9)
Hamburg: Martini
Umfang: 5 Bogen
Bibliographischer Nachweis: Diesch Nr. 605; Kirchner (1932) Nr. 682; Kirchner (1969) Nr. 5224
Standort: Universitätsbibliothek Erlangen (Sign.: Ztg. IV, 26)

Auch bei dieser Zeitschrift verrät schon der Titel, daß sie noch im Gefolge der »Belustigungen« steht. Nachdem neben Christlob Mylius früher auch Gottlieb Fuchs als Herausgeber genannt wurde, hat man später einen Magister Agricola als solchen namhaft gemacht. Sie haben beide zumindest eigene Arbeiten zu dem Journal beigesteuert. Die meisten Beiträge stammen jedoch von Mylius selbst. Denkwürdig ist das Blatt aber vor allem, weil der 1746 zum Studium nach Leipzig gekommene Gotthold Ephraim Lessing (1729–1781) hier vom vierten bis siebten Stück seine ersten poetischen Proben veröffentlicht hat. Dabei handelt es sich einmal um mehrere lyrische Versuche in anakreontischer Manier, mit denen er sich den herrschenden Dichtungsnormen anschließt, die er jedoch bald durch besondere Meisterschaft überwindet. Zum anderen findet sich im siebten Stück sein Lustspiel »Damon oder die wahre Freundschaft«, ein jugendliches Gesinnungsdrama mit komödiantischer Entlarvung.

Damit die Vorrede, wie es ironisch heißt, die gehörige Länge bekomme, wird darin eine Bestimmung des Begriffs der schönen Wissenschaften und freien Künste unternommen. Im Unterschied zu den auch in anderen wissenschaftlichen Disziplinen entwickelten Kräften der »Beurteilungskraft« (kritisches Prinzip) und des »Gedächtnisses« (historisches Prinzip) kommt hier als Drittes hinzu, »daß bey allem dem, was wir schöne Wissenschaften und freye Künste nennen, der Witz das meiste thut«. (1747, I, Vorrede) Mit »Witz« ist damit erneut jenes zentralisierende Prinzip aufgerufen, unter dem die Literatur und das literarische Zeitschriftenwesen um die Mitte des 18. Jh.s gleichermaßen stehen. Er ist das eigentliche Medium der literarischen Reflexion und Produktion, wobei die »freyen Künste die Ausübung der schönen Wissenschaften« (ebda.) darstellen und somit Theorie und Praxis auch begrifflich unterschieden sind.

Mylius' eigene Beiträge zu der Zeitschrift behandeln sowohl in poetischer wie in prosaischer Form z. T. wiederum Themen aus der Naturlehre, z. T. aus dem moralischen Bereich menschlicher Schwächen und Torheiten. Hinzukommen Widmungsgedichte und physikalische Anmerkungen bzw. Nachrichten. Der Aufsatz »Beweis, daß die Schauspielkunst eine freye Kunst sey« im achten Stück weist bereits auf die wenig später gemeinsam mit Lessing veranstaltete Theaterzeitschrift hin (vgl. S. 64). Mag in dieser Ehrenrettung der Schauspielkunst noch die Anregung durch die »Deutsche Schaubühne« des einstigen Leipziger Lehrers mitspielen, so »wächst Mylius«, wie Rudolf Trillmich in anderem Zusammenhang sagt, »mit seiner Auffassung der Poesie weit über Gottsched hinaus«. (S. 70)

Bei Gelegenheit der »Ermunterungen« scheint es angebracht, auch kurz auf die gleichzeitige Zusammenarbeit von Mylius und Lessing an dessen »Naturforscher« (1747/48) hinzuweisen. Zwar handelt es sich hier um eine Moralische Wochenschrift, zudem mit primär naturkundlicher Zielsetzung. Doch einerseits zeigen sich erhebliche Abweichungen vom üblichen Schema der Wochenschriften, zum anderen blieb das Blatt inhaltlich nicht auf die genannte Thematik beschränkt. Entgegen dem traditionellen publizistischen Gattungsstil wird die Einkleidung in einen fiktiven Brief aufgegeben. In sorgfältiger redaktioneller Anordnung werden Abhandlungen, Briefe und poetische Beiträge mitgeteilt. Zudem muß man sich vorstellen, daß zur damaligen Zeit Naturwissenschaft und Poesie nicht als Gegensätze, sondern als Ganzheit erlebt und begriffen werden konnten, die dann erst die zunehmende Spezialisierung zerrissen hat. So konnten auch theoretische Beiträge aus der Naturlehre, bevorzugt in populärwissenschaftlicher Art verfaßt, mit poetischen Versuchen zum gleichen Gegenstand verbunden werden. Durch die lyrischen Beiträge Lessings, den Mylius in der Ausgabe vom 19. August 1747 als »anakreontischen Freund« einführte, folgte der »Naturforscher« neuen Gestaltungsprinzipien: »Mylius und Lessing intensivierten den Zusammenhang zwischen den lehrhaften Prosastellen und den scherzhaften nachfolgenden Gedichten. Das Gedicht parodiert den vorausgegangenen ernsthaften naturwissenschaftlichen Gehalt, es wurde zum literarischen Spaß. Die Scherze der Lessingschen Lieder werden daher in allen Nuancen erst im Kontrast mit den parodierten Stellen offenbar... Für die Wochenschriften erzielte man einen künstlerischen Gewinn: sie wirkten mehr durchkomponiert als andere zeitgenössische Zeugnisse dieses Genres.« (Zeman S. 233)

Literatur: Vgl. *Erwin Thyssen* (1912); *Rudolf Trillmich* (1914); *Herbert Zeman* (1972); *Gottlieb Mohnike:* Lessingiana. Leipzig 1843. – *Erich Schilbach:* Lessing als Journalist. Diss. München 1953.

2. Die Zeitschriften der Kritiker und Gegner Gottscheds

Schon bei den zuvor beschriebenen Zeitschriften aus dem Umkreis Gottscheds zeigte sich mehrfach, daß die Herausgeber wie die beteiligten Autoren mit der Zeit zunehmend von der anfangs übermächtigen Figur des literarischen Lehrmeisters Abstand zu gewinnen und, wenn nicht eine selbständige, so doch eine vermittelnde Stellung einzunehmen suchten. Dies gilt sowohl für die persönlichen Beziehungen als auch für die literarische Programmatik und poetische Produktion. Im Unterschied zu den Blättern, die eine derartige Befreiung erst allmählich erreicht haben, stehen die im folgenden aufgeführten Zeitschriften von Beginn an in Opposition zu Gottsched oder sind sogar ausdrücklich als Organe solcher Opposition gegründet worden. In erster Linie trifft dies auf die Zeitschriften Johann Jakob Bodmers (1698–1783) und Johann Jakob Breitingers (1701–1776), der Gegner im deutsch-schweizerischen Literaturstreit, zu. Hierher gehören aber auch die aus den »Belustigungen des Verstandes und des Witzes« hervorgehenden, im deutlichen Bruch mit Gottsched konzipierten »Neuen Beyträge zum Vergnügen des Verstandes und Witzes«, sowie schließlich publizistische Organe der ihm in anderen literarischen Zentren Deutschlands erwachsenen Kritiker.

Wenn diese Journale hier gewissermaßen ex negativo, im Kontrast zu Gottsched klassifiziert und charakterisiert werden, so darf man dabei nicht übersehen, daß in ihnen die eigentlich vorwärtsweisenden literargeschichtlichen Antriebe artikuliert werden. Im Theoretischen ist dies mehr in der Dichtungslehre der Schweizer der Fall, im Produktiven mehr bei den Mitarbeitern der »Bremer Beiträge«, die zu Klopstock überleiten und damit schon dem Sturm und Drang und der Empfindsamkeit den Weg bereiten. Fraglos wird wenig später auch Lessing zu einem entschiedenen poetischen wie publizistischen Gegner Gottscheds. Doch sein Beitrag zum literarischen Journalismus läßt sich zureichend kaum mehr ex negativo beschreiben, so daß er hier auch zum Zentrum eines eigenen Kapitels wird.

Ähnlich wie bei Gottsched hat man es auch bei J. J. Bodmer und J. J. Breitinger, die großenteils eine enge Werkgemeinschaft bildeten, mit einer Vielfalt literarisch-wissenschaftlicher Bemühungen zu tun, einem »Bündel von disparaten Elementen« (W. Bender S. 22). Ihr publizistisches Schaffen bleibt ebenfalls nicht auf die literarisch-kritische Zeitschrift beschränkt. Als Organ der im Frühjahr 1720 von jungen Züricher Gelehrten gegründeten »Gesellschafft der Mahler« erschienen 1721 bis 1723 »Die Discourse der Mahlern«, eine der ersten deutschsprachigen Moralischen Wochenschriften nach englischem Vorbild. Die einzelnen Nummern wurden fast ausschließlich von Bodmer, Breitinger oder beiden zusammen verfaßt. Eine vermehrte und teilweise umgearbeitete Neuauflage des gemeinsamen Werks erschien 1746 unter dem Titel »Der Mahler der Sitten«. Von weiteren, unrealisierten Plänen auf dem Gebiet der Moralischen Wochenschrift wird berichtet. Als periodisches Organ für ihre historischen und politisch-archivalischen Studien begründeten die beiden Freunde 1735 die »Helvetische Bibliothek«, die jedoch alsbald sehr unregelmäßig erschien, das letzte Heft 1741.

Zu diesem Zeitpunkt hatte sich der literaturpolitische Streit mit Gottsched so weit zugespitzt, daß Bodmer und Breitinger ein literarkritisches Journal als Forum für die Verbreitung und Verteidigung ihrer Ansichten notwendig erschien: Es kam zur Gründung der »Sammlung critischer, poetischer, und anderer geistvollen Schriften«. Allerdings haben schon die »Discourse der Mahlern«, gemäß den Gattungsmerkmalen der Moralischen Wochenschriften, außer Religion, Erziehung, vernünftiger Lebensführung und gesellschaftlich-tugendhaftem Verhalten auch Literatur und Sprache als Themen in die Betrachtung einbezogen, es wurden, wie Helga Brandes feststellt, »zwar alle wichtigen literaturtheoretischen Fragen angesprochen, jedoch nicht selten unsystematisch, essayistisch, rhapsodisch«. (S. 112) Erst spätere Arbeiten bringen die diskursive Ausformulierung dieser frühen Ansätze. Der Geschmackswandel wird besonders deutlich beim Vergleich zwischen der Erstauflage und dem »Mahler der Sitten«. Denn selbst dieses Organ ließ sich aus dem Konflikt mit Gottsched und seinen Parteigängern kaum heraushalten. Die grundlegenden Auffassungsunterschiede in der Literaturtheorie treten unverkennbar hervor: Befreiung von einer schematischen Auslegung des Prinzips der Nachahmung des Wahrscheinlichen, Betonung der Phantasie, des Wunderbaren, des Gefühls, Berechtigung einer machtvollen, auch affektgeladenen Sprache, die Wertschätzung der Lyrik Albrecht von Hallers und die Verehrung John Miltons.

Dabei hatte zunächst eine freundschaftliche Beziehung zwischen Gottsched und den Schweizern bestanden, zumal die gemeinsamen Bemühungen um eine Sprach- und Literaturreform auch gleichgerichtete Elemente enthielten. Bodmer hatte sogar einen Aufsatz für die Leipziger »Critischen Beyträge« bereitgestellt, seine Übersetzungsarbeit war dort auch anerkannt worden. Doch seit Ende der dreißiger Jahre kam es zunehmend zu Spannungen und, bei beiderseitiger Empfindlichkeit, alsbald zur Entfremdung. Das letzte Schreiben des Briefwechsels stammt vom 30. Oktober 1739. Daß die sich zuerst in versteckter Kritik ankündigende Rivalität zum offenen Bruch führte, hat man auch darauf zurückgeführt, daß Gottscheds Stellung in Leipzig selbst durch den Austritt aus der »Deutschen Gesellschaft« und durch die Auseinandersetzungen mit der Theatertruppe der Neuberin schon geschwächt war. Drei grundlegende, seit längerem vorgezeichnete Schriften der Schweizer brachten 1740 den letzten Anlaß zum Konflikt: Bodmers »Abhandlung von dem Wunderbaren in der Poesie«, Breitingers »Critische Dichtkunst« und dessen »Critische Abhandlung von der Natur, den Absichten und dem Gebrauche der Gleichnisse«. Gottsched sah damit nicht nur die mit seiner eigenen »Critischen Dichtkunst« (1730) beanspruchte Autorität eines poetischen Zuchtmeisters der Deutschen bedroht, sondern er erkannte auch die seinem eigenen, streng rationalen System der Poetik entgegenlaufenden Bestrebungen. Der Streit, der durchaus einen sachlichen Kern hatte, entwickelte sich dann zum Modellfall eines schließlich sehr ins Persönliche gehenden literaturpolitischen Machtkampfes. Ohne den weithin polemischen Stil zu legitimieren, hat man das historische Recht in dieser Auseinandersetzung später so gut wie durchgängig bei den Schweizern gesehen, ohne daß diese von manch ebenfalls spöttischer Kritik – etwa an Bodmers eigenen Epen und Dramen – verschont blieben.

Angesichts der weitreichenden, die jeweiligen Schüler oder Anhänger mit einbeziehenden Polarisierung des literaturpolitischen Kraftfeldes zwischen Leipzig und Zürich lassen sich auch die anderen zeitgenössischen literarischen Zeitschriften kaum anders als im Rahmen dieser Konstellation beschreiben. Dialektisch bleiben auf sie auch die Blätter bezogen, die sich um eine Vermittlung oder Überwindung der Gegensätze bemühten. Wenngleich nicht immer explizit sichtbar, so ging eine Abwendung von Gottsched zumeist mit einer Öffnung gegenüber poetischen Prinzipien einher, die von den Schweizern formuliert waren. Bei allem Bemühen, sich Gottscheds negativierenden, kritisch-polemischen Gefechten zu entziehen und an ihre Stelle die »positive« Produktion zu setzen, sind die poetischen Errungenschaften des Kreises um die »Neuen Beyträge zum Vergnügen des Verstandes und Witzes« kaum denkbar ohne die befreiende poetologische Wegweisung der Schweizer.

Literatur: Friedrich Braitmaier: Geschichte der poetischen Theorie von den Diskursen der Maler bis auf Lessing. Bd. 1. Frauenfeld 1888. – *Hans Bodmer:* Die Gesellschaft der Maler und ihre Diskurse 1721–23. Diss. Zürich 1895. – *Martin Hürlimann:* Die Aufklärung in Zürich. Die Entwicklung des Zürcher Protestantismus im 18. Jahrhundert. Leipzig 1924. – *Herbert Schöffler:* Das literarische Zürich 1700–1750. Frauenfeld, Leipzig 1925. – *ders.:* Der Anruf der Schweizer. In *H. S.:* Deutscher Geist im 18. Jahrhundert. Essays zur Geistes- und Religionsgeschichte. Göttingen 1956. S. 7–60. – *Carl Ludwig Lang:* Die Zeitschriften der deutschen Schweiz bis zum Ausgang des 18. Jahrhunderts (1694–1798). Leipzig 1939. – *Wolfgang Bender:* Johann Jakob Bodmer und Johann Jakob Breitinger. Stuttgart 1973. Dort auch ausgiebig weitere Literatur. – *Helga Brandes:* Die »Gesellschaft der Maler« und ihr literarischer Beitrag zur Aufklärung. Eine Untersuchung zur Publizistik des 18. Jahrhunderts. Bremen 1974.

Sammlung critischer, poetischer, und anderer geistvollen Schriften, zur Verbesserung des Urtheils und des Wizes in den Wercken der Wolredenheit und der Poesie
1741–1744

Hrsg.: Johann Jakob Bodmer, Johann Jakob Breitinger
Erscheinungsweise unregelmäßig bis fünf mal pro Jahr (= 16 Stück)
Zürich: Orell & Comp.
Umfang: 6–14 Bogen
Bibliographischer Nachweis: Diesch – –; Kirchner (1932) Nr. 798; Kirchner (1969) Nr. 4390
Standort: Universitätsbibliothek Basel (Sign.: AL V^h 19–22)

Daß diese Zeitschrift als ein ausdrücklich gegen Gottsched und seine Schule gerichtetes literarisches Organ gedacht war, machen schon die ersten Sätze der Vorrede deutlich. Darin werden zunächst jene Kunstrichter und Leser in Deutschland angesprochen, die »in den Urtheilen dieser kunstverständigen Schweizer nicht willkürliche Aussprüche, sondern die Stimme der Vernunft« (1741, I, Vorrede) entdecken, die sich aber angesichts des Drucks der herrschenden literarischen Meinung öffentlich nicht zu äußern wagen und somit zu verbergen helfen, daß es auch andere Standpunkte gibt. Hatte Gottsched in der Einleitung zu seinen »Critischen Beiträgen« behauptet, die Bildung des Geschmacks bei den Deutschen sei ein Jahrhundertwerk, in dem man kaum bis auf die Hälfte gekommen sei, so wollen die Schweizer »der Hoffnung, diese allgemeine Verbesserung zum Stande gebracht zu sehen, kein solch entferntes Ziel setzen, das weit über unser Leben hinausreichet«. (ebda.)

Aus diesem Grund, so heißt es weiter, »ist man auf das Vorhaben gefallen, unter dem Titel einer critisch-poetischen Sammlung ein Werk anzufangen, in welchem den Scribenten, die zu unsern Zeiten mit Poesie, Wohlredenheit, Critick, Sprachlehre, umgehen, Lob und Tadel nach Verdienen zugetheilet würde; worinnen die Urtheile nicht auf die veränderlichen Empfindungen, die von Vorurtheilen regiert, und von Gunst, Furcht, Haß, angeschüret werden, sondern auf die beständig gleiche Natur des Menschen, und derselben Verhältniß mit den vorgestellten Gegenständen gesezet wären.« (ebda.)

Vor allem will man die »schlimmen Kunstgriffe« aufmerksam beobachten, mit denen, wie es mit offensichtlichem Bezug auf die Leipziger Clique heißt, versucht werde, »das Monopolium der Poesie und Wohlredenheit fortzuführen«. (ebda.) Für die hier – ebenso wie auf der Gegenseite auch – mehr proklamierte als tatsächlich eingehaltene Vorurteilslosigkeit erscheint den Herausgebern die Schweiz besonders geeignet, einmal wegen ihrer die Aufrichtigkeit und Toleranz begünstigenden politischen Freiheit, zum anderen wegen der »Entfernung dieser Landesgegend von dem Vaterlande der Poeten und Redner« (ebda.), die eine bloß mittelbare, von Affekten freie Begegnung erlaube. Mit dem literarisch-publizistischen Prinzip der Zeit steht die Bevorzugung solcher Beiträge in Einklang, »worinnen der trukene Vortrag der dogmatischen Lehre auf ein muntere Weise belebet wird« (ebda.). Auch die Ergänzung von theoretischem und praktischem Wirken ist beabsichtigt: Außer »critischen, polemischen, und satirischen Schriften wird man bedacht seyn, geschickte Muster in allen Gattungen der Dicht- und Redekunst beydruken zu lassen, damit man nicht nur Regeln sondern auch Exempel gebe«. (ebda.) Statt »blosse Versicherungen von dem Vermögen des Geistes, und des Urtheiles, das die Deutschen noch im Verborgenen besizen«, zu äußern, soll man im folgenden »den Beweiß dessen im Werke und in der That vor Augen sehen«. (ebda.)

Betrachtet man den Inhalt der Zeitschrift unter thematischen Gesichtspunkten, so findet man Aufsätze zur sprachlichen Stilbildung, zur Gattungspoetik (Epos, Fabel, Tragödie), zu literargeschichtlichen, literarkritischen, allgemein ästhetischen und philosophischen Fragen. Da die Beiträge aber überwiegend durch ihre antigottschedianische Tendenz zusammenhängen, kann man sie auch durch die Art ihrer jeweiligen kritischen Funktionalisierung charakterisieren. Dabei zeigen sich in den einzelnen Heften durchaus unterschiedliche Schwerpunkte. Ohnehin kam es in der Logik des Literaturkonflikts dazu, daß in dem Journal schließlich doch die theoretische Diskussion gegenüber der produktiven Exemplifizierung überwog.

Zunächst gibt es unmittelbar und offen gegen Gottsched selbst gerichtete Artikel, etwa der satirische Versuch, die Mängel seiner »Critischen Dichtkunst« zu entschuldigen oder die Kritik an seinem »Cato«-Drama. Mit dem »Complot der herrschenden Poeten und Kunstrichter« wird in der Form des komischen Heldengedichts auf Gottscheds »Dichterkrieg« in den »Belustigungen des Verstandes und des Witzes« geantwortet. Dieses Journal zieht auch sonst allerhand Spott auf sich, weil man mit den Schülern zugleich den Lehrer zu treffen sucht.

Die bevorzugte Zielscheibe unter den Anhängern Gottscheds ist der Fabeldichter D. W. Triller, dessen ursprüngliches Vorwort zu seinen »Neuen Äsopischen Fabeln« (1740), eine einzige Schmähschrift gegen die Schweizer, diesen in die Hände gespielt worden war. In kritisch-satirischer Form wird die Kontroverse mit Triller in mehreren Beiträgen der »Critischen Sammlung« weitergeführt. Dazu gehört z. B. auch das »Echo des deutschen Witzes«, in dem Breitinger mehrere kleine Arbeiten zusammengefaßt hat. Als Kronzeuge für das eigene negative Urteil über die Leipziger Literatenwelt wird der berüchtigte Eleazar Mauvillon mit seinen diskriminierenden Äußerungen in deutscher Übersetzung angeführt.

Andere Beiträge wiederum dienen mehr dazu, die eigenen literarischen Vorstellungen positiv zu entwickeln. Die Milton-Debatte wird fortgeführt, die Grenzen zugelassener Schreibarten erweitert, ein erster Plan zu Bodmers biblischem Epos »Noah« mitgeteilt. Am ehesten frei von der Einbindung in den Literaturstreit, wenn auch nicht ganz losgelöst von dem Bedürfnis nach Selbstlegitimation aus der Tradition, sind die literarhistorischen Abhandlungen. Schon im zweiten Heft unternimmt ein umfangreicher Beitrag »Nachrichten von dem Ursprung und Wachsthum der Critick bey den Deutschen« den Versuch, diesem großen Thema der Zeit die geschichtliche Dimension zu eröffnen. Daß gelegentlich auch ein Beitrag G. F. Drollingers eingefügt ist, ändert nichts daran, daß die vorliegende Zeitschrift im ganzen sonst Bodmer und Breitinger zu Verfassern hat.

Literatur: Vgl. Carl Ludwig Lang (1939); Wolfgang Bender (1973).

Freymüthige Nachrichten von neuen Büchern, und andern zur Gelehrtheit gehörigen Sachen
1744–1763

Hrsg.: Johannes Heidegger (?), Salomon Wolf (?)
Erscheinungsweise: wöchentlich (= zwanzig Bände zu je 52/53 Stück)
Zürich: Heidegger & Comp.
Umfang: 1 Bogen (d. h. acht Seiten Quartformat)
Bibliographischer Nachweis: Diesch Nr. 114; Kirchner (1932) Nr. 800; Kirchner (1969) Nr. 140
Standort: Universitätsbibliothek Erlangen (Sign.: Ztg. IX, 24)

[Forts. u. d. T.]

Wöchentliche Anzeigen zum Vortheil der Liebhaber der Wissenschaften und Künste
1764–1766

Hrsg.: Johannes Heidegger (?), Johann Conrad Füßli (?)
Erscheinungsweise: wöchentlich (= drei Bände zu je 52/53 Stück)
Zürich: Heidegger & Comp. [1766: Füßli & Comp.]
Umfang: abwechselnd 1 bzw. ½ Bogen
Bibliographischer Nachweis: Diesch Nr. 217; Kirchner (1932) Nr. 1545; Kirchner (1969) Nr. 241
Standort: Staatsbibliothek Preußischer Kulturbesitz Berlin (Sign.: Ad 1945)

Nicht ohne Vorbehalte läßt sich dieses über zwei Jahrzehnte hinweg bestehende Zeitschriftenunternehmen im vorliegenden Zusammenhang anführen. Denn einmal gehört es, »wenn auch mit einem kleinen Einschlag gegen die literarische Zeitschrift hin« (Lang S. 42), primär zum Typ der gelehrten Zeitung, wie ihn die Leipziger »Neuen Zeitungen von gelehrten Sachen« (1715 ff.) begründet hatten. Zum anderen ist es fraglich, ob Johann Jakob Bodmer, wie Joachim Kirchner angibt, wirklich der Herausgeber war. Lang zitiert eine briefliche Äußerung Bodmers, wonach der Verleger Johannes Heidegger (1715–1779) selbst die Aufsicht über das Blatt geführt habe, vermutlich zusammen mit dem Teilhaber und Staatsarchivar Salomon Wolf (1716–1777). Dennoch kann als gesichert gelten, daß Bodmer und Breitinger an der Zeitschrift ausgiebig mitgearbeitet haben, ja Lang sagt von ihr, sie sei »ursprünglich ... ausgesprochen Organ des Bodmerkreises« (S. 41) gewesen.

Zumindest im literarischen Teil ist ihr Einfluß anfangs unmittelbar zu spüren: Hier werden nicht nur die Auseinandersetzungen mit Gottsched, sondern auch die eigenen – etwa literargeschichtlichen – Studien gelegentlich fortgeführt. Bemerkenswert sind auch die Breitinger zuzuschreibenden Vorreden zu mehreren Jahrgängen. Darin geht es um grundsätzliche Fragen des literarisch-kritischen Journalismus, für den die Pressefreiheit als unabdingbare Voraussetzung gefordert wird.

In ihrer schematischen Gliederung bietet die Zeitschrift unter den jeweiligen Namen der Publikationsorte überwiegend Anzeigen und Besprechungen der im In- und Ausland herausgekommenen Neuerscheinungen. So wird aus den großen kulturellen Zentren laufend und aus einer Vielzahl anderer Städte gelegentlich berichtet. Die Breite der Themen und Fragestellungen schließt eine gewisse Schwerpunktbildung nicht aus: »Und wie man von diesen Nachrichten keinen Theil der Gelehrsamkeit ausgeschlossen, so hat man sich insbesonder angelegen seyn lassen, die sogenannten schönen Wissenschaften, wohin auch mit Nahmen die Poesie und Beredtsamkeit gehöret, dadurch zu beleuchten« (1744, Vorrede).

Die Quellen des Journals bildeten offenbar die andernorts herausgegebenen gelehrten Zeitungen, aber auch politische Tagesblätter wie z. B. der »Hamburgische Unpartheyische Correspondent«, aus denen Beiträge nachgedruckt wurden. So ist es zu verstehen, wenn es in der (nachgelieferten) Vorrede zum ersten Jahrgang 1744 heißt, »daß diese Nachrichten gröstentheils in denen vornehmsten Städten Deutschlands, in Hamburg, Dresden, Berlin, Göttingen, Leipzig und Franckfurt fabriciert werden, und hiemit den Abgang aller deutschen gelehrten Zeitungen ersetzen können«. Auch Bodmer bestätigt dies gelegentlich mit dem Hinweis, das Blatt sei »aus allen gelehrten Zeitungen compilirt« (zit. nach Lang S. 41) worden. Demnach war hauptsächlich redaktionelle Arbeit notwendig. Doch fehlt es nicht an Originalbeiträgen, nicht nur von Bodmer und Breitinger selbst, sondern auch von anderen Korrespondenten. Die fortgesetzte Gottsched-Kritik scheint jedoch auch aus Deutschland selbst gespeist worden zu sein.

Aus der Vorrede zum zweiten Jahrgang erfährt man, daß »diese Zeitungen im Anfange alleine zum Dienst und Nutzen der gelehrten Schweitz gewiedmet, und den Verkauff inner die Gränzen dieses Landes eingeschranket, in dem gänzlichen Vertrauen, daß unter unsern Landes-Leuten noch wohl so viele Liebhaber von Büchern, die sich um die Geschichte der Gelehrten bekümmern, anzutreffen seyn würden, als zur Absetzung einer kleinen Auflage von Zwei- biß Dreyhundert Exemplarien erforderlich wäre«. In dieser Erwartung sah man sich schon nach dem ersten Jahrgang getäuscht, was jedoch durch ein unerhofftes Interesse »ennert der Bache« (jenseits des Rheins) kompensiert wurde, da »diese Zeitungen außer dem Schweitzerland wider die erste Absicht des Verlegers, bekannt geworden, und eine starke Nachfrage erhalten haben« (ebda.). Merkwürdig ist, daß man diesen Erfolg Gottsched in Leipzig verdanken zu müssen glaubte, dem gegenüber doch die alte Ablehnung weiterbestand. Nicht gerade schmeichelhaft, aber symptomatisch war schon in der ersten Vorrede die Bemerkung über jene Leser, die »eine Gottschedische Wasser-Brühe dem Hallerischen Geschmacke ... weit vorziehen« (1744, Vorrede).

Sieht man von der Vielzahl der in dem Organ angezeigten oder besprochenen gelehrt-wissenschaftlichen Werke ab, unter denen sich noch zahlreiche lateinische Titel finden, und blickt nur auf den literarischen Anteil, so ist die anhaltende Bekämpfung Gottscheds unübersehbar. Dabei wird weiterhin oft weniger sachlich argumentiert als mit persönlichen Verdächtigungen und polemischen Anschuldigungen gearbeitet. So werden etwa Gottscheds Verdienste um die Übersetzung von Bayles »Dictionnaire« herabgemindert, seine »Deutsche Schaubühne« (1741 ff.) und »Deutsche Sprachkunst« (1748) abgewertet. Dies gilt auch für seine Zeitschriften, den »Neuen Büchersaal« und »Das Neueste aus der anmuthigen Gelehrsamkeit«. Daß die Besprechung einiger Stücke des »Büchersaals« mit Formulierungen in einem Brief J. E. Schlegels an Bodmer übereinstimmt, zeigt, daß die Schweizer auch die kritischen Stimmen aus dem Umkreis Gottscheds sammelten. Als Organe der Parteigänger Gottscheds werden die »Belustigungen des Verstandes und des Witzes« ebenso abgelehnt wie die »Bemühungen zur Beförderung der Critik und des guten Geschmacks«. Nicht ohne Hohn dürfte gelegentlich jene Meldung aus Berlin über den offenkundig fingierten Plan eines neuen Journals »Bestürzungen des Geschmacks über die Belustigungen des Verstandes und des Witzes« eingerückt sein. Dagegen werden die »Neuen Beyträge zum Vergnügen des Verstandes und Witzes« trotz gelegentlicher Einwände im einzelnen mit großer Zustimmung verfolgt. Denn die darin sichtbar werdende Abspaltung von Gottsched mußte den Schweizern willkommen sein.

Neben der laufenden Berichterstattung über die zeitgenössischen Zeitschriften – auch die Moralischen Wochenschriften von Mylius' »Freygeist« (1745) bis zu J. A. Cramers »Nordischem Aufseher« (1758–1761) finden Erwähnung –, werden auch beständig die literarischen Neuerscheinungen der Zeit besprochen, von Gleims »Versuch in scherzhaften Liedern«

(1744 ff.) über Klopstocks Kopenhagener »Messias«-Ausgabe zu Gerstenbergs »Tändeleyen« (1759) und Lessings »Fabeln« (1759). Dessen »Briefe, die neueste Litteratur betreffend« (1759 ff.) werden ebenso angezeigt wie zuvor schon die von Mendelssohn und Nicolai herausgegebene »Bibliothek der schönen Wissenschaften und der freyen Künste« (1757 ff.). Wenngleich es sich in diesen Buchanzeigen oft nur oder vorwiegend um Inhaltsangaben ohne weitergehende Reflexion handelt, so unterscheiden sich die Züricher »Freymüthigen Nachrichten« im großen und ganzen von den fast gleich lang bestehenden Rezensionsorganen Gottscheds, daß sie durchaus, wenn auch nicht vorbehaltlos, von den neueren geistigen und literarischen Strömungen der Zeit aufmerksam Notiz nehmen. Dies gilt auch für die ausländische Literatur. Daß die englische Literatur – u. a. Richardson und Thomson – Beachtung findet, überrascht in Zürich nicht. Aber auch die jüngsten Erscheinungen der französischen Literatur werden berücksichtigt, u. a. Rousseaus »Emile« und »Nouvelle Héloise«. Daß die Werke der Schweizer Poeten selbst bevorzugt angezeigt werden, versteht sich. Genannt seien nur der »Mahler der Sitten« (1746), Bodmers erste zwei Gesänge seines »Noah«-Epos (1750), seine literargeschichtlichen Editionen oder die dritte Milton-Übersetzung. Zu den Mitarbeitern der »Freymüthigen Nachrichten« gehörten auch Mitglieder der Züricher »Dienstags-Compagnie«, welche 1751 die Zeitschrift »Crito« herausbrachte (vgl. S. 45).

Als Fortsetzung der »Freymüthigen Nachrichten« erschienen von 1764 bis 1766 die »Wöchentlichen Anzeigen zum Vortheil der Liebhaber der Wissenschaften und Künste«, die jedoch nur das Format und den Umfang der einzelnen Nummern, nicht aber den publizistischen Charakter wechselten. Diesch und Kirchner geben in ihren Bibliographien Johann Conrad Füßli als Herausgeber an, der im dritten Jahrgang als Verleger genannt wird. Zunächst war als solcher aber weiterhin Johannes Heidegger in Erscheinung getreten. Die Vorrede des Verlegers läßt darauf schließen, daß bei diesem die redaktionelle Initiative lag und auch das zutrifft, was schon für die letzten Jahrgänge der »Freymüthigen Nachrichten« gilt: Daß sich Bodmer und Breitinger von diesen inzwischen längst zurückgezogen hatten.

Literatur: Vgl. *Martin Hürlimann* (1924); *Carl Ludwig Lang* (1939).

CRITO
EINE MONAT-SCHRIFT
1751

Hrsg.: Die Dienstags Compagnie
Erscheinungsweise: monatlich Juli bis Dezember (= 6 Stück)
Zürich: Geßner
Umfang: 2 Bogen
Bibliographischer Nachweis: Diesch Nr. 625; Kirchner (1932) Nr. 1127; Kirchner (1969) Nr. 4413
Standort: Württemb. Landesbibliothek Stuttgart (Sign.: Miscell. oct. 525)

Auch bei dieser Zeitschrift gibt Joachim Kirchner in seiner Bibliographie Johann Jakob Bodmer als Herausgeber an. Seitdem aber Robert Faesi das Protokoll der sog. »Dienstags Compagnie« bekannt gemacht hat, wissen wir, daß das Organ aus dem sich hinter diesem Namen verbergenden Kreis junger Züricher Bürger hervorgegangen ist, die sich seit 1750 regelmäßig versammelten, um in einer urbanen Geselligkeit auch literarische Interessen zu pflegen.

Von den siebzehn Gründern sind vor allem zu nennen Johann Caspar Füßli, Salomon Geßner, Johann Caspar Hirzel, Caspar Keller, Johann Heinrich Schinz, Johann Georg Schultheß, Rudolf Ulrich, Rudolf Werdmüller und Salomon Wolf. Auch Bodmer und Breitinger waren, als verehrte Lehrer, Besucher der Zusammenkünfte, ferner als Gäste zeitweise Klopstock und Wieland während ihres jeweiligen Züricher Aufenthalts. Insbesondere die Beziehung zu Klopstock beruhte auf persönlicher Affinität und einer Neigung zur Naturschwärmerei und zum Landleben, das man eifrig aufsuchte und ganz neu als Entfaltungsraum von Geselligkeit empfand. Dabei handelte es sich im Kern der Gesellschaft um Männer, die bürgerliche Ämter und Würden bekleideten oder erstrebten und bei denen »fast aller Schriftstellerruhm ... am Rande ihrer Existenz« (Faesi S. 95) verblieb.

Daß man sich dem literarischen Räsonnement widmete, gehörte hier jedoch wie selbstverständlich zur bürgerlichen Kultur. Im Protokoll der »Dienstags Compagnie« heißt es dazu: »Es fo[r]derte keine Regel etwas von gelehrten, critischen, poetischen oder historischen usw. und eigenen Versuchen oder Übersetzungen in die Gesellschaft zu bringen, aber ohne daß es ein Gesetz war, fand sich doch fast jeden Dienstag einer, der etwas von seiner Arbeit vorlas, dieser ward unpartheyisch, ohne Vorurtheil und freundschaftlich beurtheilt; dadurch ward der schöpferische Geist ermuntert und ausgebessert...« (zit. nach Faesi S. 82 f.) Bei diesen Gelgenheiten mag der Gedanke aufgekommen sein, diesen Interessen nach Art der Zeit durch ein periodisches Journal eine festere Form zu geben. Ähnlich wie drei Jahrzehnte zuvor bei der »Gesellschafft der Mahler« und ihren »Discoursen« wird wiederum eine bürgerliche Sozietät zum Träger einer literarischen Zeitschrift. Das Protokoll verzeichnet die Gründung 1751 wie folgt: »In diesem Jahre wurde von einigen Gliedern der Gesellschaft eine critische Monatschrift herausgegeben, welche zum Vorwurf hatte die Belles Lettres, Recension von guten Schriften, die Schönheiten in Poetischen und Moralischen Werken nach sicheren Regeln gründlich zu zeigen, jeweilen auch Original-Stücke und Abhandlungen einzurücken. Diese Schrift war die Crito genannt, und ist auch hin und wieder mit Stüken von Herrn Professor Bodmer geziert, sie ward aber mit diesem Jahr für einmal beschlossen.« (zit. nach Faesi S. 84) Damit ist nicht nur das Programm der Zeitschrift umschrieben, auch Bodmers Mitarbeit ist gesichert, wenngleich Johann Caspar Hirzel in diesem Fall das Unternehmen angeführt zu haben scheint. Warum das Blatt bereits nach einem halben Jahr eingestellt wurde, ist nicht ersichtlich, aber aus der Kenntnis der Verkehrsformen der Gesellschaft läßt sich vielleicht vermuten, daß die Sorge um das periodische Werk den lebensfreudig-geselligen Kreis auf Dauer belasten mußte.

Daß die Zeitschrift inhaltlich unter dem Einfluß Bodmers steht, ist angesichts der Züricher Lokalisierung und der persönlichen Verbindungen nicht verwunderlich. Es ist auch keineswegs so neu, wenn die personifizierte Figur Crito im Vorbericht zum ersten Heft erklärt, man werde sich auf das Feld der schönen Wissenschaften beschränken, so »daß meine Absichten viel eingeschränkter, als der meisten Journale sind« (1751, I, Vorbericht). Beherrschend ist mehrfach das begeisterte Lob Klopstocks, der mit einigen Mitgliedern der Gesellschaft jene denkwürdige, lyrisch verklärte Fahrt auf dem Züricher See unternommen hat. Er ist dem Lebensgefühl nach wie literarisch das Leitbild. Hinzukommt eine Besprechung der 1751 erschienenen ersten zwei Gesänge von Bodmers Epos »Die Sündflut« und vor allem Beiträge zur englischen Literatur, insbesondere zu Edward Young. Von der deutschen Literatur wird sonst noch die »Sammlung vermischter Schriften« der ehemaligen Bremer Beiträger lobend angezeigt. Weniger hier als in einigen fingierten Briefen klingt noch etwas von den Fragen des Literaturstreits mit Gottsched nach. Doch die Apologie hat nachgelassen, weil sich die neuen poetischen Möglichkeiten inzwischen durchgesetzt haben. Bemerkenswert unter den poetischen Beiträgen ist Salomon Geßners »Lied eines Schweizers an sein bewaffnetes Mädchen«, mit dem der große Idylliker des 18. Jahrhunderts erstmals an die Öffentlichkeit getreten ist.

Literatur: Vgl. *Carl Ludwig Lang* (1939); *Wolfgang Bender* (1973) *Robert Faesi:* Die Dienstags-Companie, eine unbekannte literarische Gesellschaft aus Bodmers Kreis. In: Zürcher Taschenbuch 39 (1918) S. 135–161. Auch in: *R. F.:* Gestalten und Wandlungen schweizerischer Dichtung. Zehn Essays. Zürich, Leipzig, Wien 1922, S. 70–98.

DRESSDNISCHE NACHRICHTEN VON STAATS- UND GELEHRTEN SACHEN
1743

Hrsg.: Johann Ulrich König (?)
Erscheinungsweise: zweimal wöchentlich (= 102 Stücke)
Dresden: Walther
Umfang: ¹/₂ Boden (d. h. vier Seiten Quartformat)
Bibliographischer Nachweis: Diesch – –; Kirchner (1932) – –; Kirchner (1969 – –)
Standort: Kein Nachweis

Die Aufnahme dieses periodischen Organs in den vorliegenden Band bedarf besonderer Begründung. Denn es handelt sich dem publizistischen Typ nach um eine (politische) Zeitung, die erste nennenswerte, die in Dresden erschienen ist. Doch es besteht Grund, diesen Titel hier mit zu verzeichnen, weil »die Dreßdnischen Nachrichten sich bald in Abweichung von dem ursprünglichen Plane mehr dem literarischen Gebiete zuwandten und schließlich ihm fast allein dienten«. (Hofstaetter S. 130) In dieser mit dem 17. Stück einsetzenden, auch ausdrücklich angekündigten Literarisierung des Blatts wurde die Zeitung zu einem Organ jener Opposition zu Gottsched, die in Deutschland selbst (außer von Berlin) im wesentlichen von Dresden ausging. Deren »treibende Kraft« (Ulbrich S. 125) war der Hofpoet Johann Ulrich König (1688–1744), dem Gustav Waniek daher unmittelbar die »Aufsicht« über die »Nachrichten« zugeschrieben hat, »für welche *Rost* gewöhnlich die gelehrten Artikel lieferte, während *Liscow* hier ab und zu seine satirische Geißel schwang«. (S. 460)

Damit sind die drei Hauptfiguren der Dresdener Opposition zu Gottsched genannt. J. U. König, dessen spätbarocke Anfänge im Hamburger Kreis um B. H. Brockes liegen, war seit 1719 Dresdener Hofpoet und hat neben seiner amtlichen Panegyrik vor allem für die

Oper, die Komödie und das Epos gearbeitet. Bemerkenswert ist auch sein Beitrag zur ästhetischen Theoriebildung: Als Nachwort zu einer Edition der Gedichte des F. R. L. von Canitz legte er 1727 eine »Untersuchung von dem guten Geschmack in der Dicht- und Redekunst« vor, ein Versuch, der im Anschluß an Gedanken der französischen Frühaufklärung, wenn auch »ebenso prätentiös wie eklektisch« (W. Krauss (S. CXII), die Geschmacksdebatte eröffnete, die das 18. Jh. in Deutschland beherrschen sollte. Die nach anfänglicher Kontaktaufnahme seit den dreißiger Jahren auftretenden Differenzen zu Gottsched hatten außer persönlichen auch grundsätzliche Gründe: König mußte sich durch Gottscheds Ablehnung der Oper betroffen fühlen, er wandte sich – als gebürtiger Schwabe – gegen die Reform der deutschen Hochsprache vom Obersächsischen her und nahm in seiner Ästhetik jene sensualistischen Antriebe des Abbé Dubos auf, denen gegenüber Gottsched bei rationalistischen Einwänden blieb. Folgt man der Darstellung von Franz Ulbrich, so war es König, »der in der Folge eine förmliche Verschwörung gegen Gottsched anzettelte« (S. 125), indem er auch andere zu feindseligen Streitschriften anregte. Der Satiriker Christian Ludwig Liscow (1701–1760) verurteilte in seiner Vorrede zu C. H. Heineckes »Longin«-Übersetzung (1742) Gottscheds Übersetzer- und Kritikertätigkeit und verhöhnte zugleich die ganze Leipziger Schule einschließlich der Mitarbeiter an Schwabes »Belustigungen des Verstandes und des Witzes«; und Johann Christoph Rost (1717–1765), der zu den unmittelbaren Schülern Gottscheds gehört und dem dieser sogar eine Anstellung als Redakteur bei den »Berlinischen Nachrichten von Staats- und gelehrten Sachen«, der sogenannten Haude- und Spenerschen Zeitung vermittelt hatte, schuf nach seiner Sinneswandlung das komische Heldengedicht »Vorspiel«, in dem der Leipziger Bühnenreformator bitter verspottet wurde. Mögen auch andere sein Werk verschärft haben, so machte doch die »poetische Absage an den Diktator ... in Rosts Leben Epoche«. (Wahl S. 18) Vielleicht wollte er sich damit auch für den Ausschluß seiner »Schäfergedichte« aus den »Belustigungen« revanchieren.

Vor diesem Hintergrund ist zu begreifen, daß auch die »Dreßdnischen Nachrichten« 1743 zu einem antigottschedischen Organ umfunktioniert wurden. Der oft scharfen Kritik an den literarischen Bemühungen Gottscheds und seiner Schüler steht die freudige Berufung auf die Schweizer Kunstrichter zur Seite. Diesen stehen sie in der primär theoretischen Entfaltung des Literaturstreits näher als dies für die Verfasser der »Bremer Beiträge« gilt, die ihrer Opposition in der entschiedenen Zuwendung zur poetischen Produktion Ausdruck verliehen. Gottscheds Anspruch, mit seiner »Critischen Dichtkunst« der Vater der neueren deutschen Poesie zu sein, wird rundweg bestritten und an den literarischen Ergebnissen, die seine Schüler aufzuweisen haben, ironisch relativiert. Die Verdienste Bodmers werden insbesondere in der Rezension der Züricher »Sammlung critischer, poetischer, und anderer geistvollen Schriften« gewürdigt. Jedoch gibt es nach beiden Seiten gelegentlich auch Einschränkungen: So wie Gottscheds Beitrag zur Redekunst durchaus anerkannt wird, so ergeht die Warnung, die »körnichte Schreibart« Hallers nicht nachzuahmen. Außerhalb der Kontroverse setzen sich die »Dreßdnischen Nachrichten« immer wieder für eine Förderung des literarischen Selbstbewußtseins der Deutschen ein, ohne darüber die Anregungen aus dem Ausland zu vergessen.

Daß das Blatt bereits nach einem Jahr eingestellt wurde, hat man auf die Leipziger Zeitungskonkurrenz zurückgeführt. Es ist aber auch daran zu denken, daß sich der Dresdener Kreis durch Königs Tod Anfang 1744 seiner Hauptgestalt beraubt sah. Doch in dem einen Jahr ihres Erscheinens war die Zeitung literarisch mehr auf der Höhe der Zeit als die späteren »Dreßdnischen gelehrten Anzeigen« bzw. »Dresdner gelehrten Anzeigen«, die von 1749 bis 1801 erschienen und nicht zuletzt aus Rezensionen bestanden, die, nach dem Bericht Hofstaetters »mit Ausnahme weniger Jahrgänge an der deutschen Literatur regelmäßig vorbeigehen...« (S. 135)

Literatur: Vgl. *Gustav Waniek* (1897); *Franz Ulbrich* (1911); *Gustav Wahl:* Johann Christoph Rost. Ein Beitrag zur Geschichte der deutschen Litteratur im 18. Jahrhundert. Diss. Leipzig 1902. – *Walter Schöne:* Die Anfänge des Dresdner Zeitungswesens im 18. Jahrhundert. Dresden 1912. – *Walther Hofstaetter:* Die literarische Bedeutung der Dresdner Zeitschriften im 18. Jahrhundert. In: Studien zur Literaturgeschichte. Albert Köster zum 7. November 1912 überreicht. Leipzig 1912. S. 124–149. – *Werner Krauss:* Die französische Aufklärung im Spiegel der deutschen Literatur des 18. Jahrhunderts. Berlin 1963. – *Hans Kormann:* Johann Christoph Rost. Eine literarisch-kritische Untersuchung als Beitrag zur Geschichte des deutschen Rokoko. Diss. Erlangen, Nürnberg 1966.

Neue Beyträge zum Vergnügen des Verstandes und Witzes
1744–1750

Hrsg.: Karl Christian Gärtner u. a. [ab Bd. 5: Johann Matthias Dreyer]

Erscheinungsweise: anfangs monatlich, später unregelmäßig (= fünf Bände zu je sechs Stück)

Bremen, Leipzig: Saurmann
Umfang: ca. 4–6 Bogen
Bibliographischer Nachweis: Diesch Nr. 580; Kirchner (1932) Nr. 584; Kirchner (1969) Nr. 4394
Standort: Stadtbibliothek Augsburg (Sign.: LD Beiträge)

[Forts. u. d. T.]

SAMMLUNG VERMISCHTER SCHRIFTEN, VON DEN VERFASSERN DER BREMISCHEN NEUEN BEYTRÄGE ZUM VERGNÜGEN DES VERSTANDES UND WITZES
1748–1757
Hrsg.: Nikolaus Dietrich Giseke
Erscheinungsweise: erst vierteljährlich, dann unregelmäßig (= drei Bände zu je sechs Stück)
Leipzig: Dyck
Umfang: ca. 4–6 Bogen
Bibliographischer Nachweis: Diesch Nr. 614; Kirchner (1932) Nr. 747; Kirchner (1969) Nr. 4402
Standort: Hessische Landesbibliothek Darmstadt (Sign.: Zs 2789)

Diese oft auch unter dem verkürzten Titel »Bremer Beiträge« zitierte Zeitschrift gehört zu den immer wieder besonders gewürdigten literarischen Organen des 18. Jh.s. Mögen die im vierten und fünften Stück des vierten Bandes (1748) erstmals veröffentlichten drei einleitenden Gesänge von Klopstocks »Messias« auch mehr zu ihrem Ruf beigetragen haben als die zahlreichen poetischen Arbeiten der Hauptmitarbeiter, so kann man doch mit Christel Matthias Schröder die mannifaltige und gegensätzliche Beurteilung der Zeitschrift in der Literaturgeschichtsschreibung mit einigem Recht wie folgt zusammenfassen: »Es gibt keine andere im achtzehnten Jahrhundert, mit der man sich immer wieder so sehr beschäftigen, zu der man so notgedrungen Stellung nehmen muß, wenn man die Literaturgeschichte jener Zeit zur Darstellung bringen will.« (S. 213) Auch daß man dabei häufig von den Bremer Beiträgern spricht und somit den Titel als Gruppen- oder gar Generationsbezeichnung verwendet, deutet auf die konstitutive Rolle des Organs für die literarische Existenz der Mitarbeiter hin. Während die Zeitschriften sonst vielfach nur neben den jeweiligen Hauptwerken entstanden, entwickelten sich die poetischen Kräfte der Autoren hier wesentlich im Medium des gemeinsamen literarischen Periodikums und sind demnach auch stets mit diesem assoziativ verbunden geblieben.

Beachtung findet die Zeitschrift gewöhnlich vor allem als Organ einer publizistischen Sezession von Gottsched, von der G. W. Rabener gelegentlich ironisch als »unsrer gelehrten Meuterei wider den allerliebsten Pflegevater« (zit. nach Schröder S. 37) gesprochen hat. Das Blatt ist bekanntlich als eine Abzweigung aus den »Belustigungen des Verstandes und des Witzes« (1741-1745) hervorgegangen, an die es in der Formulierung des Titels unmittelbar erinnert. Der anfänglich stark pamphlethafte Charakter der »Belustigungen« durch ihre Einbeziehung in Gottscheds Literaturstreit mit den Schweizern war zunehmend auf den Widerspruch der jüngeren Mitarbeiter gestoßen, die auf Dauer nicht in einer negativen Identifikation mit ihrem Lehrer festgelegt sein wollten. Das an den Herausgeber J. J. Schwabe gestellte Verlangen einer Änderung der redaktionellen Linie – ein Ausschluß von Schmähschriften und eine strengere Selektion der Beiträge wurde gefordert – führte zwar zu einer deutlichen Minderung des polemischen Gehalts, brachte aber dennoch nicht das gewünschte Ergebnis: Weder ließen die Gegner der »Belustigungen« davon ab, diese als Organ der sklavischen Parteigänger Gottscheds zu diskreditieren, noch konnte sich Schwabe dem Literaturkonflikt ganz entziehen, wie z. B. sein Eingreifen in die Auseinandersetzung zwischen Immanuel Pyra und den Hallischen »Bemühungen« zeigt.

Der um Karl Christian Gärtner (1712–1791) versammelte jüngere Leipziger Mitarbeiter- und Freundeskreis suchte daraufhin Schwabe zu bewegen, die »Belustigungen« mit dem sechsten Band im Juni 1744 ganz zu schließen und ein neues Journal im gleichen Verlag zu begründen. Schwabe, der auf diesen Vorschlag zunächst offenbar einging, mußte sich dann jedoch, wie er Gottsched am 10. Juni 1744 mitteilt, »zu einer weiteren Fortsetzung dieser Schrift bequemen« (zit. nach Ulbrich S. 176), weil durch Gerüchte bekannt geworden war, der Bremer Verleger Nathanael Saurmann plane ein ähnliches Organ für den Fall der Einstellung der »Belustigungen«, der Leipziger Verleger Breitkopf wolle sich aber »nicht gern seinen Titel nehmen lassen« (ebda.). Die nach diesem Wortbruch Schwabes unvermeidlich gewordene Sezession wurde durch die Abwesenheit Gottscheds von Leipzig im Sommer 1744 begünstigt. Denn bereits am 4. Juli berichtet Schwabe dem in Danzig weilenden Lehrer, daß sich die jungen Dichter einer von Gottsched gestellten poetischen Preisaufgabe entzögen. Trotz der damit eingeleiteten und sich im folgenden intensivierenden Trennung ist es nicht zu einem endgültigen und unüberwindlichen Bruch gekommen, wie spätere gelegentliche Kontakte belegen. Demnach »wird man sich davor hüten müssen, die ›Beiträger‹ oder doch einen wesentlichen Teil dieser Gruppe in einen allzu schroffen äußeren Gegensatz zu *Gottsched* und seinem Kreis zu bringen«. (Schröder S. 142)

Die Beteiligung an dem neuen Konkurrenzorgan der »Belustigungen« suchte man in den »Bremer Beiträgen« durch die streng und fast ausnahmslos eingehaltene Anonymität zu tarnen. Dadurch sollte einerseits die Gefahr vermieden werden, in der literaturpolitischen Polarisierung weiterhin stereotyp als ehemalige »Belustiger« abgestempelt zu werden, zum anderen fürchtete man nicht ohne Grund den noch immer beträchtlichen öffentlichen Einfluß Gottscheds. Um den Abfall zu verheimlichen, endete daher auch die Mitarbeit an Schwabes Journal nicht abrupt, sondern erst nach und nach. Auch der Bezug zu Bremen wurde zur Irreführung benutzt. Die Anonymität, die der zunächst herrschenden Unsicherheit über die Urheber der neuen Zeitschrift offensichtlich förderlich war, hat den philologischen Bemühungen erhebliche, bis heute nicht bis ins letzte geklärte Schwierigkeiten bereitet, die Verfasser der einzelnen Beiträge zu ermitteln. Die beiden vorliegenden, von Karl Goedeke (Bd. 4, I, S. 52–65) und Franz Muncker (S. XIX–XXXVIII) vorgenommenen Zuweisungen bieten nicht nur im einzelnen unterschiedliche Ergebnisse, sondern lassen überdies eine Reihe von Zweifelsfällen offen. Weitere Vorschläge zur Identifizierung der Autoren hat Chr. M. Schröder in seiner Monographie gemacht.

Wie man aus Schwabes bereits zitierten Mitteilungen erschließen kann, ging die Anregung zu der Zeitschrift wesentlich von dem Bremer Verleger Nathanael Saurmann aus. Der Verlagsort ist auch für die verkürzte Titelprägung »Bremer Beiträge« (schon im Selbstzitat auch »Bremische Beiträge«) ausschlaggebend gewesen, obwohl Mitarbeiter und Drucker in Leipzig ansässig waren. Die Initiative Saurmanns bestätigt auch ein Brief Karl Christian Gärtners, der die treibende Kraft unter den Mitarbeitern, oder, wie Ulbrich sagt, »die Seele des neuen Unternehmens« (S. 185) war, da er durch die Bestimmung der programmatischen Grundsätze und der Form ihrer Ausführung »diesem Plan von vornherein eine festumrissene Gestalt gab« (Schröder S. 35). Mit der Bitte um Mitarbeit schreibt Gärtner am 17. Juni 1744 an Friedrich von Hagedorn, er habe sich, »auf Hrn. Saurmanns Ansuchen, entschlossen, eine deutsche Monatsschrift drucken zu lassen, welche mit poetischen und prosaischen Stücken abwechseln und den Belustigungen größtenteils ähnlich sein soll. Ich bin willens, alle Streit-

und andre Schriften, welche Haß und Bitterkeit erregen können, davon auszuschließen, und das Vergnügen meiner Leser meinen vornehmsten Endzweck sein zu lassen«. (zit. nach Schröder S. 36) Diese Formulierung wird in der Vorrede zum ersten Heft im Oktober 1744 fast wörtlich wiederholt: Ablehnung aller polemisch-kritischen Parteilichkeit und Beschränkung auf die poetische Produktion mit dem Willen, »die Liebe zu den Werken der Dichtkunst allgemeiner zu machen, und unsre Leser dabey zu vergnügen«. (1744, I, S. 3 f.) Man will zudem lieber gute Übersetzungen als schlechte Originale einrücken. Die ausdrückliche Wendung an die weibliche Leserschaft entspricht der Absicht schon der »Belustigungen«. Bemerkenswert ist darüber hinaus die Bescheidenheit, wird doch der Anspruch abgelehnt, »das Maaß und die Gränzen des deutschen Witzes, durch unsre Versuche zu bestimmen« (ebda. S. 7). Mit einer Erhebung aus dem Mittelmäßigen erklärt man sich schon zufrieden.

Nicht nur organisatorisch, sondern geistig-literarisch bildet jener Leipziger Freundeskreis den Wurzelgrund der Zeitschrift, in dem sich um den etwas älteren K. Chr. Gärtner die Weggenossen J. A. Cramer, J. A. Ebert, G. W. Rabener, J. A. Schlegel, C. A. Schmidt und F. W. Zachariae scharten. Hinzukamen mehr gelegentliche Mitarbeiter wie J. E. Schlegel aus Kopenhagen und G. B. Straube aus Breslau. Später stießen N. D. Giseke und wiederum Chr. F. Gellert hinzu. Eher am Rande steht eine Reihe weiterer Mitarbeiter, so etwa Chr. Mylius, der nur mit einem Beitrag vertreten ist, so G. Luis, K. W. Ramler, J. Chr. Rost (?), M. G. Spener und J. P. Uz. Den Kern bildete in Gesinnung und Lebensgefühl eine frühe Form der sich ausbreitenden empfindsamen Freundschaftsbünde, dessen Gemeinschaftsbewußtsein außer auf die Dichtung auch auf die publizistische Gestaltung der Zeitschrift ausstrahlte. Überliefert ist, daß der Freundeskreis wöchentlich zusammentraf, um die neuesten eigenen oder eingesandten Beiträge vorzulesen, zu kritisieren und über ihre Veröffentlichungen zu befinden. Bei der Besprechung und Auswahl der Beiträge galten keine Vorrechte, doch blieb diese gewissermaßen kollegiale Redaktionsverfassung keineswegs spannungsfrei. Ein annäherndes Bild der Freunde gewinnt man aus ihrer verhüllten Charakterisierung in der gleichzeitig von J. A. Cramer und N. D. Giseke herausgegebenen Moralischen Wochenschrift »Der Jüngling« (1747/48).

Die genannten Autoren haben in den »Bremer Beiträgen« ohne tiefgreifenden Wandel und ohne einen durchgängig neuen

Ton ihre literarischen Ansätze weiter gepflegt, mit denen sie schon zum poetischen Stil der »Belustigungen« beigetragen hatten. Mag gelegentlich auch eine freiere Entfaltung des Ausdrucks und der Empfindung zu erkennen sein, so herrscht doch weiterhin das Bemühen um regelgemäße Richtigkeit vor. Und auch die bekannten Gattungen der scherzhaft-anakreontischen und der lehrhaft-moralisierenden Dichtung werden fortgesetzt: Schäferspiel und Komödie, anakreontische Trink-, Freundschafts- und Liebeslyrik, didaktische Fabeln und Satiren, Lehr- und persönliches Widmungsgedicht, Elegie, Idylle sowie moralisierende oder kunsttheoretische Abhandlung. Obgleich die Verfasserschaft nicht in allen Fällen geklärt ist, läßt sich der Anteil der Hauptmitarbeiter doch gut überblicken: Gärtner ist mit Schäferdichtung und fingierten Briefen vertreten, Cramer mit anakreontischen Oden sowie vor allem mit seinen Nachdichtungen der Psalmen. J. A. Schlegels Beitrag ist äußerst vielfältig, sowohl in der lyrischen Poesie wie im Lehrgedicht, bei Fabeln, Erzählungen oder Aufsätzen. Rabener steuert wiederum Satiren bei, dazu seinen sprachkritischen »Versuch eines deutschen Wörterbuchs«. Zachariae kommt in mehreren Fortsetzungen mit seinem komischen Heldenepos »Verwandlungen« zu Wort, das jedoch an den in den »Belustigungen« enthaltenen »Renommist« nicht heranreicht. C. A. Schmidt erscheint mit elegischen und idyllischen Gedichten, Ebert auch mit Versen und Nachdichtungen. Die Beiträge J. E. Schlegels sind poetischer und theoretischer Art, und N. D. Giseke fügt Gedichte zu privaten oder gedanklichen Themen hinzu. Von Gellert werden schließlich zwei Lustspiele mitgeteilt, »Die Betschwester« und »Das Los in der Lotterie«.

Bereits im Jahre 1746 setzte die Auflösung des Leipziger Freundeskreises ein. Zugleich ereignete sich aber noch die folgenreiche Begegnung mit Friedrich Gottlieb Klopstock. Er inspirierte den Bund nicht nur durch einen neuen Enthusiasmus, sondern brachte 1748 auch seine ersten drei Gesänge des »Messias« in die Zeitschrift ein, womit man den eigentlichen Durchbruch in eine neue literargeschichtliche Epoche datiert hat. Offenbar hat insbesondere J. J. Bodmers begeisterte Zustimmung zu diesem Werk die bei den Beiträgern durchaus bestehende »innere Unsicherheit gegenüber Klopstocks Kühnheit« (Schröder S. 215) überwinden helfen. Daß im übrigen die Mitarbeit der Freunde zurückging, hat mehrere Ursachen: Zunächst kam es zur räumlichen, beruflichen Trennung. K. Chr. Gärtner war 1746 an das Braunschweiger Collegium Carolinum berufen worden, wohin er einige der Freunde später nachzog. Schon zu dieser Zeit lag die redaktionelle Betreuung der Zeitschrift großenteils bei Giseke. Zudem waren die Mitarbeiter gleichzeitig auch mit anderen journalistischen Unternehmungen befaßt, so Giseke und J. A. Schlegel mit der »Sammlung einiger Schriften zum Zeitvertreibe des Geschmacks« (Leipzig 1746/47), so J. A. Cramer mit den »Schriften zum Vergnügen des Geistes« (Hamburg 1746) und dem »Schutzgeist« (1746/47), sowie Cramer, Giseke und Ebert mit der Moralischen Wochenschrift »Der Jüngling« (1747/48).

Am Ende des vierten Bandes (1748) wurde in einer Nachricht an das Publikum das unregelmäßige Erscheinen der »Bremer Beiträge« entschuldigt und eine vorläufige Unterbrechung der Zeitschrift angekündigt. Jedoch war der Verleger Saurmann damit offenkundig nicht einverstanden, denn im Gegensatz zu dieser Erklärung erschien die Zeitschrift weiter und erweckte den Eindruck unmittelbarer Kontinuität. Doch geschah dies ohne Einverständnis des alten Herausgeberkreises. Dafür hatte der Verleger vielmehr den Hamburger Johann Matthias Dreyer (1717–1769) gewonnen, der menschlich und literargeschichtlich keinen allzu guten Ruf genießt. Dies nicht nur, weil er selbst großenteils bloß frivole Gedichte geschrieben hat, sondern dies vor allem, weil er poetische Arbeiten anderer Autoren oft ohne deren Zustimmung ab- oder nachgedruckt hat.

Chr. M. Schröder spricht deshalb hier von Ebert, Gärtner, Gleim und Uz als »unfreiwilligen Mitarbeitern« (S. 183) und vermutet, daß es bei J. Fr. v. Cronegk, S. G. Lange, Chr. G. Lieberkühn und J. D. Sack nicht viel anders war. Somit ist der fünfte Band der Zeitschrift eine »sozusagen illegitime Fortsetzung« (Schröder S. 182) der vorangegangenen Hefte und zudem im »Niveau gegenüber dem der ersten vier Bände sehr abgesunken« (ebda. S. 183).

Vermutlich durch das Erscheinen dieser »Pseudo-Beiträge« (Giseke, vgl. Schröder S. 180) veranlaßt, erschien fast gleichzeitig und sicher früher als beabsichtigt das Nachfolgeorgan der alten Beiträger, die »Sammlung vermischter Schriften, von den Verfassern der Bremischen neuen Beyträge zum Vergnügen des Verstandes und Witzes«. Chr. M. Schröder kommt zu dem Urteil, daß es sich »genau genommen nicht um eine Fortsetzung dieser Zeitschrift, sondern um ein neues Organ« (S. 184) handelt. Giseke und Cramer wirkten als Herausgeber, Ebert, Rabener, J. A. Schlegel und Zachariae steuerten, wenn auch z. T. nur selten, eigene Arbeiten bei. Die durch den gewichenen

Zusammenhalt der Freunde bedingten Lücken füllten neue Autoren: J. Fr. v. Cronegk, G. Fuchs, J. W. L. Gleim, J. Chr. Krüger, K. W. Müller, H. G. Rothe, A. F. W. Sack, J. Chr. Schmidt und andere. Dennoch besteht sowohl »nach dem Umfang der einzelnen Ausgaben als auch nach ihrer Art, ihrem Inhalt, ihrer Mannigfaltigkeit und Abwechslung ... eine ausgesprochene Ähnlichkeit zwischen der ›Sammlung‹ und den ›Beiträgen‹«. (Schröder S. 185) Hervorzuheben sind auch in diesem Journal die Beiträge Klopstocks, vor allem Oden, die zahlreiche Nachahmungen erzeugten. Noch eine spätere Folge der zwischen den Verfassern der »Bremer Beiträge« und Klopstock geknüpften Verbindung bildet die 1758 bis 1761 von J. A. Cramer herausgegebene Moralische Wochenschrift »Der Nordische Aufseher«, in dem der Verfasser des »Messias« mit einer Reihe poetischer und theoretischer Beiträge vertreten ist.

Der ursprüngliche Erfolg der »Bremer Beiträge« läßt sich, wie bei den »Belustigungen«, äußerlich wiederum daran abmessen, daß im Laufe des Erscheinens zwei bzw. drei Neuauflagen der früher erschienenen Hefte veranstaltet wurden. Außerdem liegen auch hier erneut Doppeldrucke vor. Was die Resonanz auf den Inhalt angeht, so hat Chr. M. Schröder sowohl aus Stellungnahmen der wichtigen anderen Blätter der Zeit wie aus verschiedenen Briefwechseln dokumentiert, daß die Zeitschrift allgemein mit Zustimmung begrüßt wurde. Noch andere Poeten von Geist und Geschmack zu sehen, die nicht den teilweise schmähenden Stil der »Belustigungen« pflegten, erschien offenbar vielen als Fortschritt. Dies gilt auch für das positive Urteil der Schweizer, das sie brieflich und in den »Freymüthigen Nachrichten« öffentlich äußerten. Während von Schwabe keine Reaktion bekannt ist, stieß das Journal im unmittelbaren Umkreis Gottscheds auf Ablehnung. Zwar verspottet das dort entstandene grobe Pamphlet vom »Volleingeschankten Tintenfäßl« (1745) einige Mitarbeiter der »Bremer Beiträge« nur nebenbei. Doch Luise Adelgunde Victorie Gottscheds Literaturkomödie »Der Witzling« (1745) ist deutlich als literarische Vergeltung gegen die untreu gewordenen Schüler ihres Mannes angelegt.

Sieht man von Klopstock ab, so sind in den »Neuen Beyträgen zum Vergnügen des Verstandes und Witzes« und dem Folgeorgan eigentliche »Durchbrüche zu irgend etwas Neuem ... nicht zu verzeichnen«. (Schröder S. 138) Dennoch steht die Zeitschrift, wie man immer wieder gesehen hat, in einer Zeit der Vorbereitung, des Übergangs, an einem Wendepunkt, sie ist

Symptom für ein produktives literarisches Klima. Die Überwindung der rationalistischen Poetik kündigt sich an, wenngleich noch kaum etwas von der später im Sturm und Drang kulminierenden Dichtungsauffassung zu spüren ist. Das Forum für einen solchen, sich in Ansätzen abzeichnenden Aufbruch gebildet zu haben, begründet den hohen literargeschichtlichen Stellenwert der »Bremer Beiträge« und macht sie zu einem der wichtigsten »zentralisierenden Organe« des 18. Jh.s.

Literatur: Vgl. *Gustav Waniek* (1897); *Franz Ulbrich* (1911); *Theodor Roose:* Über Konrad Arnold Schmids und Karl Christian Gärtners Verdienste um die deutsche Literatur. Helmstedt 1792. – *Erich Schmidt:* Charakteristik der Bremer Beiträger im »Jüngling«. In: *E. Sch.:* Beiträge zur Kenntnis der Klopstockschen Jugendlyrik aus Drucken und Handschriften. Straßburg 1880. S. 50–73. – *Erich Michael:* Zu Erich Schmidts »Charakteristik der Bremer Beiträger im Jüngling«. In: Zsch. f. dt. Philologie 48 (1920) S. 115–125. – *Franz Muncker:* Einleitung zu: F. M. (Hrsg.): Bremer Beiträger. Zwei Teile. Berlin, Stuttgart o. J. – *Christel Matthias Schröder:* Die »Bremer Beiträge«. Vorgeschichte und Geschichte einer deutschen Zeitschrift des achtzehnten Jahrhunderts. Bremen 1956. [Dort auch die ältere Literatur zu den einzelnen Mitarbeitern.]. – *Fritz Meyen:* Bremer Beiträger am Collegium Carolinum in Braunschweig. Braunschweig 1962.

NEUE ERWEITERUNGEN DER ERKENNTNIS UND DES VERGNÜGENS
1753–1762

Hrsg.: Johann Daniel Titius
Erscheinungsweise: anfangs monatlich, später unregelmäßig (= zwölf Bände zu je sechs Stück)
Frankfurt, Leipzig: Lankische Erben
Umfang: 5–6 Bogen
Bibliographischer Nachweis: Diesch Nr. 641; Kirchner (1932) Nr. 928; Kirchner (1969) Nr. 5244
Standort: Stadtbibliothek Augsburg (Sign.: H Erweiterungen)

Daß in dieser Zeitschrift »Satiren gegen die Gottschedianer und Parodien ihrer Gedichte erschienen« (S. 587), läßt Gustav Waniek von einem späten, gegen Gottsched gerichteten »Kampforgan« (ebda.) sprechen, das umso unangenehmer empfunden werden mußte, als es nach einem Wort seines Jüngers Chr. O. v. Schönaich, *»mitten in Leipzig und vor den Augen der Magnifizenz«* (zit. ebda.) erschien. Doch dieses Urteil Wanieks verzeichnet den Gesamtcharakter des Unternehmens etwas einseitig, benennt ihn zu sehr vom Negativen her, denn das Blatt ist, auch im Vergleich mit anderen, zuvor angeführten Journalen, keineswegs bloß durch polemische Gegnerschaft zu Gottsched bestimmt. Doch selbst wenn demnach Vorbehalte anzubringen sind, so bleibt das Organ dennoch literaturpolitisch am ehesten an dieser Stelle hier einzuordnen.

Die Schlußrede des durchgehend anonym erschienenen Werks ist im zwölften Band unterzeichnet von Johann Daniel Titius (auch Tietz, 1729–1796), Professor der Physik (Mathematik) in Wittenberg und späterem Senior der dortigen philosophischen Fakultät. Von daher gilt dieser als Herausgeber, obwohl in den Vorberichten der Jahrgänge mehrfach ein Freundeskreis als Träger genannt wird, wobei man »auch nicht sagen [könne], daß sich einer von den Verfassern über die andern zum Sammler aufgeworfen hätte«. (1754, IV, 19, Vorerinnerung) Aber in der Schlußrede rückt der Unterzeichner dies etwas zurecht: »Anfänglich hatte sich eine Gesellschaft von Freunden zu dieser Arbeit vereinbart, zu welchen ich mit gehörte. Dieweil aber die erste und vornehmste Grundlage des Werkes von mir herrührte, so nahm ich zwar die ganze Ausgabe über mich; jedoch kamen die damals in Leipzig zu diesem Endzwecke vereinigten Freunde zusammen, und prüfeten sowohl ihre eigene, als die von anderen eingesandten Aufsätze.« (1759, XII, 72, S. 436) Über die Mitglieder dieser »Gesellschaft, die sich dem Dienste der Wahrheit gewidmet hat« (1754, III, 13, S. III) und deren Redaktionspraxis an die »Bremer Beiträge« erinnert, auch über die auswärtigen Mitarbeiter, sind wir jedoch durch keine weiteren Mitteilungen unterrichtet, und auch später hat man weder dem Herausgeber noch der Zeitschrift selbst eine Aufmerksamkeit geschenkt, die zu entsprechenden Ermittlungen geführt hätte. Dabei war das Organ offensichtlich erfolgreich: Hierauf deutet nicht nur das zehnjährige Bestehen (insgesamt 72 Hefte, Datierung nur bis 1759), sondern auch die Tatsache, daß noch während des laufenden Erscheinens die ersten Hefte in zweiter, ja sogar in dritter Auflage vorgelegt wurden, so daß sie in Bibliotheken heute auch gar nicht so selten ist.

Mit seinem Titel lehnte sich das Organ, wie der Herausgeber bereitwillig zugab, an ein englisches Vorbild an, das »Universal Magazine of Knowledge and Pleasure«. Gleichwohl wollte man sich im Inhalt ganz auf deutsche Originalproduktion konzentrieren, d. h. »kein einziges Stück, wenn es auch das schönste von der Welt wäre, in unserer Monathschrift vollkommen übersetzt ... liefern. Die Leser werden also von unsern Federn lauter ursprünglich deutsche Stücke erhalten«. (1753, I, 1, S. XII) Allenfalls Nachahmungen sollten zugelassen sein. Doch dieses editorische Prinzip wurde auf Dauer nicht eingehalten:

Alsbald kamen zunächst Übersetzungen in poetischen Versen, später auch von prosaischen Aufsätzen hinzu.

Durch die im Titel genannte doppelte Zielsetzung folgt das Organ ganz den literarisch-publizistischen Intentionen der Zeit. Journalistisch heißt dies für den Herausgeber, »mannigfaltig zu seyn, und einen beständigen Wechsel zu beobachten«. (1753, I, S. VI f.) Sowohl die poetischen wie die theoretischen Beiträge hatten in diesem doppelten Bemühen um Erkenntnis und Vergnügen zu konvergieren: »Wir werden es an muntern Stücken«, so hieß es zur Poesie, »eben so wenig, als an ernsthaften, ermangeln lassen; bisweilen werden wir einen feinen und sittsamen Hohn wagen; wo man glaubet, daß uns eine gar zu ernsthafte und finstere Stellung nicht kleiden möchte.« (ebda. S. VIII) Und was die Wissenschaften anging, so wollte man sich dort andererseits »das angenehme derselben zum Gegenstande« (ebda. S. IX f.) nehmen, vor allem aber die »Absichten dahin richten ..., das Gemeinnützige bekannter und annehmenswürdiger zu machen«. (ebda. S. XI)

In der Tat findet man in der Zeitschrift selbst die gelehrten Themen auf eine zumeist gefällige Art abgehandelt. Neben gelegentlichen historischen und eigentlich wissenschaftlichen Sachverhalten wurden vor allem die für die Aufklärung typischen moralphilosophischen und literarästhetischen Themen abgehandelt. So standen neben Beiträgen zur vernünftigen Tugendlehre und Lebenshaltung Aufsätze über den Einfluß der Poesie auf das menschliche Gemüt und zur Frage, ob man überhaupt Poet werden solle. In einem Beitrag wurde versucht, Gottscheds Lehre vom Hexameter zu widerlegen, was Waniek zu seinem zitierten Urteil über die Zeitschrift führt. Auch in den Streit zwischen Lessing und S. G. Lange wegen dessen Horaz-Übersetzung wurde eingegriffen. Eine biographische Darstellung war u. a. Shakespeare gewidmet, auch der englische Roman fand Beachtung. Auch sonst waren literarische Gattungen, so z. B. das bürgerliche Trauerspiel, Gegenstand von Erörterungen. Außer solchen vergleichsweise ernsthaften, mitunter auch satirischen und scherzhaften Abhandlungen enthält die Zeitschrift in erster Linie poetische Beiträge: Trauerspiele und Heldengedichte in Prosa, Komödien und Schäferspiele, in Versen schließlich Lehrgedichte und Kantaten, Schauspiele, komische Gedichte, poetische Sendschreiben, ferner eine Vielzahl von Oden, Elegien und Liedern, Fabeln, Erzählungen, Sinngedichten, Klageliedern und »anakreontischen Scherzen«. Thematisch und formal findet sich hier fast das gesamte Arsenal der aufklärerischen Poetik und anakreontischen Stilisierung wieder, weniger in individualisierten als durch stereotype Wiederholung gekennzeichneten Beispielen, welche einem aktuellen Unterhaltungskonsum entsprechen, aber kaum größere literarhistorische Bedeutung beanspruchen mochten.

Literatur: Vgl. *Gustav Waniek* (1897); ADB 38, S. 380.

3. Die Zeitschriften Lessings und seines Kreises

In seiner etwas schematischen Genealogie der literarischen Zeitschrift des 18. Jh.s hat Robert Prutz geäußert, zwei volle Menschenalter hätten nach Christian Thomasius' Wirken vergehen müssen, »bevor Lessing als das zweite Gestirn am Himmel der deutschen Journalistik aufging«. (1851, S. 345) Zwar ist bei solch summarischer Betrachtung übergangen, daß Lessing ein bereits entwickeltes Zeitschriftenwesen vorfand. Doch seine Heraushebung ist sowohl durch die Quantität wie die Qualität seines Beitrags zum literarischen Journalismus gerechtfertigt. Allein der Umfang seiner primär journalistischen Arbeiten ist beträchtlich und hat der historisch-kritischen Philologie erhebliche Schwierigkeiten bereitet, ein vollständiges Werkinventar insbesondere seiner kritisch-rezensierenden Tätigkeit zu gewinnen.

In der Geschichte der großen Lessing-Ausgaben spiegeln sich diese Schwierigkeiten wider. Nach der Edition von Karl Lachmann (1838 ff.), die erstmals Beiträge Lessings zu Tageszeitungen und Zeitschriften großenteils nachgedruckt hatte, nahm der entsprechende Werkbestand durch weitere Sichtung verschiedener periodischer Organe noch um einiges zu, bis Franz Muncker kritische Zweifel anmeldete und zahlreiche, in ihrer Authentizität ungesicherte Arbeiten in einen jeweiligen Anhang verwies. Da die Zuweisungen aus Mangel an äußeren Kriterien oft nur aufgrund stilistischer Ähnlichkeiten erfolgen konnten, ging Ernst Consentius noch weiter und stellte Lessings Autorschaft auch für andere Stücke in Frage, weil die »einzelnen Elemente, die Lessings Stil auszeichnen, ... der Zeit, in der Lessing seine schriftstellerische Tätigkeit begann, nichts Neues« (1901, S. 14 f.) waren. Wurden demnach einerseits zunächst Lessing zugeschriebene Beiträge mit Vorbehalten versehen, so gibt es andererseits bis heute immer wieder Versuche, von ihm verfaßte Artikel in weiteren, in diesem Zusammenhang bisher nicht gesichteten Blättern zu identifizieren (z. B. in den »Jenaischen gelehrten Zeitungen«, vgl. Perels). Blickt man nur auf die Arbeiten, für welche die Autorschaft Lessings als gesichert gelten kann, so zeigt sich schon eine unvergleichliche Breite und Produktivität, die über die eigenen oder im unmittelbaren Freundeskreis herausgegebenen Blätter hinausreicht.

Die herausgehobene Stellung Lessings gilt aber auch für Inhalt und Form seines publizistischen Werks. Seine Leipziger Anfänge vollziehen sich noch in dem von den »Belustigungen des Verstandes und des Witzes« geschaffenen Zeitschriftenstil bzw. in dem durch sie vertretenen poetischen Rokokostil. Wie bereits vermerkt, sind die ersten poetischen Versuche Lessings,

Gedichte in anakreontischer Manier, in den »Ermunterungen zum Vergnügen des Gemüths« und dem »Naturforscher« seines Vetters Mylius erschienen. Damit steht er zunächst literarisch und publizistisch noch unter dem Prinzip des Witzes, dessen spätere Überwindung man jedoch als seine eigentliche Leistung gewürdigt hat (vgl. Böckmann, S. 530 ff.). An Gottsched schließt Lessing auch insofern an, als er die deutsche Theaterzeitschrift begründet, welche die Leipziger Sammlung »Deutsche Schaubühne« (1741 ff.) zur Voraussetzung hat. Hinzu kommt, daß Lessing selbst in den *Tages*journalismus mit seinen spezifischen Produktionszwängen übergeht. Er entwickelt in der »Berlinischen privilegirten Staats- und Gelehrten-Zeitung«, der späteren »Vossischen Zeitung«, den »Gelehrten Artikel« zu einem »zu literargeschichtlicher Bedeutung gebrachte[n] Feuilleton« (Buchholtz S. 36) und ergänzt diese Sparte außerdem durch die Beilage »Das Neueste aus dem Reiche des Witzes«. Auf diesem Feld schult er seinen kritischen Stil, der dann in den »Briefen, die neueste Litteratur betreffend« (1759 ff.) und in der »Hamburgischen Dramaturgie« (1767 ff.) voll entfaltet ist.

Angesichts dieser vielfältigen und trotz mancher Unterbrechung langfristigen Bemühungen überrascht es nicht, wenn man in der Lessing-Forschung das journalistische ebenbürtig neben die anderen Talente des Dichters gestellt und ganze Phasen in Leben und Werk unter das Thema Journalismus gestellt hat. Das Neue hat man dabei immer in Lessings journalistischem Stil gesehen. Franz Muncker charakterisiert den Unterschied zur vorangegangenen Tradition des literarischen Journalismus folgendermaßen:

»Wurde in Gottscheds Monatsschriften meist Gegenstand für Gegenstand schwerfällig breit mit unlebendiger Trockenheit abgehandelt, langweilig bewiesen oder widerlegt, so sprach hier ein junger, äusserst beweglicher, nichts weniger als schulmässig alles erörternder oder immer das Letzte deutlich heraussagender Autor, der manches nur kurz andeuten, da und dort durch leise Winke den Leser anzuregen, unter Umständen auch aufzuregen wünschte, dessen frische, lebhafte Persönlichkeit sich, wie in seinen Urteilen, so auch in seinem Stil ausprägte, der an Klarheit und Treffsicherheit des Ausdrucks hinter keinem seiner Vorgänger zurückstand, aber auch über sinnliche Anschaulichkeit, über dichterische Bilder, über Witz und Satire und ebenso über Pathos und rednerischen Schwung verfügte.« (S. XII)

Ähnlich hat schon vorher Erich Schmidt von Lessing als einem »journalistischen Genie« gesprochen, ausgestattet

»durch die Schärfe des Blicks, der an jeder Erscheinung das Vorstechende bemerkt und unverweilt ihre Summe zieht, durch die Gabe, rasch zusammenzufassen, klar zu analysieren, bündig zu urteilen und auch gleichgültige Leser durch eingestreute Bonmots und allerlei Schlußpointen zu ergötzen. Er konnte besonders ins Allgemeine reihen, tiefen Zusammenhang aufspüren, den Wechselverkehr der Nationallitteraturen verfolgen. Er war überaus belesen, der antiken und mehrerer moderner Sprachen mächtig und zur raschen Aneignung eines fremden Gegenstandes befähigt. Sein sprunghafter Eifer, der sich gern von einem Feld aufs andere warf, seine nimmermüde Schlagfertigkeit, die nun täglich ausschwärmen konnte, nahmen der aufreibenden Hast und der unbefriedigenden Tagesarbeit ihren Stachel«.

So »förderte der Journalismus sein Wissen, seine Belesenheit, sein Urteil, seinen Blick für das was Zukunft hat, die epigrammatische Schärfe seines Stils« (S. 186).

Um Lessings eigene Zeitschriften lassen sich im folgenden wiederum jene Organe gruppieren, die in seinem Umkreis entstanden sind und an denen er teilweise mitgewirkt hat. Die Freunde Moses Mendelssohn (1729–1786) und Friedrich Nicolai (1733–1811) sind hier mit hochrangiger Bedeutung zu nennen. So wie ihre publizistischen Gemeinschaftsunternehmen menschlichen Beziehungen anderer Art zu verdanken sind als sie etwa im Umkreis der »Bremer Beiträge« gepflegt wurden, so werden auch literarisch-publizistisch andere zentralisierende Prinzipien wirksam, ohne daß die aufklärerische Grundrichtung verlassen würde. Mit den im folgenden aufgeführten Journalen, die im wesentlichen dem kritisch-räsonnierenden Zeitschriftentyp angehören, verlagert sich der Schwerpunkt des literarischen Zeitschriftenwesens zudem nach Berlin. Doch wie bei den Zeitschriften im Umkreis Gottscheds, so schließen auch an die Berliner Organe eine Reihe von Nachbildungen an.

Literatur: Theodor W. Danzel, G. E. Guhrauer: Gotthold Ephraim Lessing. Sein Leben und seine Werke. Leipzig 1850–1854. 2. bericht. u. verm. Aufl. hrsg. v. *W. v. Maltzahn* u. *R. Boxberger.* 2 Bde. Berlin 1880–81. – *Erich Schmidt:* Lessing. Geschichte seines Lebens und seiner Schriften. 2 Bde. Berlin 1884–1892. 2. Aufl. 1899. – *Alexander von Weilen:* Lessings Beziehungen zur Hamburgischen Neuen Zeitung. In: Vierteljahrsschrift f. Literaturgeschichte 3 (1890) S. 398–412. – *Ernst Consentius:* Lessing und die Vossische Zeitung. Diss. Bern 1901. – *Arend Buchholtz:* Die Vossische Zeitung. Geschichtliche Rückblicke auf drei Jahrhunderte. Berlin 1904. – *Wilhelm Hill:* Die deutschen Theaterzeitschriften des achtzehnten Jahrhunderts. Weimar 1915. – *Hans Traub:* Lessings Anteil am periodischen Schrifttum seiner Zeit. München 1929. – *Liselotte Richter:*

Philosophie der Dichtkunst. Moses Mendelssohns Ästhetik zwischen Aufklärung und Sturm und Drang. Berlin 1948. – *Erich Schilbach:* G. E. Lessing als Journalist. Diss. München 1953. – *Werner Gaede:* Die publizistische Technik in der Polemik Gotthold Ephraim Lessings. Diss. FU Berlin 1955. – *Wolfgang Ritzel:* Gotthold Ephraim Lessing. Stuttgart, Berlin, Köln, Mainz 1966. – *Karl S. Guthke:* Gotthold Ephraim Lessing. Stuttgart ²1973. – *Otto Mann, Rotraut Straube-Mann:* Lessing-Kommentar. 2 Bde. München 1971. – *Christoph Perels:* Gotthold Ephraim Lessing und die »Jenaischen Gelehrten Zeitungen« von 1749 und 1750. In: Jb. d. Raabe-Gesellsch. 1971, S. 7–20. – *Siegfried Seifert:* Lessing-Bibliographie. Berlin, Weimar 1973. – Lessing. Epoche – Werk – Wirkung. Hrsg. v. *Wilfried Barner* u. a. München 1975.

BEYTRÄGE ZUR HISTORIE UND AUFNAHME DES THEATERS
1750

Hrsg.: Gotthold Ephraim Lessing, Christlob Mylius
Erscheinungsweise: vierteljährlich (= vier Stück)
Stuttgart: Metzler
Umfang: 10 Bogen
Bibliographischer Nachweis: Diesch Nr. 1753; Kirchner (1932) Nr. 789; Kirchner (1969) Nr. 4125
Standort: Württembergische Landesbibliothek Stuttgart (Sign.: R 18 Les 2)

Dieses Journal genießt den Ruhm der »ersten deutschen Theaterzeitschrift« (Hill S. 14), doch steht es nicht traditionslos da. Zwar hatten sich die bisher beschriebenen literarischen Zeitschriften der dramatischen Dicht- und Schauspielkunst allenfalls gelegentlich neben anderen Themen gewidmet, aber 1741 bis 1745 war in mehreren Bänden J. Chr. Gottscheds Sammelwerk »Deutsche Schaubühne« mit dem Anspruch, eine deutsche Theaterreform zu begründen, erschienen. Daran schließt das Organ auch ausdrücklich an, denn in der Vorrede wird versprochen, Materialien zu jener Geschichte des Theaters zu liefern, die im letzten Band der »Deutschen Schaubühne« angekündigt, aber bisher nicht herausgekommen war. Die Leipziger Erfahrungen bilden somit noch den Hintergrund der Zeitschrift, obwohl ihre Verwirklichung in die Zeit von Mylius' und Lessings Übersiedlung nach Berlin fällt. Folgt man Lessings Vorrede zu seiner späteren »Theatralischen Bibliothek«, so sind Konzeption und Inhalt des anonym erschienenen

Journals sein Werk: »Von mir nehmlich schrieb sich nicht nur der gantze Plan jener periodischen Schrift her, so wie er in der Vorrede entworfen wird; sondern auch der größte Theil der darinn enthaltenen Aufsätze ist aus meiner Feder geflossen.« (1754, I, Vorrede)

Diese im Oktober 1749 datierte Vorrede entwickelt ein umfassendes Programm. Zunächst werden große Fortschritte der Geschmacksbildung in Deutschland konstatiert, weil »es in den Werken des Witzes Stücke aufzuweisen habe, welche die schärfste Critik und die unbilligsten Ausländer nicht scheuen dürfen«. (1750, I, Vorrede) Bei aller Bedeutung, die den Zeitschriften in diesem Vorgang zugebilligt wird, ist doch eine Einschränkung nötig: »Eines ist nur zu bedauern, nämlich daß meistentheils die Einrichtung dieser Monatschriften nicht vergönnet hat, sich in alle Theile, besonders der Poesie, gleich weit einzulassen. Wir wollen nur den dramatischen Theil anführen. (...) In vielen hat man gar nicht an ihn gedacht.« (ebda.) Diese Vernachlässigung von Drama und Theater soll nun durch ein spezialisiertes Organ wettgemacht werden, in dem man sich bemüht, »so viel in unsern Kräften steht, zur Aufnahme des Theaters beyzutragen«. (ebda.) Dies geschieht auf zwei Ebenen: Auf der der »Vorschriften«, d. h. der Regeln und theoretischen Klärung und auf der der »Muster«, d. h. der praktischen Beispiele. Da die dramatische Produktion der eigenen Nation noch unterentwickelt ist, werden Übersetzungen aus dem Griechischen, Lateinischen, Französischen, Italienischen und Spanischen, insbesondere aber dem Englischen und Holländischen vorgesehen. Bevorzugt sind jene ausländischen Beispiele, »von denen aber ein vernünftiger Nachahmer sich vieles zu Nutze machen kann«. (ebda.) Grundlegend ist überhaupt die Vorstellung, »daß aus keiner andern Sache das Naturell eines Volkes besser zu bestimmen sey, als aus ihrer dramatischen Poesie«. (ebda.) Auch Bemühungen um die Regeln der Schauspielkunst und ihrer Hilfskünste werden angekündigt, ferner »Beurtheilung der neusten theatralischen Stücke« (ebda.) sowie eine Synopse der Ansichten zum Theater seit den Kirchenvätern.

Im Vergleich dieses umfassenden Programms mit dem tatsächlichen Inhalt der Zeitschrift hat man stets eine große Diskrepanz vermerkt. »Ganze Teile des groß angelegten Plans«, so schreibt Erich Schilbach, »kamen nicht zur Ausführung« (S. 40), und schon Erich Schmidt hat von »ganz unmöglichen Versprechungen« (S. 165) gesprochen. Angesichts der verfügbaren Mittel und des fehlenden Mitarbeiterstabes, auch infolge mangelhafter Vorbereitung konnte das Blatt seine ambitionierte Zielsetzung einer Einbeziehung der gesamten europäischen Theaterliteratur kaum erreichen und war demnach »von vornherein zum Scheitern verurteilt« (Schilbach S. 37). Schon daß das Organ mit Mylius' »Versuch eines Beweises, daß die Schauspielkunst eine freye Kunst sey« eröffnet wurde, der bereits in den »Ermunterungen zum Vergnügen des Gemüths« abgedruckt worden war, erschien nicht gerade verheißungsvoll. Lessing trug zunächst durch mehrere Arbeiten über den römischen Komödiendichter Plautus bei: Eine Lebens- und Werkbeschreibung, eine Übersetzung seines Lustspiels »Die Gefangenen«, eine fingierte Kritik an diesem Werk und eine geistreiche Widerlegung, die Robertson das beste kritische Stück im ganzen Journal genannt hat (S. 531). Drei Abhandlungen Pierre Corneilles und Auszüge aus Francesco Riccobonis »L'art du theâtre« behandeln bühnentheoretische Fragen. Mylius ist mit einer Übersetzung von Macchiavellis »Clitia« und einem Aufsatz vertreten, in dem die Überzeichnung im Lustspiel gerechtfertigt wird. Von der griechischen, spanischen und holländischen Dramatik ist jedoch überhaupt keine Rede, und auch die englische tritt nur in einem übersetzten Extrakt aus Voltaires »Lettres anglaises«, also bloß aus zweiter Hand, ins Blickfeld.

Von Interesse ist daneben die Rubrik mit Theaternachrichten aus Berlin, Dresden, Stuttgart und Paris. Konnte man zu den Berliner Theaterereignissen aus eigener Anschauung beitragen, so kamen die Mitteilungen aus Dresden vom befreundeten H. A. Ossenfelder, die aus Stuttgart vermutlich vom Verleger selbst. Als Quelle für die Pariser Neuigkeiten wertete man offensichtlich die französische Wochenschrift »La Bigarure« aus, nicht ohne dies gelegentlich durch eigenen Kommentar anzureichern. Auch in diesem Teil der Zeitschrift steht das Schauspiel französischer Provenienz im Vordergrund, hinzukommt die italienische Oper. Von einem ursprünglich deutschen Theater ist noch keine Rede, doch spiegelt dies nur die Repertoires der damaligen Zeit wider. Was dennoch an Kritik an den theatralischen Versuchen unternommen wurde, war so überzogen, daß es eine aufgebrachte Reaktion der Betroffenen hervorrief. Dies gilt sowohl für Lessings Verriß der Übersetzung von Samuel Werenfels »Rede zur Verteidigung der Schauspiele« durch seinen Kamenzer Mitbürger I. F. Gregorius wie für Mylius' Abfertigung des Freiberger Schulschauspiels. Dies und die Abwertung des gesamten italienischen Theaters in Mylius' Vorspruch zu seiner »Clitia«-Übersetzung dürften gemeint sein, wenn Lessing zu der anschließenden Einstellung des Journals in der späteren »Theatralischen Bibliothek« sagt: »Zu diesem Entschlusse brachten mich, Theils verschiedene allzukühne und bittere Beurtheilungen, welcher einer von meinen Mitarbeitern einrückte; Theils einige kleine Fehler, die von Seiten seiner gemacht wurden, und die nothwendig dem Leser von den Verfassern überhaupt einen schlechten Begrif beybringen mußten.« (1754, I, Vorrede)

Literatur: Vgl. *Erich Schmidt* (1884 u. ö.); *Wilhelm Hill* (1915); *Hans Traub* (1929); *Erich Schilbach* (1953); *J. G. Robertson:* Notes on Lessing's ›Beyträge zur Historie und Aufnahme des Theaters‹. In: The Modern Language Review VIII (1913) S. 511–532 und IX (1914) S. 213–222.

DAS NEUESTE AUS DEM REICHE DES WITZES
1751

Hrsg.: Gotthold Ephraim Lessing
Erscheinungsweise: monatlich April bis Dezember
Berlin: Rüdiger bzw. Voß
Umfang: ein (Quart-)Bogen
Bibliographischer Nachweis: Diesch Nr. 630 aN; Kirchner (1932) Nr. 839; Kirchner (1969) Nr. 4415
Standort: Institut für Zeitungsforschung der Stadt Dortmund

Bei diesem Titel handelt es sich erneut nicht um eine Zeitschrift, sondern um eine unselbständige, monatliche Beilage zur »Berlinischen privilegirten Staats- und Gelehrten Zeitung«, der späteren »Vossischen Zeitung«. Damit wird die Aufmerksamkeit zugleich darauf gelenkt, daß Lessing mehrere Jahre als Redakteur dieser Zeitung gewirkt und ihren »Gelehrten Artikel« redigiert hat, den man als Frühform der Zeitungssparte Feuilleton ansehen muß. Somit umfaßt der Beitrag Lessings zu dieser Zeitung auch weit mehr als die hier genannte Beilage, die aber Gelegenheit bietet, auf sein tagesjournalistisches Wirken einzugehen.

Seit dem 18. Februar 1751 war Lessing als Redakteur für die Rubrik »Von gelehrten Sachen« bei der dreimal wöchentlich erscheinenden Zeitung zuständig. Doch hat er bereits seit 1748 gelegentlich Arbeiten für sie geliefert, so z. B. eine kritische Besprechung von Gottscheds »Deutscher Sprachkunst«. Denn seit jenem Jahr war Christlob Mylius als sein Vorgänger an dem Blatt des Verlegers Johann Andreas Rüdiger tätig und damit die »erste literarische Persönlichkeit von

Ruf, die die Zeitung geleitet hat« (Buchholtz S. 31). Mylius machte auch den »Gelehrten Artikel« »zu einem ständigen Teil der Zeitung, der in jeder Nummer wiederkehrte und das Publikum mit neuen Erscheinungen des deutschen und ausländischen, namentlich französischen Büchermarkts bekannt machte«. (ebda. S. 32) Lessing, der seit 1748 ebenfalls in Berlin weilte, wurde von Mylius als Rezensent mit herangezogen, zumal er mit dem Auftrag, die Bibliothek des Verlegers Rüdiger zu ordnen, ohnehin schon in dessen Diensten stand. Als Mylius sich mit Rüdiger überworfen hatte und Ende 1750 ausgeschieden war, lehnte Lessing das Angebot, die Redaktion zu übernehmen, zunächst ab, offenbar der »politischen Kleinigkeiten« wegen, die ihm auch zufallen sollten. Erst nach dem Tod Rüdigers im Februar 1751, als das Privileg an seinen Schwiegersohn Christian Friedrich Voß (davon »Vossische Zeitung«) überging, ließ sich Lessing als Redakteur gewinnen. Den »Gelehrten Artikel« hat er zunächst bis zum Dezember geleitet und während dieser Zeit auch die Beilage hinzugefügt. Nachdem er Ende 1751 Berlin fluchtartig verlassen hatte, trat erneut Mylius an seine Stelle. Lessing promovierte 1752 in Wittenberg zum Magister der freien Künste und kehrte im Dezember wieder nach Berlin zurück. Er wurde abermals Redakteur an Vossens Zeitung und hat dieses Amt dann ununterbrochen bis zum 18. Oktober 1755 wahrgenommen.

Man hat Lessings »Übernahme des gelehrten Artikels in der Vossischen Zeitung ... ein bahnbrechendes Ereignis in der Geschichte des deutschen Journalismus« (Buchholtz S. 36) genannt. Zwar gab es schon vorher Ansätze zu dieser Zeitungssparte, so besonders in der »Staats- und gelehrten Zeitung des Hamburgischen Unpartheyischen Correspondenten« (1731 ff., mit Vorläufer seit 1721). Doch durch Lessing wurde sie erstmals zu literargeschichtlicher Bedeutung geführt. Wie bereits vermerkt, hat es der philologischen Forschung erhebliche Schwierigkeiten bereitet, die von Lessing stammenden Beiträge mit Gewißheit zu identifizieren. Dabei handelt es sich in erster Linie um Rezensionen von Neuerscheinungen, die mit gelegentlichen poetischen Stücken abwechseln. Überdies beziehen sich die Besprechungen keineswegs nur auf literarische Werke i. e. S., sondern auch auf zahlreiche gelehrte Werke verschiedener Wissensbereiche. Dies brachte die redaktionelle Tätigkeit ebenso mit sich wie eine mehrfach unvermeidliche Flüchtigkeit und Inkonsistenz der kritischen Darlegungen. Dennoch sind, wie schon Erich Schmidt gesagt hat, »in einzelnen Rezensionen die Keime künftiger Reife« (^{2}1899, I, S. 187) spürbar. Dies gilt auch für die Konsequenz, mit der über persönliche Rücksichtnahmen hinweg das Ethos kritischer Wahrheitsfindung vertreten wird. So wird z. B. Gottsched mehrfach ablehnend besprochen, aber seine Verdienste um das deutsche Theater bleiben ungemindert. Die Gottsched-Schüler D. W. Triller und Chr. O. von Schönaich werden spöttisch, C. N. Naumann und J. J. Bodmer mit Distanz rezensiert, kühl erscheint auch das Urteil über Wielands erste Arbeiten. Geradezu in einer Kampagne entschieden bekämpft wird S. G. Lange wegen seiner Horaz-Übersetzungen. Positiv ist dagegen die Stellungnahme zu Gellert, Gleim, Hagedorn, Haller oder Uz, ohne daß dabei Schwächen verschwiegen würden. Erheblich ist der Anteil ausländischer, insbesondere französischer Literatur, deren prinzipielle Überlegenheit noch anerkannt wird.

Bereits wenige Wochen, nachdem Lessing die Redaktion des »Gelehrten Artikels« übernommen hatte, schuf er dem Blatt unter dem an Gottscheds letzte Zeitschrift erinnernden Titel »Das Neueste aus dem Reiche des Witzes« eine Ergänzung, die Joachim Kirchner den »Unterhaltungsbeilagen« (1958, I, S. 104) zurechnet, während Erich Schilbach von »einer periodisch erscheinenden Spartenerweiterung« (S. 57) spricht. Während die publizistische Unselbständigkeit für solche Charakterisierungen ausschlaggebend ist, verraten Erscheinungsintervall und Inhalt aber auch eine Nähe zur literarischen Monatsschrift. »Diese Beylage«, so hieß es zur Ankündigung in einer Nachricht am 18. März 1751, »soll den gelehrten Neuigkeiten gewidmet seyn, und zwar denen, welche diejenigen Künste und Wissenschaften betreffen, die bey den meisten mehr zum Vergnügen, als zur Beschäftigung, dienen. Man hat schon allzuviel wöchentliche Blätter, welche die ernsthafte Gelehrsamkeit zum Gegenstande haben; und da das ganze Feld derselben zu durchlaufen, bey gegenwärtiger Einrichtung unmöglich ist, so glaubt man nicht übel gethan zu haben, dass man denjenigen Theil wählet, an welchem die Neugier der meisten, und auch unzähliger, welcher Hauptwerk die studia nicht sind, Antheil nimmt.« (zit. nach Houben Sp. 1, 2) Damit war der Unterschied zu den gelehrten Nachrichtenorganen der Leipziger und Göttinger Art bezeichnet. Lessing hat die Beilage fast ganz allein verfaßt, nur wenige kleinere Arbeiten werden A. G. Kästner und hypothetisch auch Chr. Mylius zugeschrieben.

Die Beilage enthält, ähnlich wie der »Gelehrte Artikel« des Hauptblatts selbst, wiederum Rezensionen, die durch Gedichte, Sinnsprüche, Fabeln und kleinere, z. T. aus dem Französischen übertragene Erzählungen aufgelockert werden. Daß Lessing intellektuell auf der Höhe der Zeit war und die im Titel der Beilage implizierte Aktualität mit Recht beanspruchen konnte, zeigt schon in der ersten Nummer die kritische Befassung mit Jean Jacques Rousseaus berühmter Preisschrift über die sittenverderbende Wirkung der Wissenschaften. Voltaire und Diderot werden gewürdigt, während Batteux' Literaturtheorie als anachronistisch abgewiesen und Lamettrie aus moralischen Gründen verurteilt wird. Was die deutsche Literatur betrifft, so werden der vierte und fünfte Gesang von Klopstocks »Messias« begrüßt, wenn auch nicht ohne Einwände im einzelnen. Doch das Genie dieses Dichters bleibt Lessing unvergleichlich mit der Poesie unfähiger Nachahmer wie Naumann, Schönaich oder Triller. Obwohl Lessings Beilage mit seinem Ausscheiden aus der Redaktion der Zeitung im Dezember 1751 einging und nicht über neun Ausgaben herauskam, spricht ihr ein sicher nicht unkritischer Forscher wie Franz Muncker bleibende Bedeutung zu: »Aber in der schriftstellerischen Laufbahn und geistigen Entwicklung Lessings und nicht minder in der Geschichte der deutschen Zeitschriften überhaupt nimmt sie eine sehr beachtenswerte Stellung ein als erste, kühne Offenbarung einer völlig unparteiischen, selbständigen, geistig bedeutenden Kritik der Haupterscheinungen der neueren Literatur in würdiger, künstlerisch anziehender Form.« (S. XII)

Literatur: Vgl. *Erich Schmidt* (1884, ²1899); *Arend Buchholtz* (1904); *Hans Traub* (1929); *Erich Schilbach* (1953); *Ernst Consentius:* Lessing und die Vossische Zeitung. Diss. Bern 1901. – *Heinrich Hubert Houben* (Hrsg.): Die Sonntagsbeilage der Vossischen Zeitung. 1858–1903. – Das Neueste aus dem Reiche des Witzes. 1751. Berlin 1904. Darin, als Einleitung: *Franz Muncker:* Das Neueste aus dem Reiche des Witzes. S. IX–XII.

CRITISCHE NACHRICHTEN AUS DEM REICHE DER GELEHRSAMKEIT
1750–1751

Hrsg.: Johann Georg Sulzer, Karl Wilhelm Ramler, Christlob Mylius
Erscheinungsweise: wöchentlich (= 52 u. 53 Stücke)
Berlin: Haude & Spener
Umfang: ein Bogen (d. h. acht Seiten Quartformat)
Bibliographischer Nachweis: Diesch Nr. 142; Kirchner (1932) Nr. 580; Kirchner (1969) Nr. 172
Standort: Universitätsbibliothek Jena (Sign.: Hist. lit. XV, q. 14)

Daß an diesem Blatt, obwohl es nur zwei Jahre bestanden hat, nacheinander drei Herausgeber gearbeitet haben, deutet auf ein nicht gerade sorgfältig geplantes und fundiertes publizistisches Unternehmen hin. Es läßt sich aber auch dem Umkreis Lessing zuordnen, weil dieser eine Reihe von Rezensionen geliefert hat und für die Zeit, als Mylius dafür zuständig war, sogar als »Mitherausgeber« (Trillmich S. 104) genannt wird, was aber fraglich sein dürfte, weil das Organ im Verlag Haude & Spener erschien, in dem das Konkurrenzblatt der »Vossischen Zeitung«, die »Königlich privilegirten Berliner Nachrichten von Staats- und gelehrten Sachen«, herauskam. Mit Karl Wilhelm Ramler (1725–1798) war Lessing überdies durch den Berliner »Montagsclub« bekannt.

Geleitet hat das Blatt zunächst jedoch der aus der Schweiz stammende, unter Friedrich dem Großen im Berliner Schul- und Wissenschaftsbetrieb tätig gewordene und vor allem durch seine spätere »Allgemeine Theorie der Schönen Künste« (Leipzig 1771–1774) hervorgetretene Johann Georg Sulzer (1720–1779). Seiner auch geistigen Herkunft wegen, nennt Erich Schmidt die »Critischen Nachrichten aus dem Reiche der Gelehrsamkeit« eine »schweizerische Missionszeitung« ([2]1899, I, S. 187), und in der Tat enthält der erste Jahrgang mehrere Beiträge zum Ruhme J. J. Bodmers, aus Anlaß seines epischen Heldengedichts »Noah«. Bereits im August 1750 löste Karl Wilhelm Ramler Sulzer ab, jedoch ohne eine besondere journalistische Motivation zu besitzen. Er klagte denn auch alsbald über mangelnden Stoff, zumal ein derartig kurzfristig erscheinendes periodisches Organ einer beträchtlichen organisatorischen Planung bedurfte. An verläßlichen Mitarbeitern fehlte es offenbar. Als Ramler seine Tätigkeit für das Blatt zum Jahresende einstellen wollte, hatte der Verleger den inzwischen aus der Rüdigerschen Zeitung ausgeschiedenen Christlob Mylius als Redakteur gewonnen. Dieser führte das Blatt nur um ein weiteres Jahr fort, wenn auch mit kräftigerer Hand.

Die Zeitschrift folgt dem Stil der zeitgenössischen gelehrten Nachrichtenblätter, die aus einer Vielzahl in- und ausländischer Orte Neuerscheinungen anzeigten und kommentierten und Mitteilungen über Ereignisse in der gelehrten Welt machten. Die Zielsetzung übergreift den literarischen Bereich, denn man will »von allen Erkenntnissen des Menschen zu reden Gelegenheit haben« (1750, I, S. 1). Mit der Absicht, Vergnügen und Verstand zu fördern, entspricht das Programm dem damals Üblichen. Die Aufgabe der Zeitschrift als Selektionsmedium wird mit dem Bemühen um Allgemeinverständlichkeit und Popularisierung verbunden: »Wir sind also kühn genug, dem Künstler und dem Soldaten, dem Hoffmann und dem klugen Frauenzimmer diese Blätter als eine Bibliothec anzupreisen, worinn die angenehmsten Schriften gesammlet, schon geöfnet und an den merkwürdigsten Stellen gezeichnet sind.« (ebda.) Der angestrebten weltbürgerlichen Haltung ist zudem Unparteilichkeit geboten. Obwohl die angezeigten oder besprochenen Werke schon im ersten Jahrgang aus mehreren Wissenschaften und verschiedenen Sprachen stammten, kündigte Mylius fürs zweite Jahr »eine gantz neue Einrichtung« (1751, 52, S. 512) an: Noch größere thematische und internationale Breite, noch mehr Bemühen, »sich möglichst nach dem Geschmack, wo nicht aller, doch der meisten Leser, [zu] bequemen«. (ebda.) Doch war der Wandel nicht so erheblich, wie die Ankündigung verhieß, die auch mehr als Versuch gedacht sein mochte, neue Interessenten zu gewinnen.

Vor allem im ersten Jahr erscheint die Zeitschrift keineswegs nur als Rezensions- und gelehrtes Nachrichtenorgan, für welches etwa fremdsprachige Blätter ausgewertet wurden oder eigene Korrespondenten Stoff lieferten. Hinzukamen vielmehr eigenständige Abhandlungen oder Auszüge aus Büchern. Des Platzmangels wegen geschah dies teilweise über Fortsetzungen hinweg. Auf diese Weise wurde z. B. ein Briefwechsel über Richardsons »Clarissa« geführt oder Auszüge aus Marmontels »Betrachtungen über die Tragödie« mitgeteilt. Daß durch solche Aufteilung in Folgen der Zusammenhang litt, haben offenbar schon die zeitgenössischen Leser als unangenehm empfunden. Im literarischen Teil sind im ersten Jahr Werke von Gellert, Gleim, Hagedorn, Haller, E. v. Kleist, Lessing, Rabener, Uz u. a. besprochen worden, ferner auch die Größen der französischen und englischen Literatur, so vor allem wiederum Voltaire und Diderot, Pope, Richardson und Thomson. Im zweiten Jahrgang geht der literarische Anteil eher zurück, zumal der Raum für Mylius' eigene Interessen in der Naturlehre wächst.

Als gelegentliche Mitarbeiter der Zeitschrift hat man den Jurist Langemack, J. W. L. Gleim, C. N. Naumann, J. G. Sucro und Lessing ausgemacht. Franz Muncker hat Lessing 35 Beiträge in den »Critischen Nachrichten« zugeschrieben. Bemerkenswert ist, daß die dortigen Rezensionen teilweise mit jenen übereinstimmen, die Lessing im »Gelehrten Artikel« der »Vossischen Zeitung« veröffentlicht hat. »Damals war es also möglich«, so folgert Schilbach, »daß ein fest besoldeter Redakteur für ein bei der Konkurrenz erscheinendes Blatt Beiträge lieferte, noch dazu Rezensionen, die er auch in die eigene Zeitung setzte.« (S. 49)

Literatur: Vgl. *Erich Schmidt* (1884, ²1899); *Rudolf Trillmich* (1914); *Hans Traub* (1929); *Erich Schilbach* (1953).

THEATRALISCHE BIBLIOTHEK
1754–1758

Hrsg.: Gotthold Ephraim Lessing
Erscheinungsweise: anfangs halbjährlich, dann unregelmäßig (= vier Stücke)
Berlin: Voß
Umfang: ca. 18–20 Bogen
Bibliographischer Nachweis: Diesch Nr. 1736; Kirchner (1932) Nr. 843; Kirchner (1969) Nr. 4126
Standort: Stadtbibliothek Hannover (Sign.: Soc.-Bibl. L 3)

Diese Publikation, so ist gelegentlich geäußert worden, sei »weder inhaltlich noch nach ihrer Erscheinungsweise dem Begriff der Zeitschrift zuzuordnen«. (Schilbach S. 45) Zur Begründung hat man dabei schon auf die Vorrede verwiesen, worin Lessing zwar auf sein früheres Theaterjournal Bezug nimmt, die zu seiner Einstellung führenden Gründe nennt und »diese *Theatralische Bibliothek* als eine Folge gedachter *Beyträge*« (1754, I, Vorrede) ankündigt; worin er aber zugleich auch von einer bescheideneren »Einschränkung des Plans« (ebda.) spricht, denn das neue Werk soll »nicht bloß einen theatralischen Mischmasch, sondern wirklich eine critische Geschichte des Theaters zu allen Zeiten und bey allen Völkern« (ebda.) enthalten.

Hinzukommen zwei weitere Unterschiede: »Erstlich werde ich es nicht wagen, die dramatischen Werke meiner noch lebenden Landsleute zu beurtheilen. Da ich mich selbst unter sie gemengt habe, so habe ich mich des Rechts, den Kunstrichter über sie zu spielen, verlustig gemacht ... Zweytens werde ich keine Nachrichten von dem gegenwärtigen Zustande der verschiedenen Bühnen in Deutschland mittheilen; Theils weil ich für die wenigsten derselben würde stehen können; Theils weil ich unsern Schauspielern nicht gern einige Gelegenheit zur Eifersucht geben will.« (ebda.) In der Abkehr von der Vielfalt und in der Zuwendung zur primär historiographischen Zielsetzung, auch in der Aufgabe des Prinzips der Aktualität von Kritik und Berichterstattung über das deutsche Schauspielwesen hat man den Verlust an publizistischem Gehalt gesehen. Auch der beträchtliche Umfang der einzelnen Hefte weist in diese Richtung. Und da Lessing dem Werk nur »eine Anzahl mäßiger Bände« (Schilbach ebda.) bestimmte, also kein unbegrenztes Erscheinen plante, und die Erscheinungsintervalle relativ groß wählte, ergaben sich auch insofern die zitierten Vorbehalte gegen eine Klassifizierung als Zeitschrift. Immerhin erschienen die ersten drei Stücke in halbjährlicher Periodizität, nur das letzte kam mit erheblicher Verspätung erst 1758 heraus. Mag demnach die »Theatralische Bibliothek« ein bibliographischer Grenzfall sein – Joachim Kirchner hat sie gleichwohl verzeichnet –, so ist ihre Aufnahme im vorliegenden Band doch gerechtfertigt: Das Organ schließt als Theaterjournal an die »Beyträge zur Historie und Aufnahme des Theaters« an und zum anderen läßt sich Erich Schmidts Urteil zitieren: »Man sieht, Lessing übt sich für die Hamburgische Dramaturgie.« (^{2}1899, I, S. 298)

Die »Theatralische Bibliothek« hat man zunächst immer als alleiniges Werk Lessings angesehen, ausgenommen die »Geschichte der englischen Schaubühne« im vierten Stück, die von Friedrich Nicolai stammt. Doch hat man inzwischen nicht nur auf den stark kompilatorischen Charakter der Beiträge hingewiesen, sondern auch etwa die Übersetzung von Riccobonis italienischer Theatergeschichte Johann Tobias Köhler zugeschrieben. Auch manches in anderen Beiträgen, das man als unmittelbare Äußerung Lessings zu lesen pflegte, scheint bereits in den von ihm ausgewerteten Vorlagen enthalten gewesen zu sein, so daß das Maß an Originalität vorsichtiger als früher beurteilt werden muß.

Während das dritte Stück ausschließlich des Abbé Dubos' »Ausschweifungen von den theatralischen Vorstellungen der Alten« mitteilt, bieten die andern jeweils mehrere Beiträge. Hervorzuheben ist schon vom Umfang her im zweiten Stück eine Abhandlung über die Trauerspiele Senecas. War in den »Beyträgen zur Historie und Aufnahme des Theaters« nur die Komödie durch Plautus ins Blickfeld getreten, so erfolgt mit Seneca nicht nur eine Zuwendung zur Tragödie, sondern im Vergleich damit auch eine solche zu den Griechen. Zwar wird der Römer gegenüber dem Griechen Euripides noch aufgewertet, aber die ältere Tradition gewinnt an Konturen. Der Wiedergutmachung von Mylius' abwertendem Urteil über die italienische Schaubühne sollen vermutlich die Riccoboni-Übersetzung und Auszüge aus italienischen Dramen dienen. Die französische Dramatik beginnt ihre unbestrittene Vorbildlichkeit zu verlieren, während für die englische James Thomson, noch nicht Shakespeare die Orientierungsfigur liefert.

Darin zeigt sich Lessing erst im Übergang zu seinem späteren theatralischen Weltbild. Unmittelbar aufs deutsche Drama bezogen ist allenfalls ein Aufsatz über das »weinerliche Lustspiel«, d. h. das bürgerliche Rührstück in Gellerts Stil, das nur als Vorstufe der wahren Komödie gelten gelassen wird. Ergänzende Bemerkungen zu Lessings eigenem Schauspiel »Die Juden« (1754) haben weniger dramaturgischen als soziologischen Charakter.

Literatur: Vgl. *Erich Schmidt* (1884, ²1899); *Wilhelm Hill* (1915); *Hans Traub* (1929); *Erich Schilbach* (1953); *Max von Waldberg:* Zu Lessings »Theatralischer Bibliothek«. In: Zeitschrift f. Deutschkunde 38 (1924) S. 163–169. – *Curtis C. D. Vail:* Originality in Lessing's »Theatralischer Bibliothek«. In: Germanic Review 9 (1934) S. 96–101.

Bibliothek der schönen Wissenschaften und der freyen Künste
1757–1765

Hrsg. Friedrich Nicolai, Moses Mendelssohn [Ab Bd. 5: Christian Felix Weiße]
Erscheinungsweise: vierteljährlich geplant, alsbald unregelmäßig meist drei Stücke pro Jahr (= zwölf Bände zu je zwei Stücken)
Leipzig: Dyck
Umfang: 11–14 Bogen
Bibliographischer Nachweis: Diesch Nr. 184 a; Kirchner (1932) Nr. 1052; Kirchner (1969) Nr. 4430
Standort: Stadtbibliothek Augsburg (Sign.: 8° H Bibliothek)

[Forts. u. d. T.]

Neue Bibliothek der schönen Wissenschaften und der feyen Künste
1766–1805

Hrsg.: Christian Felix Weiße [Ab Bd. 29: Johann Gottfried Dyck]
Erscheinungsweise: unregelmäßig ein bis fünf Stück pro Jahr (= 74 Bände zu je zwei Stück)
Leipzig: Dyck
Umfang: 9–14 Bogen
Bibliographischer Nachweis: Diesch Nr. 184 a; Kirchner (1932) Nr. 1376; Kirchner (1969) Nr. 4446
Standort: Bayerische Staatsbibliothek München (Sign.: L. eleg. g. 47)

In Lessings zweite Berliner Zeit als Redakteur der »Berlinischen privilegirten Staats- und gelehrten Zeitung« fällt die Begegnung mit Friedrich Nicolai (1733–1811) und Moses Mendelssohn (1729–1786), aus der sich eine zeitlebens anhaltende

Freundschaft entwickelte, die zu mancher gemeinsamen, aus wechselseitiger Anregung gespeisten Arbeit führte, gerade auf dem Gebiet der literarischen Zeitschrift. Nicolai ist von der Romantik vor allem wegen seines Romans »Das Leben und die Meinungen des Herrn Magister Sebaldus Nothanker« (1773–1776) gern als bornierter Aufklärer verspottet worden. Dabei sind seine anfänglichen Bemühungen um die Überwindung der im deutsch-schweizerischen Literaturstreit bezogenen Standpunkte ebensowenig zu leugnen wie seine langfristigen organisatorischen, verlegerisch-publizistischen Verdienste um die literarische und gelehrte Kultur in Deutschland. Im Jahre 1755 erschienen noch anonym seine »Briefe über den itzigen Zustand der schönen Wissenschaften in Deutschland«, die unbefangen und entschieden vorwärtsweisende Forderungen erhoben: Den Konflikt zwischen Gottsched und den Schweizern, der alles überwuchert habe, solle man als unfruchtbar auf sich beruhen lassen; schärfste, unparteiische Kritik sei für die weitere Entwicklung der deutschen Literatur unerläßlich; Dichtungen dürfe man nicht nach einzelnen schönen Zügen, sondern nur als Ganzes werten; und vor allem müsse man Kunstwerke in sich selbst betrachten, ohne Rücksicht auf moralische oder sittliche Absichten der Dichter (vgl. Philips S. 134). Daß hier ein Ansatz vorlag, der über die überlebten Fronten der Literaturtheorie hinausführte, erkannte auch Lessing, der die Bekanntschaft des Verfassers suchte und ihn dann dem bereits bestehenden Bündnis mit Mendelssohn zuführte.

Als Lessing im Oktober 1755 Berlin für mehr als zwei Jahre verließ, trug sich Nicolai schon mit den Plänen zu einer Zeitschrift, die ihm Gelegenheit geben sollte, kontinuierlich für eine Fortentwicklung der deutschen Literatur zu sorgen, so wie es in der Logik seiner »Briefe« lag. Die Vorbereitungen, insbesondere die Suche nach einem Verleger gestaltete sich jedoch schwierig. Im Frühjahr 1756 erschien bei Lange in Berlin die »Vorläufige Nachricht«, in der das Programm des neuen Journals entfaltet wurde. Als sich die weitere Realisierung des Unternehmens jedoch hinauszögerte, wandte sich Nicolai mit der Bitte an Lessing, in Leipzig einen anderen Verleger zu suchen. Wie die Briefe zwischen den Freunden aus dem Jahre 1757 belegen, hat sich Lessing sehr um das Zustandekommen des Blattes bemüht. Dabei hat er selbst später nur wenige Beiträge für die Zeitschrift geliefert. So blieb seine Beteiligung mehr äußerlicher Art: Er hat den Verlagsvertrag ausgehandelt, die Aufgabe des Vermittlers zwischen Herausgebern und Verleger übernommen, sich um Druck und Ausstattung der Hefte gekümmert, einen großen Teil der Korrespondenz geführt und sogar mit Korrekturen gelesen.

Die zur Ostermesse 1757 in Leipzig bei Dyck erstmals erschienene »Bibliothek der schönen Wissenschaften und der freyen Künste« machte nach einem Wort von Danzel und Guhrauer »in doppelter Beziehung in der deutschen Literatur Epoche. Auf der einen Seite ist sie die erste Zeitschrift von Bedeutung, die nicht in Gottscheds Händen ist... Andererseits hat diese Zeitschrift zuerst auch die schönen Künste wieder in das Gebiet der allgemeinen Bildung gezogen«. (I, S. 332) Die erste Begründung mag uns angesichts der hier bereits vorgestellten Journale vielleicht überzogen erscheinen. Sie ist nur in dem Sinne richtig zu verstehen, daß dieses Organ wie keines vor ihm die gängigen literaturpolitischen Alternativen hinter sich zu lassen sucht. Man will, wie es in der »Vorläufigen Nachricht«, die dem ersten Heft als Einleitung vorangestellt wurde, heißt, »zu keiner von den Sekten, die bisher eine lächerliche Herrschaft über das deutsche Reich des Witzes haben behaupten wollen, geschworen haben«. (1757, I, S. 6) Das hatten andere zuvor zwar auch schon beabsichtigt, doch war es häufig bei der bloßen Behauptung geblieben. Die zweite, von Danzel als epochemachend bezeichnete Neuerung der Zeitschrift bringt nicht nur eine thematische Erweiterung, sondern zugleich auch eine neue Dimension im Grundsätzlichen. »Unsere Bemühungen«, so führt die »Vorläufige Nachricht« aus, »werden zwar auf die Beredsamkeit und die Dichtkunst gehen; weil wir aber überzeugt sind, daß die schönen Künste durch die genaueste Bande mit einander verknüpft sind, so werden wir von der Malerey, Kupferstecher- Bildhauer- und Baukunst, wie auch von der Musik und Tanzkunst öfters handeln... Wir werden uns besonders bemühen ihre Übereinstimmung mit den übrigen schönen Künsten, darzuthun, und zu zeigen, daß des Eigenen ohngeachtet, das jede Kunst für sich hat, dennoch alle in ihren Grundlagen übereinstimmen.« (ebda. S. 4) Mit dieser die Einzelkünste übergreifenden, ihre Gemeinsamkeiten und wechselseitigen Bezüge erschließenden, allgemeinen ästhetischen Zielsetzung bereitet die Zeitschrift manche der Klassik später selbstverständlichen Anschauungen vor. Daß kein geringerer als Johann Joachim Winckelmann (1717–1768) mehrere seiner klassisch gewordenen Arbeiten zur Bildenden Kunst und Archäologie hier zuerst veröffentlicht hat, gibt der Zeitschrift in diesem Zusammenhang herausragende Bedeutung. Dies gilt für die Musik in kaum geringerem Maße, da sie durch Beiträge des seinerzeit mehr als Musikgelehrter denn als Komponist anerkannten Friedrich Wilhelm Marpurg (1718–1795) vertreten ist.

Worin die für Nicolais und Mendelssohns Zeitschrift konstitutiven, zentralisierenden Prinzipien liegen, läßt sich aus dem bisher Dargestellten bereits erkennen. Mit den in der »Vorläufigen Nachricht« geäußerten Gedanken über die kulturbildende Aufgabe der schönen Wissenschaften bewegen sie sich zunächst zwar ganz in den gängigen Vorstellungen der Zeit. Aber eine strenge Handschrift ist nicht zu übersehen. Da ist der Wille zu scharfer Kritik, die Bereitschaft, »ein jedes Ding bey seinem Namen, einen elenden Schriftsteller einen elenden Schriftsteller, und einen öden Kopf einen öden Kopf [zu] nennen«. (a.a.O. S. 7) Dies ist umso notwendiger im Hinblick auf »die große Zahl der elenden Schriftsteller..., von denen Deutschland wimmelt«. (ebda. S. 8) Was die Prinzipien der Kritik angeht, so gilt zwar noch als ausgemacht, »daß man ohne eine gründliche Kenntniß, und die genaueste Bestimmung und Berichtigung der Regeln, nie etwas vorzügliches in den schönen Wissenschaften leisten kann«. (ebda. S. 10) Doch zur Relativierung wird unmittelbar angefügt: »Nichts ist gefährlicher, als die Regeln ... ohne Einsicht angewendet, und sclavisch befolget werden; sie werden einen Schriftsteller ewig mittelmäßig lassen ...« (ebda.) Aus der Überlegung, »ob sie [d. h. die schönen Wissenschaften] auch vielleicht mittelbar, auf eine in Deutschland bisher nicht gewöhnliche Art befördert werden könnten« (ebda. S. 14), wird sogar ein Preisausschreiben ausgesetzt, dessen Gewinn dem besten eingesandten Trauerspiel zufallen soll. Ohnehin hatte man sich vorgenommen, die aus Lessings »Theatralischer Bibliothek« ausgeschlossenen Nachrichten aus dem Reiche der Schaubühne wieder aufzunehmen.

Gleichsam als Wegweisung für die an dem Preisausschreiben interessierten Autoren sowie als Richtschnur für die Preisrichter selbst wird das erste Heft der Zeitschrift mit Nicolais »Abhandlung vom Trauerspiele« eröffnet, in dem dieser, von Aristoteles abrückend, nicht die Läuterung, sondern die Erregung der Affekte zum Prinzip der Tragödie erhebt. An diesem Aufsatz hat sich der berühmte, immer wieder gesondert edierte Briefwechsel über das Trauerspiel zwischen Lessing, Mendelssohn und Nicolai entzündet, in dem die Tragödientheorie weiter vertieft wurde. Auch Mendelssohn ist schon in den ersten Heften mit ästhetischen Abhandlungen vertreten. Wenn er gegen Batteux' enge Nachahmungstheorie vorgeht und die Berechtigung des sinnlichen Ausdrucks in der Kunst hervorhebt, wenn er »Betrachtungen über das Erhabene und Naive in den schönen Wissenschaften« anstellt, so wird damit den neuen

Prinzipien die Bahn gebrochen. Dies wird durch Auszüge aus größeren Werken und durch Übersetzungen unterstützt. So kommen Dubos und Shaftesbury, die Vertreter einer stärker sensualistisch inspirierten Kunstlehre, ausgiebig zu Wort. Daß Winckelmann die Antike ganz neu sehen lehrte, ist allbekannt.

Hinzukommen Rezensionen sowohl theoretischer wie poetischer Werke. In diese Kategorie gehören auch die wenigen Beiträge Lessings. Die meisten, original für die Zeitschrift geschriebenen Arbeiten, stammen von Nicolai, das andere überwiegend von Mendelssohn. Nicolai, der zeitweise als Korrespondent für das von Melchior Grimm in Paris herausgegebene »Journal étranger« tätig war, mag auch für die theatralischen Neuigkeiten aus Paris gesorgt haben. Umfangreicher wurde schon bald die Rubrik »Vermischte Nachrichten«, die kurze Buchanzeigen und Neuigkeiten aus Literatur, Kunst und Wissenschaft im In- und Ausland mitteilte. Das Preisausschreiben endlich hatte nicht den gewünschten Erfolg. Als man nach einer Verlängerung der Einsendungsfrist den Preis schließlich dem »Codrus« des J. F. von Cronegk zusprach, war der junge Autor schon verstorben.

Bereits mit dem Ende des vierten Bandes gaben Nicolai und Mendelssohn die Herausgeberschaft an Christian Felix Weiße (1726–1804) ab. Die beiden Freunde, die die Zeitschrift ohne größere Hilfe anderer aufrechterhalten mußten, erfuhren, wie es im Vorbericht zum letzten, von ihnen betreuten Stück heißt, »daß das, was sie zu einer Ergötzung ausersehen hatten, vielmehr eine mühsame Arbeit sey, welche ihre ganze Zeit erforderte«. (1759, IV, 2) Auch war Nicolai nach dem Tod seines Bruders gezwungen, wieder in den ererbten Verlags- und Buchhandel zurückzukehren, was es ihm unmöglich machte, das Organ in einem fremden Verlag weiterzuführen. Der als Herausgeber gewonnene Christian Felix Weiße, Verfasser von Gedichten, Opern, Tragödien und Lustspielen sowie später Schöpfer einer der ersten erfolgreichen Kinderzeitschriften (»Der Kinderfreund«, 1775–1784, mit Fortsetzungen), gehörte schon zum Leipziger Freundeskreis Lessings und hatte nach dessen Rückkehr nach Berlin schon für die »Bibliothek« die Verbindung zum Verleger aufrechterhalten. Er hat das Organ, seit 1765 als »Neue Bibliothek der schönen Wissenschaften und der freyen Künste«, rund ein Vierteljahrhundert weitergeführt, bevor, vermutlich mit dem 29. Band (1783/84), der Verleger selbst die Redaktion des Journals übernahm. So hat das Blatt über Weißes Tod hinaus bis 1806 bestanden und wurde noch einmal unter dem Titel »Bibliothek der redenden und bildenden Künste« erneuert (bis 1811).

Unter der Herausgeberschaft Weißes nahm der Anteil der Bildenden Künste am Inhalt noch zu, zumal als Lessings »Literaturbriefe erschienen und er die Rivalität mit ihnen zu scheuen hatte«. (Minor S. 302) Auch die »Vermischten Nachrichten«, »Kunstnachrichten«, »biographischen Nachrichten« oder »literarischen Nachrichten« wurden als Rubriken ausgebaut. Weiße hat hierfür in beträchtlichem Ausmaß ausländische, insbesondere englische Journale ausgewertet und nachgedruckt, so daß man von »plagiarized book reviews« (vgl. Giessing) gesprochen hat. Überhaupt wurde die Zeitschrift, wie Minor sagt, »breitspuriger« (S. 304). Für die Besprechung deutschsprachiger Werke und als Verfasser der selbständigen Abhandlungen und Beiträge machte sich der Herausgeber im Laufe der Zeit die Dienste zahlreicher Mitarbeiter zunutze. Dabei geriet das Organ jedoch in Opposition zu den neueren literarischen Strömungen, ja begegnete diesen bis etwa 1780 mit einem »Princip des Todtschweigens«: »Was sich in dieser drangvollen Zeit aus den Köpfen wirklich genialer Leute losringt, wird rücksichtslos todtgeschwiegen.« (Minor S. 316) Zwar ist dieses Prinzip keineswegs strikt durchgehalten; aber wo die neueren literarischen Erscheinungen, seien es die Stürmer und Dränger oder der Göttinger Hainbund, seien es Klopstock, J. H. Voß oder M. Claudius, ins Blickfeld treten, da werden sie häufig ablehnend oder zumindest kühl behandelt. Dagegen erscheinen K. W. Ramler und die Karschin noch als Leitfiguren, und die Werke der Mitarbeiter wurden wohlmeinend rezensiert. Erst J. G. Dyck »zog die schöne Literatur, welche Weiße schon in den letzten Jahren nicht mehr hatte todt schweigen können, wieder mehr in den Bereich seines Journals herein«. (Minor S. 314 f.) Auch wenn man die Grundlinie des Journals angesichts seines langen Erscheinens nicht auf eine kurze Formel bringen kann, so ist doch unverkennbar, daß sich die anfänglich literarisch und publizistisch progressive Zielsetzung bald verloren hatte, so daß selbst der einstige Herausgeber Nicolai sich herbe Kritik gefallen lassen mußte.

Mitarbeiter: u. a.: F. v. Blankenburg, G. F. Brandes, Chr. A. H. Clodius, K. W. Daßdorf, J. H. Dyck, Chr. D. Ebeling, H. K. A. Eichstädt, J. J. Engel, J. J. Eschenburg, J. Chr. Garve, Z. Ph. v. Gebler, H. W. Gerstenberg, Chr. L. v. Hagedorn, Chr. G. Heyne, F. Jakobs, A. G. Kästner, K. G. Küttner, G. E. Lessing, J. K. F. Manso, F. W. Marpurg, A. Matthiä, J. N. Meinhard, A. G. Meißner, M. Mendelssohn, K. Morgenstern, S. F. N. Morus, F. Nicolai, E. Platner, J. M. Preißler, F. B. W. v. Ramdorf, J. E. Raspe, J. J. Schatz, J. A.

Scheibe, D.. Schiebeler, K. J. Schläger, J. v. Sonnenfels, J. G. Thierbach, P. v. Stetten, M. A. v. Thümmel, J. J. Volckmann, C. F. Weiße, J. K. Wezel, J. J. Winckelmann.

Literatur: Vgl. *Theodor Wilhelm Danzel, G. E. Guhrauer* (Bd. I, ²1880); *Jakob Minor:* Christian Felix Weiße und seine Beziehungen zur deutschen Literatur des 18. Jahrhunderts. Innsbruck 1880. – Lessings Briefwechsel mit Mendelssohn und Nicolai über das Trauerspiel. Hrsg. u. erl. v. *Robert Petsch.* Leipzig 1910. Dass. hrsg. u. kommentiert v. *Jochen Schulte-Sasse.* München 1972. – *Charles Paul Giessing:* The Plagiarized Book Reviews of C. F. Weiße in the »Bibliothek der schönen Wissenschaften«. In: Modern Philology 16 (1918/19) S. 21–32. – *F. C. A. Philips:* Friedrich Nicolais literarische Bestrebungen. Haag 1926. – *Richard F. Wilkie:* Weisse's Borrowings for the »Bibliothek der schönen Wissenschaften«. In: Modern Philology 53 (1955) S. 1–7. – *Herrmann Z. M. Meyer:* Moses Mendelssohn-Bibliographie. Berlin 1965. – *Gustav Sichelschmidt:* Friedrich Nicolai. Geschichte seines Lebens. Herford 1971. – *Horst Möller:* Aufklärung in Preussen. Der Verleger, Publizist und Geschichtsschreiber Friedrich Nicolai. Berlin 1974.

SAMMLUNG VERMISCHTER SCHRIFTEN ZUR BEFÖRDERUNG
DER SCHÖNEN WISSENSCHAFTEN UND DER FREYEN KÜNSTE
1759–1763
Hrsg.: Friedrich Nicolai, Moses Mendelssohn
Erscheinungsweise: im ersten Jahr drei Stück, dann jährlich zwei Stück (= sechs Bände zu je zwei Stücken, Bd. 4 = ein Stück)
Berlin: Nicolai
Umfang: 12–13 Bogen
Bibliographischer Nachweis: Diesch Nr. 193 aN; Kirchner (1932) Nr. 863; Kirchner (1969) Nr. 4435
Standort: Landesbibliothek Wiesbaden (Sign.: A 5471)

Dieses Periodikum macht ganz den Eindruck einer Ergänzung zu der zuvor beschriebenen »Bibliothek«. Doch zeigt es im Grunde wenig publizistischen Charakter. Es dient vielmehr der Sammlung beispielhafter Texte, die es wert sind, gleichsam als Denkmäler auf dem Weg zur Geschmacksbildung weiter bekannt gemacht und bewahrt zu werden. Der Plan geht laut Vorbericht dahin, »die kleinen Schriften aus verschiedenen Sprachen zu sammeln, welche die schönen Wissenschaften und die feyen Künste betreffen«. (1759, I, Vorbericht) Auf den Zusammenhang mit dem vorangegangenen Journal weist die Bemerkung hin, »daß die Wahl der einzurückenden Stücke von den Herren Verfassern der vier ersten Bände der *›Bibliothek* *der schönen Wissenschaften und der freyen Künste‹* abhange, ohne deren Bewilligung keine Schrift eingerücket werden wird«. (ebda.)

Im Inhalt erscheinen überwiegend umfangreiche Abhandlungen, die z. T. in mehreren Folgen abgedruckt werden. So bestehen die Hefte meist auch nur aus zwei oder drei verschiedenen Beiträgen. Diese werden jedoch durch ein übergreifendes Stichwortregister erschlossen, so daß die Bände fast lexikalisch genutzt werden können. Obwohl der Vorbericht auch deutsche Originalschriften ankündigte, handelt es sich vornehmlich um Übersetzungen aus anderen Sprachen. Dabei werden vor allem englische Autoren (J. Dryden, A. Pope, E. Young), daneben auch französische (Grenest, Camusat u. a.) sowie italienische (L. Dolce) vorgestellt. Selbst Schriften deutscher Verfasser mußten wiederholt erst übersetzt werden, so Arbeiten von J. G. Sulzer, die zunächst in französischer Sprache in den Schriften der Berliner Akademie der Wissenschaften erschienen waren. Thematisch beziehen sich die Beiträge wiederum auf alle Künste, die Literatur (z. B. Drydens »Abhandlung über die Satire«), die Malerei (L. Dolces »Gespräch über die Malerey«), die Musik (z. B. G. R. Vossius), den Tanz (Cahusac). Sulzer ist mit einer »Theorie der Empfindungen«, F. G. Resewitz mit einem »Versuch über das Genie« vertreten. Von keinem der aufgenommenen Beiträge läßt sich sagen, daß er eigens für diese periodische Schrift verfaßt wurde.

Literatur: s. o.

BRIEFE, DIE NEUESTE LITTERATUR BETREFFEND
1759–1765

Hrsg.: Gotthold Ephraim Lessing, Moses Mendelssohn, Friedrich Nicolai
Erscheinungsweise: wöchentlich (=23 Teile mit insgesamt 333 Stücken, 24. Teil mit doppeltem Register)
Berlin (und Stettin): Nicolai
Umfang: 1 Bogen
Bibliographischer Nachweis: Diesch Nr. 191; Kirchner (1932) Mr. 861; Kirchner (1969) Nr. 4433
Standort: Landesbibliothek Wiesbaden (Sign.: A 5470)
Teilausgabe: Hrsg. v. Wolfgang Bender, Stuttgart 1972

In seinen als Fortsetzung bzw. als nachträgliche Beilage zur obigen Zeitschrift konzipierten Fragmenten »Über die neuere deutsche Litteratur« (1767) hat Johann Gottfried Herder (1744–1803) einleitend den Idealplan eines Journals entworfen, »das mehr als Briefe, Auszüge und Urtheile zum Zeitvertreibe enthielte: ein Werk, das sich den Plan vorzeichnete zu einem ganzen und vollendeten Gemälde über die Litteratur, wo kein Zug ohne Bedeutung auf das Ganze wäre...« (Suphan-Ausgabe I, S. 140) An diesen Vorstellungen mißt er anschließend die seinerzeit bestehenden Zeitschriften. Während er von der »Bibliothek der schönen Wissenschaften und der freyen Künste« mehr Auszüge aus fremdsprachigen als leicht zugänglichen deutschen Büchern, eine stärkere thematische Konzentration, kürzere und härtere Kritik verlangt, stellt er zwar fest, daß die »Litteraturbriefe ... mehr Urtheil« (ebda. S. 146) haben, aber »die Merkwürdigkeit gewisser Werke beinahe blos nach dem Maas, wie sie dabei Raum zum eigenen Urtheil, zur Strafe und Spekulationen finden« (ebda.) schätzten. Im »Vorläufigen Discours« am Anfang der zweiten Fragment-Sammlung wird dieser Gedanke noch einmal aufgenommen: »Hätten sich die Verfasser weniger durch Streitigkeiten hinreißen lassen; hätten sie es nicht öfters vergessen, daß sie mit dem Publikum sprächen: so wäre dies Gemälde vollständiger und gleichmäßiger in seinen Theilen gerathen.« (ebda. S. 250) Empfand Herder an der »Bibliothek« eine ungeordnete Weitläufigkeit als störend, so befremdete ihn an den »Briefen, die neueste Litteratur betreffend«, daß sich das Subjekt des Kritikers allzu selbstherrlich in den Mittelpunkt stellte. Dennoch gesteht Herder den zwei Blättern große Verdienste zu, wobei er »beide Werke die Pendanten zu einander« (ebda. S. 145) nennt. Die hiermit angesprochene streitbare und schonungslose Kritik hat auch den Nachruhm der Literaturbriefe bestimmt. Der Lessing-Monograph Erich Schmidt nannte sie »Berlins erste literarische Großtat« (²1899, I, S. 416) und enthielt sich nicht, sie mit den gleichzeitigen kriegerisch-strategischen Leistungen Friedrichs des Großen zu vergleichen.

Über die Entstehung der Zeitschrift sind wir durch einen Brief Friedrich Nicolais unterrichtet, den dieser an Georg Christoph Lichtenberg, den Herausgeber des »Göttingischen Magazins der Wissenschaften und der Litteratur«, geschrieben hat und der dort 1782 als Antwort auf einen vorangegangenen Artikel abgedruckt wurde. Danach ist der Plan zwischen den Freunden im November 1758 gefaßt worden, zu einer Zeit, als Nicolai im Begriff stand, die Herausgeberschaft für die »Bibliothek der schönen Wissenschaften und der freyen Künste« an Chr. F. Weiße abzutreten. Da ein neues Organ mit ähnlich umfänglichen Belastungen nicht in Frage kam, verfiel man auf den Gedanken, »in Briefen nieder[zu]schreiben, was wir in unsern täglichen Unterredungen sagen« (Nicolais Brief a.a.O. S. 396). Die Form des Briefes mochte größeren Aufwand an Systematik ersparen und stellte eine besondere Spontaneität sicher. Dabei sah man zunächst auch eine zeitliche Begrenzung durch den seit 1756 herrschenden (Siebenjährigen) Krieg vor, d. h. es »ward beschlossen, die Litteratur seit dem Anfange des Krieges zu übersehen, und diese Übersicht bis zum Frieden fortzusetzen, den man damals nicht weit entfernt glaubte«. (ebda.)

Durch diese Entscheidung nahm das Organ ganz den Charakter eines höchst aktuellen Rezensionsjournals an. Die dafür gewählte fiktive Einkleidung geht auf Lessing selbst zurück. Er schreibt in der kurzen Einleitung zur ersten Nummer, die Briefe seien an einen in der Schlacht bei Zorndorf verwundeten preußischen Offizier gerichtet, um »ihm die Lücke, welche der Krieg in seine Kenntniß der neuesten Litteratur gemacht, ausfüllen zu helfen«. (1759, I, S. 3) Konkret stand den Berlinern dabei ihr Freund Ewald von Kleist (geb. 1715) vor Augen, der noch im August des gleichen Jahres an Kriegsverletzungen starb. Die Form des Briefes hatte überdies bereits seit dem »Mercure galant« ihre publizistische Tradition im Zeitschriftenjournalismus. Sie wurde vornehmlich in den Moralischen Wochenschriften gepflegt, denen die Literaturbriefe auch durch ihre wöchentliche Periodizität nahestehen. Doch in Inhalt und Stil sind sie damit unvergleichlich.

Lessing hat die Literaturbriefe zunächst weitgehend selbst verfaßt und mit seinem plaudernd-witzigen, aber scharf treffenden und bisweilen übermütigen Stil den Ruf der Zeitschrift in der Literaturgeschichte begründet. Die anderen Mitarbeiter haben sich, so weit es ging, an die äußere Form anzupassen gesucht, einen gleichen Ton aber kaum finden können. Nachdem Lessings Beteiligung schon seit dem zweiten Teil des ersten Jahres zurückzugehen begann, endete seine Mitarbeit am 25. September 1760 mit dem Beschluß des 127. Briefes, d. h. dem Ende des siebten Teils. Später hat er nur noch zwei Beiträge geliefert, den 233. Brief im 14. und den 332. Brief im 23. (Schluß-)Teil. Nach Lessings Übersiedlung nach Breslau hat Moses Mendelssohn die Hauptarbeit getragen und insgesamt fast ein Drittel des ganzen Werks geschaffen.

Auch Nicolai sah sich zu verstärkter Mitarbeit gezwungen. Seine Beiträge sind, wie er selbst gesagt hat, meist nur aus dem Mangel anderer Manuskripte entstanden. Im übrigen liegen seine Verdienste um das Journal mehr auf verlegerisch-organisatorischer Seite. Als neuer Mitarbeiter trat mit dem 148. Brief Thomas Abbt (1738–1766) hinzu, dessen Schrift »Vom Tod fürs Vaterland« Nicolai verlegt hatte. Abbt hat etwa ein Drittel der restlichen Literaturbriefe beigesteuert und daß seine Kritik nicht weniger streng sein konnte, belegt die Tatsache, daß ein Beitrag von ihm 1762 zum kurzzeitigen Verbot der Literaturbriefe führte. Gelegentlich haben später noch andere Autoren mitgewirkt: Vom 17. Teil an Friedrich Gabriel Resewitz mit 20 Briefen, vom 20. Teil an Friedrich Grillo mit zehn Briefen. Mindestens zwei Briefe hat auch J. G. Sulzer verfaßt. Eine Zuweisung der anonym erschienenen, nur mit verschiedenen Chiffren versehenen Briefe ist möglich, weil Nicolai gegenüber Herder eine Aufschlüsselung gegeben hat, die dieser ohne sein Einverständnis sogar im »Deutschen Museum« publizierte.

In den »Briefen, die neueste Litteratur betreffend« sind zahlreiche Bücher und keineswegs nur solche poetischer oder kunsttheoretischer Art besprochen worden. Für Lessing bildeten die rezensierten Werke ohnehin oft nur den Anlaß für allgemeine, grundsätzliche Überlegungen. Sogleich in den ersten Briefen befaßt er sich mit der Unfähigkeit der Übersetzer, die gewöhnlich nur trockene Nachahmung, kein produktives Nachschaffen zeigten. Daß Lessing sich mehrfach mit Chr. M. Wieland auseinandersetzte, hat man auf die Kontroverse zurückgeführt, die zwischen den Züricher »Freymüthigen Nachrichten« und ihm selbst entstanden war. Er war für den angegriffenen J. P. Uz eingetreten und dabei selbst Zielscheibe der Kritik geworden, hinter der man Wieland vermutete. Geradezu Todesurteile für die gesamte literarische Existenz bildeten die Angriffe auf den als Übersetzer und in vielerlei Gattungen bemühten Johann Jakob Dusch, den Anakreontiker und Bukoliker Johann Franz von Palthen und andere. Klopstocks neu gefaßte »Messias«-Gesänge wurden einer philologischen Analyse unterzogen, die Vers- und Sprachkunst anerkannt, doch die religiöse Seraphik mit starken Vorbehalten betrachtet. Ähnliche Gründe hat die über mehrere Briefe hinweg geführte Kritik an Johann Andreas Cramers später Moralischer Wochenschrift »Der Nordische Aufseher« (1758–1761), an der Klopstock ebenfalls mitwirkte. Doch die Literaturbriefe erschöpfen sich nicht in der Ablehnung. Gelobt wurden vor allem Gerstenberg, Gleim, E. von Kleist, und Lessing verzichtete auch nicht auf Selbstanzeigen seiner eigenen Werke. Vor allem vollzieht sich hier aber die Abwendung vom klassischen französischen Drama und die Orientierung auf Shakespeare hin. Das Prinzip der Originalität wird entdeckt, die poetische Wahrheit gefunden und von der älteren, unselbständigen Nachahmungstheorie abgesetzt. Dabei ist die Zeitschrift von ihrem Charakter her kein systematisches Regelwerk, sondern ein Medium, welches den »Wandel von der deskriptiven Methode zur freien produktiven Kritik« (E. Schmidt ²1899, I, S. 494) begünstigt.

Durch Mendelssohn verlagerte sich das Schwergewicht der Literaturbriefe etwas vom Literarischen zum Theoretisch-Philosophischen, das Blatt wurde stärker den religiös-wissenschaftlichen Aufklärungsbestrebungen dienstbar gemacht. Doch blieben Literatur und Ästhetik wichtige Gebiete, ebenso das Theater. Auch bei den von Abbt rezensierten Büchern handelt es sich nur um wenige literarische Titel, die gleichwohl zum Anlaß für prinzipielle Ausführungen genommen wurden, etwa zur Theorie der Elegie oder zur Frage, ob moralische Charaktere nicht dem Drama widersprächen. Mochte sich auch der scharfe Ton Lessings im ganzen verlieren, so waren die Briefe doch weiter gut geschrieben, so daß es ungerechtfertigt erscheint, die Zeitschrift immer nur vorwiegend im Blick auf Lessing zu betrachten.

Erfolg und Wirkung des Journals lassen sich wiederum nicht nur an mehreren, noch von Nicolai veranstalteten Neuauflagen ablesen, sondern auch an den bekannten zeitgenössischen Urteilen. Zudem setzten sich die schonungslos angegriffenen Autoren zur Wehr: J. J. Dusch antwortete mit einer Antikritik, J. H. G. von Justi mit einem Verbotsantrag, die Gottsched-Schule mit einer polemischen Streitschrift (gegen die berühmte Verurteilung im 17. Literaturbrief) sowie J. B. Basedow mit einer Verteidigung des »Nordischen Aufsehers«, auf die Lessieg wiederum entschieden erwiderte. Dabei darf nicht übersehen werden, daß abgesehen von aller Polemik, in den Literaturbriefen Positionen bezogen wurden, die schon zur Ästhetik der »Hamburgischen Dramaturgie« (1767–1769) oder – literargeschichtlich gesprochen – zum Sturm und Drang überleiten. Hier fand das Organ im Typ denn auch Nachfolge, insbesondere in H. W. von Gerstenbergs »Briefen über Merkwürdigkeiten der Litteratur« (1766–1770).

Literatur: Vgl. *Theodor W. Danzel, G. E. Guhrauer* (²1880); *Erich Schmidt* (1884, ²1899); *F. C. A. Philips* (1926); *Hans Traub* (1929); *Erich Schilbach* (1953); *H. Z. M. Meyer* (1965); *Friedrich Nicolai:* Schreiben an den Hrn. Professor Lichtenberg in Göttingen. In: Göttingisches Magazin der Wissenschaften und der Litteratur. 3 (1782) H. 1 S. 387–401. Abgedruckt auch bei *W. Bender* (1972) S. 372–380. – *Richard Thiele:* Thomas Abbts Anteil an den Briefen, die neueste Literatur betreffend. Eine literarhistorische Studie.

In: Beiträge zur deutschen Philologie. Julius Zacher dargebracht als Festgabe zum 28. Oktober 1879. Halle (Saale) 1880. S. 147–190. – *Emil Neidhardt:* Moses Mendelssohns Anteil an den Briefen, die neueste Litteratur betreffend. In: Festschrift d. Lehrerkollegiums des Königl. Gymnasiums zu Erfurt zur Feier der Einweihung des neuen Gymnasialgebäudes am 3. Juli 1896. Erfurt 1896. S. 1–36. – *Moses Mendelssohn.* Der Mensch und das Werk. Zeugnisse, Briefe, Gespräche. Hrsg. u. eingel. v. *Bertha Badt-Strauss.* Berlin 1929. – *Hans Traub:* Denunziation einer Zeitschrift Lessings. In: Eiserne Blätter 11 (1929) S. 116–122. – *Robert R. Heitner:* A Gottschedian Reply to Lessing's Seventeenth »Literaturbrief«. In: Studies in Germanic Languages and Literatures. In Memory of Fred O. Nolte. Hrsg. v. *Erich Hofacker* u. *Liselotte Dieckmann.* St. Louis 1963. S. 43–58. – *Yôsaku Yasiu:* Lessings bürgerliches Bewußtsein in der Zeitschrift »Briefe, die neueste Literatur betreffend«. In: Doitsu Bungaku 31 (1963) S. 14–23. – *Götz Ebell:* Moses Mendelssohn und die deutsche Literatur. Diss. Zürich. Hannover 1966. – *Joachim Birke:* Der junge Lessing als Kritiker Gottscheds. In: Euphorion 62 (1968) S. 392–404. – *Hans Werner Seiffert:* Neues über Lessings »Literaturbriefe«. In: Festschrift zur 250. Wiederkehr der Geburtstage von J. W. L. Gleim und M. G. Lichtwehr. Beiträge zur deutschen Literatur des 18. Jahrhunderts. Hrsg. v. Gleimhaus. Halberstadt 1969. S. 65–79. – *Wolfgang Bender:* Zu Lessings frühen kritisch-ästhetischen Schriften. In: Zsch. f. dt. Philol. 90 (1971) S. 161–186. – *ders.:* Nachwort zu: *Gotthold Ephraim Lessing:* Briefe, die neueste Literatur betreffend. Hrsg. v. *W. B..* Stuttgart 1972. S. 483–494. – *Peter Michelsen:* Der Kritiker des Details. Lessing in den »Briefen, die Neueste Literatur betreffend«. In: Wolfenbütteler Studien zur Aufklärung. Im Auftr. d. Lessing Akademie hrsg. v. *Günter Schulz.* Bd. II. Bremen, Wolfenbüttel 1975 S. 47–120.

Allgemeine deutsche Bibliothek
1765–1792

Hrsg.: Friedrich Nicolai [Ab Bd. 107, 1792: Carl Ernst Bohn]
Erscheinungsweise: als Vierteljahrsschrift geplant, dann unregelmäßig bis zu 18 Stück pro Jahr (= 118 Bände zu je zwei Stück, zuzüglich 21 Bände Anhänge)
Berlin und Stettin: Nicolai [Ab Bd. 107, 1792: Kiel (tatsächlich Hamburg): C. E. Bohn]
Umfang: ca. 20 Bogen
Bibliographischer Nachweis: Diesch Nr. 225; Kirchner (1932) Nr. 1179; Kirchner (1969) Nr. 248
Standort: Universitätsbibliothek Mainz (Sign.: Z 7016)

[Forts. u. d. T.]

Neue allgemeine deutsche Bibliothek
1793–1805

Hrsg.: Carl Ernst Bohn [Ab Bd. 56, 1801: Friedrich Nicolai]
Erscheinungsweise: wöchentlich bzw. monatlich, d. h. vier Wochenhefte = ein Monatsstück, 13–14 Stück pro Jahr (= 107 Bände, zuzüglich zehn Bände Anhänge)
Kiel (tatsächlich Hamburg): Bohn [Ab Bd. 56, 1801: Berlin und Stettin: Nicolai]
Umfang: 16–20 Bogen
Bibliographischer Nachweis: Diesch Nr. 225; Kirchner (1932) Nr. 1179; Kirchner (1969) Nr. 444
Standort: Universitätsbibliothek Mainz (Sign.: Z 7041)

Obwohl Poesie und Ästhetik in dieser Zeitschrift nur eine untergeordnete Rolle gespielt haben, gehört sie in die vorliegende Übersicht zum literarischen Journalismus des 18. Jh.s mit hinein. Denn bei ihr handelt es sich um ein »literarisches Unternehmen von so großer bildungsgeschichtlicher Bedeutung und so gewaltigem Umfang ..., wie es in Deutschland bisher unbekannt war und auch späterhin nie wieder versucht worden ist«. (Philips S. 180) Dabei ist »literarisch« in jenem weiten Sinne zu verstehen, wie er auch bei Joachim Kirchner zugrunde liegt, wenn er das Blatt »die führende Literaturzeitung der Aufklärung« (1958, I, S. 77) nennt. Geradezu monumental sind schon die äußeren Dimensionen dieser »Rezensionsanstalt« (Möller S. 199), die Vielzahl der Mitarbeiter, und denkwürdig ist ihr Wirken für die Ausbreitung der Aufklärung in Deutschland. »In der Universalität ihrer Aufgabe«, so hat Robert Prutz die Stellung des Organs in der Tradition des Zeitschriftenjournalismus gekennzeichnet, »ist sie gewissermaßen die Wiederholung der *Acta Eruditorum*, während sie zugleich in ihrem durch und durch kritischen Charakter der vollständige Gegensatz derselben ist, und die vollständige Überwindung jenes bloß äußerlichen, mechanischen Standpunktes darstellt.« (1851, S. 345)

Nicolais Vorbereitungen zu dem ehrgeizigen Journalvorhaben fallen noch in die Erscheinungszeit der Literaturbriefe, ja dieses wurde dort schon im 20. Teil angekündigt: »Dieses Werk«, so heißt es später in dem mit der Ankündigung teilweise identischen »Vorbericht« zum ersten Heft, »soll seiner Absicht nach, eine allgemeine Nachricht, von der ganzen deutschen Litteratur vom Jahre 1764 an, in sich enthalten.« (1765, I, S. I) Zwar schloß man damit zeitlich unmittelbar an die Rezensionstätigkeit der Literaturbriefe an, aber die umfassende Einbeziehung aller Wissensgebiete unterscheidet das neue von dem vorangegangenen Organ ebenso wie von der früheren »Bibliothek der schönen Wissenschaften und der freyen Künste«. Durch die laufende Besprechung der gesamten deutschen Buchproduktion sollte sich der Leser jeweils »von dem ganzen Werke selbst aus der Recension einen richtigen Begriff machen« (ebda.) können. Nicolai sah »die Weitläufigkeit dieses Plans sehr wohl ein« (ebda. S. II), erklärt deren Notwendigkeit aber aus Umständen, die auch für die Nationaljournale der siebziger und achtziger Jahre konstitutiv werden sollten: Bei dem Fehlen eines politisch-kulturellen Zentrums in Deutschland ließ sich am ehesten noch die Zeitschrift zu einem überregionalen, gemeinschaftsbildenden Zentrum entwickeln, durch welche man auch an entlegenen Orten an der literarischen Kultur teilhaben konnte. Im Sinne dieser Vorstellung sollten auch die Rezensenten, »zum Theil Männer von so bekannten Talenten, daß ihre Namen allein das Lob des Werkes ausmachen könnten« (S. II), aus allen Gebieten Deutschlands kommen, »daß man nicht das *Urtheil* einer einzigen Stadt, sondern gleichsam Stimmen aus den verschiedenen Provinzen des Vaterlandes höret« (ebda. S. IV).

Das zunächst als Vierteljahresschrift geplante Unternehmen wuchs angesichts der umfassenden Zielsetzung zunehmend an, zumal auch die Buchproduktion weiter anstieg. Die jährliche Bandzahl wurde alsbald unbestimmt gelassen, die Erscheinungsintervalle zuweilen bis auf Halbmonatsfrist verkürzt, wozu eine gewisse Unregelmäßigkeit kam. Nicolai schuf Anhangsbände für verspätete Rezensionen, verkleinerte den Druck, drang auf Kürze der Beiträge. Doch selbst damit ließ sich das gesetzte Ziel nie ganz erreichen. Immerhin konnte zu Beginn mehr als die Hälfte der Jahresproduktion auf dem deutschen Buchmarkt verzeichnet werden. Daß dies alles erhebliche organisatorische Bemühungen erforderte, liegt auf der Hand. Denn es mußten geeignete Rezensenten gefunden, die Rezensionsexemplare beschafft und verteilt, die säumigen Besprechungen angemahnt und die Herstellung überwacht werden.

Naturgemäß spiegelt die ADB die Schwerpunkte der deutschen Buchproduktion in der zweiten Hälfte des 18. Jh.s wider. Doch nicht nur aus solchen bloß faktischen Gründen steht die theologische Literatur anfangs im Vordergrund. Vielmehr sah der Herausgeber im Einsatz für die religiöse Aufklärung eine vorzügliche Aufgabe des Journals, ja dieses wurde zum ersten Träger jener als Berliner Aufklärung apostrophierten geistigen Bewegung, die bis ins zweite Jahrzehnt des 19. Jh.s gewirkt hat und in dieser Zeit zahlreiche andere Zeitschriften, als bekannteste die »Berlinische Monatsschrift« (1783–1811), hervorgebracht hat. Die Popularisierung aufgeklärten Denkens ging hier mit einem Kampf gegen die Orthodoxie einher. Mit dem Wandel in der Buchproduktion vollzog sich schließlich aber auch die Enttheologisierung der ADB und eine Hinwendung insbesondere zur philosophischen und naturwissenschaftlichen Literatur. Neben umfangreichen Einzelrezensionen enthielt die Zeitschrift jeweils auch eine größere Anzahl »Kurze Nachrichten« mit kleineren Buchanzeigen in fachlicher Gruppierung. Eine annähernde Vorstellung von dem Umfang des Unternehmens gewinnt man aus Günther Osts Schätzung, daß etwa 80 000 Bücher in ihr angezeigt worden sind, darunter die meisten wichtigen Werke der zweiten Hälfte des 18. Jh.s.

Von außergewöhnlicher Bedeutung ist die ADB auch durch ihren umfangreichen Mitarbeiterstab. Schon 1842 hat Gustav C. F. Parthey eine Entschlüsselung der fast durchweg nur mit Chiffren gezeichneten Rezensionen vorgelegt und dabei 433 Mitarbeiter aufgezählt. Zwar ist diese bibliographische Arbeit an einzelnen Stellen korrekturbedürftig, doch gibt sie insgesamt eine zutreffende Vorstellung von den persönlichen Kräften, die an dem Unternehmen beteiligt waren. Über den gesamten Erscheinungszeitraum hinweg gibt es naturgemäß einen Wechsel unter den Mitarbeitern. Während Nicolai 1765 mit zehn regelmäßigen Mitarbeitern begonnen hatte, waren es am Ende etwa 150, die wenigsten davon in Berlin. Unter den zahlreichen Rezensenten befinden sich nicht wenige bedeutende Gelehrte und Literaten der Zeit, von denen nur die wichtigsten, mit Blick auf den literarischen Rezensionsteil, unten angeführt werden können. Als überraschend hat man immer empfunden, daß Lessing selbst keinen Beitrag zur ADB geliefert hat. Aber der ästhetisch-literarische Bestand war ohnehin quantitativ begrenzt und bildet auch inhaltlich, wie Philips sagt, »den wenigst wertvollen Teil« (S. 183), ja man ist ihm »sicherlich nicht immer gerecht geworden«. (ebda. S. 185) Gleichwohl gehören z. B. die Beiträge Johann Gottfried Herders zu den bedeutendsten des Journals.

Die Verschärfung der preußischen Zensurbestimmungen zwang Friedrich Nicolai 1791 dazu, die Herausgeberschaft an den Verleger Carl Ernst Bohn in Hamburg zu übertragen. Bei diesem erschien das

Blatt seit 1792 und dann unter dem aufgefrischten Titel »Neue Allgemeine Deutsche Bibliothek« in einer formalen Umgestaltung, so daß Günther Ost es als einen »Zwitter« bezeichnet, »nun halb Zeitung, halb Journal« (S. 78). Die Kontinuität litt auch unter der mehrfach wechselnden Redaktionsführung, die zuletzt der Bibliograph J. Samuel Ersch innehatte. Als Bohn seinen Verlag schließlich verkaufte, übernahm Nicolai die ADB 1801 wiederum in seine Obhut und führte sie nochmals bis 1805 weiter, nicht ohne auch dann noch Registerbände folgen zu lassen.

Als die Zeitschrift 1805 eingestellt wurde, waren insgesamt (einschließlich Anhangsbände) 256 Bände erschienen, hinzukamen noch die Register. Der Erfolg läßt sich schon an der langen Lebensdauer ablesen, die eine hinreichende Auflagenhöhe voraussetzte. Für 1777 werden 2500 Exemplare genannt, im Durchschnitt waren es 1500–1800 Exemplare. Nach der Übergabe an Bohn lag die Auflage niedriger, bei 1250 (1792), davon waren noch 763 Abonnennten. Zu dieser Zeit besaß die ADB in der »Allgemeinen Literatur-Zeitung« (1785–1849) ein Konkurrenzblatt, das sich den neueren geistigen und literarischen Bestrebungen verschrieben hatte und insofern zeitgemäßer war. Doch schon zuvor hatte die ADB ähnlich wie sie selbst angelegte Konkurrenten erhalten, ohne daß diesen entsprechende Dauer beschieden gewesen wäre. Beispielhaft erinnert sei hier nur an J. Chr. Adelungs »Allgemeines Verzeichniß neuer Bücher mit kurzen Anmerkungen« (1776–1784) und die »Auserlesene Bibliothek der neuesten deutschen Litteratur« (1772–1781).

Die Verdienste der »Allgemeinen Deutschen Bibliothek« sind schon von zeitgenössischen Beobachtern, aber auch später gewürdigt, ihr ist ein großer Einfluß zugeschrieben worden als »literarischer Sammelpunkt der deutschen Aufklärer..., durch den die Anhänger der neuen Geistesrichtung Wirkung und Förderung fanden, während man den Andersgesinnten durch das Gewicht des literarischen Urteils in dieser Zeitschrift schweren Schaden zufügen konnte«. (Valjavec S. 9) Doch durch das Festhalten an den aufklärerischen Bestrebungen Berliner Provenienz verschloß sich das Organ den im Laufe der Zeit aufbrechenden neuen geistig-literarischen Strömungen, ja es führte einen entschiedenen Kampf gegen Empfindsamkeit und Schwärmerei, wie sie die deutsche Literatur der siebziger Jahre beherrschten. Zu deren Zentralisierung bedurfte es anderer periodischer Blätter. So entging Nicolai nicht einem ähnlichen Schicksal wie Gottsched: Die anfänglich literarhistorisch progressiven Ansätze wurden von der Zeit überholt und er selbst zu jenem Anachronismus gestempelt als den die Romantiker ihn zu entlarven beliebten.

Mitarbeiter u. a.: J. Chr. Adelung, F. F. Agricola, J. E. Biester, K. A. Böttiger, E. E. Buschmann, J. H. Campe, Chr. K. W. v. Dohm, Chr. D. Ebeling, J. S. Ersch, J. J. Eschenburg, J. N. Eyring, A. Chr. Fleischmann, J. Chr. Garve, J. Chr. Gatterer, F. Gedike, L. F. G. v. Goeckingh, F. Grillo, G. A. v. Halem, J. G. Herder, Chr. G. Heyne, Chr. C. L. Hirschfeld, I. Iselin, Chr. A. Kotz, A. Frh. v. Knigge, E. Th. Langer, F. G. Lüdke, M. Mendelssohn, J. H. Merck, J. G. Meusel, J. v. Müller, J. G. Müller, J. K. Musäus, F. Nicolai, R. E. Raspe, J. F. Reichardt, J. A. Remer, F. G. Resewitz, G. E. v. Rüling, F. Sangerhausen, G. Schatz, J. F. Schink, A. L. v. Schlözer, J. Chr. Schab, J. v. Schwarzkopf, J. G. Thierbach, D. G. Türck, J. F. Wacker, A. G. Walch u. v. a.

Literatur: Vgl. *F. C. A. Philips* (1929); *Gustav Sichelschmidt* (1971); *Horst Möller* (1974); *[Gustav C. F. Parthey]:* Die Mitarbeiter an Friedrich Nicolai's Allgemeiner Deutscher Bibliothek nach ihren Namen und Zeichen in zwei Registern geordnet. Ein Beitrag zur deutschen Literaturgeschichte. Berlin 1842. Reprograf. Nachdruck Hildesheim 1973. – *Otto Hoffmann:* Herder als Mitarbeiter an der Allgemeinen Deutschen Bibliothek. In: Archiv f. Literaturgesch. 15 (1887) S. 238–253. – *Martin Sommerfeld:* Friedrich Nicolai und der Sturm und Drang. Ein Beitrag zur Geschichte der deutschen Aufklärung. Halle (Saale) 1921. – *Günther Ost:* Nicolais Allgemeine Deutsche Bibliothek. Berlin 1928.

HAMBURGISCHE DRAMATURGIE
1767–1769

Hrsg.: Gotthold Ephraim Lessing
Erscheinungsweise: vom 8. 5. 1767 (datiert ab 1. 5.) bis 18. 12. 1767 zweimal wöchentlich, danach unregelmäßig, teilweise mehrere Stücke zusammen bis 15. 4. 1768; Stück 83–104 erst Ostern 1769
Hamburg: J. J. Chr. Bode und G. E. Lessing Selbstverlag (in Kommission: Bremen: J. H. Cramer)
Umfang: vier Seiten
Bibliographischer Nachweis: Diesch Nr. 1737; Kirchner (1932) Nr. 1321; Kirchner (1969) Nr. 4131
Standort: Niedersächsische Staats- und Universitätsbibliothek Göttingen (Sign.: Poet. Dram. I 1218)

Daß dieses Werk, welches »in der Theaterliteratur des 18. Jahrhunderts zum bedeutsamsten Grundstein wurde« (Hill S. 22), ursprünglich in Form einer Zeitschrift erschienen ist, hat man zwar nie übersehen können; dennoch bestand nicht selten die Neigung, es weitgehend unabhängig von seinem Zustandekommen primär als ein – wenn auch unsystematisches – Kompendium Lessingscher Theater- und Dramentheorie zu interpretieren. Dabei muß man bedenken, wie hier – ähnlich wie bei den »Briefen, die neueste Litteratur betreffend« – die Form der Rezension geradezu konstitutiv und folgenreich wurde für die ganze Eigenart des theoretischen »Systems«, in dem sich die »vollkommene Identität des *universalen* Kritikers ... mit dem induktiv verfahrenden Rezensenten« (Steinmetz S. 41) herstellt.

Die »Hamburgische Dramaturgie« bildet in Lessings Werk den Höhepunkt seiner bereits in anderen Zeitschriften vorgezeichneten theatralischen Bemühungen. Sie ist eng verknüpft mit dem schöpferischen Unternehmen der Gründung des Hamburger Nationaltheaters, dessen Direktor J. F. Löwen den bekannten Dramatiker als Theaterdichter zu gewinnen suchte. Doch hat Lessing dieses Unternehmen weniger durch Produktion unterstützt – nur die »Minna von Barnhelm« (1767) hat er als Beitrag geliefert. Vielmehr hat er im wesentlichen durch seine Theaterkritik förderlich mitzuwirken gesucht und sich dafür ein eigenes periodisches Organ geschaffen. Wenn diesem keine große Dauer beschieden war, so lag das nicht nur am Scheitern der Hamburger »Entreprise« selbst, sondern andere Umstände hatten schon zuvor die Ausführung des Plans sehr behindert. Doch so wie die Idee eines Nationaltheaters folgenreich weiterwirkte, so hat die »Hamburgische Dramaturgie« für die literarische Theaterzeitschrift und die Theatertheorie große Anregungskraft entfaltet.

In der am 22. April 1767 datierten »Ankündigung« hat Lessing den Plan der Zeitschrift im Zusammenhang mit dem ruhmwürdigen Hamburger Theaterunternehmen entwickelt. Er schließt an eine Bemerkung J. E. Schlegels an, wonach »man den Schauspielern selbst die Sorge nicht überlassen müsse, für ihren Verlust und Gewinn zu arbeiten«. Zum Journal selbst heißt es: »Diese Dramaturgie soll ein kritisches Register von allen aufzuführenden Stücken halten, und jeden Schritt begleiten, den die Kunst, sowohl des Dichters, als des Schauspielers, hier thun wird.« (ebda.) Hatte man sich bisher immer auf Literaturkritik am gedruckten Dramentext beschränkt, so tritt nun die Bühnen- und Aufführungskritik als gleichwertig hinzu. Die Notwendigkeit dafür sieht Lessing in spezifischen Merkmalen der Kunstgattung, die er bereits im »Laokoon« (1766) angemerkt hatte: »Aber die Kunst des Schauspielers ist in ihren Werken transitorisch. Sein Gutes und Schlimmes rauschet gleich schnell vorbey; und nicht selten ist die heutige Laune des Zuschauers mehr Ursache, als er selbst, warum das eine oder das andere einen lebhaften Eindruck auf jenen gemacht hat.« (1767, I, Ankündigung) Hier bleibt dem Kritiker die Aufgabe, die jeweils rasch vorübergehende Realisierung und Wirkung eines Dramentextes zu fixieren. Wenngleich Lessing vor allzu hohen und allzu geringen Erwartungen warnt, so stellt er an die Person des Theaterkritikers doch hohe Anforderungen: »Die größte Feinheit eines dramatischen Richters zeigt sich darinn, wenn er in jedem Falle des Vergnügens und Mißvergnügens, unfehlbar zu unterscheiden weiß, was und wieviel davon auf die Rechnung des Dichters, oder des Schauspielers, zu setzen sey. Den einen um etwas tadeln, was der andere versehen hat, heißt beyde verderben.« (ebda.)

Bei der Ausführung seines theaterkritischen Zeitschriftenunternehmens traten Lessing alsbald erhebliche Schwierigkeiten entgegen, zunächst schon im Äußerlichen. Das Blatt erschien zunächst zweimal wöchentlich, dienstags und freitags, was dem Bemühen um Aktualität entspricht. Am 21. 8. 1767 kündigte Lessing in einer Nachricht in der »Hamburgischen Neuen Zeitung« jedoch bereits an, daß die Herausgabe in einzelnen Stücken aufgegeben werden müsse, weil man das Werk unberechtigt nachzudrucken begonnen habe. Am 7. 12. 1767 erschien an gleicher Stelle abermals eine Nachricht, das stückweise Erscheinen werde wieder aufgenommen, da trotz des zuvor angewandten Editionsverfahrens selbst in Hamburg ein Nachdruck aufgetaucht sei. Im April 1768 sollte dann erneut nur eine Unterbrechung des Erscheinens in einzelnen Nummern erfolgen, doch sind die letzten Stücke (83.–104. Stück) geschlossen erst zu Ostern 1769 gefolgt. Das ganze Werk wurde schließlich in zwei Oktavbände mit jeweils 52 Stücken geteilt. Lessings Kampf gegen den im 18. Jahrhundert weit verbreiteten Nachdruck hat exemplarischen Charakter. Er hat sich darüber ausgiebig im letzten Stück der »Hamburgischen Dramaturgie« geäußert und darin auch seine Bemühungen um den Selbstverlag verteidigt. Sein Fragment gebliebener Entwurf »Leben und leben lassen. Ein Projekt für Schriftsteller und Buchhändler« ist eines der denkwürdigsten Dokumente für das Bestreben zahlreicher Autoren des 18. Jahrhunderts, einen Schutz ihres geistigen Eigentums auch durch einen Wandel buchhändlerischer Verkehrsformen zu erreichen.

Neben diesen äußeren traten bald weitere Erschwernisse für das Zeitschriftenunternehmen hinzu. Denn Lessings Versuch, Theaterkritik auch als Schauspielerkritik zu üben, stieß auf den hartnäckigen Widerstand der kritisierten Mimen. Die Probleme bei der Durchsetzung der Kunstkritik wiederholten sich nun auch hier. Lessing mußte, da er selbst besoldeter Angestellter des Theaters war, diesem Widerstand nachgeben. Im August 1767 schreibt er an C. F. Weiße: »Meiner Absicht nach gewidmet sein; ich sehe aber wohl, daß mit diesem Volke nichts anzufangen ist: sie nehmen Privaterinnerungen übel, was sollten diese Blätter hauptsächlich der Kritik der Schauspieler würden sie bei einer öffentlichen Rüge tun; ich werde es also wohl die Autoren entgelten lassen.« Mit dem 25. Stück verstummte denn auch die Schauspielerkritik, und Lessing kehrte zu der weniger verfänglichen Literaturkritik zurück, womit auch »das Hamburger Theater als Hintergrund immer mehr verblaßte vor der literarischen Gegenständlichkeit des Dramas«. (Hill S. 23) Daß der Verfasser in dem Organ sich gelegentlich über mehrere Nummern hinziehende Überlegungen anstellte, machte dies auch nicht gerade zu einer leichten Lektüre. Lessing gestand dies im 50. Stück selbst zu:

»Wahrlich, ich bedaure meine Leser, die sich an diesem Blatt eine theatralische Zeitung versprochen haben, so mancherlei und bunt, so unterhaltend und schnurrig, als eine theatralische Zeitung nur sein kann . . .: anstatt aller dieser artigen Sächelchen, die sie erwarten, bekommen sie lange, ernsthafte, trockene Kritiken über alte bekannte Stücke; schwerfällige Untersuchungen über das, was in einer Tragödie sein sollte und nicht sein sollte; mitunter gar wohl Erklärungen des Aristoteles. Und das sollen sie lesen? Wie gesagt, ich bedaure sie: sie sind gewaltig angeführt! – Doch im Vertrauen: besser, daß sie es sind, als ich. Und ich würde es sehr sein, wenn ich mir ihre Erwartungen zum Gesetze machen müßte.«

Dies zeigt, daß Lessings Theaterzeitschrift weniger am Publikum als an der dramaturgischen Theoriebildung interessiert war. So gibt es auch trotz der durch den publizistischen Charakter bedingten »Aufsplitterung in viele Einzelabschnitte etwas Übergeordnetes, einen über das Singuläre hinausgreifenden Zusammenhang«. (Steinmetz S. 45) Diesen hat man in der ausgiebigen Forschung, die dem Werk als dramaturgischem »System« gewidmet wurde, immer wieder herauszuarbeiten und in seinen literargeschichtlichen Konsequenzen zu charakterisieren gesucht. Richtungweisend ist demnach die ablehnende Kritik des klassischen französischen Dramas, das im Repertoire des Hamburger Theaters noch den Hauptanteil ausmachte. Diese Kritik, vor allem in einer Rezension von Corneilles »Rodogune« und Voltaires »Merope« entwickelt, bestreitet die absolute Geltung der drei dramatischen Einheiten und bezweifelt, daß sie von Aristoteles selbst in solch mechanischem Sinne gemeint oder im alten Drama eingehalten worden seien. Allzugroß erschienen die Unwahrscheinlichkeiten, zu denen sich der streng an die Einheiten gebundene Dramatiker gezwungen sehe. Wichtig ist daneben auch die Neuformulierung der aristotelischen Tragödientheorie, in der an die Stelle von Schrecken und Mitleid die Formel Furcht und Mitleid gesetzt wird. Da Furcht die Möglichkeit der Identifikation voraussetzt, wird in einer Besprechung von C. F. Weißes »Richard III.« bewiesen, daß der völlige Bösewicht für das Drama untauglich sei. Dem höfischen französischen Schauspiel treten die Bemühungen um ein realistisch-bürgerliches Drama entgegen. Endgültig ist Shakespeare der Fixpunkt der dramatischen Entwicklung, wenn auch in Hamburg kein Werk von ihm aufgeführt wurde. Noch standen den 34 französischen Dramen nur 18 deutsche Werke gegenüber, die einer z. T. harten Beurteilung unterzogen wurden. Nicht außer acht zu lassen sind schließlich Lessings Versuche, Regeln der Schauspielkunst zu entwickeln und sie von der jeweiligen Dramengattung her abzuleiten. Weder das alte naturalistische Spiel noch die nachfolgende stilisierte Gespreiztheit schienen ihm geeignete Wege. Auch hier kristallisierte sich das Ideal einer neuen Natürlichkeit heraus.

Auch die »Hamburgische Dramaturgie« war im Zeitschriftenwesen stilbildend, denn sie zog eine ganze Reihe anderer, lokal ausgerichteter dramaturgischer Zeitschriften nach sich (u. a. »Mannheimer Dramaturgie«, 1780; »Frankfurter Dramaturgie«, 1781; auch eine »Neue Hamburgische Dramaturgie«, 1791; vgl. dazu Fischer), deren erste zugleich auch die bedeutendste war: Mit dem ebenfalls 1767 in Wien gegründeten Nationaltheater fand nicht nur das Hamburger Theaterunternehmen, sondern auch Lessings Theaterjournal schon Nachfolge. Joseph von Sonnenfels (1733–1817), »das Haupt der Wiener Aufklärungspartei« (Richter S. 272) und publizistisch vor allem noch durch die Wochenschrift »Der Mann ohne Vorurtheil« (1765–1767) bekannt, verfaßte »Briefe über die Wienerische Schaubühne«, die mit zwei, am 27. und 28. Dezember 1767 datierten Briefen begannen und – nach einer Unterbrechung – am 25. Februar 1769 schlossen. »Hat Lessings Dramaturgie schon im Ganzen als Vorlage zu gelten«, so schreibt Wilhelm Hill, »so änderte Sonnenfels auch in der äußeren Anlage nur wenig. [...] Liegt es ferner auch in der Natur der Dinge, daß die Inhalte wesentliche Unterschiede aufweisen, so ist doch nicht zu verkennen, daß Sonnenfels auch seine dramaturgischen Ansichten vielfach an Lessing gebildet hat. Eine gewisse Planlosigkeit, die wir bei Lessing finden, wird hier vermieden durch die Gruppierung um das eine Ziel: ... eine gereinigte deutsche Schaubühne dauernd zu gewinnen und der französischen würdig an die Seite zu stellen. [...] Während die Hamburgische Dramaturgie ihren Verfasser als einen mit dem Stoffe ringenden Autor dokumentiert, der die Probleme mit aller Energie des Geistes durchdenkt, um seine Konsequenzen zu ziehen und mit neuen Werten hervorzutreten, begegnen wir hier einem eleganten, geistreichen Causeur, der im Plauderton die Probleme behandelt.« (S. 26 f.)

Die »Hamburgische Dramaturgie« war Lessings letztes, literarisch bedeutsames Zeitschriftenunternehmen. Doch hat er danach noch weiterhin Beiträge zu anderen Blättern geliefert, so z. B. zum »Wandsbecker Bothen« (1771–1775). Zu erwähnen bleibt überdies, daß Lessing die bekannte kritische Auseinandersetzung mit Christian August Klotz in der »Kayserlich privilegierten Hamburgischen Neuen Zeitung« eröffnete (vgl. A. v. Weilen), bevor er diese in sein zweiteiliges Werk »Antiquarische Briefe« (1768/69) überführte und dort fortsetzte, das selbst – obgleich Joachim Kirchner es bibliographisch verzeichnet – nicht mehr den Zeitschriften zuzurechnen ist. Nur am Rande wird man hier auch noch einen Titel nennen wollen, der in vier »Beiträgen« zwischen 1773 und 1777 von Lessing und nach seinem Tode von Johann Joachim Eschenburg mit »Beitrag« fünf und sechs herausgegeben wurde: »Zur Geschichte der Litteratur. Aus den Schätzen der Herzoglichen Bibliothek zu Wolfenbüttel.« Diese Publikation diente dem seit 1770 in Wolfenbüttel als Bibliothekar angestellten Dichter zur »Bergung und Veröffentlichung der handschriftlichen Schätze der Bibliothek und der an ihn herantretenden Fragen aus gelehrten Kreisen«. (Traub S. 29)

Literatur: Vgl. *Theodor W. Danzel, G. E. Guhrauer* (^{2}1880); *Erich Schmidt* (1884, ^{2}1899); *Wilhelm Hill* (1915); *Hans Traub* (1929); *Erich Schilbach* (1953); *H. M. Richter:* Die Wiener literarischen Zeitschriften der theresianisch-josephinischen Epoche. In: *H. M. R.:* Geistesströmungen. Berlin 1875. S. 264–289. – *J. v. Sonnenfels:* Briefe über die Wienerische Schaubühne. Wien 1884. – *Alexander von Weilen:* Lessings Beziehungen zur Hamburgischen Neuen Zeitung. In: Vierteljahresschr. f. Literaturgesch. 3 (1890) S. 398–412. – *Waldemar Fischer:* Die dramaturgischen Zeitschriften des achtzehnten Jahrhunderts nach Lessing. Diss. Heidelberg 1916. – *J. G. Robertson:* Lessing's Dramatic Theory. Being an Introduction and Commentary on his Hamburgische Dramaturgie. Cambridge 1939. Reprint Bronx 1965. – *Horst Steinmetz:* Der Kritiker Lessing. Zu Form und Methode der »Hamburgischen Dramaturgie«. In: Neophilologus 52 (1968) S. 30–48. – *Franklin Kopitzsch:* Lessing und Hamburg. Aspekte und Aufgaben der Forschung. In: Wolfenbütteler Studien zur Aufklärung. Im Auftr. d. Lessing-Akademie hrsg. v. *Günter Schulz.* Bd. II. Bremen, Wolfenbüttel 1975. S. 47–120. – Zur weiteren, ausgiebigen Literatur zur »Hamburgischen Dramaturgie« vgl. *Siegfried Seifert:* Lessing Bibliographie S. 626 Nr. 4948 bis S. 637 Nr. 5060.

4. Die Zeitschriften des Sturm und Drang und der Empfindsamkeit

Lassen sich die literarischen Zeitschriften in Deutschland bis Ende der sechziger Jahre des 18. Jh.s recht gut um die zentralen literarisch-publizistischen Gestalten Gottsched, die Schweizer Bodmer und Breitinger sowie um Lessing und Nicolai anordnen, so wird die Gruppierung mit Beginn der siebziger Jahre schwieriger. Zunächst gibt es seitdem für den literarischen Journalismus kaum mehr ähnlich ausstrahlende oder dominierende Einzelfiguren, so bedeutsam durch Umfang, langfristige Dauer oder inhaltliches Gewicht der Beitrag verschiedener Herausgeber oder Verfasser auch weiterhin blieb. Zum anderen schreitet die Diversifizierung des Mediums literarische Zeitschrift nicht nur personell, sondern auch typologisch fort. Schließlich spalten sich von der das ganze Jahrhundert umspannenden Aufklärung neue geistig-literarische Strömungen und manche lokalen oder individuellen Varianten ab, welche auch publizistisch zu einem zunehmenden Pluralismus führen.

Mit den literargeschichtlichen Begriffen »Sturm und Drang« und »Empfindsamkeit« sind zwei dieser Strömungen benannt, die jedoch »epochal nicht zu trennen ... sind« (Sauder S. 227) Ihnen werden, mit allen Vorbehalten gegen solche Etikettierungen, die im folgenden verzeichneten literarischen Blätter zugeordnet. Diese Zuordnung bedeutet aber nicht, daß die Antriebe der beiden Bewegungen auf diese Organe beschränkt geblieben wären. Sie wurden vielmehr auch an anderen Stellen wirksam, ohne jedoch dort in gleicher Weise oder Symptomatik beherrschend zu sein. So wie z. B. das »Deutsche Museum« (1776–1791) zumindest zeitweise den schwärmerisch-geniehaften Tendenzen zuneigte, so ließe sich die »Deutsche Chronik« (1774–1777) Schubarts ihrer literarischen Haltung nach unschwer den Blättern des Sturm und Drang eingliedern. Doch charakteristischer als solche literarischen Affinitäten scheint uns für diese Organe zu sein, daß die publizistische Zentralisierung unter der neuen Idee des Nationaljournals erfolgte, weshalb die genannten Titel mit anderen auch erst im nächsten Kapitel beschrieben werden.

Während der immer wieder als Ouvertüre der neueren deutschen Literaturgeschichte charakterisierte Sturm und Drang, so benannt nach Christoph Kaufmanns Titelvorschlag für ein Drama Friedrich Maximilian Klingers, »nur ein Jahrzehnt und auch da nur eine kleine Gruppe von Gesinnungsgenossen«

(Kaiser 1966, S. 74) umfaßt, greift die Empfindsamkeit weiter aus und ist im Erscheinungsbild auch dementsprechend diffuser. Gemäß der Periodisierung von Gerhard Sauder läßt sich eine erste Phase schon zwischen 1740 und 1750 ansetzen. Ihr gehören, was die literarische Journalistik angeht, insbesondere die Autoren der »Bremer Beiträge« an. Die dort bereits angelegten poetischen Ansätze, überstrahlt vom Leitbild Klopstocks, werden in den siebziger Jahren in einer zweiten Empfindsamkeits-Phase weitergeführt und gehen schon bald, spätestens seit den achtziger Jahren in einen Trivialisierungsprozeß über, der sich bis heute verfolgen läßt. Diese langfristige Erstreckung der Empfindsamkeit schon im 18. Jh. führt dazu – und dies gilt auch für die von ihr bestimmten Zeitschriften –, daß durchaus verschiedene Generationen an ihr beteiligt sind.

Entgegen der in der älteren Forschung oft vorherrschenden unvermittelten Konfrontation hat erst die neuere Forschung wieder betont, daß Sturm und Drang und Empfindsamkeit hinreichend nicht aus einem bloßen Gegensatz zur Aufklärung zu begreifen sind. Zwar wandten sich die Vertreter dieser Richtungen gegen die Erstarrungen in Rationalismus und Aufklärung und wurden ihrerseits von deren Verfechtern – publizistisch etwa durch die »Allgemeine Deutsche Bibliothek« (1765–1805) – bekämpft. Doch alle Wendung gegen die Aufklärung kann nicht verleugnen, wieviel aufklärerische Substanz selbst bei den Gegnern erhalten blieb, ja wie sehr diese vertieft, über sich hinausgeführt oder gar radikalisiert wurde. Die Emanzipation der Affekte folgte der Emanzipation der Vernunft. So wird man die neuen zentralisierenden literarischen Prinzipien in einem dialektischen Verhältnis zur Aufklärung betrachten müssen: Endgültig werden vordergründige Nachahmungstheorie und Regelpoetik verworfen, der schaffenden Natur, dem Original, der subjektiven Leidenschaft oder Empfindung, dem Geniegedanken und der »Erfahrungsseelenkunde« Raum gegeben. Solchermaßen erfährt sich das Individuum in seiner neuen Freiheit, die ihm neue Möglichkeiten der Welt- und Selbsterfahrung sowie der Welt- und Selbstdarstellung eröffnet.

Vergleicht man den Sturm und Drang mit einer ähnlich revolutionären Bewegung, dem literarischen Expressionismus des 20. Jh., so zeigt sich, daß er noch in weit geringerem Maße als dieser publizistisch aktiv war. Nur wenige, eher kurzlebige Blätter haben diese frühe Aufbruchsbewegung prononciert artikuliert. In der Literaturkritik war der berühmte Jahrgang

1772 der »Frankfurter gelehrten Anzeigen« von entscheidender Bedeutung. Die gattungsmäßig zentrale Tragödiendichtung eignete sich weniger für die publizistische Verbreitung, und was die andere poetische Produktion angeht, so darf man nicht übersehen, daß sich die Lyrik der Stürmer und Dränger und der ihnen nahestehenden literarischen Gruppierungen wie z. B. des Göttinger Hainbundes in einem neuen, der Zeitschrift benachbarten Publikationstyp organisierte, dem Musenalmanach, der zwar auch periodisch, d. h. jährlich herauskam, hier aber aus Gründen der Gattungszugehörigkeit unberücksichtigt bleibt. Der von Heinrich Christian Boie als Nachbildung des französischen »Almanach des Muses« (1765 ff.) im Jahr 1770 erstmals herausgegebene, 1775 an Johann Heinrich Voß abgetretene Göttinger, später der Hamburger »Musenalmanach« wären in erster Linie zu nennen, obwohl hier Christian Heinrich Schmidt mit dem Leipziger »Musenalmanach« noch kurz zuvorgekommen war. Der literarisch bedeutendere Göttinger »Musenalmanach« (vgl. Grantzow, Lanckorońska/Rümann) bot zunächst zwar auch noch den älteren Richtungen der Anakreontik, Rokokopoesie und Bardendichtung Raum, doch vollzog sich mit dem Jahrgang 1774 der Durchbruch der geniehaften, schwärmerisch-empfindsamen jüngeren Generation. Dabei fehlte es nicht an politischen Bezügen, so daß man sogar die »Jahrgänge 1774–1777 zu öffentlichen Kampforganen der vorrevolutionären Lyrik« (Kaim-Kloock, zit. nach Wilke 1978) erklärt hat.

Bemerkenswert ist ferner, daß das Klima der Empfindsamkeit zugleich günstige Voraussetzungen enthielt für die Ausbildung eigener literarischer Frauenzeitschriften, ja daß mit ihr »die bedeutsamste Etappe im Entwickelungsprozess dieser Gattung von Schriften« (Lachmanski S. 37) erreicht wurde. Das Wirken von Frauen im Zeitschriftenjournalismus war an sich nicht neu. Schon an früherer Stelle wurde erwähnt, daß die häufig als »Deutschlands erste Journalistin« (Waniek S. 219, vgl. auch Krull S. 50) geltende Luise Adelgunde Victorie Gottsched, die Frau des Leipziger Literaturdiktators, eine umfangreiche Tätigkeit an den Organen ihres Mannes entfaltet und als »publizistische Persönlichkeit ... in ihrem Jahrhundert unübertroffen« (Ising S. 36) dasteht. Überhaupt waren die Moralischen Wochenschriften im Gefolge der »Vernünfftigen Tadlerinnen« (1724/25), wie auch schon Titel wie »Die Matrone« (1728), »Die Braut« (1742) oder »Die Frau« (1756–1760) erkennen lassen, Quellen für einen spezifisch auf das weibliche

Publikum bezogenen Journalismus, dessen sittenbildender Inhalt zunehmend auch durch literarischen Stoff angereichert wurde. Allerdings waren diese Organe noch großenteils von Männern verfaßt. Wieweit die Anonymität überdies der Tarnung diente, ist ohnehin nur schwer ersichtlich. Die zeitgemäß betitelten »Frauenzimmer-Belustigungen« (1751–1754) gaben im Untertitel z. B. an »aus dem Französischen übersetzt von einem Frauenzimmer«, lassen aber keine weitere Identifizierung zu. Dennoch weiß man, daß der Anteil der Frauen am Zeitschriftenjournalismus in der Nachfolge der Gottschedin nicht unerheblich war. Erwähnenswert sind hier etwa Johanna Charlotte Unzer (1724–1782) und Anna Louisa Karsch (1722–1791): Die eine, weil sie als eine der ersten Mitherausgeberinnen gelten kann (»Hamburgische Beiträge zu den Werken des Witzes und der Sittenlehre«, 1753/54), die andere als »die erste Schriftstellerin, die mit dieser Beschäftigung ihren Lebensunterhalt erwerben mußte und ... infolgedessen in einer großen Anzahl von Zeitschriften mit ihren Beiträgen vertreten« (Krull S. 79) ist, ja mit ihren »Beiträgen von den meisten bekannten Blättern der Zeit Besitz« (ebda. S. 88) ergriffen hat. Während später auch noch die literarisch interessante »Iris« (1774–1778) und die hier mehr exemplarisch für zahlreiche andere unterhaltende Frauenzeitschriften herausgegriffene »Akademie der Grazien« (1774–1780) von Männern ediert wurden, traten Frauen »erst in der scheinbar rückläufigen Bewegung der Empfindsamkeit« (Krull S. 193) als selbständige Herausgeberinnen periodischer literarischer Organe hervor, unter denen die »Pomona« (1783/84) der Sophie La Roche am ehesten Beachtung verdient.

Literatur: Hugo Lachmanski: Die deutschen Frauenzeitschriften des achtzehnten Jahrhunderts. Diss. Berlin 1900. – *Hans Grantzow:* Geschichte des Göttinger und des Vossischen Musenalmanachs. 1909. Neudruck Bern 1970. – *Edith Krull:* Das Wirken der Frau im frühen deutschen Zeitschriftenwesen. Diss. Berlin 1939. Charlottenburg 1939. – *Francis Ising:* Entwicklung und Wandlung des Typs der Frauenzeitschrift. Von den Anfängen bis heute. Mit einer Gesamtbibliographie. Diss. Münster 1943. – *Ferdinand Josef Schneider:* Die deutsche Dichtung der Geniezeit. Stuttgart 1952. – *Maria Gräfin Lanckorońska, Arthur Rümann:* Geschichte der Deutschen Taschenbücher und Musenalmanache aus der klassisch-romantischen Zeit. München 1954. – *Roy Pascal:* Der Sturm und Drang. Stuttgart 1963. – *Gerhard Kaiser:* Von der Aufklärung bis zum Sturm und Drang. (1730–1785). Gütersloh 1966. Erw. Neuaufl. Bern, München 1976. – *Gerhard Sauder:* Empfindsamkeit. Bd. I: Voraussetzungen und Elemente. Stuttgart 1974. – *Wolfgang Doktor:* Die Kritik der Empfindsamkeit. Bern, Frankfurt a. M. 1975. – *Jürgen Wilke:* Vom Sturm und Drang bis zur Romantik. In: *Walter Hinderer* (Hrsg.): Geschichte der politischen Lyrik in Deutschland. Stuttgart 1978.

BRIEFE ÜBER MERKWÜRDIGKEITEN DER LITTERATUR
1766–1767, 1770

Hrsg.: Heinrich Wilhelm von Gerstenberg
Erscheinungsweise: viermal jährlich geplant, doch nur unregelmäßig in drei Stücken 1766/67, mit dem vierten Stück erst 1770 erschienen
Schleswig, Leipzig: Hansen [d. Forts. 1. Stück: Hamburg, Bremen: Cramer]
Umfang: ca. 10–11 Bogen
Bibliographischer Nachweis: Diesch Nr. 229; Kirchner (1932) Nr. 1477; Kirchner (1969) Nr. 4447
Ausgabe: Briefe über Merkwürdigkeiten der Litteratur. Heilbronn 1888–1890. (= Deutsche Litteraturdenkmale des 18. und 19. Jahrhunderts, hrsg. v. B. Seuffert, Bd. 29/30)

Obgleich man an diesem Werk allenfalls rudimentär einen periodischen Charakter ablesen kann, ist es in den Zeitschriftenbibliographien von Diesch und Kirchner nachgewiesen und auch sonst als »Journal« (z. B. Wagner, I, S. 72) bezeichnet worden. Begründen läßt sich dies zumindest damit, daß eine »Nachricht« im ersten Band angekündigt hatte, es würden »jährlich vier Sammlungen ausgegeben werden« (zit. nach A. v. Weilen S. XC). Doch auch aus anderen Gründen ist es naheliegend, das Werk hier zu verzeichnen: Schon der Titel erinnert unübersehbar an die »Briefe, die neueste Litteratur betreffend«, die 1765 ihr Erscheinen eingestellt hatten. Zwar kam es nicht wie dieses Organ wöchentlich heraus, doch glich es sich ihm in der äußeren Aufmachung und inneren Anlage deutlich an. Überdies setzte es sich auch inhaltlich mit dem literarisch-publizistischen Muster kontrovers auseinander.

Aber nicht nur wegen dieser publizistischen Filiation sei hier auf die »Schleswigschen Literaturbriefe«, wie sie – wiederum analog zu den »Berliner Literaturbriefen« – dem Verlagsort nach meist verkürzt zitiert werden, hingewiesen. Vielmehr bietet sich damit auch die Gelegenheit, auf die insgesamt umfangreiche literarisch-journalistische Tätigkeit Heinrich Wilhelm von Gerstenbergs (1737–1823) aufmerksam zu machen, bei dem sich trotz langer Lebensdauer das literarische Schaffen »im wesentlichen auf das Jahrzehnt zwischen 1760 und 1770 zusammendrängt«. (Gerth S. 11)

Bestimmt ist sein Platz in der deutschen Literaturgeschichte in erster Linie durch die noch anakreontischen »Tändeleyen« (1759), das zur Bardenpoesie gehörige »Lied eines Skalden« (1766) sowie durch die Tragödie »Ugolino« (1768), die immer als ein besonders charakteristisches Beispiel für die Sturm-und-Drang-Dramatik angeführt wird.

In die gleichen Jahre fällt auch Gerstenbergs publizistische und literarkritische Arbeit. Vornehmlich zwischen 1759 und 1763 lieferte er eine Reihe von Rezensionen für die »Bibliothek der schönen Wissenschaften und der freyen Künste«. Wesentlich beteiligt war er an der Moralischen Wochenschrift »Der Hypochondrist« (1762), die nach dem Urteil A. v. Weilens »viel weniger schablonenhaft als die meisten deutschen Wochenschriften« (S. XXVII) erscheint und die Gerstenberg 1771 in einer zweiten vervollständigten Auflage herausbrachte. Durch die Mitarbeit an diesem Blatt war er, der seit 1760 eine Stellung beim dänischen Heer bekleidete, ganz in das Umfeld jenes nordischen Dichterkreises eingetreten, in dem sich um Klopstock als Mittelpunkt M. Claudius, J. A. Cramer, F. G. Resewitz, H. P. Sturz, die Gebrüder Stolberg und andere zusammengefunden hatten und der anfänglich im »Nordischen Aufseher« (1758–1761) ein, wie Max Koch gesagt hat, »Parteiorgan« (S. 76) besaß. Als Gerstenbergs »kritisches Hauptwerk« (u. a. Gerth S. 16) gelten jedoch die hier angezeigten »Briefe über Merkwürdigkeiten der Litteratur«, die man den »echten Produkten der Sturm- und Drangperiode« (A. v. Weilen S. LII) zugerechnet hat und bezeichnet findet als »eines der bedeutsamsten Symptome des Überganges, die ›Morgenröte‹ einer neueren Zeit: sie schlagen die Brücke zwischen der ätzenden Kritik Lessings und der warm empfindsamen Exegese Herders. Ein grosser einheitlicher Zug durchströmt sie: die Verkündigung der Rechte der Natur und des Genies«. (ebda. S. XCIV)

Doch mit diesem Werk ist Gerstenbergs kritisch-journalistisches Schaffen noch nicht erschöpft. Sieht man davon ab, daß er auch an einem editorischen Unternehmen in dänischer Sprache beteiligt war, so ist vor allem der von O. Fischer herausgehobene und gesondert edierte Komplex seiner Rezensionen zu der auch durch die Mitarbeit Lessings bekannten »Kayserlich privilegierten Hamburgischen Neuen Zeitung« aus den Jahren 1768 bis 1771 zu nennen. »In der Reihe seiner Werke«, so Fischer, »nehmen die Rezensionen eine bedeutsame Stellung ein, indem sie eine abschließende Formulierung seiner Anschauungen enthalten. Die Theorie der ›Briefe‹ ist in die Praxis umgesetzt«. (S. 76)

Während die Vorrede zu den Schleswigschen Literaturbriefen das Unternehmen lediglich damit begründet, daß, wiewohl der Geschmack angeboren sei, er doch der Festigung durch Grundsätze bedürfe, geht aus einem Brief Gerstenbergs an Nicolai hervor, daß das Werk »nicht sowohl Neuigkeiten, als Betrachtungen über *alte* oder *bereits bekannte* Werke enthalten sollte, wo ich ohngefähr wünschte, daß sie dem Geschmack des deutschen Publici eine andre Wendung geben möchten. Wir sind«, so fügt er mit Bezug auf die »Allgemeine Deutsche Bibliothek« des Adressaten hinzu, »nichts weniger als Rivale«. (Brief vom 31. Januar 1767; vgl. 1893, S. 49) Gerade dieser Verzicht auf die Befassung mit Neuerscheinungen zugunsten der Betrachtung bereits historisch gewordener literarischer Werke mochte dazu beitragen, den Schleswigschen Literaturbriefen den Charakter eines publizistischen Periodikums zu nehmen. Aktualität konnte sich hier demnach weniger in den Gegenständen der Kritik, sondern mehr in neuen, zentralen Prinzipien zu erkennen geben.

Die Idee einer fingierten Korrespondenz geht auf Lessings Literaturbriefe zurück. Doch während dort ein Kreis von Freunden aus Berlin an einen im Feld verwundeten Offizier schreibt, handelt es sich hier um anonyme Leute aus Freyberg, Kopenhagen, London und Madrid, die z. T. untereinander Briefe wechseln, z. T. aber ihre Mitteilungen auch an einen im marokkanischen Fez weilenden Freund richten. »Diese Erweiterung«, so urteilt A. v. Weilen, »sollte dem Werke den Anschein grösserer Mannigfaltigkeit geben, und zugleich die Besprechung der englischen, dänischen und spanischen Litteratur motivieren; aber die Folge war ein Verlust an Einheitlichkeit und des festen Gesichtspunktes, welchen die Literaturbriefe im Auge hatten«. (S. XXXVIII)

Die ersten drei Sammlungen enthalten 25 Briefe, von denen der weitaus größte Teil Gerstenberg selbst zum Verfasser hat. Da die Briefe gar nicht oder fingiert unterzeichnet sind, hat man ursprünglich verschiedene weitere Autoren dahinter vermutet, so u. a. auch Klopstock, F. G. Resewitz und H. P. Sturz. Doch hat Gerstenberg in einer Anmerkung der Vorrede zum vierten Stück bekanntgemacht, daß außer ihm nur noch drei Mitarbeiter beteiligt waren: Christian Fleischer, Gottfried Benedict Funk und Johann Peter Kleen. Ohne daß eine Scheidung der Anteile bis ins letzte möglich wäre, hat man die literarkritisch richtungweisenden Beiträge immer Gerstenberg selbst zugeschrieben. Der schon im »Hypochondristen« gefeierte Klopstock ist immerhin durch den Nachdruck seiner Ode »Rothschilds Gräber« im 13. Brief gegenwärtig.

Die internationale Ausrichtung unterschied die Schleswigschen, wie bereits angedeutet, von den Berliner Literaturbriefen. So wurde neben der deutschen, der altnordischen, der italienischen und spanischen aus lokalen Gründen auch die dänische Literatur einbezogen. Im Mittelpunkt steht jedoch die englische Literatur und hier wiederum Shakespeare: »aus ihm werden die Begriffe von Genie und Dichtkunst abgeleitet, die dann für andere Originale verwertet werden« (A. v. Weilen S. XL), d. h. die Briefe 14 bis 18 »machen Gerstenberg als Shakespeareinterpreten zum Vorläufer Herders und Wilhelm Meisters« (Koch S. 117). Den äußeren Anlaß der Erörterung bildet Wielands Shakespeare-Übersetzung, die aber »nur den Rahmen für die Betrachtungen, die Gerstenberg über Shakespeare auf dem Herzen hat« (A. v. Weilen S. XLIX), darstellt. Hier wird Shakespeare nun ganz als Offenbarung der Natur, als Verkörperung des Originalgenies erfahren, die oft kritisierte Regellosigkeit als Zeichen poetischer Individualität umgedeutet, Kraft zur Illusion, Talent und Enthusiasmus gefeiert.

Theoretisch von besonderer Bedeutung ist auch der 20. Brief. Hier wird Karl Wilhelm Ramlers Manier, andere Autoren zu verbessern, als Verstoß gegen die Originalität der Autoren entschieden verurteilt. Der Brief führt ferner die Natur des Liedes auf die Empfindung zurück und handelt vom poetischen Genie, ohne dieses bündig in Begriffe fassen zu können. Bilden Shakespeare und in entsprechender Ausdeutung auch Ariost, Cervantes, Homer und Spenser die gefeierten Größen und literarischen Leitfiguren, so trifft die Ablehnung vor allem zeitgenössische Autoren: die Gedichte der Karschin, Bodmers Trauerspiele, auch Lessing wird mangelnde Achtung vor der Originalität der von ihm kritisierten Autoren vorgeworfen.

Das vierte Stück, das verspätet erst 1770 unter dem Titel »Über Merkwürdigkeiten der Literatur« herauskam, muß gesondert betrachtet werden. Es enthält neben Beiträgen Gerstenbergs von Klopstock die Abhandlung »Vom Sylbenmasse« und von Schönborn eine Pindar-Übersetzung. Eine Fortführung des Organs war offenbar geplant. Denn Herder, der in den Literaturbriefen eine »vierte F[r]action« (vgl. A. v. Weilen S. CVI) neben den Gottschedianern, den Schweizern und der Lessing-Schule am Werk sah, schickte dem Verleger dafür seinen Shakespeare- und seinen Ossian-Aufsatz, die dieser beide 1773 in die Sammlung »Von deutscher Art und Kunst« einfügte, nachdem weitere Literaturbriefe ausgeblieben waren.

Literatur: Max Koch: Helferich Peter Sturz. Nebst einer Abhandlung über die Schleswigischen Literaturbriefe. München 1879. – *Paul Döring:* Der nordische Dichterkreis und die Schleswiger Litteraturbriefe. o. O. 1880. (Beil. Programm Sonderburg). – *Alexander von Weilen:* Einleitung zu: Briefe über Merkwürdigkeiten der Litteratur. Heilbronn 1888–1890. S. V–CXLIX. – Gerstenbergs Briefe an Nicolai nebst einer Antwort Nicolais. In: Zsch. f. dt. Ph. 23 (1891) S. 43–67. – *Otto Fischer:* Gerstenberg als Rezensent der Hamburgischen Neuen Zeitung 1767–1771. In: Euphorion 10 (1903) S. 56–76. – *Albert Malte Wagner:* H. W. von Gerstenberg und der Sturm und Drang. 2 Bde. Heidelberg 1920–1924. – *Klaus Gerth:* Studien zu Gerstenbergs Poetik. Göttingen 1960.

DER WANDSBECKER BOTHE
1771–1772

[Ab 1. 1. 1773]

DER DEUTSCHE, SONST WANDSBECKER BOTHE
1773–1775

Red.: Matthias Claudius [bis 22. 6. 1775, danach: Bernhard Christoph d'Arien]
Erscheinungsweise: viermal wöchentlich
Hamburg: Bode
Umfang: vier Quartseiten
Bibliographischer Nachweis: Diesch Nr. 799; Kirchner (1932) Nr. 131 a; Kirchner (1969) – –
Standort: Mikrofilmarchiv der Deutschen Presseforschung Bremen

Der publizistischen Gattung nach handelt es sich hier wieder um eine Zeitung, deren literarischer Wert darin liegt, daß Matthias Claudius (1740–1815) – ähnlich wie schon Lessing bei der »Berlinischen privilegirten Zeitung« – ihren Gelehrten Artikel redigierte und dazu zahlreiche bekannte Schriftsteller der Zeit zur Mitarbeit gewinnen konnte. Diese Bedeutung steht jedoch in einem auffälligen Kontrast zur tatsächlichen Verbreitung der Zeitung, deren Auflage im Blatt selbst 1772 mit 400 Exemplaren angegeben wird. (Immerhin werden für das große, benachbarte Konkurrenzblatt, den »Hamburgischen Unpartheyischen Correspondenten«, für die achtziger Jahre mehr als 10 000 Exemplare genannt.) An dem geringen publizistischen Erfolg vermochte auch der Wechsel des Titels 1773, der offenbar die provinzielle Lokalbezogenheit abschwächen und auch einen nationalen Anspruch begründen sollte, nichts ändern. So scheint sich der Ruf der Zeitung eher intern im Kreis der beteiligten Literaten ausgebreitet zu haben und ist mehr durch das Niveau des von ihnen geprägten Gelehrten Artikels begründet. Jedenfalls dürfte ein gewisses Mißverhältnis zwischen dem politisch-lokalen und dem gelehrt-schöngeistigen Zeitungsteil für die ausgebliebene Resonanz mit verantwortlich gewesen sein.

Nachdem Claudius seine eigenen Beiträge zu dem Blatt außer mit »Asmus« auch schon mit »der Bothe« unterzeichnet hatte, blieb seine literarische Arbeit auch späterhin mit dem Titel der Zeitung untrennbar verbunden. Nicht nur »die ganze Form seiner Journalistik war durch die angenommene Maske bedingt« (Redlich S. 10), sondern das literargeschichtlich Einzigartige ist hier, daß die publizistische Gestaltung des periodischen Organs bestimmend wurde für die Anlage der Werkausgabe des Autors selbst. Denn der erste und der zweite Teil von Claudius' 1775 unter dem Titel »Asmus omnia sua secum portans« herausgegebenen »Sämmtlichen Werken« erschienen als Schöpfung des Wandsbecker Boten und brachten nichts anderes als einen fortlaufenden Nachdruck seiner zuerst in dieser Zeitung erschienenen Beiträge. Gleichwohl entbehrte die scheinbar systemlose Mischung einer Vielfalt von Formen – Gedichte, Epigramme, Fabeln, fingierte Briefe, Rezensionen – nicht eines gewissen Ordnungsprinzips. Überdies blieb diese Anlage im großen und ganzen auch für die späteren literarischen Arbeiten verbindlich. »Sie waren«, so Peter Berglar, »insgesamt sozusagen ›geronnener Journalismus‹, von der Belanglosigkeit bis zum Geniewurf.« (S. 84) Wenn Claudius sich hinter der Anonymität einer volkstümlichen Botenfigur verbarg, so folgte er damit noch einem Gestaltungsmuster der Moralischen Wochenschriften, wozu auch die Vorliebe für fingierte Briefe und überhaupt die didaktisch-erbauliche Zielsetzung passen würden. Doch funktionalisiert er diese Elemente in eigener Weise. Die Literaturgeschichtsschreibung ist im übrigen der Personifizierung häufig gefolgt und hat immer wieder von Claudius als dem Wandsbecker Boten gesprochen.

Die Arbeit am »Wandsbecker Bothen« war nicht Claudius' erste Redaktionstätigkeit. Vielmehr hat er zwischen Juni 1768 und Oktober 1770 bereits die »Hamburgischen Adreß-Comtoir-Nachrichten« redigiert, ein Blatt des Verlegers Johann Wilhelm Dumpf. Im gleichen Verlag kam auch die »Kayserlich privilegirte Hamburgische Neue Zeitung« heraus, die literarisch durch die Rezensionen H. W. v. Gerstenbergs sowie durch die Mitarbeit Lessings erwähnenswert ist. Die zweimal wöchentlich erscheinenden »Adreß-Comtoir-Nachrichten« brachten neben Anzeigen vornehmlich Handels-, Lokalnachrichten und Verordnungen. Demgegenüber war der gelehrt-literarische Teil von sehr untergeordneter Bedeutung. Claudius selbst hat 39 Beiträge für ihn verfaßt, darunter Gedichte, fingierte Briefe, Kritiken und eine Übersetzung. Hinzukamen entsprechende Beiträge anderer Mitarbeiter, so etwa Gedichte von Gleim, Klopstock und anderen.

Die Möglichkeit, das zunehmend getrübte Verhältnis zu seinem Verleger zu lösen, bot sich Claudius, als Johann Joachim Bode, der 1762/63 als Redakteur des »Hamburgischen Unpartheyischen Correspondenten« gewirkt hatte, das Privileg für eine eigene Zeitung erwarb, die als Nachfolgeorgan des zuvor verbotenen »Wandsbeckischen Mercur« erscheinen sollte. Das Blatt werde, so schreibt Claudius an Herder im Dezember 1770, »wie die meisten Zeitungen einen politischen und einen gelehrten Artikel haben. Ich habe hin und her gedacht, wie man den letzten neu und etwas eigenes habend einrichten könnte..., aber es will mir nicht einleuchten, wie man eigentlich das Ding angreifen soll – ein naiver launiger Ton in den Rezensions wäre freilich ganz gut...« (M. Claudius, Briefe, hrsg. v. H. Jessen, Bd. 1, Berlin 1938, S. 71). Ähnlich erbat Claudius auch von Gerstenberg Überlegungen, wie man dem Gelehrten Artikel eine eigene Gestalt geben könne. Der Hinweis auf den »naiven launigten Ton« verrät die Absicht eines gewissen Stilprinzips, in dem auch schon die versifizierte programmatische Einleitung zur ersten Nummer abgefaßt war. Während Bode selbst offenbar den z. T. aus anderen Blättern nachgedruckten Teil der politischen Berichterstattung (meist zwei bis drei Seiten) betreute, hatte Claudius vor allem die Rubrik »Gelehrte Sachen«, später auch mit »Poetischer Winkel« überschrieben, zusammenzustellen (meist ein bis zwei Seiten). Dabei kamen die poetischen Verse oft unmittelbar neben Wechselkurse oder sonstige »Avertissements« zu stehen.

Das ohne die sonst übliche Vorankündigung auftretende Blatt erschien viermal wöchentlich vom 1. Januar 1771 an und erforderte kontinuierliche redaktionelle Arbeit, in der Claudius auch auf die Beiträge anderer Mitarbeiter angewiesen war. Der mangelnde Absatz gefährdete die Existenz der Zeitung schon lange, bevor Claudius am 22. Juni 1775 aus der Redaktion ausschied. Der Versuch des Verlegers Bode, Heinrich Christian Boie als Nachfolger zu gewinnen, scheiterte. Der Gymnasiast Bernhard Christoph d'Arien wird als derjenige genannt, der die Redaktion weiterführte bis der Verleger das Blatt mit dem 28. Oktober 1775 einstellte.

Matthias Claudius hat im »Wandsbecker Bothen« zahlreiche Beiträge in verschiedenen Formen veröffentlicht. Da ist zunächst der fingierte Briefwechsel zwischen Asmus und dem Vetter Andres, in dem in humorvoll plaudernder, aber doch erbaulicher Weise Themen des alltäglichen Lebens angeschlagen werden. Bedeutsamer sind die Rezensionen, in denen die wichtigen, damals herausgekommenen Neuerscheinungen besprochen werden. Die behandelten Werke zeigen ebenso wie die Stellungnahme, daß der Verfasser literargeschichtlich auf der Höhe der Zeit war. Denkwürdig sind etwa die zustimmenden Besprechungen von Goethes »Götz von Berlichingen« und seines »Werther«-Romans, von Lessings »Emilia Galotti« und J. M. R. Lenz' »Hofmeister«, von Klopstocks »Oden« und seiner »Gelehrtenrepublik«. Eigentlich bekämpft wurde nur der als frivol erscheinende Wieland. Kennzeichnend ist, daß bei Claudius keine gelehrt-begründende Regelkritik mehr zu finden ist, sondern daß eher aus der eigenen Lebenserfahrung und dem Erlebnis der individuellen Kräfte die »poetische Wahrheit« impressionistisch erschlossen wird. Dies bewahrte ihn auch vor Übertreibungen, mochten sie vom Geniegedanken oder vom patriotischen Bardentum ausgehen. Hervorzuheben sind im »Wandsbecker Bothen« ferner Claudius' Gedichte, die in ihrer thematischen und formalen Einfachheit neue Weisen lyrischen Ausdrucks gepflegt haben. Es handelt sich noch um lehrhafte Gedichte und um solche, die an alltägliche Erlebnisse, Erfahrungen und Empfindungen anknüpfen, um oft auch aus ihnen zu einem erbaulichen Schluß zu gelangen. Der liedhafte, volkstümliche Sprachton verhindert die Auflösung in unbestimmtem Gefühlsüberschwang. Daß hier durch thematische Entsprechung oder ausdrücklichen Bruch im Kontext des Zeitungsinhalts durchaus eine übergreifende »Kompositionsabsicht« (Kranefuss S. 8) zu beobachten ist, hat die neuere Forschung gegen die meist isolierte Interpretation der Einzelgedichte eingewandt.

Auch in den Beiträgen der anderen Mitarbeiter gibt der »Wandsbecker Bothe« den neueren literarischen Strömungen Raum. Während die Verfasserschaft bei Rezensionen und Abhandlungen vielfach ungeklärt blieb und hier nur wenige Namen bekannt sind, hat Carl Redlich schon 1871 eine Zuweisung der ungezeichneten poetischen Beiträge vornehmen können, weil diese großenteils später wieder nachgedruckt wurden. Doch gibt es auch hier noch Lücken. »Die Mitarbeiter«, so hat Wolfgang Stammler mit Blick auf die poetischen Stücke gesagt, »rekrutierten sich sowohl aus der älteren wie der neueren Fraction in der Literatur«. (1915, S. 49) Zur ersteren gehören noch die älteren Anakreontiker, während die jüngere Generation vor allem durch die Mitglieder des Göttinger Hainbundes, durch H. Chr. Boie, G. A. Bürger, L. Chr. H. Hölty und J. H. Voß spricht. Überhaupt ist eine Reihe von Gedichten wechselweise im »Wandsbecker Bothen« und in dem von Boie, später von Voß herausgegebenen Göttinger »Musenalmanach« (1770 ff.) erschienen. Damit ist gewissermaßen eine literarische Bruderschaft zwischen beiden Organen gestiftet, die vor allem die Entfaltung des empfindsam bewegten, schwärmerischen, wenn nicht begeisterten lyrischen Sprechens beförderten. So ist es kein Wunder, daß beide auch die Kritik der rationalistischen Gegner, etwa Friedrich Nicolais und seiner »Allgemeinen Deutschen Bibliothek«, auf sich zogen. Seinen Ruf genießt der »Wandsbecker Bothe« aber nicht zuletzt deshalb, weil auch Goethe und Herder mit Beiträgen darin vertreten sind. Damit wies das Blatt literargeschichtlich in die Zukunft.

Noch einmal ist Claudius später als Journalist tätig geworden, wenn auch im Nebenamt. Nach der von Herder vermittelten Übersiedlung als Oberlandkommissar nach Darmstadt gehörte zu seinen Aufgaben auch die Herausgabe der »Hessen-Darmstädtischen privilegirten Land-Zeitung« (seit 1. Januar 1777). So sehr dies nach einem Provinzblatt aussehen mochte, so erklärte es doch die Ankündigung zur Absicht des Organs, »Unser so sehr zerstreutes Land mit sich selbst bekannter zu machen«, ja »den Weg der Communication des Landes unter sich zu erleichtern« (zit. nach Schmidt-Rohr S. 68). Da Claudius jedoch schon bald um Entlassung von seiner Tätigkeit nachsuchte, blieb auch dieses journalistische Projekt, das an die Programmatik der Nationaljournale erinnert, bloß Episode.

Mitarbeiter u. a.: J. André, B. Chr. d'Arien, K. F. Bahrdt, J. Chr. Bock, J. J. Chr. Bode, H. Chr. Boie, P. J. Bruns, G. A. Bürger, M. Claudius, J. A. Cramer, K. F. Cramer, J. C. D. Curio, M. Denis, J. v. Doering, J. J. Engel, J. J. Eschenburg, G. B. Funk, J. W. L. Gleim, J. W. Goethe, F. W. Gotter, G. I. Hahn, P. W. Hensler, P. G. Hensler, J. G. Herder, L. Chr. H. Hölty, J. G. Jacoby, F. G. Klopstock, G. E. Lessing, E. H. Lofft, G. D. Miller, J. M. Miller, K. W. Ramler, R. E. Raspe, G. E. v. Rüling, C. F. Sander, D. Schiebeler, C. F. Schmid, F. Schmit, G. F. E. Schönborn, J. Chr. Stockhausen, Chr. zu Stolberg, F. L. zu Stolberg, H. J. B. Suse, J. H. Thomsen, J. H. Voß, F. W. Zachariae.

Literatur: Carl Christian Redlich: Die poetischen Beiträge zum Wandsbecker Boten gesammelt und ihren Verfassern zugewiesen. Hamburg 1871. – *Fritz Winter:* Goethes Antheil am Wandbecker Boten. In: Vierteljahresschr. f. Literaturgesch. 4 (1891) S. 513–528. – *Max Morris:* Herderiana im ›Wandsbecker Bothen‹. In: Euphorion 16 (1909) S. 360–379. – *Wolfgang Stammler:* Zu den Herderiana im Wandsbecker Bothen. In: Euphorion 18 (1911) S. 761. – *ders.:* Matthias Claudius der Wandsbecker Bothe. Ein Beitrag zur deutschen Literatur- und Geistesgeschichte. Halle (Saale) 1915. –

Ernst Baasch: Geschichte des Hamburgischen Zeitungswesens von den Anfängen bis 1914. Hamburg 1930. – *Johannes Pfeiffer:* Bemerkungen zur literarischen Grundhaltung des Wandsbecker Boten. In: Die Neue Rundschau (1934) S. 274–283. – *Hans Jessen:* Dichter oder Journalist. In: Zeitungswissenschaft 16 (1941) S. 615–620. – *F. J. Curt Hoefer:* Der Wandsbecker Bothe. Ein Beitrag zur Geschichte der deutschen Publizistik des 18. Jahrhunderts. Diss. Leipzig 1944. – *Christel Schmidt-Rohr:* Das Zeitungsschaffen des Matthias Claudius als formende Kraft in seinem Leben und Werk. Diss. Heidelberg 1944. – *Ernst Hagge:* Matthias Claudius als Literaturkritiker. In: Gestalt, Gedanke, Geheimnis. Festschrift f. Johannes Pfeiffer zu seinem 65. Geburtstag. Hrsg. v. *Rolf Bohnsack, Hellmut Heeger, Wolf Hermann.* Berlin 1967. S. 131–144. – *Peter Berglar:* Matthias Claudius in Selbstzeugnissen und Bilddokumenten. Reinbek b. Hamburg 1972. – *Annelen Kranefuss:* Die Gedichte des Wandsbecker Boten. Göttingen 1973. – *Burghard König:* Matthias Claudius. Die literarischen Beziehungen in Leben und Werk. Bonn 1976.

FRANKFURTER GELEHRTE ANZEIGEN
1772–1790

Hrsg.: Johann Heinrich Merck, Johann Georg Schlosser [1773/74: Karl Friedrich Bahrdt; ab 1775: Christian Heinrich Schmid]
Erscheinungsweise: zweimal wöchentlich
Frankfurt: Eichenbergische Erben
Umfang: ½ Bogen
Bibliographischer Nachweis: Diesch Nr. 1037; Kirchner (1932) Nr. 1729; Kirchner (1969) Nr. 288
Standort: Hessische Landesbibliothek Darmstadt (Sign.: Zs 2535)
Teilausgaben: Frankfurter Gelehrte Anzeigen vom Jahr 1772. Heilbronn 1882/83. (= Deutsche Litteraturdenkmale d. 18. u. 19. Jahrh., hrsg. v. B. Seuffert, Bd. 7/8); Frankfurter Gelehrte Anzeigen vom Jahr 1772. Nachdruck hrsg. v. Hermann Bräuning-Oktavio. Bern 1970.

Obwohl diese Zeitschrift nur wegen ihres Jahrgangs 1772 den ihr eigenen, außergewöhnlichen literargeschichtlichen Ruhm genießt, hat sich die philologische Forschung mit ihr doch wie mit keinem anderen Blatt des 18. Jh.s befaßt. Daß neben den Herausgebern Johann Heinrich Merck (1741–1791) und Johann Georg Schlosser (1739–1799) vor allem der junge Goethe und Herder dem Journal das unverwechselbare Gepräge des anbrechenden Sturm und Drang gegeben haben, sicherte ihm immer wieder neues Interesse. »Es herrscht darin«, so charakterisierte schon Wilhelm Scherer 1883 das Organ in der Einleitung zur Neuauflage des Jahrgangs 1772, »eine so eigentümliche Mischung von jugendlichem Eifer und männlicher Reife, von stürmischer Energie und massvoller Ruhe, von Übermut und Gerechtigkeit, von Leichtigkeit und Gründlichkeit, eine solche Verbindung von Spottlust über das Schlechte und von sachkundiger Versenkung in das Wertvolle, ein solches Talent der Polemik und eine solche Fähigkeit der Anerkennung, dass dieses Journal oder vielmehr dieser eine Jahrgang eines Journals im ganzen Umkreise des deutschen Zeitungswesens nur wenige seinesgleichen haben dürfte.« (S. III)

Vor allem hat es, von den Zeitgenossen angefangen, nicht an Bemühungen gefehlt, die in der Zeitschrift anonym gebliebenen Rezensionen verläßlich den einzelnen Mitarbeitern zuzuweisen. Dabei ist man zu ganz unterschiedlichen Ergebnissen gekommen. Hermann Bräuning-Oktavio, der sich schon in seiner 1912 veröffentlichten Dissertation der Zeitschrift zugewandt hatte, schuf mit seiner 1966 vorgelegten zusammenfassenden, unvergleichlich materialreichen und komplexen Analyse des Organs, einem Lebenswerk, zugleich auch den vorläufigen End- und Höhepunkt der einschlägigen Forschung.

Unmittelbar vorangegangen ist dem Journal in Frankfurt bereits seit 1736 die »Franckfurter gelehrte Zeitung« (bei Samuel Tobias Hocker), die als lokale Variante dem Muster der von Leipzig ausgehenden Gelehrtenzeitungen folgte, noch vor der Gründung des bedeutenden Göttinger Konkurrenzorgans. Das Blatt kam zweimal wöchentlich heraus, im Quartformat, mit gelehrten Rezensionen, Auszügen aus Briefen und den üblichen Nachrichten aus der akademischen Welt. Seit 1760 befand es sich im Verlag der Brönnerschen Druckerei, von wo es 1772 der Hofrat J. K. Deinet übernahm, der in die Eichenbergische Druckerei eingeheiratet hatte. Zuvor war ein Versuch der hessischen Regierung gescheitert, bei Brönner eine Gießener gelehrte Zeitung herauszubringen. In der »Franckfurter gelehrten Zeitung« wurden vor allem theologische, naturwissenschaftliche, historische und juristische Titel besprochen. Die schöne Literatur nahm zunächst nur einen begrenzten Raum ein, wenn hier auch »sonst alle Werke der damals ersten Sterne der Nation rühmend besprochen« (Bräuning-Oktavio 1966, S. 10) wurden. Bräuning-Oktavio hat gemeint, bereits an diesem Organ einen Wandel und, »besonders in den letzten Jahren, schon Anklänge an Stil und Ton der FGA von 1772« (ebda. S. 24) feststellen zu können. Deinet, der ursprünglich den in allerlei Streitigkeiten verwickelten Gießener Professor Karl Friedrich Bahrdt zum Herausgeber hatte machen wollen, übertrug diese Aufgabe dem in den Diensten des Landgrafen von Hessen-Darmstadt tätigen Johann Heinrich Merck. Damit wurde der um Merck gescharte Darmstädter Kreis der Empfindsamen, den wir vor allem aus Goethes Beschreibung in »Dichtung und Wahrheit« kennen, zum geistigen Wurzelgrund des neuen Zeitschriftenunternehmens.

Von einer »Gesellschaft von Männern« war auch in der Ankündigung der »Frankfurter gelehrten Anzeigen« die Rede, die 1772 mit geändertem Titel und Format an das ältere Blatt anschlossen. Diese Männer, so hieß es, »die ohne alle Autorfesseln und Waffenträgerverbindungen im stillen bisher dem Zustand der Litteratur und des Geschmacks hiesiger Gegenden, als Beobachter zugesehen haben, vereinigen sich, um dafür zu sorgen, daß das Publikum von hieraus nicht mit unrichtigen, oder nachgesagten, oder von den Autoren selbst entworffenen Urtheilen getäuscht werde.« (zit. nach Scherer S. XXXI) Die »Nachricht an das Publikum«, mit der die erste Nummer vom 3. Januar 1772 eröffnet wird, bezieht in diesen kritischen Plan auch eine thematische Spezifizierung ein. Man will »nicht eigentlich ein Repertorium *aller* in den höheren Wissenschaften neu herausgekommenen Bücher vorstellen... Man wird sich vielmehr bemühen, nur die *gemeinnützigen* Artikel in der Theologie, Jurisprudenz und Medicin zu beurtheilen und anzuzeigen, hingegen das Feld der Philosophie, der Geschichte, der schönen Wissenschaften und Künste in seinem ganzen Umfange zu umfassen«. (1772, I, S. 1) Damit erhält das enzyklopädische Programm der gelehrten Zeitungen hier ein Schwergewicht einerseits zum praktisch Nützlichen, andererseits zum schöngeistig Literarischen hin, wobei noch hinzukommt, daß man vorzugsweise der englischen Literatur Aufmerksamkeit schenken wollte, vor allem, um unnötigen Übersetzungen auch schlechter Werke entgegenzuwirken.

Eine Auszählung der im Jahr 1772 tatsächlichen rezensierten Titel bestätigt im nachhinein den gefaßten Plan und zeigt insbesondere den Wandel zum Vorläufer-Blatt. Von den fast 400 Rezensionen der »Frankfurter gelehrten Anzeigen« befassen sich 140 mit Werken der schönen Literatur, der Kunst und Ästhetik, 53 mit Werken der Philosophie und Erziehung, wogegen es sich in 49 Fällen um theologische und in 40 Fällen um naturwissenschaftliche, mathematische und medizinische Schriften handelt. Neben umfangreichen Rezensionen, die sich jedoch nur selten über mehr als eine Nummer erstrecken, enthält das Blatt kürzere Buchanzeigen, wobei im Laufe des Jahres solche Kürze der Beiträge vorherrschend wurde. Als etwas Neues kamen Beschreibungen von Kupferstichen hinzu. Poetische Beispiele wurden dagegen allenfalls als Proben innerhalb von Buchbesprechungen beigegeben.

Vier Gruppen von Mitarbeitern lassen sich nach Bräuning-Oktavio am Jahrgang 1772 der »Frankfurter gelehrten Anzeigen« unterscheiden: Der Darmstädter Kreis um J. H. Merck und mit Herder, der Frankfurter Kreis mit Goethe und J. G. Schlosser im Mittelpunkt, mehrere Mitarbeiter in Gießen sowie eine lose Gruppe von anderen auswärtigen Mitarbeitern. Das Gesicht des Jahrgangs haben im wesentlich die hier bereits mit Namen genannten Autoren geprägt. Ende Juli 1772 übernahm Schlosser, der Jurist und spätere Schwager Goethes, von Merck die Aufgaben des Herausgebers, nachdem dieser sich aus Verdruß über den Verleger und über die provozierenden theologischen Rezensionen seines Nachfolgers zurückzuziehen begann. Goethe, den Merck Ende 1771 kennengelernt und mit dem sich eine Freundschaft angebahnt hatte, wirkte schon seit Anfang März mit, seit April dann auch Herder.

Insbesondere um die Zuweisung der Rezensionen an diese vier Hauptmitarbeiter hat sich die philologische Forschung bemüht (vgl. die Übersicht bei Bräuning-Oktavio 1966, S. 515 ff.). Da man weitgehend nur mit stilkritischen Kriterien arbeiten kann, ist man zu sehr unterschiedlichen Ergebnissen gelangt.

Ganz extrem lassen sich die Schwankungen an Max Morris' Untersuchung »Goethes und Herders Anteil an dem Jahrgang 1772 der Frankfurter gelehrten Anzeigen« ablesen. Wurden in der ersten Auflage 1909 Herder 250, Goethe 11, Merck 24 und Schlosser 30 Rezensionen zugesprochen, so in der dritten Auflage 1915 Goethe 138, Herder 53, Merck 103 und Schlosser 48 Rezensionen. Bräuning-Oktavio, nach dessen Ermittlungen der Mitarbeiterstab größer war als ursprünglich angenommen, hat dagegen vor allem Merck wiederum weiter zahlreiche Besprechungen aberkannt. Goethe gilt jedoch demnach auch als der eifrigste Mitarbeiter mit 118 Rezensionen, gefolgt von Schlosser mit 103. Zu den anderen, unten namentlich aufgeführten Mitarbeitern muß man die ausgiebige Charakterisierung durch Bräuning-Oktavio konsultieren. Dies gilt auch für die von ihnen vertretenen literarischen Tendenzen der in der Zeitschrift geübten Kritik.

Die literarisch bemerkenswerten Neuerscheinungen sind in den »Frankfurter gelehrten Anzeigen« überwiegend von Merck selbst besprochen worden, so Werke von Gellert, Gleim, Klopstock, Sophie von La Roche sowie das Göttinger »Musenalmanach«. Auch die Übersetzungen von Rezensionen aus englischen und französischen Journalen hat man im wesentlichen ihm zugeschrieben. Dabei zeichnete sich Merck »durch nüchterne, sachliche, wenn auch manchmal scharfe Urteile aus, die jedoch immer seine große Kenntnis bezeugten«. (Jansen S. 70)

J. G. Schlosser hat in erster Linie Werke der Nationalökonomie und Rechtswissenschaft sowie der Philosophie und Theologie behandelt. Vor allem seine gegen die religiöse Orthodoxie gerichteten Rezensionen zogen die Zeitschrift, sehr zum Unwillen des mehr auf Ausgleich bedachten Merck, alsbald in öffentliche Auseinandersetzungen mit der Frankfurter Geistlichkeit und provozierten damit wesentlich jene Maßnahmen, die gegen Ende des Jahres eine Weiterführung des Organs in alter Form unmöglich machten. »Der Wert der meisten von Goethe rezensierten Werke«, so äußert Bräuning-Oktavio, »ist höchst fragwürdig; oft genug wird ihm das Unbedeutende Anlaß zu Spott und kräftiger Ablehnung...« (1966, S. 243 f.) Da meist, was literarische Bedeutung versprach, von Merck angezeigt wurde, entwickelte Goethe sein kritisches Talent mehr an Negativbeispielen. Zu erwähnen wären insbesondere seine Urteile über Sulzers System der schönen Künste, über Geßners Idyllen, über Autoren wie Lavater, Riedel, Sonnenfels, schließlich sein berühmtes Verdikt über Johann Georg Jacobi. Besprochen wurden von ihm, teilweise offenbar gemeinsam mit Merck, auch Werke zur Bildenden Kunst. Im Rückblick hat Goethe seinen frühen kritischen Stil selbst treffend gekennzeichnet: »Wild, aufgeregt und flüchtig hingeworfen wie sie sind, möchte ich sie lieber Ergiessungen meines jugendlichen Gemüths nennen als eigentliche Recensionen. Es ist auch in ihnen so wenig ein Eingehen in die Gegenstände als ein gegebener in der Litteratur begründeter Standpunct, von wo aus diese wären zu betrachten gewesen, sondern alles beruhet durchaus auf persönlichen Ansichten und Gefühlen.« (Kunst und Alterthum IV, 3, 1824, S. 151 f., zit. nach Scherer S. XXVIII) Damit ist ein gewisser Subjektivismus überhaupt als zentralisierendes Prinzip der Zeitschrift ausgegeben, der literargeschichtlich befreiend wirkte und publizistisch einen geradezu kritisch-revolutionären, oft eruptiven Stil entstehen ließ. Dies gilt vor allem auch für die Beiträge Herders, der scharfe, respektlose, ja verletzende Rezensionen lieferte, etwa die über die Göttinger Professoren Michaelis und Schlözer. Auch er brachte nicht nur seine neuen geschichtsphilosophischen und ästhetischen Prinzipien ein, sondern pflegte zugleich eine »leidenschaftliche Ichbezogenheit« (Bräuning-Oktavio 1966, S. 146). Die Besprechungen der ausländischen Werke wurden in den »Frankfurter gelehrten Anzeigen« offenkundig großenteils aus fremdsprachigen Journalen übernommen, wobei man sich mehr oder weniger eng an die jeweilige Vorlage hielt.

Wenn Hermann Bräuning-Oktavio die literarische Eigenart Mercks als ein kontrastierendes Neben- und Ineinander von »*Aufklärung und Gefühl*« (1966, S. 72) beschreibt, so kann diese Charakterisierung auf den gesamten Jahrgang bezogen werden. Während die Aufklärung mehr die Stellungnahmen zu den theologischen, philosophischen und anderen wissenschaftlichen Werken prägt, bestimmen Empfindsamkeit und Genieprinzip die Auffassung der Dichtung, in welcher Klopstock und Shakespeare als die Leitfiguren gelten. An die Stelle von Nachahmung tritt Originalität, an die Stelle des Systems und der Theorie die unmittelbare subjektive Erfahrung des Schönen. Gefühl und Einbildungskraft erscheinen als die Quellen sowohl der Produktion wie der adäquaten Rezeption der Kunst. Damit formulierte die Zeitschrift an vielen Stellen ein neues, aus der Regelpoetik befreites dichterisches Selbstverständnis, das über den einen Jahrgang des Journals hinausreichte und, wie man sogleich gesehen hat, einer neuen literargeschichtlichen Epoche den Weg bereitete.

Daß der journalistische Zuschnitt der »Frankfurter gelehrten Anzeigen«, so wie er hier beschrieben wird, bereits mit dem Jahrgang 1772 sein Ende fand, hatte mit den zunehmenden Streitigkeiten zu tun, in die das Blatt vor allem seiner theologischen Rezensionen wegen verwickelt wurde. Insbesondere das schließlich ergangene Verbot dieser Rezensionen läßt Bräuning-Oktavio davon sprechen, daß sich der »Kampf um Pressefreiheit, den Georg Wilhelm Petersen, Johann Georg Schlosser und der Verleger Deinet gegen den Rat der Stadt und die Frankfurter Geistlichkeit führten, ... als entscheidende Niederlage der FGA« (1966, S. XV) darstellt. Hier spielte der neue Präsident von Hessen, Friedrich Carl von Moser, eine wichtige Rolle. Dabei scheint der Absatz ohnehin nur 200 Exemplare betragen zu haben. In seiner »Nachrede« zur letzten Nummer spricht Goethe jedoch nicht nur von der Klage der rezensierten Autoren, sondern auch vom Tadel aus dem Kreis des Publikums, das einen Mangel an Klarheit und wahrer Gelehrsamkeit empfunden habe. Er versichert aber für die Herausgeber die besten Absichten und verspricht umso leichtere Abhilfe, »da mit Ende dieses Jahres diejenigen Recensenten, über deren Arbeit die meiste Klage gewesen, ein Ende ihres kritischen Lebens machen wollen«. (1772, CIV, S. 832) Zudem löste sich allmählich die Verbindung der Hauptmitarbeiter auf, die mit ihren Beiträgen zu anderen bestehenden Zeitschriften übergingen.

Der schon ursprünglich als Herausgeber vorgesehene Gießener Professor Karl Friedrich Bahrdt, bekannt durch sein »Handbuch der Moral für den Bürgerstand«, übernahm 1773 die Leitung der »Frankfurter gelehrten Anzeigen«. Doch war auch seine Tätigkeit nicht von Dauer, da es schon bald wieder zu Konflikten mit dem Präsidenten von Moser kam. So trat ab 1775 der Gießener Kollege Christian Heinrich Schmid (1746–1800), Professor der Dichtkunst und Beredsamkeit und Verfasser einer »Theorie der Poesie nach den neuesten Grundsätzen« (1767), an die Stelle Bahrdts. Ohne in Gehalt und Stil dem Jahrgang 1772 zu folgen, bestand die Zeitschrift bis 1790. Eine Geringschätzung der späteren Jahrgänge ist bei genauerem Zusehen jedoch nicht gerechtfertigt. »Ganz so schlecht, wie gemeinhin behauptet«, so äußert Bräuning-Oktavio, »waren die FGZ bis 1771 so wenig wie die FGA von 1773 und später.« (1966, S. 24) Roertgen hat sogar darauf aufmerksam gemacht, daß das Organ durch Beiträge von F. M. Klinger, J. M. R. Lenz und H. L. Wagner sowie durch Besprechung etwa von Goethes »Leiden des jungen Werthers« und »Götz von Berlichingen« literarisch aktuell blieb: »the magazine continued to favor the ideas of Storm and Stress.« (1964, S. 385) So bleibt das Gesamturteil positiv: »Although the F. G. A. was no longer a leader in literature after 1772, it nevertheless published occasionally some excellent reviews in that field... The reputation of its contributors both in 1772 and later ranks the magazine among the better journals of its day.« (ebda.)

Daß man dennoch den Jahrgang 1772 für ein Unikum gehalten hat, läßt sich daraus ersehen, daß die späteren Träger des Journals die Jahrgangszählung von 1773 bis 1790 geführt haben, d. h. unter Auslassung des literargeschichtlich renommiertesten Jahrgangs.

Mitarbeiter 1772: K. F. Bahrdt (?), J. A. Behrends, A. Böhm (?), W. J. Chr. Casparson (?), G. Chr. Crollius (?), J. K. Deinet, J. W. Goethe, J. G. Herder, A. P. v. Hesse (?), L. J. F. Höpfner, H. B. Jaup, J. Chr. Kessel (?), Ph. E. v. Klipstein, Chr. W. Kreusler (?), J. F. Lebret (?), F. M. Leuchsenring, J. W. Leuchsenring, J. H. Merck, J. B. Müller (?), J. D. v. Olenschlager, Chr. L. Petersen (?), G. W. Petersen, R. E. Raspe, J. H. Frh. Riedesel zu Eisenach (?) J. G. Schlosser, L. v. Schrautenbach, J. F. Chr. Schulz (?), K. L. G. Scriba, F. A. W. Wenck, H. B. Wenck, Chr. H. Zimmermann.

Literatur: Wilhelm Scherer: Der junge Goethe als Journalist. In: Deutsche Rundschau 17 (1878) S. 62–74. – *ders.:* Einleitung zu: Frankfurter gelehrte Anzeigen von 1772. Heilbronn 1882/83, S. III–CXXIX. – *Reinhold Steig:* Herders Anteil an den ›Frankfurter gelehrten Anzeigen‹ vom Jahre 1772. In: Vierteljahrssch. f. Literaturgesch. 5 (1892) S. 223–249. – *Carl Ritter:* Anwendung der

Sprachstatistik auf die Rezensionen in den Frankfurter gelehrten Anzeigen von 1772. In: Goethe-Jb. 24 (1903) S. 185–203. – *Otto P. Trieloff:* Die Entstehung der Rezensionen in den Frankfurter Gelehrten Anzeigen vom Jahre 1772. Diss. Münster 1908. – *Max Morris:* Goethes und Herders Anteil an dem Jahrgang 1772 der Frankfurter Gelehrten Anzeigen. Stuttgart, Berlin 1909, ³1915. – *Hermann Bräuning:* Zu den ›Frankfurter Gelehrten Anzeigen‹ von 1772. In: Euphorion 16 (1909) S. 785–788. – *Hermann Bräuning-Oktavio:* Beiträge zur Geschichte und Frage nach den Mitarbeitern der Frankfurter Gelehrten Anzeigen vom Jahre 1772. Darmstadt 1912. – *ders.:* Herausgeber und Mitarbeiter der Frankfurter Gelehrten Anzeigen 1772. Tübingen 1966. – *Otto Modick:* Goethes Beiträge zu den Frankfurter Gelehrten Anzeigen von 1772. Zugleich ein Beitrag zur Kenntnis der Sprache des jungen Goethe. Diss. Jena 1913. – *ders.:* Zu den FGA von 1772. In: ZfdPh. 45 (1913) S. 330–338. – *Herta Frank:* Die Frankfurter Gelehrte Zeitung (1736–1772). Diss. Frankfurt 1931. – *Rudolf Naumann:* Die Frankfurter Zeitschriften von ihrer Entstehung (um 1700) bis zum Jahre 1750. Offenbach 1936. – *William F. Roertgen:* The Sources of the French Reviews in the Frankfurter Gelehrten Anzeigen von 1772. In: The Journal of English and Germanic Philology 47 (1948) S. 266 ff. – *ders.:* The Frankfurter Gelehrte Anzeigen, 1772–1790. An Analysis and Evaluation. Berkeley, Los Angeles 1964. – *Claus Jansen:* Frankfurter Gelehrte Anzeigen (1736–1790). In: *H. D. Fischer* (Hrsg.): Deutsche Zeitschriften des 17. bis 20. Jahrhunderts. Pullach b. München 1973. S. 61–73.

Iris
1774–1776 [–1778]

Hrsg.: Johann Georg Jacobi
Erscheinungsweise: monatlich, später unregelmäßig (= sieben Bände zu je drei Stück, 8 Bd. = ein Stück)
Düsseldorf: Selbstverlag [ab Bd. 5: Berlin: Haude & Spener]
Umfang: ca. vier Bogen
Bibliographischer Nachweis: Diesch Nr. 1042; Kirchner (1932) Nr. 1710; Kirchner (1969) Nr. 6478
Standort: Staatsbibliothek Preußischer Kulturbesitz Berlin (Sign.: Ac 6345[a])

Der noch durch die ältere Anakreontik, insbesondere durch den empfindsamen Freundschaftskult mit J. W. L. Gleim geprägte Johann Georg Jacobi (1740–1814) verfolgte mit diesem Organ die Absicht, eine ausschließlich für Frauen bestimmte literarische Zeitschrift zu schaffen. In dieser Spezifizierung der Zielgruppe sollte der Unterschied zu dem seit 1773 erscheinenden »Deutschen Merkur« Wielands liegen, der Jacobi als anregendes Vorbild vor Augen stand. Zwar war diese Wendung an das weibliche Publikum nicht neu, doch wird, wie bereits weiter oben vermerkt wurde, erst mit Jacobis »Iris« und den ihr folgenden Frauenzeitschriften der Empfindsamkeit »die bedeutsamste Etappe im Entwickelungsprozess dieser Gattung« (Lachmanski S. 37) erreicht.

Der einen weichherzig- schwärmerischen Lebenswandel pflegende, in praktischen Dingen sorglose und nachlässige, sich gern in zerfließenden Empfindungen verlierende J. G. Jacobi war, so Otto Manthey-Zorn, »mehr Dichter als Journalist« (S. 25) und verfügte kaum über jene Energien, die vonnöten sind, um ein periodisches Organ auf Dauer am Leben zu erhalten. Daher übertrug Jacobi die redaktionellen Aufgaben im wesentlichen auf Wilhelm Heinse (1746–1803), der in Halberstadt auch dem Einflußbereich Gleims angehörte und der mit nach Düsseldorf überwechselte, wo das zuvor schon geplante Unternehmen verwirklicht wurde. Die Übersiedlung Jacobis nach Düsseldorf ist nicht nur äußerlich, sondern auch in einem inneren Sinne konstitutiv für die Zeitschrift. Denn sie wird zu einem Organ des Übergangs, indem der anakreontisch-tändelnde Stil des Halberstädter Kreises den neueren literarischen Prinzipien von Empfindsamkeit und Sturm und Drang weicht. »Sie fand zunächst«, so sagt Manthey-Zorn über die »Iris«, »nur wegen der Beliebtheit ihres Herausgebers beim Publikum Anklang und erwarb sich dann allerdings noch Freunde durch die reiche Zugabe an Lyrik und durch die Beiträge modereren Stils von seiten der Mitarbeiter.« (S. 17)

Das Werben um Abonnenten machte immerhin eine Auflage von 800 bis 1 000 Exemplaren möglich, die Manthey-Zorn angenommen hat. Doch geriet das Unternehmen durch die Schuld Jacobis schon bald zunehmend in Verzug, vor allem, als Heinse, den Gleim einmal einen »Iris-Bedienten« nennt (vgl. Manthey-Zorn S. 10 Anm. 2), seinen Kontrakt mit dem Herausgeber nicht erneuerte. Jacobi übertrug dann das Blatt dem Berlinger Verleger Spener, was auch nicht ohne Komplikationen ablief. Jedenfalls erschien das letzte, noch 1776 datierte Heft der »Iris« erst 1778.

Charakteristisch für die deutliche Konturen entbehrende Haltung Jacobis ist schon die Vorrede »An meine Leserinnen«, in der er das Journal mit dem Bild der titelgebenden Göttin des vielfarbigen Regenbogens in Verbindung bringt. Von einem fest umrissenen Programm ist kaum die Rede, nur allgemeine Vorstellungen werden formuliert: »Als ein *Deutscher* mit *Deutschen* zu reden, ohne die Nachbaren, deren Weisheit wir gebrauchen können, zu verachten; unsern Müttern und Töchtern, ohne sie von häuslichen Pflichten abzurufen, dasjenige mitzutheilen, was ich selbst oder durch meine Freunde nützliches oder unterhaltendes weis; Empfindungen der Natur zu wecken, ohne der zur Mode gewordenen trägen *Empfindsamkeit* zu schmeicheln; nicht immer von *Religion* und *Tugend* zu sprechen; aber auch mich nicht zu schämen, ihre Namen dahin zu setzen, wo sie Kraft geben; das zarte Gefühl der Unschuld nicht zu beleidigen; jedoch vor den Spröden und Abergläubischen mich immer zu fürchten« (1774, I, S. 7 f.). Man hat mit einigem Recht darauf hingewiesen, daß dieses »Programm« noch unverkennbar Anklänge an den sittenbildenden Journalismus der Moralischen Wochenschriften aufweist. Dies gilt denn auch für eine ganze Reihe der in der Zeitschrift enthaltenen Aufsätze Jacobis zu Themen wie Reinlichkeit, Ordnung, Empfindsamkeit. In der gleichen Tradition steht die Ablehnung aller übertriebenen Kultivierung von Kleidung und Umgangsformen. Hinzukommen Beiträge Jacobis zu mehr literarisch-ästhetischen Themen: Aufsätze über das Erhabene, über die Elegie, das Schäfergedicht, das Briefeschreiben, die poetische Wahrheit, die »figürliche Schreibart«. Doch handelt es sich bei diesen Prosaarbeiten, wie Manthey-Zorn feststellt, um »mehr lyrische Ergüsse« (S. 18), um »eigentlich nur empfindsame Betrachtungen in leichtem, einfachem Stile«. (S. 20) Im Ton nicht fern davon stehen Jacobis Gedichte, vor allem die seiner Kusine Caroline gewidmeten Liebesgedichte, die er in seine Zeitschrift aufgenommen hat und die zeigen, daß die Zeitschrift »ihn dem Einfluß Gleims entzog und in nähere Verbindung mit anders veranlagten Geistern brachte, durch die seine Talente auf bessere Bahnen gelenkt wurden«. (Manthey-Zorn S. 25) Eigens hervorgehoben seien schließlich noch Übersetzungen und Beschreibungen der Düsseldorfer Gemäldesammlung.

Mehr als die Beiträge Jacobis selbst geben die anderen Mitarbeiter der Zeitschrift ihre denkwürdige Gestalt. W. Heinse, dem im wesentlichen die organisatorischen Aufgaben zufielen, steuerte vor allem Übersetzungen aus dem Italienischen bei, so in Prosa Tassos »Befreites Jerusalem« (in fünf Fortsetzungen) und den ersten Gesang von Ariosts »Orlando furioso«. In einer Lebensbeschreibung Tassos führte er dessen Unglück auf seine leidenschaftliche Liebe zur Prinzessin von Ferrara zurück und präfigurierte damit Goethes dramatische Deutung. Proben aus den Oden der Sappho wurden ebenfalls durch eine Darstellung ihres Lebens ergänzt. Vermutlich von Heinse, der späteren Betrachtern wegen seiner ungebundenen Lebensauffassung zuweilen als »ein höchst ungeeigneter Mentor der Frauen« (Lachmanski S. 38) erschien, stammen auch die mit »Politik« überschriebenen Artikel, in denen in einer für das damalige politische Bewußtsein symptomatischen Weise der Versuch gemacht wird, den Damen einen »spröde-pedantischen« Stoff zu erschließen, der nicht für sie gemacht schien. Hier wurden neuere politische Begegenheiten vor allem aus dem Ausland neutral referiert. Doch bereits mit dem vierten Band wurde dieser Teil der Zeitschrift aufgegeben. Das Blatt bot ferner keine literarische Kritik, eine Anzeige von Goethes »Werther«-Roman ausgenommen. Jedoch wurden – ähnlich wie schon in den Moralischen Wochenschriften – Vorschläge für Damenbibliotheken gemacht, die über die Aufzählung von Titeln hinaus auch erläuterten, wie gute Leserinnen zu erziehen seien.

»Von allen Beiträgen zur Iris«, so urteilt Manthey-Zorn »entsprachen die Frauenzimmerbriefe der Sophie von Laroche dem ursprünglichen Plane Jacobis am meisten.« (S. 40) Darin folgte die Verfasserin einem Muster, das sie, im Anschluß an Samuel Richardson, bereits mit ihrer »Geschichte des Fräuleins von Sternheim« (1771) erfolgreich angewandt hatte. Vom zweiten bis zum letzten Band wurden in der »Iris« ihre »Freundschaftlichen Frauenzimmerbriefe« fortgesetzt, die zusammengefaßt und vermehrt 1779–1781 unter dem Titel »Rosaliens Briefe an ihre Freundin Mariane von St[++]« erschienen. Friedrich Heinrich Jacobi, Johann Georgs Bruder, der das Zeitschriftenunternehmen materiell unterstützte und ihm auch Goethe zuführte, ließ die Anfänge seines Romans um Eduard Allwill in der »Iris« erscheinen. Er »schlägt ein neues Thema an« (Manthey-Zorn S. 42), indem Geniesucht und hypertrophe Schwärmerei in ihren schädlichen Auswirkungen gezeigt werden. Allerdings war aus den abgedruckten Teilen des Briefromans die Grundtendenz des Werkes noch kaum erkennbar. Johann Georg Schlosser lieferte in einigen Beiträgen Ansätze zu einer »Weltgeschichte fürs Frauenzimmer« und brachte damit eine historische Perspektive ein. Johann Michael Reinhold Lenz endlich ist mit einer Ossian-Übersetzung vertreten, durch welche die Nähe zum Sturm und Drang nochmals deutlich belegt ist.

Zu erwähnen bleibt die Teilnahme Goethes an der Zeitschrift. Obwohl er das Blatt zunächst eine »kindliche Entreprise« (zit. nach Manthey-Zorn S. 48) genannt und Johann Georg Jacobi in den »Frankfurter gelehrten Anzeigen« scharf angegangen hatte, wurde er zu einem Mitarbeiter der »Iris«, nachdem es im Sommer 1774 zu dem enthusiastischen Freundschaftsbund insbesondere mit Friedrich Heinrich Jacobi gekommen war. Während das Blatt zehn Gedichte Goethes enthält, »über deren Echtheit kein Zweifel herrscht« (Manthey-Zorn S. 51) – es sind Sesenheimer und andere Liebes- und Scherzlieder –, ist die Zuweisung anderer Verse an ihn umstritten geblieben. Am weitesten ging dabei Th. Bergk 1857, der acht weitere Lieder Goethe zusprach. Andere Autoren waren vorsichtiger, und Otto Manthey-Zorn hat die angeblichen Goethe-Verse mit einsichtigen Gründen J. M. R. Lenz zugeschrieben, der sie vielleicht über den Straßburger Freund nach Düsseldorf leitete. Daß hier durchaus Unsicherheit bestehen konnte, zeigt sich auch daran, daß Goethe selbst irrtümlich ein Gedicht Jacobis unter seine eigenen Werke einrückte. Außer Gedichten enthält die »Iris« von Goethe auch eine erste Fassung des Singspiels »Erwin und Elmire«.

Im Verhältnis zu diesen Stücken einer neu inspirierten und formulierten Poesie waren die Beiträge der älteren Anakreontik eher gering, lediglich »Vater Gleim« stellte mehrfach Arbeiten zur Verfügung, wenn auch großenteils freie Übersetzungen der alten deutschen Minnesänger. Am Rande bleibt dagegen die Mitarbeit anderer Autoren: Anna Louisa Karsch, Caroline Luise von Klencke, Friedrich (Maler) Müller, Christiane Louise Rudolphi, Klamer Eberhard Schmidt, Heinrich Wilhelm von Stamford sowie vermutlich noch weitere, nur aus Abkürzungen oder Chiffren kenntliche Verfasser.

Literatur: Vgl. *Hugo Lachmanski* (1900); *Edith Krull* (1939); *Francis Ising* (1943); *Otto Manthey-Zorn:* Johann Georg Jacobis Iris. Diss. Leipzig 1905. – *Ursula Schober:* Johann Georg Jacobis dichterische Entwicklung. Breslau 1938.

Die Akademie der Grazien
Eine Wochenschrift zur Unterhaltung des schönen Geschlechts
1774–1776, 1780

Hrsg.: Christian Gottfried Schütz
Erscheinungsweise: wöchentlich (= 129 Stück in fünf Bänden)
Halle: Gebauer
Umfang: 1 Bogen
Bibliographischer Nachweis: Diesch Nr. 1240; Kirchner (1932) Nr. 1829; Kirchner (1969) Nr. 6477
Standort: Sächsische Landesbibliothek Dresden (Sign.: Eph. lit. 564)

Nach einem Hinweis des Bibliographen J. S. Ersch wurde diese »Wochenschrift zur Unterhaltung des schönen Geschlechts« von dem Philologen Christian Gottfried Schütz (1747–1832) herausgegeben, der publizistisch weit mehr als späterer Mitbegründer der »Allgemeinen Literatur-Zeitung« (1785–1849) bekannt ist. Die ersten vier Halbjahresbände des Organs sind 1774 bis 1776 erschienen, nach einer Unterbrechung folgte der fünfte Band erst 1780. Als Leitprinzip läßt sich die Bemerkung zitieren, daß »nur die schönen Wissenschaften immer ein angenehmer Gegenstand des schönen Geschlechts bleiben werden und dessen Achtung verdienen«. (1774, 7, S. 111)

Auch dieses Blatt steht in seinem unverkennbar belehrend pädagogischen Habitus noch den Moralischen Wochenschriften nahe. Dies belegt nicht nur die Tatsache, daß Beiträge aus einer englischen Wochenschrift zu Fragen der Erziehung, Reinlichkeit, Mode und Sittenbildung in Übersetzung dargeboten und mit Nutzanwendungen für die deutsche Leserin ergänzt werden. Vielmehr klingen auch in den Originalteilen die bekannten Themen an: Religion, Ehe, Freundschaft, Tugend und Laster. Hinzukommen historische Porträts beispielgebender Frauen, »Frauenzimmerbriefe«, Beiträge zur gesellschaftlichen Stellung der Frau, ein Gespräch über die Empfindungen, Hinweise zu einer Geschichte der Psyche.

»Bedeutungsvoller aber«, so hat Lachmanski gemeint, »mußte es sein, dass den Frauen hier die grossen Kunstwerke deutscher und ausländischer, gegenwärtiger und vergangener Literaturen, sei es raisonnierend-kritisch, sei es in Auszügen erschlossen wurden...« (S. 36) Bei der philogischen Herkunft des Herausgebers lag es nahe, daß die Auswahl und Zubereitung des literarischen Stoffs für das weibliche Publikum schon in der Antike einsetzte. Briefe des Plinius, Horaz' Ode »An Licinius«, des Plutarch Beispiele weiblicher Tugenden und des Terenz Lustspiel »Das Mädchen von Andros« fanden Aufnahme. Eine Charakterstudie wurde der Desdemona aus Shakespeares »Othello« gewidmet und ein Vergleich angestellt zwischen dessen Tragödie »Romeo und Julia« und dem gleichnamigen Werk C. F. Weißes. Am aktuellsten waren die Bezüge zur neueren deutschen Literatur: Dazu gehörten vor allem eine Rechtfertigung der weiblichen Charaktere in Goethes »Götz von Berlichingen« und ein Sendschreiben über die »Leiden des jungen Werthers«. Am ausgiebigsten wurde 1780 in elf Briefen Lessings »Nathan der Weise« vorgestellt und mit Anmerkungen versehen. Auch Wielands »Oberon« wurde hier in Teilen veröffentlicht. Neben weiteren Proben aus der ausländischen Literaturgeschichte (z. B. Fontenelle, Marmontel, Molière) bot die Zeitschrift ferner zahlreiche lyrische Stücke, Oden, Romanzen, Schäfergedichte, dazu Fabeln und moralisierende Erzählungen. L. F. G. von Goeckingk ist mit einer Geburtstagsepistel, Anna Louisa Karsch mit »Boutsrimès«, J. C. Blum mit psalmodierenden Gesängen in der Nachfolge Klopstocks vertreten. Die anakreontisch-rokokohaften und die empfindsamen Töne mischen sich zu einem literarisch unterhaltenden Stoffangebot, in welchem das Zeitgemäße eher popularisiert als artikuliert wurde. »Indessen«, so urteilt auch Lachmanski, »ob auch die ›Akademie der Grazien‹ ihre Bestimmung weit besser erfüllte als viele gleichartige Schriften früherer und auch späterer Zeit, so hat sie doch nur innerhalb dieser Bestimmung wirken können, einen positiven Gewinn für die deutsche Dichtkunst hat sie jedoch ebenso wenig wie die meisten ihrer Vorgänger und Nachfolger zu bringen vermocht.« (S. 37)

Literatur: Vgl. *Hugo Lachmanski* (1900); *Francis Ising* (1943).

Pomona
Für Teutschlands Töchter
1783–1784

Hrsg.: Sophie von La Roche
Erscheinungsweise: monatlich (= acht Bände zu je drei Stück)
Speyer: Enderesische Schriften
Umfang: 6–8 Bogen
Bibliographischer Nachweis: Diesch Nr. 1089; Kirchner (1932) Nr. 3225; Kirchner (1969) Nr. 6493
Standort: Universitätsbibliothek Greifswald (Sign.: Bn 204ª)

Zu literarischer Berühmtheit brachte es Sophie von La Roche (1731–1807) durch ihren von Wieland herausgegebenen Roman »Geschichte des Fräuleins von Sternheim« (1771), den nach Verfasserschaft wie Inhalt »ersten deutschen Frauenroman« (Milch S. 180), der von der jungen Generation der Goethe, Herder, Lenz und Merck begeistert als ein Zeugnis begrüßt wurde, in dem man die eigene Lebens- und Gefühlslage der Zeit wiederzufinden vermochte. Diese empfindsame, in der Nachfolge Richardsons stehende Geschichte des Schicksals einer jungen Frau zeigte eine Verfeinerung der Selbsterfahrung und der Gefühlskultur, in der sich geistige Disposition und soziale Bedürfnisse des Bürgertums spiegeln. Insofern ist das Werk noch heute ein bedeutsames kulturgeschichtliches Dokument. Seinen Rang, die »Weltgeltung des Erstlingsromans«, wie Werner Milch sagt (S. 178), hat die Autorin jedoch nach allgemeiner Auffassung später nicht wieder erreicht, sie ist »von den empfindsamen Bewunderern ihrer ›Sternheim‹ ebenso sehr als Schriftstellerin überschätzt, wie vom 19. Jahrhundert unterschätzt worden«. (Bach S. 168) Doch ist es eine ganz an der literarischen Ranghöhe orientierte Sicht, wenn Werner Milch den Kontrast insbesondere zwischen dem frühen Roman und der späteren, hier anzuzeigenden Zeitschrift der Verfasserin hervorhebt: »Die Dichterin des ›Fräulein von Sternheim‹ schien noch berufen zu sein, Führerin einer ganzen Dichtergeneration zu werden; die Herausgeberin der Frauenzeitschrift ›Pomona‹ wollte nur mehr einen Beitrag zur Mädchenerziehung geben...« (S. 177) Mit diesem abwertenden Vergleich wird jedoch leicht überdeckt, daß die Autorin auch durch »ihre anderen Schriften allmählich einen Einfluß auf die Frauenbildung [gewann], wie ihn keine andere deutsche Frau des 18. Jahrhunderts auszuüben berufen war«. (Bach S. 172) In diesem Zusammenhang verdient auch ihre obige Zeitschrift Beachtung, für deren publizistischen Charakter und Beliebtheit jene »nivellierende Natur« die Voraussetzung bildete, die Goethe der Sophie von La Roche im Brief an Schiller vom 24. Juli 1799 zugeschrieben hat: »sie hebt das Gemeine herauf und zieht das Vorzügliche herunter und richtet dann das Ganze mit ihrer Sauce zu beliebigem Genuß an.« (WA IV, Bd. 14, S. 135) Aus dieser Bemerkung mochte die Enttäuschung des einstigen Bewunderers sprechen.

In der Anrede an die Leserinnen der »Pomona«, deren Untertitel sich auch als Hinweis auf ein Nationaljournal fürs weibliche Publikum lesen ließe, bezieht sich die Autorin auf die vorangegangenen Frauenzeitschriften, die bisher gezeigt hätten, »was teutsche Männer uns nüzlich und gefällig achten«. (1783, I, S. 3) »Pomona«, so fügt sie hinzu, »wird Ihnen sagen, was ich als Frau dafür halte...« (ebda.) Rein chronologisch war Sophie von La Roche keineswegs die erste Frau, die nicht nur als Mitarbeiterin, sondern auch als Herausgeberin periodischer Organe auftrat. Zumindest Ernestine Hofmann mit ihrem Blatt »Für Hamburgs Töchter« (1779), Charlotte Hetzel mit dem »Wochenblatt für's Schöne Geschlecht« (1779) sowie Dorothea Lilien mit den »Papieren einiger Freunde« (1780–1783) wären ihr hier voranzustellen. Doch gilt die »Pomona« als diejenige

Zeitschrift, »die, von einer Frau herausgegeben, am meisten von sich reden machte und den besten Namen errang«. (Krull S. 206) Daß die Frau bewußt als Herausgeberin in Erscheinung tritt, ist kein bloß äußerliches Faktum, sondern sollte Folgen haben für die Gestaltung des Inhalts und die Behandlung der Themen.

Charakteristisch für die Haltung des Journals ist schon zu Beginn die Erzählung, in welcher empfindsam gestimmten Situation der Plan zur Herausgabe der Zeitschrift gefaßt wurde. Der zunächst gemachte Titelvorschlag »Fortsetzung der Iris« erinnert daran, daß die La Roche bereits an Jacobis Zeitschrift durch gefühlvolle, wenn auch schon stärker erzieherische »Frauenzimmerbriefe« mitgewirkt hatte, die sie später erweitert als Roman herausgab. Doch der Anklang an die »Iris« wird abgelehnt, weil diese ein Jugendwerk war, während es sich jetzt schon um das einer »Großmamma« (1783, I, S. 14) handelt, wofür Pomona, die Göttin des Herbstes, als geeignete Allegorie erscheint. Unwillkürlich glaubt man darin auch zu erkennen, daß die Zeitschrift bereits in die Spätphase der Empfindsamkeit fällt. Im wesentlichen hat Sophie von La Roche die »Pomona« selbst verfaßt. Im übrigen waren vor allem wiederum Frauen als Mitarbeiterinnen beteiligt, in geringem Maße Männer, so vor allem der alte Freund J. G. Jacobi. Die buchhändlerisch-technische Leitung des Unternehmens lag offenbar in den Händen eines Mannes, der als Rektor Hutten firmiert.

Den Hauptinhalt der »Pomona« bilden in der typischen literarischen Ausdrucksform Sophie von La Roches »Briefe an Lina«, in denen »ein Mädchen nach den Prinzipien empfindsamer Lebenshaltung in seltsamem Zusammenklang von hausbackener Nüchternheit und überschwenglichem Gefühlskult« (Krull S. 210) erzieherisch zu leiten gesucht wird. Dabei stehen praktisch-rationale Absichten unmittelbar neben dem alten Empfindsamkeitsideal. Was für die Adressatin der Briefe gilt, könnte man auf das gesamte Organ beziehen: »daß ich meine *Lina* nicht gelehrt haben will – sie soll von allen Wissenschaften nur so viel Kenntnis erlangen, als sie von den Blumen hat.« (1783, I, S. 25) Ein empfindsam verklärtes und letztlich immer von Optimismus gezeichnetes Bild der Welt entwerfen auch die »Moralischen Erzählungen«, in denen es immer wieder um den Vorteil tugendhafter Lebensführung, um den Zusammenhang von Glück und Rechtschaffenheit geht. Der didaktische Antrieb erinnert auch hier mitunter an den sittenbildenden Journalismus der Moralischen Wochenschriften. Der Einfluß Rousseaus, seines Nachfolgers Bernhardin de St. Pierres und der empfindsamen Engländer ist spürbar. Die »Jahreszeiten« des James Thomson werden in mehreren Folgen als »Leitfaden unserer Kenntnisse« abgedruckt. Neu war in der »Pomona« überhaupt, daß es verschiedenen Nationen gewidmete Einzelhefte gab, die mit einer Schilderung der Geschichte und Sitten des Landes eröffnet und mit Auszügen aus dort erschienenen Schriften fortgesetzt wurden, wobei berühmte Frauen naturgemäß im Vordergrund standen. Begonnen wurde mit einem Heft über Frankreich, »als der uns nächsten und beliebtesten Nation« (1783, II, S. 131), es folgten ein Heft über England und ein solches über Italien. Dann brach diese Einrichtung ab, ohne daß aber auf das Einrücken von Auszügen ausländischer Werke verzichtet worden wäre.

Interessant an der »Pomona« ist, daß im Lauf ihres Erscheinens die Korrespondenz der Verfasserin mit ihren Leserinnen immer mehr Raum einnahm. Die Rubrik »Briefe und Antworten« nahm zu und die dort angeschlagenen Themen griffen auch auf den übrigen Textteil über. Fast eine Art früher publizistischer Beratungsdienst ist dabei entstanden. Zunächst wollte man mehr von den Lebensverhältnissen der Herausgeberin erfahren, um sich empfindsam mit ihr identifizieren zu können. So schreibt die Verfasserin kurze Aufsätze zu Themen wie »Antwort auf die Frage nach meinem Zimmer«, »Über meine Bücher«, »Von was ich gern rede«. Der Brief, ohnehin bevorzugtes Ausdrucksmittel der Empfindsamkeit, bleibt auch hier in Ton und Anlage beherrschend. Neben den moralisch-empfindsamen und praktisch-didaktischen Themen bleiben eigentlich literarästhetische Fragen am Rande. Die Poetik der Fabel, des Lehrgedichts und die Entstehung des Geschmacks und der Moden wurden immerhin abgehandelt. Dabei steht immer der Beitrag zur Frauenbildung im Vordergrund, durch welche die Frau zu einer dem Mann ebenbürtigen, aber in ihren spezifischen Fähigkeiten zur Geltung kommenden, geistigen Gefährtin werden sollte. Allerdings blieb diese weibliche Selbstentfaltung mehr auf den seelischen als den gesellschaftlichen und öffentlichen Bereich bezogen.

Ohne erkennbaren Grund brach die Pomona nach zweijährigem monatlichem Erscheinen ab, obwohl sie in ihrer literarisch-publizistischen Eigenart offenbar Erfolg hatte. Im »Schweitzerschen Museum« erging eine »Öffentliche Aufforderung an die Verfasserin der Pomona, ihre Schriften fortzusetzen, von etlichen Verehrerinnen von ihr« (1784, VI, S. 555), doch blieb diese ohne Folgen. Der Plan einer anschließenden, scheinbar als Rezensionsorgan konzipierten Zeitschrift unter dem Titel »Briefwechsel der Pomona« wurde nicht verwirklicht.

Mitarbeiter: Sophie Albrecht, Philippine Engelhard, J. G. Jacobi, Friederike Jerusalem, Sophie von La Roche, Juliana von Mudersbach, G. K. Pfeffel, Elisa von der Recke, Karoline von Wolzogen u. a.

Literatur: Vgl. *Hugo Lachmanski* (1900); *Francis Ising* (1943); *Ludmilla Assing:* Sophie von La Roche. Berlin 1859. – *Adolf Bach:* Sophie La Roche und ihre Stellung im deutschen Geistesleben des 18. Jahrhunderts. In: Zsch. f. Deutschk. 40 (1926) S. 165–182. – *Werner Milch:* Sophie La Roche. Die Großmutter der Brentanos. Frankfurt/M. 1935. – *Edith Krull:* Das Wirken der Frau im frühen deutschen Zeitschriftenwesen. Diss. Berlin 1939. Charlottenburg 1939. – *Günter Häntzschel:* Nachwort zu: *Sophie von Laroche:* Geschichte des Fräuleins von Sternheim. München 1976. S. 301–336.

5. Die National- und Individualjournale des späten 18. Jahrhunderts

Folgt man nochmals, mit allen bereits genannten Vorbehalten, der von Robert Prutz gezeichneten Genealogie des deutschen Zeitschriftenwesens im 18. Jh., so brach in den siebziger Jahren »eine ganz neue, an Umfang und Wirksamkeit alle früheren weit übertreffende Epoche unsrer Journalistik« (1851, S. 411) an. Voraussetzung dafür war seiner geschichtstheoretischen Vorannahme nach ein grundlegender historisch-kultureller Wandel, vor allem, daß sich »ein gewisser geschichtlicher Sinn in der Nation entwickelt[e], eine gewisse Theilnahme an praktisch-politischen Dingen, die zum Theil noch sehr nach der Lampe des Gelehrten roch, dennoch aber die ersten Keime einer heranwachsenden politischen Bildung in sich verbarg«. (ebda. S. 410) Die Ausbreitung und Popularisierung des Wissens, die Überwindung bloß theoretisch-schöngeistiger Interessen sowie die um sich greifende Politisierung erforderten publizistisch neue Lösungen:

»Auch dieses neue großartige centralisirende Journal, das nun schon nicht mehr bloß Kritik und Produktion, sondern schon auch Kunst und Wissenschaft, Natur und Geschichte, Rechts- und Staatswissenschaft, kurzum den ganzen Umfang der damaligen so außerordentlich erweiterten Bildung zusammenfassen sollte und zwar ... zusammenfassen auf der Grundlage des herrschenden bellettristischen Geschmacks, wurde beinahe gleichzeitig an zwei Orten übernommen, von zwei höchst verschiedenen Männern, in wesentlich verschiedener Weise – und doch, wenn wir billig urtheilen wollen, beide Male so, daß es den Unternehmern zu höchster Ehre, unsrer Literatur aber zu dauerndem Nutzen gereichte.« (ebda. S. 411)

Die beiden Titel, auf welche sich Prutz hiermit bezieht, waren der »Deutsche Merkur«, den Christoph Martin Wieland seit 1773, und das »Deutsche Museum«, das Heinrich Christian Boie und Christian Konrad Wilhelm von Dohm seit 1776 herausgaben. Der Begriff, mit dem die von diesen Prototypen repräsentierte Zeitschriftengattung belegt wird, ist der des »Nationaljournals«. Dieser deskriptive, bisher eher analytisch als operational definierte Begriff ist schon der damaligen Zeit geläufig gewesen: »wir wollen«, so heißt es in der Bitte um Mitarbeit am »Deutschen Museum«, »so gut wie möglich, die Gegenstände der itzigen Aufmerksamkeit zu fixiren suchen, immer aber am meisten auf das Rücksicht nehmen, was Deutschland näher angeht, und mit der Zeit es ganz zu einem deutschen Nationaljournal zu machen suchen.« (zit. nach Hofstaetter S. 133) Auch in der Vorerinnerung zum zweiten Jahrgang, man habe die Absicht gefaßt, »die Deutschen mit sich selbst bekannter und auf ihre Nationalangelegenheiten aufmerksamer zu machen« (1777, I, S. 4), wird der konstitutive publizistische Antrieb dieses Zeitschriftentyps ausgesprochen. Wieland begründet das Erscheinen des »Deutschen Merkurs« sogar ausdrücklich mit dem Hinweis auf das Fehlen eines politisch-kulturellen Zentrums innerhalb eines territorial stark zersplitterten Landes. »Wir haben«, so schreibt er in der Vorrede zum ersten Heft seiner Zeitschrift, »keine Hauptstadt, welche die allgemeine Akademie der *Virtuosen* der Nation, und gleichsam die Gesetzgeberin des Geschmacks wäre. Wir haben kein feststehendes National-Theater; unsre besten Schauspieler, so wie unsre besten Schriftsteller, Dichter und Künstler, sind durch alle Kreise des deutschen Reiches zerstreut, und größtentheils der Vortheile eines nähern Umgangs und einer vertraulichen Mittheilung ihrer Einsichten, Urtheile, Entwürfe, u. s. w. beraubt, welche zur Vollkommenheit ihrer Werke so viel beytragen würde.« (1773, I, S. IV) Das publizistische Organ als Ersatz für mangelnde staatliche und kulturelle Integration, als Mittel gegen regionale Isolierung und engstirnigen Partikularismus – dieser Anspruch war in seiner Entschiedenheit neu, wenngleich nationalpatriotische Motive schon seit Gottscheds »Beyträgen zur critischen Historie der deutschen Sprache, Poesie und Beredsamkeit« (1732–1744), ja sogar seit der Gründung des ersten deutschsprachigen Journals durch Thomasius mitwirkten und jene von der literarischen Intelligenz weithin getragene Vorstellung stützen halfen, wonach die Nation zumindest als kulturelle Einheit zu erhalten sei. Doch war es zuvor allenfalls zu »Approximationen an den Idealtyp National-Journal« (Haacke S. 574) gekommen. Der insbesondere durch pietistisches Gedankengut gespeiste Patriotismus der zweiten Hälfte des 18. Jh.s hat diese nationalen Antriebe jedenfalls zusätzlich fundiert (vgl. G. Kaiser).

Doch nicht nur das Bemühen um nationale Ausstrahlung konstituiert die Nationaljournale. Zur geographischen kommt auch eine fachliche Entgrenzung, die über den engeren literarischen Bereich weit hinausgeht. Deshalb können die Periodika auch kaum mehr als literarische Zeitschriften i. e. S. gelten, sondern stellen sich eher als kulturpolitische Organe umfassender Art dar. Allerdings gibt es hier unterschiedliche Akzentsetzungen zwischen dem noch sehr stark literarisch geprägten

»Deutschen Merkur« und dem fast universal-zeitungsgemäß informierenden »Journal von und für Deutschland«. Sowohl der nationale Anspruch wie die thematische Breite setzten praktisch zugleich einen großen Kreis qualifizierter Mitarbeiter voraus, hieß es doch vom »Deutschen Merkur«, daß in ihm »die besten Köpfe und die Schriftsteller von der ersten Klasse es ihrer nicht unwürdig achten mögen, zu arbeiten«. (vgl. Wahl S. 15) Damit war gewissermaßen auch eine personelle Gesamtrepräsentation der deutschen Literatur angestrebt.

Mit den bedeutenden Nationaljournalen werden im folgenden auch die hervorragenden Individualzeitschriften des späten 18. Jh.s beschrieben. Es könnte scheinen, als seien damit zwei gegensätzliche Zeitschriftentypen vereinigt. »Ein wahres Nationaljournal«, so äußert z. B. Haacke, »konnte weder eine ›Individualzeitschrift‹ sein..., noch durfte es unter lokaler Verankerung und Verengung leiden...« (S. 573) Doch diese Opposition von National- und Individualjournal ist intentional keineswegs zwingend: Denn z. B. Chr. F. D. Schubarts »Deutsche Chronik«, oft als Muster einer Individualzeitschrift angesehen, entbehrte, wie schon der Titel erkennen läßt, nicht des nationalen Anspruchs, wenngleich ein entsprechend großer Mitarbeiterkreis fehlte. Dabei muß man nicht einmal den Begriff so überdehnen und selbst den »Deutschen Merkur« und das »Deutsche Museum« unter die Individualzeitschriften zählen (vgl. z. B. Max S. 85 ff.). Die schon mit Thomasius auftretende Individualzeitschrift wird im späten 18. Jh. publizistisch deshalb stilbildend, weil in ihr jener neue Typ des Journalisten in den Vordergrund drängt, der seinem Blatt ganz den Stempel seiner Persönlichkeit aufdrückt. Dieses vorzugsweise an Chr. F. D. Schubart und W. L. Wekhrlin illustrierte, aber nicht nur für sie geltende gewandelte journalistische Rollenverständnis greift vom Literarischen aufs Politische aus und verändert damit die literarische Publizistik kaum weniger als es durch die Nationaljournale geschieht.

Der angedeutete Zuschnitt der National- und Individualjournale erlaubt es nicht mehr, bloß von Zentralisierung im literarischen Sinne zu sprechen, wenn auch, so Robert Prutz, diese z. T. noch »auf der Grundlage des herrschenden bellettristischen Geschmacks« (S. 411) erfolgte. So werden im einzelnen durchaus verschiedene literarische Richtungen bevorzugt und vertreten. Schubart steht z. B. noch dem Sturm und Drang nahe, das »Deutsche Museum« dient zumindest zeitweise den gegenaufklärerisch-empfindsamen Strömungen, und der »Deutsche Merkur«, der sich anfangs gegen Sturm und Drang wie patriotische Bardendichtung wendet, erreicht seinen Höhepunkt im Umkreis der Weimarer Klassik, ohne je zu dessen Programmzeitschrift geworden zu sein. Hier zeigt sich überdies besonders deutlich, daß lange Erscheinungsdauer eines periodischen Organs zugleich einen mehrfachen Wandel in literarisch-publizistischer Hinsicht einschließen kann.

Nicht zu übersehen ist, daß die Entwicklung zum Nationaljournal jedoch komplementäre Züge besitzt: Der territoriale Regionalismus, der in Deutschland schon immer für die Vielfalt des Pressewesens mit verantwortlich war, organisiert sich – z. T. mit deutlichen Titelbezügen – ebenfalls zunehmend in eigenen periodischen Blättern: »Gothaisches Magazin der Künste und Wissenschaften« (1776/77), »Hanauisches Magazin« (1778–1785), »Pommersches Museum« (1782–1790), »Pfälzisches Museum« (1783–1790), »Pommersches Archiv der Wissenschaften und des Geschmacks« (1784–1786) »Mecklenburgisches Museum« (1786), »Niedersächsisches Magazin« (1787) und andere. Allerdings ist die Lokalisierung in diesen Titeln nicht immer bloß ein Hinweis auf Standort und Einzugsbereich eines Organs, sondern kann zugleich als »Markenzeichen« für eine bestimmte geistig-publizistische Richtung gemeint sein, so etwa bei G. Chr. Lichtenbergs »Göttingischem Magazin der Wissenschaften und Litteratur« (1780–1785) oder der »Berlinischen Monatsschrift« (1783–1811), bei denen die Ortsangaben auch auf bestimmte Varianten und Fraktionen der Aufklärung verweisen.

Literatur: Robert Prutz: Zur Geschichte des deutschen Journalismus. In: Deutsches Museum 1 (1851) S. 409–432. – *Wilmont Haakke:* Idee und Verwirklichung des National-Journals in Deutschland. In: Zeitungswissenschaft 17 (1942) S. 572–592. – *Hubert Max:* Wesen und Gestalt der politischen Zeitschrift. Ein Beitrag zur Geschichte des politischen Erziehungsprozesses des deutschen Volkes bis zu den Karlsbader Beschlüssen. Essen 1942. – *Gerhard Kaiser:* Pietismus und Patriotismus im literarischen Deutschland. Ein Beitrag zum Problem der Säkularisierung. Wiesbaden 1961. – *Karl d'Ester:* Zeitung und Zeitschrift. In: Deutsche Philologie im Aufriß. 2. überarb. Aufl. Hrsg. v. *Wolfgang Stammler* Bd. III. Berlin 1962. Sp. 1245–1452.

DER DEUTSCHE MERKUR
[Ab Jg. 2, 1774]

DER TEUTSCHE MERKUR
1773–1789

Hrsg.: Christoph Martin Wieland
Erscheinungsweise: zunächst vierteljährlich, ab 1775 monatlich

Weimar: Verlag der Gesellschaft [ab Jg. 2, 1774 Weimar: Hofmann]
Umfang: 6–7 Bogen
Bibliographischer Nachweis: Diesch Nr. 1039; Kirchner (1932) Nr. 2177; Kirchner (1969) Nr. 4471
Standort: Stadtbibliothek Mainz (Sign.: Z 17/108)

[Forts. u. d. T.]

Der neue teutsche Merkur
1790–1810

Hrsg.: Christoph Martin Wieland
Erscheinungsweise: monatlich
Weimar: Verlag der Gesellschaft [Ab Jg. 28, 1800 Weimar: Gädicke; ab Jg. 31, 1803 Weimar: Landes-Industrie-Comptoir]
Umfang: 5 Bogen
Bibliographischer Nachweis: Diesch Nr. 1039; Kirchner (1932) Nr. 3293; Kirchner (1969) Nr. 4579
Standort: Stadtbibliothek Mainz (Sign.: Z 17/108)

So sehr Robert Prutz mit dem Entstehen der Nationaljournale eine neue Epoche der deutschen Zeitschriftenjournalistik datierte, so kritisch und von Vorbehalten bestimmt war sein Urteil über das erste und bekannteste Beispiel dieses Zeitschriftentyps, den »Deutschen Merkur«, den Christoph Martin Wieland (1733–1813), der wohl erfolgreichste vorklassische Autor, seit 1773 im Selbstverlag in Weimar herausbrachte, wohin er ein Jahr zuvor als Prinzenerzieher berufen worden war. Prutz erschien einerseits, »daß in Betreff seiner persönlichen Eigenschaften niemand weniger geeignet war, die Redaction eines Blattes zu führen, und noch dazu eines Blattes von diesem Umfang, dieser Mannichfaltigkeit der Aufgabe, als der völlig prinzip- und haltungslose, von Allem gereizte, durch Alles enthusiasmirte, ewig hin- und herschwankende Wieland« (1851, S. 411). Andererseits mochte Wieland durch solche Eigenschaften, die ihm aus moralischen und nationalpatriotischen Gründen spätestens seit seiner »Hinrichtung« durch die Romantiker immer aufs neue vorgehalten wurden, auch wieder als »der Allergeeignetste, ja der geschichtlich Berufene« (ebda.) zur Schaffung eines solchen Organs gelten, stellt er sich doch »als der eigentliche Vertreter des populären bellettristischen Geschmacks« (ebda.) dar. Doch äußerte sich diese Neigung zur Popularisierung bei Wieland, so Prutz, in jener Prinzipienlosigkeit, welche dem »empirischen Belieben« (ebda. S. 414) und der »Dillettantenarbeit« (ebda.) derart Raum gab, daß das negative Urteil schließlich in der Bemerkung zusammengefaßt wird, der »Deutsche Merkur« sei der »Papierkorb der damaligen Literatur« (ebda. S. 416) gewesen. »Gleichwohl, trotz dieser und ähnlicher Gebrechen«, so erkennt Prutz an, »war doch der Gedanke, der dem Wieland'schen Unternehmen zu Grunde lag, an sich so richtig und so zeitgemäß, daß dasselbe nicht nur von dem lebhaften Beifall des Publikums empfangen ward, sondern sich denselben auch geraume Zeit erhielt.« (ebda.)

Prutz' Beurteilung des »Deutschen Merkur« folgt Einwänden, die schon von nicht wenigen zeitgenössischen Beobachtern der Zeitschrift formuliert worden sind. Doch fehlte es auch dort nicht an wohlwollenderen Stimmen. Goethe, dem der »Deutsche Merkur« in jungen Jahren selbst »ärgerlich« und als »Trödelkrämer« (vgl. Wahl S. 81) erschien, ja der das geflügelte Wort vom »Sau-Merkur« geprägt hatte, fand in seinem noblen Nekrolog auf Wieland 1813 auch würdige Worte für dessen publizistisches Werk:

»Dieses Unternehmen war nicht das erste in seiner Art, aber doch zu jener Zeit neu und bedeutend. Ihm verschaffte sogleich der Name des Herausgebers ein großes Zutrauen: denn daß ein Mann, der selbst dichtete, auch die Gedichte anderer in die Welt einzuführen versprach, daß ein Schriftsteller, dem man so herrliche Werke verdankte, selbst urtheilen, seine Meinung öffentlich bekennen wollte, dies erregte die größten Hoffnungen. Auch versammelten sich wertvolle Männer bald um ihn her, und dieser Verein vorzüglicher Literatoren wirkte so viel, daß man durch mehrere Jahre hin sich des Merkurs als Leitfadens in unserer Literargeschichte bedienen kann.« (WA 36, S. 333)

Die durch die mitgeteilten Zitate illustrierte ambivalente Einstellung zum »Deutschen Merkur« ist auch später erhalten geblieben. Hans Wahl, der dem Organ die grundlegende Monographie gewidmet hat, kam – von wenigen Jahrgängen abgesehen – ebenfalls zu eher kritischen Urteilen. Von einem »Allerweltsjournal« (S. 145) und der »Spekulation auf den durchschnittlichen Leser« (S. 408) hat auch Friedrich Sengle gesprochen, für den der »›Merkur‹, verglichen mit Zeitschriften der vorangehenden Zeit [insbesondere den kritischen Organen Lessings], eher ein Rückschritt« (S. 415) bildet, wogegen Wilmont Haacke pressegeschichtlich »Wielands Leistung und sein Festhalten am alten Plan bewundernswert« (S. 581) genannt hat. Für den sehr wechselhaften Eindruck, den die Zeitschrift hinterläßt, dürfte vor allem ihre lange Erscheinungsdauer mit verantwortlich sein, denn sie war in vier Jahrzehnten naturgemäß mannigfachen Schwankungen unterworfen, was nicht zuletzt wiederum durch wiederholte Umschichtungen des Mitarbeiterstabes bedingt war. Literarisch erreichte das Blatt seine größte Bedeutung durch die zeitweilige Mitarbeit der Autoren im Umkreis der sich bildenden Weimarer Klassik, wie der »Merkur« überhaupt einer Bemerkung Goethes zufolge »nicht wenig zu dem Rufe der Stadt beitrug, wo er herausgegeben wurde«. (WA 28, S. 316) Dabei war das Organ ursprünglich Bestandteil von Wielands dortigem, für das 18. Jh. typischen Selbstverlags-Unternehmen. Neben die oftmals schwierige Manuskriptbeschaffung für das Periodikum traten damit für den Herausgeber auch technisch-organisatorische Pflichten, durch welche er auf Dauer überfordert war und was ihn zur Suche nach Hilfsredakteuren oder Mitherausgebern, Kommissionären oder Verlegern zwang.

In der Vorrede zum ersten Heft der Zeitschrift, deren Titel »mit seiner dreifachen Beziehung auf Deutschland, Frankreich und das antike Erbe« (Sengle S. 412) bereits die Akzente setzte, wurde das publizistische Vorhaben nicht nur mit dem bereits zitierten Hinweis auf das Fehlen eines politisch-kulturellen Zentrums in Deutschland begründet, sondern auch ausdrücklich in die Nachfolge des »Mercure de France« gestellt, der aus dem »Mercure galant« (1672 ff., vgl. Bd. I) hervorgegangen war, wobei diese »Benennung des deutschen Merkurs ... einigen Patrioten ein wenig anstößig« (1773, I, S. VI) sein mochte. Entsprechend diesem Vorbild sollte das neue Journal laut Ankündigung enthalten: Poetische und prosaische Originalstücke, Erzählungen, Lieder, Briefe, Sinngedichte und sonstige »pièces fugitives«; kurze Anzeigen neuer Bücher; zusammenhängende Erzählung der wichtigsten Begebenheiten in der politischen Welt; theatralische Merkwürdigkeiten; Erzählungen einzelner schöner Handlungen und Anekdoten; Anzeigen nützlicher, neuer Erfindungen sowie Nachrichten an das Publikum und anderes literarisch Bemerkenswertes. Während auf die für den »Mercure de France« typische Rubrik der Gesellschaftschronik verzichtet wurde, sollten Übersetzungen neu hinzukommen und, was besonders interessant zu werden versprach, eine »Art Litterarischem Revisions-Gericht, worinn über die Beurtheilungen geurtheilt, und was von andern gelehrten Richtern entweder versehen oder gesündiget worden, vergütet oder gerüget würde«. (1773, I, S. XIV) Auch sonst kam es zu inhaltlichen Umgewichtungen gegenüber dem französichen Muster, etwa zu einer Reduzierung der Theaterbeiträge zugunsten der vermischten Aufsätze.

Die von Goethe im Rückblick an Wielands Journal gelobte Liberalität sprach schon aus der Vorrede. Hier hieß es, daß man »der Wahrheit und Pop[e]s *Essay on Criticism* getreu bleiben« (1773, I, S. XI) wolle; und obwohl man bestrebt sei, »dem deutschen Merkur das Ansehen des *Areopagus* zu Athen zu erwerben« (ebda. S. XIII), sei die »Meynung nicht ..., den Merkur dadurch gleichsam zum Oberrichter über die deutsche Litteratur aufzuwerfen«. (ebda. S. XIV) »Sie werfen sich keineswegs«, so heißt es über die Verfasser, »zu eigenmächtigen Tyrannen der Litterarischen Welt auf« (ebda. S. XIX); vielmehr sind »die Kunstrichter ... nur Sachwalter; das Publicum allein ist Richter«. (ebda. S. XV) Eine scharfe Beurteilung war allenfalls den guten Schriftstellern zugedacht, »denn an ihnen ist alles, bis auf die Fehler selbst, merkwürdig und unterrichtend«. (ebda. S. XII) Aber auch hier werde der »Tadel ... öfter den Ton des Zweifels, der sich zu belehren sucht, als den herrischen Ton der Unfehlbarkeit haben, die ihre Richtersprüche wie Orakel von sich giebt«. (ebda. S. XII)

Aus dem bisher Mitgeteilten bestätigt sich schon, daß, wie man immer wieder hervorgehoben hat, der »Deutsche Merkur« keine eigentliche literarische Programmzeitschrift war, d. h. »keineswegs das Werkzeug eines Geistes, welcher ein bestimmtes Programm dichterisch oder kritisch objektivieren und durchsetzen will« (Sengle S. 408). Zudem nahm Wielands Zeitschrift nicht als erste in Anspruch, den »Mercure de France« nachzubilden. Schon die »Belustigungen des Verstandes und des Witzes« (1741–1745) hatten sich dieser Tradition verpflichtet (vgl. S. 20). In diesem Sinne besitzt der »Deutsche Merkur« nicht jene Priorität, aus der man mitunter prinzipielle Konsequenzen abgeleitet hat.

Allerdings erlitt auch der »Deutsche Merkur« ein Schicksal wie viele andere Blätter: Nicht alle großen Versprechungen des Journalplans wurden erfüllt. Weder hielten sich die angekündigten Übersichten zur Literatur, Kunst und Politik auf Dauer oder auf angemessenem Niveau, noch ist aus der interessanten Idee des kritischen Revisionsartikels wirklich etwas geworden. Stattdessen gab der Herausgeber, zum Mißvergnügen seiner Mitarbeiter, einer Neigung nach, deren Beiträge in nicht selten schulmeisterlicher und kompromittierender Form mit eigenen Vor- und Nachworten, Einführungen und Anmerkungen zu versehen.

Bemerkenswert bleibt, bei all seinen Mängeln, der vergleichsweise große Publikumserfolg des »Deutschen Merkur«, der ihn zeitweilig zu einem der auflagenstärksten Zeitschriften des 18. Jh.s machte: »Im ersten Jahr seines Erscheinens«, so resümiert Joachim Kirchner, »reichten 2500 Exemplare nicht hin, um die Bestellungen auszuführen, im nächsten Jahre (1774) betrug die Zahl der Abnonnenten 2 000, nach zehnjährigem Bestehen (1783) sank die auf 1 500 herab und 1788 war sie bei 1 200 angelangt.« (1928, I, S. 52) Die Auffrischung als »Neuer teutscher Merkur« seit 1790 brachte keinen Aufstieg mehr: 1796 werden noch 1 000, 1798 nur noch 800 Abonnenten gezählt, womit das Organ an die Grenze der Rentabilität geraten sein dürfte.

Der monographischen Darstellung von Hans Wahl zufolge, läßt sich die Entwicklung des »Deutschen Merkur« in eine ganze Reihe von Phasen gliedern, die mit den Namen verschiedener prägender Mitarbeiter zu verbinden sind. Die erste Phase umfaßt die Jahre 1773 bis 1775, »die Lehrjahre der redaktionellen Technik« (S. 21). Ihr Ergebnis war für Wieland jedoch eine mehrfache Entfremdung: »Feindschaft und Verachtung auf der ganzen Linie der Jungen in Göttingen und um Goethe, vollständiger Bruch mit Nicolai und den Geistern seiner Einflußsphäre und unfruchtbare Spannung im eigenen Lager, im Ganzen eine für einen Journalherausgeber tötliche (!) Isolierung.« (ebda. S. 73) Zunächst stand ihm auch nur ein kleiner Kreis von Mitarbeitern nahe, die Jacobis oder der Gießener C. H. Schmid, der anfänglich die »Kritischen Nachrichten vom Zustand des deutschen Parnaßes«, später auch den Theaterartikel betreute.

Die Absicht, ein maßvoll-besonnenes Gegengewicht gegen die bewegten Bestrebungen des Sturm und Drang und der Bardendichtung zu errichten, ließ Wieland in der Lyrik mehr auf ältere Autoren wie J. W. L. Gleim, die Karschin, Klamer Schmidt und andere zurückgreifen, so daß »der ersten Periode der Kontakt mit dem lyrischen Fortschritt fehlt«. (Wahl S. 52)

Inhaltlich bedeutsam für die Zeitschrift wurde jedoch Wielands Versprechen, künftig alle seine Werke zuerst im »Deutschen Merkur« erscheinen zu lassen, ein Versprechen, das mit dem zweiten Jahrgang wirksam wurde: Hier begann er mit der »Geschichte der Abderiten«, dem »ersten deutschen Roman, der in Fortsetzungen gedruckt wurde«. (Wahl S. 51) Andere Werke folgten, insbesondere die kleineren Versepen, auch Märchen, Erzählungen, moralisch-philosophische Aufsätze, schließlich der »Oberon«, die politischen Aufsätze zur Französischen

Revolution und zuletzt die »Gespräche unter vier Augen«. Hinzukamen die mehr journalistischen, spezifisch für den »Merkur« geschriebenen Beiträge, die »Miscellaneen« oder die schon bald eingestellte, später wieder aufgenommene politische Revue, in der sich Wieland jedoch kaum mehr denn als »Annalist« (Wahl S. 62) betätigte.

Eine zweite, längere Entwicklungsphase der Zeitschrift läßt sich auf die Jahre 1776 bis 1782 datieren, die wiederum in mehrere, durch ein »Aufundab der Redaktionsnöte« (Wahl S. 99) bedingte Perioden zerfällt. Am Anfang stehen nach Wahl zwei »bedeutende Jahrgänge« (S. 89 ff.), Folge einer gewissen Neuorganisation, die durch die Rivalität des seit 1776 erscheinenden »Deutschen Museums« mitbedingt war. Einerseits läßt sich jetzt eine »Anähnelung an das Museumsprogramm« (Wahl S. 92) beobachten, d. h. weiter gesteckte inhaltliche Interessen werden befriedigt; andererseits kam dem »Merkur« die »Entwicklung Weimars zum literarischen Knotenpunkt, ja Zentrum, außerordentlich zu gute«. (ebda. S. 92) Goethe wurde bis zur Italienischen Reise Mitarbeiter, Herder, Heinse, Klinger und Lenz, auch Bürger und die Gebrüder Stolberg steuerten manches bei. Doch von ausschlaggebendem Einfluß war in diesen Jahren die Mitwirkung Johann Heinrich Mercks, mit dem für die Zeitschrift »eine neue Blütezeit« (Wahl S. 100) begann. Durch ihn bekam nicht nur die Bildende Kunst eine stehende Rubrik, sondern er lieferte auch literarkritische Beiträge und. später Novellen. Überhaupt war er, bei sonstigem »Versagen auf dem Gebiete der *Kritik*« (Sengle S. 415), der einzige strenge Kritiker, über den der »Deutsche Merkur« verfügte. Seit 1778 wurde die Breite des Stoffs wieder eingeschränkt, ein »Rückzug auf das Allgemein-Literarische« (Wahl S. 133) fand statt, abgesehen vom »Oberon« (1780, I) herrschte »poetische Windstille«. (Wahl S. 145) Statt dessen kamen vermehrt Übersetzungen aus fremdsprachigen Zeitschriften sowie »Auszüge aus Briefen« hinzu.

Eine neue Epoche des »Deutschen Merkur« brach 1783 infolge der Beteiligung F. J. J. Bertuchs an, »womit der Merkur auf einige Jahre aufhört, Wielands alleiniges Eigentum zu sein. Bertuch ... wird von 1783 an Teilhaber und Mitherausgeber und leitet den Merkur zu einer ruhigeren, dem Urprogramm entfremdeten Ära hinüber. Der kritische Teil wird abgetrennt und als ›Anzeiger‹ bis 1788 besonders herausgegeben«. (Wahl S. 99) Durch die Verbindung mit Bertuch wurden daher nicht nur Organisation und Vertrieb neu geordnet, vielmehr fand sich mit ihm auch ein anderer Mitarbeiterstab ein. Naturwissenschaftlich-geographische Interessen drängten in den Vordergrund, Reisebeschreibungen nahmen zu. Im literarisch-produktiven Teil wurde jetzt der beliebte Unterhaltungs- und Familienschriftsteller Friedrich Schulz tätig, der »eigentliche Hauspoet des ›Teutschen Merkur‹«. (Sengle S. 414) Bestimmend als Mitarbeiter wurde darüber hinaus Wielands Schwiegersohn, der Philosoph Karl Leonhard Reinhold, durch den das Organ zugleich eine »Wendung zum Kantianismus« (Wahl S. 170) vollzog. Schließlich ergibt sich Ende der achtziger Jahre, als eine »fast totale Erschlaffung der journalistischen Energie des Herausgebers« (Wahl S. 168) eintritt, eine Verbindung zu Schiller, durch dessen im Dezember 1788 angekündigten »Beitritt« das Blatt einen erneuten Aufstieg nehmen sollte. Zwar erschienen jetzt dessen »Geschichte des Abfalls der Vereinigten Niederlande«, die »Götter Griechenlands«, die »Briefe über Don Carlos« in Wielands Zeitschrift, ja es wurde eine Vereinigung mit Schillers »Thalia« (1785 ff.) ins Auge gefaßt. Doch auch dieser Bund war nicht von Dauer und damit dem »›Teutschen Merkur‹ die letzte Chance auf Verjüngung entglitten«. (Sengle S. 422) Noch einmal erreichten manche Hefte außerordentliches Niveau durch gleichzeitige Mitarbeit des nachitalienischen Goethe, Schillers, Kants, Herders, Reinholds, G. Forsters und Wielands selbst.

Mit der Französischen Revolution läßt sich abermals von einer neuen Phase des »Deutschen Merkur« sprechen. Die um sich greifende Politisierung zog Wieland und seine Zeitschrift in ihren Bann. »In dem mehr als einviertelhundert Aufsätzen zur Revolution sammelte er zum letzten Male seine ganze journalistische Energie und führte den Teutschen Merkur ... in seine letzte weithin beachtete und beachtenswerte Epoche.« (Wahl S. 198) Wenn auch im Jahr 1790 der Titel in »Neuer teutscher Merkur« umformuliert wurde, so war doch eine »äußere Veränderung ... mit der Namensauffrischung nicht verknüpft« (ebda. S. 203). In seinen politischen Aufsätzen vollzog Wieland, wie so viele andere deutsche Literaten der Zeit, einen Wandel von anfänglicher, liberal-reformerischer Begeisterung für die Revolution bis zur enttäuschten Ablehnung im Gefolge der jakobinischen Schreckensherrschaft, unter deren Eindruck sich der Verfasser wieder als Anhänger der konstitutionellen Monarchie bekannte. Auch andere Autoren kamen mit politischen Beiträgen zu Wort. Dagegen trat das Interesse für Literatur und Kunst erneut zurück. Wieland selbst hatte übrigens mit dem ersten Jahrgang des »Neuen teutschen Merkur« die Kritik übernommen, doch zeichnet sich sein Organ in den folgenden Jahren durch »auffallende Schweigsamkeit ... gegenüber wahrhaft epochemachenden Werken« (Wahl S. 217) aus. Immerhin kamen sogar die frühen Romantiker wie Friedrich von Hardenberg (Novalis), A. W. und Friedrich Schlegel mit ersten Beiträgen vor, doch blieben sie eher am Rande: »Unter dem literarischen Schutz Wielands standen andere Gruppen.« (ebda. S. 218)

Der Weimarer Gymnasialdirektor Karl August Böttiger, der seit 1791 am »Neuen teutschen Merkur« mitarbeitete, übernahm 1796 ganz die redaktionelle Leitung der Zeitschrift und führte sie, unter fortgesetzter Nennung Wielands als »Titularherausgeber« (Wahl S. 290) bis zu ihrem Ende 1810. Durch ihn wurde das Blatt zu einem gelehrt-antiquarischen Organ, an dem hauptsächlich Fachgelehrte und Universitätslehrer mitwirkten. Mit dem Jahr 1803 übernahm nochmals Bertuch die verlegerische Betreuung in seinem Weimarer Landes-Industrie-Comptoir. Doch der Niedergang in einem »Jahrzehnt ohne literarische Bedeutung« (Wahl S. 255) war nicht mehr aufzuhalten, auch nicht dadurch, daß Wieland mit seinen »Gesprächen unter vier Augen« nochmals selbst größere Beiträge lieferte. Im ganzen kann somit die Geschichte des »Deutschen Merkur«, zumal angesichts der Vielzahl mehr oder minder häufig aufgetretener Mitarbeiter »kein einheitliches Bild ergeben..., denn sie ist nicht die Entwicklung eines Programms oder einer lebendigen Idee, sondern eine stets wechselnde Relation zwischen Herausgeber und Zeitgeist«. (Sengle S. 420)

Mitarbeiter u. a.: B. R. Abeken, J. B. v. Alxinger, J. W. v. Archenholtz, L. v. Baczko, R. Z. Becker, W. G. Becker, K. Chr. E. v. Benzel-Sternau, E. v. Berlepsch, F. J. J. Bertuch, A. Blumauer, J. J. Bodmer, K. A. Böttiger, Chr. S. Bohl, K. V. v. Bonstetten, K. G. v. Brinckmann, F. Brun, S. G. Bürde, G. A. Bürger, J. H. Campe, D. Chodowiecki, K. v. Dalberg, Chr. K. W. v. Dohm, J. B. Erhard, F. A. Eschen, J. D. Falk, C. L. Fernow, G. Forster, J. R. Forster, J. W. L. Gleim, J. W. Goethe, August Prinz v. Gotha, F. W. Gotter, S. G. Gräf, F. D. Gräter, G. A. v. Halem, J. v. Hammer-Purgstall, F. v. Hardenberg (Novalis), L. L. Haschka, W. Heinse, J. G. Herder, M. Herz, A. Hirt, Chr. W. F. Hufeland, F. H. Jacobi, J. G. Jacobi, Chr. J. Jagemann, D. Jenisch, J. H. Jung-Stilling, I. Kant, F. A. v. Kleist, K. L. v. Knebel, K. v. Knoblauch, F. v. Köpken, S. La Roche, Chr. L. Lenz, J. M. R. Lenz, J. Chr. Majer, F. v. Matthison, J. H. Merck, J. A. Merck, G. Merkel, J. G. Meusel, J. F. v. Ratschky, E.

v. d. Recke, K. L. Reinhold, C. v. Reitzenstein, J. Salat, J. G. Schadow, G. Schatz, F. Schiller, A. W. Schlegel, F. Schlegel, C. H. Schmid, F. W. A. Schmidt von Werneuchen, H. V. Schnorr, J. Schreyvogel, L. Schubart, C. G. Schütz, F. Schulz, J. G. Scriba, S. v. Seckendorff, J. G. Seume, J. v. Sonnenfels, H. W. v. Stamford, G. F. Städlin, M. v. Stetten, Chr. Graf zu Stolberg, F. L. Graf zu Stolberg, J. Tobler, F. W. v. Trerba, Chr. L. Vogel, Chr. G. Voigt, K. W. Voigt, J. H. Voß, A. Weinrich, C. F. Weiße, J. C. Wezel, E. A. W. Zimmermann, H. Zschokke.

Literatur: Carl August Hugo Burkhardt: Repertorium zu Wielands deutschem Merkur (als Manuskript gedruckt). Jena 1872. – *Harald v. Koskull:* Wielands Aufsätze über die französische Revolution. Einige Beiträge zu ihrer wissenschaftlichen Erforschung. München Diss. 1901. – *Hans Wahl:* Geschichte des Teutschen Merkur. Ein Beitrag zur Geschichte des Journalismus im achtzehnten Jahrhundert. Berlin 1914. Reprint New York, London 1967. – *W. Kurrelmeyer:* Wielands *Teutscher Merkur* and Contemporary English Journals. In: PMLA 38 (1923) S. 869–886. – *E. Richter:* Wielands sprachliche Ansichten im ›Teutschen Merkur‹. In: ZfdPh. 59 (1933) S. 266–269. – *Friedrich Sengle:* Wieland. Stuttgart 1949. – *Ursula Borchmeyer:* Die deutschen Prosaerzählungen des achtzehnten Jahrhunderts. Unter besonderer Berücksichtigung der Zeitschriften »Der Deutsche Merkur« und »Das Deutsche Meseum«. Münster Diss. 1955. – *Ann White Kurtz:* C. M. Wieland and the Teutsche Merkur, 1773–1789. University of Maryland Diss. 1956. Vgl. Diss. Abstr. 17 (1957) S. 132/33. – *Cornelius Sommer:* Christoph Martin Wieland. Stuttgart 1971. – *Bernd Weyergraf:* Der skeptische Bürger. Wielands Schriften zur Französischen Revolution. Stuttgart 1972. – *Volker Schulze:* Der Teutsche Merkur (1773–1810). In: *Heinz-Dietrich Fischer* (Hrsg.): Deutsche Zeitschriften des 17. bis 20. Jahrhunderts. Pullach b. München 1973. S. 103–114. – *Paul Hocks, Peter Schmidt:* Literarische und politische Zeitschriften 1789–1805. Stuttgart 1975.

DEUTSCHES MUSEUM
1776–1788

Hrsg.: Heinrich Christian Boie, Christian Konrad Wilhelm von Dohm
Erscheinungsweise: monatlich
Leipzig: Weygand
Umfang: 6 Bogen
Bibliographischer Nachweis: Diesch Nr. 1049; Kirchner (1932) Nr. 1963; Kirchner (1969) Nr. 4495
Standort: Universitätsbibliothek Erlangen (Sign.: Ztg. IX 89 m)

[Forts. u. d. T.]

Neues deutsches Museum
1789–1791

Hrsg.: Heinrich Christian Boie
Erscheinungsweise: monatlich
Umfang: 5–6 Bogen
Leipzig: Göschen
Bibliographischer Nachweis: Diesch Nr. 1049; Kirchner (1932) Nr. 2936; Kirchner (1969) Nr. 4575
Standort: Universitätsbibliothek Erlangen (Sign.: Ztg. IX 89 mb)

Wenn Robert Prutz das »Deutsche Museum« über Wielands »Deutschen Merkur« stellte, seine »consequente männliche Haltung« (1851, S. 417) hervorhob, ja es als »das nationale patriotische Blatt« (ebda. S. 418) rühmte, so verbuchte er als Gewinn, was man auch eher als Grund für das zwiespältige »Doppelgesicht« (Max S. 99) dieses Journals nehmen kann, daß es nämlich, »auf der bellettristischen Grundlage der Zeit, das historisch-politische, überhaupt das reale Element in den Vordergrund« (Prutz 1851, S. 416) rückte. Denn die Vereinigung der literarischen und der politisch-pragmatischen Thematik gelang kaum derart, daß man von einer höheren Einheit sprechen könnte, sondern implizierte einen prinzipiellen Dualismus, dessen Folge auch eine gewisse Konturlosigkeit war. Begünstigt wurde dies auch hier durch die Vielzahl und Fluktuation der Mitarbeiter: »War das Museum dadurch überlegen, daß es mehr Gebiete umfaßte und ernstere Lektüre bot, so konnte sich der Merkur auf die dauernde Mitwirkung bedeutenderer Mitarbeiter und einiger trefflicher Berichterstatter stützen.« (Hofstaetter S. 221)

Das »Deutsche Museum« ist in seiner thematisch mehrgleisigen Anlage das Werk zweier Herausgeber von unterschiedlicher Herkunft und unterschiedlichen Interessen. Während Heinrich Christian Boie (1744–1806) vornehmlich literarische Ziele verfolgte, war es Christian Konrad Wilhelm von Dohm (1751–1820), der den historisch-politischen Teil vertrat und dabei sein Augenmerk auf ausgesprochen statistisches Material richtete.

Boie, Angehöriger des von Klopstock inspirierten Göttinger Hainbundes und Herausgeber des dortigen »Musenalmanachs« seit 1770, verdankt, wie sein Biograph Weinhold vermerkt, »seine Stellung in unserer Literatur weit weniger seinen eigenen Dichtungen oder Schriften, als vielmehr den beiden periodischen Unternehmungen, dem Musenalmanach und dem Museum«. (S. 232) Hatte das dem Vorbild des französischen »Almanach des Muses« (1765 ff.) folgende, zunächst mehr dem Nachdruck bereits veröffentlichter Gedichte dienende lyrische Sammelwerk anfänglich noch stärker die älteren literarischen Richtungen der Aufklärung, Anakreontik und Bardendichtung präsentiert, so erfolgte mit dem Jahrgang 1774, dem letzten, den Boie betreute, bevor er das Unternehmen an seinen Schwager Johann Heinrich Voß abtrat, der Durchbruch der neuen poetischen Stilbildung des Sturm und Drang. So erwies sich Boie schon hier als »ein Mittler zwischen der absterbenden Generation, aus deren Schule er selbst hervorgegangen war, und der mächtig aufstrebenden jüngeren...« (Hofstaetter S. 32)

Auch der von der Staatswissenschaft herkommende Dohm hatte bereits durch das »Encyclopädische Journal« (1774/75) Erfahrung im Zeitschriftenwesen gewonnen, als sich beide Herausgeber mit dem Verleger Weygand zu einem gemeinsamen publizistischen Projekt vereinigten, in das sie jeweils ein weit verzweigtes Netz von persönlichen Beziehungen zu anderen Autoren mit einbrachten.

Über Zweck und Ziel der Zeitschrift unterrichtete ein Einladungsschreiben vom 12. September 1775. Auch in den gleichzeitigen Briefen mit der Bitte um Mitarbeit wird der hohe, bereits zitierte programmatische Anspruch der Zeitschrift angemeldet: »Wir wollen, so gut wie möglich, die Gegenstände der itzigen Aufmerksamkeit zu fixieren suchen, immer aber am meisten auf das Rücksicht nehmen, was Deutschland näher angeht, und mit der Zeit es ganz zu einem deutschen Nationaljournal zu machen suchen.« (zit. nach Hofstaetter S. 133) Zum Inhalt wird um »Poesie, Prosa, litterarisch, philosophisch, launisch« (ebda.) gebeten, auf Rezensionen wollte man dagegen verzichten. Schon Voß gegenüber war es zudem notwendig, das Unternehmen nicht als Konkurrenz gegen andere erscheinen zu lassen: »Die kleinere Gesellschaftliche Poesie bleibt den Almanachen, aber größere Stücke von jedem Ton und Manier werden ... immer willkommen seyn.« (ebda. S. 41) Im ganzen bleibt die publizistische Zielsetzung von Wielands Journal gegenwärtig, wenngleich die Bemerkung kritisch gemeint ist, das »Museum« strebe zu sein, »wie der Merkur hätte werden sollen«. (zit nach Hofstaetter S. 36).

Die »Vorerinnerung« zum zweiten Jahrgang 1777 begründet das literarisch-kulturpolitische Programm der Zeitschrift nochmals aus der Rücksicht auf zwei Arten des Publikums: »Die Eine dieser Klassen will bloß unterhalten, die andere bloß unterrichtet seyn. Hier nun von jedem Ingredienz die gesündeste Dosis zu treffen, und alles wohl zu mischen, ist kein so leichtes

Geschäft... Es gehört dazu ein gewisses Gefühl von dem, was dem grössesten Theil des Publikums interessant seyn dürfte, eine gewisse Biegsamkeit in fremden Denkarten, eine schnelle Versezung in mehrere Gesichtspunkte, und eine völlige Entäusserung seiner eignen Lieblingswissenschaften und Ideen...« (1777, I, S. 2) Mit einer mathematischen Metapher wird die doppelte Herausgeberschaft zudem als Vorteil ausgegeben: »Wir haben die arithmetische Hoffnung, daß unsre vier Augen mehr sehen, als jedes Einzelnen zwey...« (ebda. S. 3) Als programmatischer Zielpunkt ist schließlich abermals die Absicht formuliert, »die Deutschen mit sich selbst bekannter und auf ihre Nationalangelegenheiten aufmerksamer zu machen«. (ebda. S. 4) Deshalb sollten die mitgeteilten Nachrichten auch aus den verschiedenen deutschen Ländern und Provinzen stammen!

In seiner Untersuchung über das »Deutsche Museum« hat Walther Hofstaetter die Entwicklung der Zeitschrift in mehreren Perioden dargestellt, in »Aufstieg« (1776–1778), »Fortgang« (1778–1781), »Nachlassen« (1781–1783) sowie »Verfall und Ende« (1784–1788), endlich Neuanfang und Fortführung im Folgejournal. Ausschlaggebend für diesen Phasenverlauf und damit für den Erfolg ist über Jahre hinweg das ständige Bemühen, einen Ausgleich zwischen den unterschiedlichen thematischen Schwerpunkten und den sie tragenden Interessen der Herausgeber zu finden. »Boie suchte«, so sagt Hofstaetter, »wie einst in den Musenalmanachen, auch jetzt seine Hauptaufgabe darin, das Museum zu einer Quelle schöner Unterhaltung zu machen; nur um allen Rechnung zu tragen, sollte allgemein verständliche Wissenschaft gepflegt werden. Dohm meinte, Philosophie, Geschichte und Politik müßten den Hauptinhalt ausmachen und zu gleichen Teilen mit ihnen die Poesie das ganze abrunden. So stellte Boie von Anfang an die Unterhaltung, Dohm die Belehrung in den Vordergrund.« (S. 69 f.) Dabei scheint Dohm immerhin mehr Verständnis für die literarischen Beiträge besessen zu haben als Boie für die politisch-statistischen; und beide unterscheiden sich auch insofern, als Boie selbst so gut wie nichts, Dohm zeitweise aber Erhebliches zum Inhalt beisteuerte. Durch seine »Miscellanien statistischen, politischen und historischen Inhalts« wurde er gelegentlich »der fleißigste Mitarbeiter im Museumsstabe«. (Hofstaetter S. 55)

Da außerdem laufend Zwistigkeiten mit dem Verleger über Honorarfragen hinzukamen, spitzte sich die Auseinandersetzung zwischen den Herausgebern alsbald so zu, daß Boie eine Trennung anstrebte. Der zunächst 1777 unternommene Versuch, jeweils wechselnd eine Ausgabe der Zeitschrift zu betreuen, bedeutet zwar »pressegeschichtlich eine gewisse Kuriosität« (Max S. 103), führte aber im Inhalt zu derart unterschiedlich zugeschnittenen Heften, daß die publizistische Einheit des Titels kaum noch gewahrt blieb. Nach anfänglicher Weigerung ging Dohm daher auf Boies Pläne ein und schied, wie im Augustheft 1778 gemeldet wurde, als Mitherausgeber aus. Allerdings bestand ein Kontrakt, durch den er dem »Museum« als »Beirat« erhalten blieb, ja seit 1783 nahm seine Teilhabe an dem Organ wieder stark zu.

Daß es zwischen den Herausgebern zu laufenden Konflikten über die Aufnahme einzelner Beiträge kam, kann angesichts ihrer Unterschiede im Grundsätzlichen nicht überraschen. Der Gegensatz entzündete sich nicht zuletzt an der Haltung zur Kritik. Während Dohm diese in sachlich-wissenschaftlicher Form für notwendig hielt, wollte Boie strikt um Unparteilichkeit bemüht sein; doch gerade infolge seiner Unentschlossenheit und Willfährigkeit wurde die Zeitschrift zeitweise zum »Tummelplatz wilder persönlicher Angriffe« (Hofstaetter S. 64), auch mit anderen Blättern. Den Anlaß zur ersten Kontroverse bildete G. Chr. Lichtenbergs Kritik an J. K. Lavaters Physiognomik, für die im »Museum« J. G. Zimmermann stritt. Später erhob J. H. Voß durch inquisitorische Verhöre Anschuldigungen gegen Friedrich Nicolai und seine »Allgemeine Deutsche Bibliothek«. Und in seiner Endphase wurde das Journal zum Organ jener Autoren wie F. H. Jacobi und J. G. Schlosser, die den aufklärerischen Bestrebungen der »Berlinischen Monatsschrift« von F. Gedicke und J. E. Biester entgegentraten. Wenn überhaupt, so zeichnete sich hier eine programmatische Linie des »Deutschen Museums« ab, das auf diese Weise, wie Hofstaetter schreibt, »noch ganz zuletzt wieder eine gewisse Berechtigung« (S. 206) erlangte.

Im Inhalt war das »Deutsche Museum« vielfältig, ohne über durchgängige Rubriken zu verfügen. Neben den literarischen Beiträgen gab es politische, historische, juristische, statistische, pädagogische, biographische, ja auch naturwissenschaftliche und medizinische Abhandlungen und Mitteilungen. Die Kenntnis der altdeutschen Literatur wurde gefördert, wozu selbst J. J. Bodmer nochmals etwas beitrug, sonst aber vor allem J. J. Eschenburg Dokumente aus dem Archiv der Wolfenbütteler Bibliothek bekannt machte. Auch Kunst, Musik und allgemeine Ästhetik wurden gelegentlich behandelt. Einen wichtigen Bestandteil bildeten regelmäßige Auszüge aus Reiseberichten und Korrespondenzen. Hier sind etwa G. Chr. Lichtenbergs Briefe über das englische Schauspiel und Auszüge aus Briefen des verstorbenen J. J. Winckelmann hervorzuheben. Überhaupt wurde das Theater wichtig genommen. Endlich pflegte man noch besonders Übersetzungen aus dem Altertum.

Die poetischen Beiträge des »Deutschen Museums« stehen – nach Walther Hofstaetters Formulierung – »unter dem Zeichen der neuen Bewegung« (S. 145), ohne doch die älteren Richtungen auszuschließen. Somit herrscht auch hier ein nicht eindeutiges Nebeneinander. Anfänglich waren in erster Linie noch Autoren aus dem Umkreis des Göttinger Hains vertreten, so G. A. Bürger, J. H. Voß und vor allem F. L. zu Stolberg. Hinzukamen andere Stürmer und Dränger wie F. M. Klinger, J. A. Leisewitz und J. M. R. Lenz. Die älteren poetischen Stile vertraten u. a. etwa J. W. L. Gleim, G. K. Pfeffel und K. W. Ramler. Wiewohl gelegentlich auch Goethe, Herder und Klopstock dem »Museum« etwas zum Druck überließen, so hatte es »die führenden Geister der neuen Zeit ... nicht an sich fesseln können«. (Hofstaetter S. 16) Ohnehin litt das Blatt offensichtlich an Boies Unfähigkeit, einen festen Mitarbeiterstamm auf Dauer zu binden, so daß die Fluktuation groß war, was sich auch im Inhalt niederschlug und den Herausgeber selbst zu der Bemerkung veranlaßte, »daß die Vielheit der Köche den Brei verdirbt«. (zit. nach Hofstaetter S. 112) Ausnahmen waren hier im Poetischen allenfalls F. L. zu Stolberg und im Theoretischen J. G. Schlosser, deren häufige Beiträge dem Journal noch am ehesten Kontinuität aufprägten.

Daß die Bedeutung der Zeitschrift schon seit 1781 zurückging, hatte außer inhaltlichen auch äußere Gründe. Die anfängliche Auflage von 1 000 Exemplaren war auf Dauer kaum zu halten, was das Interesse des Verlegers minderte, der auch mit für das unpünktliche Erscheinen verantwortlich war. Hinzukam, daß Boie seit seiner Berufung zum Landvogt in Dithmarschen »außer Fühlung mit den literarischen Interessen seiner Zeit gekommen war«. (Hofstaetter S. 106) Außerdem waren neue Konkurrenzunternehmen entstanden, die Mitarbeiter und Leser abziehen mochten. Obwohl die Zeitschrift nach dem Ausscheiden Dohms wieder an Einheitlichkeit gewann, blieben doch alte Mängel bestehen und bewegten den Verleger schließlich 1788, offenbar ohne vorheriges Mitwissen des Herausgebers, das Organ einzustellen.

Boie bemühte sich jedoch schon bald, der Zeitschrift ein »Neues Deutsches Museum« folgen zu lassen, das dann von

Juli 1789 bis Juni 1791 bei dem Verleger Göschen herauskam. Es erschien in kleinerem Format und mit wechselnder Bogenzahl. »An *Zahl* der Beiträge stand das neue Journal hinter dem alten zurück, auch war es viel wissenschaftlicher als das vergangene...« (Hofstaetter S. 125) Damit trat die Poesie weiter zurück und fehlte manchmal sogar ganz. Daß jetzt der Blick vielfach auf Frankreich gerichtet war, wo die Revolution stattfand, belegt aber auch sie: Das erste Heft des »Neuen Deutschen Museums« wurde mit Klopstocks Gedicht »Les Etats Généraux« eröffnet. So ging jetzt auch »ein frischer Zug hindurch« (Hofstaetter ebda.), ohne daß damit Hofstaetters Gesamtcharakteristik der Zeitschrift zu revidieren wäre: »Kein Journal hat damals so wie das ›Deutsche Museum‹ alle zu Wort kommen lassen, keine hatte so einen umfassenden Mitarbeiterkreis und wenige einen so vielseitigen Inhalt. Aber alle anderen waren dem Museum durch eine festere Leitung überlegen. Wie Boie sich als Kritiker anpaßte, so tat er es auch als Herausgeber...; als Herausgeber setzte er dadurch alle Einheitlichkeit aufs Spiel und vermochte seine Zeitschrift nicht auf der Höhe zu halten, die sie nach Ziel und Inhalt verdiente.« (S. 33)

Mitarbeiter u. a.: J. B. v. Alxinger, K. G. Anton, J. W. v. Archenholtz, H. L. W. Barkhausen, L. v. Baczko, W. G. Becker, F. J. J. Bertuch, J. H. Beutler, J. Chr. Blum, J. J. Bodmer, H. Chr. Boie, F. Bouterweck, G. A. Bürger, J. G. Büsch, J. H. Campe, M. Claudius, F. v. Dalberg, M. Denis, H. F. Dietz, Chr. K. W. v. Dohm, J. A. Ebert, J. C. R. Eckermann, J. J. Eschenburg, J. Chr. Fabricius, J. G. H. Feder, G. Forster, J. R. Forster, F. Fr. v. Fürstenberg, J. Chr. Garve, F. Gedicke, L. Giseke, J. W. L. Gleim, L. F. G. v. Goeckingk, J. W. Goethe, A. J. Güldenstädt, G. A. v. Halem, J. G. Hamann, G. D. Hanisch, L. L. Haschka, W. Heinse, A. v. Hennings, J. G. Herder, Chr. G. Heyne, F. H. Jacobi, J. G. Jacobi, Chr. J. Jagemann, A. W. Iffland, A. G. Kästner, F. M. Klinger, F. G. Klopstock, L. T. Kosegarten, K. F. Kretschmann, A. F. E. Langbein, J. K. Lavater, J. A. Leisewitz, J. M. R. Lenz, F. M. Leuchsenring, G. Chr. Lichtenberg, F. v. Matthison, A. G. Meißner, M. Mendelssohn, K. Ph. Moritz, F. C. v. Moser, J. v. Müller, F. Nicolai, C. Niebuhr, G. Chr. Oeder, G. K. Pfeffel, K. W. Ramler, A. W. Rehberg, J. F. Reichardt, J. A. H. Reimarus, E. v. d. Recke, K. L. Reinhold, F. J. v. Retzer, J. G. v. Salis, A. W. Schlegel, J. G. Schlosser, J. G. Schmidt, K. A. Schmidt, G. F. E. Schönborn, Chr. F. D. Schubart, D. Chr. Seybold, J. v. Sonnenfels, A. M. Sprickmann, G. F. Stäudlin, Chr. zu Stolberg, F. L. zu Stolberg, K. zu Stolberg, H. P. Sturz, J. G. Sulzer, F. W. Taube, C. A. Tiedge, L. A. Unzer, J. H. Voß, J. K. Wezel, J. G. Zimmermann.

Literatur: Vgl. *Robert Prutz* (1851); *Hubert Max* (1942); *Karl Weinhold:* Heinrich Christian Boie. Beitrag zur Geschichte der deutschen Literatur im achtzehnten Jahrhundert. Halle 1868. Reprint Amsterdam 1970. – *Walther Hofstaetter:* Das Deutsche Museum (1776–88) und Das Neue Deutsche Museum (1789–91). Leipzig 1908. – *Hans Grantzow:* Geschichte des Göttinger und des Vossischen Musenalmanachs. Berlin 1909. Reprint Bern 1970. – *Ursula Borchmeyer:* Die deutschen Prosaerzählungen des achtzehnten Jahrhunderts unter besonderer Berücksichtigung der Zeitschriften »Der Deutsche Merkur« und »Das Deutsche Museum«. Diss. Münster 1955.

DEUTSCHE CHRONIK
[Ab Jg. 3, 1776]

TEUTSCHE CHRONIK
1774–1777

Hrsg.: Christian Friedrich Daniel Schubart [seit Januar 1777 Konrad Friedrich Köhler, später Johann Martin Miller]
Erscheinungsweise: zweimal wöchentlich
Augsburg: Stage
Umfang: ½ Bogen
Bibliographischer Nachweis: Diesch Nr. 281; Kirchner (1932) Nr. 1566; Kirchner (1969) Nr. 1071
Ausgabe: Neudruck hrsg. v. Hans Krauss, Heidelberg 1975

[Forts. u. d. T.]

SCHUBARTS VATERLÄNDISCHE CHRONIK
1787

VATERLANDSCHRONIK
1788–1789

CHRONIK
1790–1793

Hrsg.: Christian Friedrich Daniel Schubart [seit Oktober 1791 Ludwig Schubart, dann Gotthold Friedrich Stäudlin]
Erscheinungsweise: zweimal wöchentlich
Stuttgart: Verlag des Kaiserlichen Reichspostamtes
Umfang: ½ Bogen
Bibliographischer Nachweis: Diesch Nr. 281; Kirchner (1932) Nr. 3276; Kirchner (1969) Nr. 1186
Standort: Württembergische Landesbibliothek Stuttgart (Sign.: Allg. G. oct. 2067)

Bei der Aufnahme dieses publizistischen Unternehmens unter die literarischen Zeitschriften könnten sich gleich zwei Einwände aufdrängen. Denn einmal ist sein publizistischer Gattungscharakter umstritten, weshalb man mehrfach etwas unbeholfen von einem »Mittelding zwischen Zeitung und Zeitschrift« (Hauff S. 121, im Anschluß daran Schairer 1914, S. 15, Adamietz S. 87) gesprochen hat, und dies sowohl aus formalen wie aus inhaltlichen Gründen. Zum anderen handelt es sich um ein Blatt, in dem nicht der literarische, sondern der politische Inhalt im Vordergrund steht, so daß man es typologisch meist primär den historisch-politischen Organen zugerechnet hat (vgl. Max S. 89 ff.; J. Kirchner 1958, I, S. 132 f.). Doch erscheint es unangebracht, im literarischen Anteil bloßes »Beiwerk« (Max S. 91) zu erblicken. Dies nicht nur wegen der sonstigen Bedeutung des Herausgebers in der Literaturgeschichte, sondern auch deshalb, weil er zu jenen Autoren des 18. Jh.s gehört, die in der Politisierung der Literatur die Trennung von politischer und literarischer Sphäre zu überwinden suchten. So hat man sogar seine Gedichte als »poetische Leitartikel« (Metis S. 610) bezeichnet und dies mit der Bemerkung bekräftigt: »wenn er dichtete, so geschah es meist aus journalistischem Geist heraus« (ebda.). Angesichts der engen Verknüpfung von politischer und literarischer Intention bei Schubart ist die Beschreibung des obigen Organs im vorliegenden Zusammenhang nicht nur gerechtfertigt, sondern im Hinblick auf symptomatische Wandlungen in Literaturverständnis und im literarischen Beruf geradezu notwendig.

Überdies haben nur wenige Blätter des 18. Jh.s bis heute immer wieder eine ähnlich große Beachtung gefunden. Dies ist vor allem dadurch begründet, daß man in dem Herausgeber Christian Friedrich Daniel Schubart (1739–1791) häufig das Musterbild eines kämpferischen »Individualpublizisten« erblickt hat, der sich »zum Anwalt aller unter Despotenwillkür Leidenden« (Max S. 91) machte und der, weil er seinen Mut zum freien Wort mit einer zehnjährigen Kerkerhaft auf dem Hohenasperg bezahlen mußte, als »ein Märtyrer auf dem Weg zur modernen deutschen Gesinnungspresse« (Münster S. 68) gelten konnte. Indem er gleichsam das Schicksal eines Schillerschen Freiheitshelden praktisch erlitt, eignete er sich als Leitfigur nationaler Gesinnung.

Daß man die »Deutsche Chronik« ein »Volksblatt« (Adamietz) genannt hat, dafür war außer Schubarts eigenem, gefühlshaftem Patriotismus vor allem seine »volksnahe«, durch rhetorisches Pathos und Empfindung gleichermaßen bestimmte Sprache ausschlaggebend. In ihr fand wiederum sein temperamentvoller, impulsiv-sprunghafter Charakter Ausdruck, welcher ihn nicht nur leicht mit der Obrigkeit in Konflikt brachte, sondern auch manche Widersprüche in seiner politischen Haltung zwischen antiabsolutistischem Protest und Devotion begründet. So hat ihm der gewiß nicht weniger freiheitlich gesinnte Robert Prutz schon eine »wirkliche Kenntniß der öffentlichen Zustände und eine durchgebildete Ansicht von denselben« (1862, S. 243) abgesprochen und behauptet, »daß Schubarts vornehmste Arbeit bei der Chronik in der Tat nur eine stilistische war; er übertrug die gewöhnliche nüchterne Zeitungssprache in volkstümliches Pathos, würzte sie mit jenen Kraftausdrücken und poetisirenden Redensarten, die ihm so reichlich zu Gebote standen, und goß über das Ganze jene Brühe allgemeiner biedermännischer Gesinnung, die von jeher das richtige Kennzeichen des politisirenden Spießbürgers gewesen ist...« (ebda. S. 241) Dabei hatte Schubart selbst einer solchen Stilisierung ins Volkstümliche Vorschub geleistet, indem er für die journalistische Arbeit an der »Deutschen Chronik« ein ganz bestimmtes Milieu wählte: »Ich schrieb sie – oder vielmehr diktirte sie im Wirtshause, beim Bierkrug und einer Pfeife Tabak, mit keinen Subsidien, als meiner Erfahrung und dem Bischen Witz versehen, womit mich Mutter Natur beschenkt hatte.« (Selbstbiographie 1839, S. 221)

Schubart hatte bereits ein bewegtes privates und berufliches Leben hinter sich, als er im Mai 1773 aus Württemberg ausgewiesen wurde und während einer Wanderschaft durch Süddeutschland nach Augsburg geriet. Hier trat er in Verbindung zu dem Verleger C. H. Stage. Nachdem der Plan für einen Roman, zu dem ihm allein schon die Ausdauer fehlte, aufgegeben war, erbot er sich diesem, »statt seines gescheiterten schwäbischen Journals, ihm eine *deutsche Chronik* zu schreiben, und den Zirkelbogen etwas weiter zu ziehen, als in gedachter Zeitschrift«. (ebda. S. 221) Die Absicht war demnach die eines Nationaljournals: »auf ganz Deutschland gerichtet.« (ebda.) Die erste Nummer des zweimal wöchentlich (montags und donnerstags) erscheinenden Blatts kam am 31. März 1774 heraus. Das Organ sollte »nach der Zeitfolge die wichtigsten politischen und litterarischen Begebenheiten enthalten« (1774, I, S. 2). Die Periodizität ermöglichte, wie Schairer sagt, »noch zur Genüge eine Berichterstattung, die mit den Ereignissen auf dem Laufenden blieb« (1914, S. 15 f.), so daß sich von daher eine Nähe zur Zeitung feststellen ließ.

Ein festes Programm anzukündigen, weigerte sich Schubart, »da ich meine Leser lieber den Charakter meines Blats aus der Folge selbst *errathen* lassen, als ihn im voraus – vielleicht ganz unrichtig bestimmen« (1774, I, S. 2 f.) wollte. Was er journalistisch beabsichtigte, geht jedoch ex negativo aus seiner gleichzeitigen Kritik am damaligen Zeitungswesen hervor: »Oft fehlt auch«, so heißt es, »die Auswahl der Begebenheiten und ihre schickliche Gruppirung in den meisten Journalen. Die Begebenheiten sind auseinander gerissen, die Optik der Phantasie wird unendlich beleidiget, und wir müssen es uns gefallen lassen, auf den schwachen Flügeln der Zeitungsblätter von einem Pole zum andern zu fliegen, ohne am Ende zu wissen, was wir gesehen haben.« (ebda. S. 3) Geboten werden sollten demnach nicht isolierte politische Nachrichten, sondern – sozusagen in einer Art Leitartikel – deren Kommentierung und Einordnung in die Vorstellungswelt der deutschen Leser. Dies wiederum schien späteren Betrachtern den »zeitschriftlichen Einschlag« (Schairer 1914, S. 17) des Organs auszumachen. Daß es, so Schubart, »in Deutschland nach der *itzigen* Verfassung unmöglich... [sei], eine gute politische Zeitung zu schreiben« (1774, Vorbericht), dies war Klage und Entschuldigung des Journalisten zugleich, über dessen Metier es später mehrfach ähnlich heißt, so z. B. am 16. März 1775: »In ganz Europa liegen alle Zeitungsschreiber in Fesseln. Daher kömmts, daß man statt wahrer politischer Gemälde nur elende Schmierereyen vors Publikum hinstellen muß.« (1775, XXII, S. 169)

In seinen politischen Beiträgen befaßte sich Schubart mit der in London, Paris, Konstantinopel, Warschau oder Petersburg betriebenen Politik und insbesondere begeistert mit dem amerikanischen Unabhängigkeitskrieg. An erster Stelle sollte jedoch immer, wie es sich für ein Nationaljournal geziemte, der Deutschland-Artikel stehen, sofern es entsprechenden Stoff gab. Allerdings war es nicht nur die hier an den deutschen Höfen, den Reichsstädten und der Kirche geübte Kritik, die Schubart in Konflikt mit den politischen Instanzen brachte, sondern Grund dafür waren auch nicht selten Falschmeldungen, die dem Redakteur unterliefen und die ihn zu manchem Widerruf zwangen. Wegen einer Berufung auf die englische Freiheit mußte er schon im Mai 1774 den Druck der »Deutschen Chronik« von Augsburg nach Ulm verlegen. Im Januar 1776 änderte Schubart die Schreibweise seines Titels, weil man ihn belehrt habe, »daß *teutsch* unsere Nation und *deutsch* so viel wie Deutlichkeit anzeige; ich werde also in Zukunft eine *teutsche Chronik* schreiben, und in Gesinnung und Vortrag mich bemühen, *teutsch* und *deutsch* zugleich zu seyn.« (1775, CII, S. 816)

Zu den politischen Berichten und dem allgemeinen Räsonnement über den Geist der Zeit kamen Anekdoten, Dialoge, Fabeln, Zeitgedichte, Rezensionen und Antworten auf Anfragen. Außerdem brachte das Blatt, dessen Herausgeber einst Ludwigsburger Stadtorganist gewesen war, auch musikalische Beilagen und Neuigkeiten. In seiner literarischen Grundhaltung stand Schubart dem Sturm und Drang nahe, er wurde, wie die »Deutsche Chronik« zeigt, »von dieser Bewegung am meisten und intensivsten erfaßt« (Müller S. 62). Geradezu enthusiastisch gefeiert wird schon Klopstock, die Leitfigur der jungen Generation. Neben dem »Messias« und den Oden wird insbesondere die »Gelehrtenrepublik« wegen ihrer nationalen Bedeutung begrüßt. Während in der Lyrik die Göttinger Hainbündler und »Vaterlandsdichter« (G. A. Bürger, M. Claudius, L. H. Chr. Hölty, die Gebrüder Stolberg, J. H. Voß) bevorzugt werden, sind es im Drama die jüngeren Stürmer und Dränger wie J. W. Goethe, F. M. Klinger, J. A. Leisewitz, J. M. R. Lenz, H. L. Wagner. Von Goethe wird außer dem »Götz von Berlichingen« auch der »Werther« gewürdigt. Mehr als Kritiker denn als Dramatiker ist Lessing zum Vorbild genommen. Das Verhältnis zu Wieland, der als Schwabe geschätzt wird und als dessen Werk versehentlich J. C. Wezels »Lebensgeschichte Tobias Knauts« besprochen wird, gestaltet sich wegen seiner französierenden Art widersprüchlicher. Überhaupt bemühte sich Schubart um die Bekanntmachung der schwäbischen Literatur- und Geisteswelt. Doch nicht nur hier hat er manches überschätzt. Auch sind feinere Unterscheidungen nicht seine Art, so daß er z. B. Goethe und Klinger unumwunden auf eine Stufe stellt. Aber um poetologisch strenge Kritik handelt es sich bei Schubart ohnehin nicht, da patriotische Gesichtspunkte den »Grundakkord« (Müller S. 55) ausmachen und man mit Recht seine Rezensionen als *»Erlebnisberichte über die genossene Lektüre«* (Adamietz S. 15) bezeichnen kann.

Ihr vorläufiges Ende fand die »Teutsche Chronik«, nachdem Schubart im Januar 1777 auf Geheiß des Herzogs Carl Eugen auf Württembergisches Gebiet gelockt, dort verhaftet und auf dem Hohenasperg eingekerkert worden war, ohne daß ihm je ein Prozeß gemacht wurde. Der Buchhändler Konrad Friedrich Köhler und der zum Göttinger Hainbund gehörige Johann Martin Miller, Verfasser des »Siegwart« (1776), setzten das Schubartsche Blatt zwar noch im gleichen Jahr fort, doch wurde schon im Herbst ein neuer Redakteur gesucht. Der Erfolg schwand zusehends. Mehr als bloße Titelkopie denn als Fortführung kann die »Ulmische Teutsche Chronik« gelten, die noch von 1778 bis 1781 erschien.

Schon kurze Zeit, nachdem Schubart nach zehnjähriger Haft 1787 entlassen und, jetzt durch den Herzog wohlgelitten, zum Stuttgarter Theaterdirektor ernannt worden war, nahm er die Herausgabe seiner Zeitschrift wieder auf und setzte sie bis zu seinem frühzeitigen Tode am 10. Oktober 1791 fort. Im Titel trat das patriotische Motiv noch deutlicher hervor, erschien ihm doch neben der Religion das Vaterland als »der Goldpunkt, aus dem jedes Unternehmen des rechtschaffenen, bidern Mannes in lichten Strahlen hervorleuchten soll und muß«. (1787, I, S. 1) Dabei glaubte er, durch die »trübe Entfernung« der Kerkerhaft eine neue Perspektive gewonnen zu haben: »Man bemerkt die Vorschritte oder die Rückgänge in der Aufklärung seines Volks weit sicherer auf diese Art, als wann man selbst im Volkstrome mit fortflutet, und vorwärts oder rückwärts geschleudert wird.« (ebda. S. 1 f.) In Schubarts letztem Lebensjahr trug das Blatt nur noch den Titel »Chronik«, weil, wie er dies insbesondere unter dem Eindruck der Französischen Revolution begründete, »meist mehr vom Auslande als vom Inlande« (1789, S. 908) die Rede sei. Indem Schubart diesmal Zensurfreiheit zugesagt war, hatte er selbst die volle Verantwortung zu tragen. Wie die Zeugnisse belegen, geriet er dabei in eine ganze Reihe neuer, politischer Konflikte (vgl. R. Krauß). Ob die nachaspergische Chronik den Jahrgängen der ersten Erscheinungsphase hintanzustellen sei, diese Frage ist in der Literatur mehrfach erörtert und unterschiedlich beantwortet worden. Im literarischen Teil handelt es sich jetzt noch weniger um Kritik als um kurze literarische Anzeigen, Notizen und Glossen. Die alten literarischen Leitfiguren stehen nach wie vor im Vordergrund, J. W. Goethe, J. G. Hamann, J. G. Herder, J. H. Voß und andere. Die literarische Szene hatte sich in einem Jahrzehnt gewandelt, ohne daß Schubart den Prinzipien und der Tragweite dieses Wandels tiefer nachgeforscht hätte.

Der Publikumserfolg von Schubarts publizistischem Unternehmen war beträchtlich. Schon 1775 nennt der Herausgeber eine Auflage von 1600 Exemplaren. Doch wurde dies später noch durch die Fortsetzung übertroffen: Im April 1789 waren es angeblich 2 500 Exemplare, im Februar 1790 3 100 und Anfang 1791 sogar 4 000. Entsprechend weit gestreut war der Vertrieb. Diese Auflage konnte nach Schubarts Tod jedoch nicht gehalten werden, obwohl zunächst sein

Sohn Ludwig und dann der Dichter Gotthold Friedrich Stäudlin um eine Fortführung im alten Geist bemüht waren.

Im wesentlichen hat Schubart seine »Chronik« offenbar allein verfaßt, was naturgemäß eine breite Lektüre anderer publizistischer Organe voraussetzte. Nur wenige Beiträge stammen von sonstigen Verfassern, so von Chr. G. Bardili, M. Claudius, J. M. Miller, Chr. L. Neuffer und von Ludwig Schubart. Trotzdem ist es im ganzen zulässig, Schubarts journalistisches Unternehmen als eine »typische Individualzeitschrift« (Max S. 91) einzustufen.

Literatur: C[hristian] F[riedrich] D[aniel] Schubart: Gesammelte Schriften und Schicksale, Bd. 1, 2: C. F. D. Schubarts Leben und Gesinnungen. Stuttgart 1839. Neudruck Hildesheim 1972. – *David Friedrich Strauss:* Christian Friedrich Daniel Schubarts Leben in seinen Briefen. 2 Bde. Berlin 1849. – *Robert Prutz:* C. F. D. Schubart. In: *R. P.:* Menschen und Bücher. Biographische Beiträge zur deutschen Literatur- und Sittengeschichte des achtzehnten Jahrhunderts. Leipzig 1862. S. 165–266. – *Gustav Hauff:* Christian Friedrich Daniel Schubart in seinem Leben und seinen Werken. Stuttgart 1885. – *Rudolf Krauß:* Zur Geschichte der Schubartschen Chronik. Beschwerden und Widerrufe, Zensurfreiheit und Zensur. In: Württ. Vierteljahrsh. f. Landesgesch. N. F. 12 (1903) S. 78–94. – *Wilhelm Müller:* Die literarische Kritik in Schubarts deutscher Chronik 1774–1777. Diss. Erlangen 1910. – *Erich Schairer:* Christian Friedrich Daniel Schubart als politischer Journalist. Tübingen 1914. – *ders.:* Christian Friedrich Daniel Schubart (1739–1791). In *H.-D. Fischer* (Hrsg.): Deutsche Publizisten des 15. bis 20. Jahrhunderts München-Pullach, Berlin 1971. S. 118–128. – *Eduard Metis:* Christian Friedrich Daniel Schubart als Journalist. In: Neue Jb. f. d. klass. Altertum, Geschichte u. dt. Literatur u. f. Pädagogik Bd. 37 (1916) S. 609–612. – *Konrad Gaiser:* Schubarts politische Publizistik. In: Schwaben. Monatshefte f. Volkstum u. Kultur 11 (1939) S. 570–584. – *Johannes Tykiel:* Die Weltanschauung Christian Friedrich Daniel Schubarts (1739–1791). Diss. Breslau 1940. – *Horst Adamietz:* Christian Friedrich Daniel Schubarts Volksblatt »Deutsche Chronik«. Diss. Berlin 1941. – *Hans A. Münster:* Geschichte der deutschen Presse in ihren Grundzügen dargestellt. Leipzig 1941. – *Hubert Max:* Wesen und Gestalt der politischen Zeitschrift. Essen 1942. – *Rudolf Kegel:* Die nationalen und sozialen Werte in der Publizistik Christian Friedrich Daniel Schubarts. Diss. Greifswald 1960. – *Hans Gerd Klein:* Deutsche Chronik (1774–1793). in: *H.-D. Fischer* (Hrsg.): Deutsche Zeitschriften des 17. bis 20. Jahrhunderts. Pullach b. München 1973. S. 103–113. – *Hans Krauss:* Nachwort zu: Deutsche Chronik. Hrsg. v. *Christian Friedrich Daniel Schubart.* Neudruck Heidelberg 1975. Bd. IV S. I–LXV.

CHRONOLOGEN
EIN PERIODISCHES WERK
1779–1781 [–1783]

Hrsg.: Wilhelm Ludwig Wekhrlin
Erscheinungsweise: monatlich, später unregelmäßig (= zwölf Bände zu je drei Stück)
Frankfurt, Leipzig: Felßecker
Umfang: 8 Bogen
Bibliographischer Nachweis: Diesch Nr. 1056; Kirchner (1932) Nr. 1749; Kirchner (1969) Nr. 5520
Standort: Hessische Landesbibliothek Darmstadt (Sign.: Zs 2830)

[Forts. u. d. T.]

DAS GRAUE UNGEHEUR
1784–1787

Hrsg.: Wilhelm Ludwig Wekhrlin
Erscheinungsweise: monatlich (= zwölf Bände zu je drei Stück)
o. O.: o. V. [Nürnberg: Felßecker]
Umfang: 8 Bogen
Bibliographischer Nachweis: Diesch Nr. 1102; Kirchner (1932) Nr. 3062; Kirchner (1969) Nr. 5666
Standort: Stadtbibliothek Mainz (Sign.: III. a. 308)

[Forts. u. d. T.]

HYPERBOREISCHE BRIEFE
1788–1790

Hrsg.: Wilhelm Ludwig Wekhrlin
Erscheinungsweise: monatlich (= sechs Bände zu je drei Stück)
o. O.: o. V. [Nürnberg: Felßecker]
Umfang: 7 Bogen
Bibliographischer Nachweis: Diesch Nr. 1159; Kirchner (1932) Nr. 3077; Kirchner (1969) Nr. 5784
Standort: Universitätsbibliothek Frankfurt (Sign.: DL 1941/446)

[Forts. u. d. T.]

PARAGRAFEN
1791–1792

Hrsg.: Wilhelm Ludwig Wekhrlin
Erscheinungsweise: unperiodisch zwei Bände
Umfang: ca. 21 bzw. 18 Bogen
o. O.: o. V.
Bibliographischer Nachweis: Diesch Nr. 1195; Kirchner (1932) Nr. 3077; Kirchner (1969) Nr. 5853
Ausgabe: Reprint Nendeln (Liechtenstein) 1976

Wenngleich es sich bei den vorgenannten Zeitschriften um jeweils eigenständige Titel handelt und auch ein gewisser Wandel in der äußeren Form und im editorisch-publizistischen Stil vorliegt, empfiehlt es sich doch, sie zusammenhängend zu beschreiben, weil sie durch die Person des Herausgebers Wilhelm Ludwig Wekhrlin (1739–1792) gleichermaßen geprägt sind. Während die Herausgeber der anderen literarischen Zeitschriften häufig von einer poetisch-produktiven oder theoretisch-wissenschaftlichen Tätigkeit zum literarischen Journalismus gelangten, hat man bei Wekhrlin – ähnlich wie bei Chr. F. D. Schubart – immer im ursprünglichen Sinne von einem Journalisten gesprochen, einem »Journalisten im modernen Sinne« (Ebeling S. 61) zumal, der sich in kämpferischer Gesinnung als Advokat der Menschheit begriff. Er hat sich selbst einen »Priester der Publizität« genannt, »der, ohne Galle und ohne Lohn, seine Feder dem heiligen Beruf der Menschenliebe weiht; der keine andere Leidenschaft hat, als Wahrheit, und keinen andern Trieb, als das ihm von den Göttern verliehene Talent zum Dienst seines Nächsten anzuwenden«. (Hyperboreische Briefe, I, 1, S. 21). Mit der Publizität datierte er »die Epoche der wahren Völkerfreiheit« (ebda. S. 18) und die Pressefreiheit nannte er »die gröste Stüze des gesellschaftlichen Sittensystems; denn sie zieht Verbrechen ans Licht, welche sonst ungestraft blieben, weil sie außer dem Gesichtskreise der Polizei liegen, welche sich nur mit den positiven Gesezzen befaßt. Sie ists, welche es auf sich nimmt, das schönste Amt der Sterblichen, die Gerechtigkeit über das *Verbrechen verlezter Menschheit*, zu verwalten. – Weit und sicher trift ihr Arm. Jener, der das Brenneisen des Scharfrichters nicht fürchten würde, weil er den Flek mit einem sammetnen Kleide bedeken kan, zittert vor dem Gänsekiel, der ihn mitten auf die Stirne stämpelt«. (ebda. S. 20 f.) Hier wird Journalismus ausdrücklich zum »Tribunal« erklärt: »unbestechlicher als das Höllengericht wacht [es] über die Rechte der Menschheit, nimmt den Armen, den Hilflosen gegen das Gesezz des Stärkern in Schuz. Es zieht die Narren vor Gericht ... und überliefert sie der öffentlichen Verachtung. – Das Schlimmste, was einem Mann, er sei Schurk oder Honnethomme, begegnen kann.« (ebda. S. 19)

Dieses, um die Wirkung des Öffentlichen wissende publizistische Engagement fand, wie schon die negativen Folgen für Wekhrlin schließen lassen, erhebliche Resonanz. »Feinde wie Freunde«, so ist behauptet worden, »stürzten gierig über seine Hefte her, es gab kein Cabinet, keine Amts- und Arbeitsstube, keinen Ort, wo sie nicht gelesen worden wären. So weit die deutsche Zunge reichte, kannte man sie.« (Ebeling S. 90) Dies dürfte jedoch weit überzogen sein, zumal es am wünschenswert präzisen Beleg durch gesicherte Auflagenzahlen ganz fehlt. Aber es gibt für die Wirkung zumindest zeitgenössische Zeugnisse, von denen hier nur A. G. F. Rebmann zitiert sei, der in seinem periodischen Organ »Das neue graue Ungeheuer« (1794–1797) einen Titel Wekherlins wiederaufnahm und in dem ihm dort gewidmeten Nachruf schrieb: »mancher brave junge Mann erhielt durch Dich den elektrischen Stoß, durch welchen Du noch jetzt die Tyrannen und Blutegel der Menschheit aus ihrem Schlaf aufscheuchst. Märtyrer des Preßzwanges. – Für Dich würde ja jetzt, da die Wahrheit verpönt ist, ohnedies keine bleibende Stätte in Deutschland mehr sein!« Konnten angesichts der vorwiegend ins Politische ausgreifenden Intentionen die im engeren Sinne literarästhetischen Themen in Wekhrlins Publizistik nur eine Randstellung einnehmen, so ist diese allein schon wegen ihrer formalen Vielgestaltigkeit doch auch ein Beitrag zur Literatur.

Wilhelm Ludwig Wekhrlin, der noch aus der württembergischen Familie des frühen Barockdichters Georg Rudolph Weckherlin (1584–1651) abstammte, aus genealogischen Gründen für seinen Namen aber eine andere Schreibweise wählte, hat seinen Biographen manche Schwierigkeiten bei der erschöpfenden Rekonstruktion seines Lebensganges bereitet. Gesichert ist jedoch ein längerer Aufenthalt in Wien zwischen 1766 und 1776, als dessen Frucht 1776/77 anonym die »Denkwürdigkeiten aus Wien« erschienen sind, nach dem Urteil von G. Böhm noch eine »recht harmlose Touristenschrift« (S. 44). Mehr Aufsehen erregte schon das folgende Werk, »Des Anselmus Rabiosus Reise durch Ober-Deutschland« (1778), das scharf mit den politischen Verhältnissen in den süddeutschen Reichsstädten ins Gericht ging und dem Verfasser vor allem eine Ausweisung aus Augsburg eintrug. Wekhrlin wandte sich nach Nördlingen, wo er 1778 bei dem Verleger G. K. Beck seine erste journalistische Aufgabe übernahm, die Redaktion der zweimal wöchentlich erscheinenden Zeitung »Das Felleisen«, in deren erster Nummer es zur Ankündigung hieß: »Nicht die Absicht, die Anzahl der Zeitungen zu vermehren: sondern die gegründete Hofnung, dem Publikum eine neue und interessante Unterhaltung zu verschaffen, ist der Ursprung unserer Unternehmung. Die Zeitung, welche wir anmit ankündigen, wird einerseits die merkwürdigsten Staatsvorfälle, andererseits die neuesten Entdeckungen im Reiche des Geistes und der Menschheit enthalten. Sie wird also das seyn, was der Zweck aller Zeitungen seyn solle, nämlich – Zum Nutzen und Vergnügen.« Das im Titel das Motto »Inter Nubila Phoebus« tragende Blatt enthielt neben einer in Länderrubriken gegliederten politischen Berichterstattung auch mitunter schon eine Art Leitartikel sowie »gelehrte Anmerkungen«, literarische Neuigkeiten, Rezensionen, Anekdoten und Erzählungen – im Kern eine Feuilletonsparte. Darin läßt sich im Ansatz bereits Wehrlins editorisch-publizistischer Stil beobachten. Auch sein journalistisches Ethos ist hier schon angelegt. »In so fern ein Zeitungsschreiber«, so heißt es in der Nummer vom 19. Mai 1778, »der Spion des Publici ist, so ist er nicht nur verbunden, demselben von allen merkwürdigen Vorfällen Nachricht zu geben, sondern es auch vor den falschen Begriffen zu warnen, die ihm durch die Corruption der Schriftsteller unseres Jahrhunderts über die Auftritte, so sich unter seine Augen stellen, beygebracht werden könnten.«

Noch bevor es schon bald zum Konflikt und zur Trennung zwischen Redakteur und Verleger aus Zensurrücksichten kam, war Wehrlin in das zu Nördlingen nahegelegene Örtchen Baldingen übergesiedelt, das zum Fürstentum Öttingen-Wallerstein gehörte. Von hier aus setzte er sein eigenes, über ein Jahrzehnt umspannendes periodisch-publizistisches Werk in Gang. Dieses hat er gelegentlich aus der abseitigen Lebenslage, in der er sich befand, begründet: »Diesem Umstand; dem engen Kreis worein ich eingeschlossen bin; dem Umgang mit mir selbst, ist man die *Chronologen* schuldig. Nicht aus dem rühmlichen Eifer der Welt zu nüzen, schreibe ich; noch aus jenem Wissenschafts[ehr]geiz, ohne welchen man eigentlich nie schreiben sollte. Das Schreiben ist bei mir eine [!] Bedürfniß, ein wahrer Drang des Müssiggangs.« (Chronologen 1780, V, 1, S. 4 f.) Diese angebliche Absichtslosigkeit dürfte angesichts des bisher Mitgeteilten nicht ohne Koketterie behauptet sein. Daß ihn aber außer der Suche nach Weltbezug ein elementares Ausdrucksverlangen leitete, hat er noch mehrfach bekundet: »Das Schreiben ist bei mir nicht Arbeit: es ist Nothdurft: es ist Seyn.« (ebda. 1781, X, S. 101) Wenn er überdies schon mit den ersten Heften Anlaß zu Mißverständnissen, Kritik und Widerspruch bot, so führte Wehrlin dies auch darauf zurück, daß er »in einen Endpunkt verschlossen [sei], der mich nicht des mindesten Umgangs mit kritischen Freunden theilhaftig macht; der mich des zur Verfassung guter Schriften so nothwendigen Hilfsmittels beraubt, meine Aufsäze einsichtsvollern Männern mitzutheilen, und mir ihr Urtheil auszubitten, [so] ists beynahe unmöglich, daß sich mein Genie nicht verirren, daß ich nicht zuweilen in Abwege, in Ausschweifungen, in Betisen verfallen sollte«. (ebda. 1780, V, 1, S. 6)

Der Inhalt der seit 1779 erscheinenden »Chronologen« sollte

»blos historisch« sein, d. h.: »denkwürdige Geschichtsfälle mit einem Raisonnement begleitet: historische Diskurse, Recensionen aus der neuesten Geschichte sc. sc.« (1779, I, 1, Voranmerkung). Dabei war der Plan weniger auf die abgelebte als »auf die neueste heutige litterarische und politische Geschichte« (ebda.) gerichtet. Dem Einwand, daß der Zeitschriftentitel »unverständlich, daß er unbestimmend sey« (1780, VII, Voranmerkung), begegnete Wekhrlin später durch den ergänzenden Hinweis, was mit »Chronologen« gemeint war: *»Jettons* (Spielpfennige) *an die Schnur der heutigen Geschichte.«* (ebda.) Beabsichtigt war demzufolge eine laufende, lockere Glossierung der zeitgenössischen Begebenheiten in Literatur und Politik, was entsprechende Information beim Verfasser voraussetzte. Dabei fehlte es jedoch nicht auch an älteren historischen Exempeln, die zum Erteilen aufklärerischer Lektionen geeignet waren. Denn dem politisch wie religiös radikalen Geist der deutschen Spätaufklärung kann man Wekhrlin zuordnen, obwohl ihn von seinen meisten anderen Vertretern unterscheidet, daß er keineswegs republikanisch, sondern durchaus monarchistisch und zentralistisch gesinnt war, was ihn z. B. den amerikanischen Unabhängigkeitskampf ablehnen ließ. Die Wertschätzung für den aufgeklärten Wiener Zentralismus Josephs II. hinderte freilich nicht, daß man auch dort gelegentlich eine seiner Zeitschriften verboten hat. Im übrigen sind, ähnlich wie bei Schubart, gewisse gedankliche Inkonsistenzen bei Wekhrlin durchaus nicht selten.

Mit dem ihm eigenen kritischen Freimut begann Wekhrlin in den »Chronologen« den publizistischen Kampf gegen alle Symptome der Intoleranz und wandte sich insbesondere gegen Inquisition und Folter, Hexenwahn und Machtmißbrauch, Korruption und Fanatismus, geistige Verfolgung und Despotie. Er setzte sich ein für Aufklärung und Philantropie, Glaubensfreiheit und Toleranz, für Gerechtigkeit und sozialen Ausgleich. Behandelt wurden unter diesen Aspekten Fragen des Staatsrechts, der historischen und aktuellen Politik, mehrfach vor allem Verfehlungen der Kriminaljustiz. Hinzukamen Reisebeschreibungen, Sittenschilderungen, Reflexionen. Zwar wurden auch manche literarischen Moderscheinungen wie das Theaterfieber und die Dramenmanie aufgegriffen oder die Verteidigung Voltaires gegen seine neueren Kritiker in Deutschland aufgenommen. Doch sonst blieben die literarischen Themen als bloßes »Schnitzwerk« (vgl. Ebeling S. 84) am Rande. Zahlreich sind die Formen, in denen Wekhrlin abwechslungsreich seine Gegenstände abhandelte: Da sind Allegorien, Beschreibungen, Briefe, Dialoge, Fabeln, Feuilletons, Erzählungen, Epigramme, Gedichte, Märchen, Miniaturen, Nekrologe, Pamphlete, Parodien, Reiseberichte, Rezensionen, Satiren und biographische Skizzen. Als didaktische Lehrbeispiele waren außerdem besonders Anekdoten bevorzugt. Gemeinsam ist all diesen Formen eine oft sprachlich derbe, sprunghafte, mitunter fast aphoristische, ironisch-witzige Stilfügung. Von einem »Mischmasch von fremden Wörtern und harten Ausdrücken« (1781, X. S. 101) hat Wekhrlin selbst gelegentlich im Hinblick auf seinen Stil gesprochen.

Nachdem sich Wekhrlin mit seinen »Chronologen« stark an einem französischen Vorbild, den »Annales politiques, civiles et littéraires du dix-huitième siècle« (1777 ff.) des Henri Linguet orientiert hatte, was ihm sogar den Vorwurf des plagiativen Journalismus eintrug (vgl. Böhm S. 8), wurde am Ende des zwölften Bandes eine »neue, solidere Unternehmung« (1781, XII, Der Chronologen Parentation) angekündigt, welche »bei verändertem Titel, periodisch wie die vorige, aber origineller sein wird. Ich werde mich nicht mehr so ängstlich an Politik und Geschichte klammern, sondern zuweilen ins Gebiet der leichtern Musen streifen. Außer den itztbemelten zwo Materien werden also auch die Philosophie und die schönen Wissenschaften eintretten...« (ebda.)

Wekhrlin wählte dazu einen noch befremdlicheren Titel: »Vergebens würde man unter dem Nahmen, den ich ihnen [den Blättern] gebe, etwas Reissendes, etwas Giftiges suchen: diesmal ist er ein simpler Ton der Natur. Man weis nehmlich, warum ich schreibe: mein Bekenntnis ist abgelegt: weil ich, Dank den Göttern! wenig Talent auszubreiten, keine Lehrsäze zu behaubten, kein System zu vertheidigen, keine Fehden abzumachen, und lediglich Nichts von meiner Person zu sagen habe.« (Das graue Ungeheur, I, 1, S. 5 f.) Daß dies eher selbstironisch als wörtlich zu nehmen ist und der Herausgeber durchaus ernsthafte Motive besaß, darauf deutet die wenig später anschließende Äußerung: »vielleicht eine oder die andere rare Thatsache, eine neue Reflexion, eine besondere Wahrheit ans Licht bringen: hier ist mein Sinn.« (ebda. S. 8) Dazu erhob Wekhrlin einen »antizipatorischen« Anspruch: »es gehört nicht viel Verstand dazu, von der herrschenden Meinung zu seyn: aber es verräth ein großes Maaß, von einer Meinung zu seyn, wozu sich die Welt nach dreissig Jahren bekennen wird.« (ebda. S. 9)

Thematisch war der Inhalt der Zeitschrift nicht weniger breit gestreut als bei den »Chronologen«. Das Motto »quaerens quem devoret« gab den Ton an. Behandelt wurden in zumeist kürzeren Beiträgen religiöse, philosophische, politische und soziale Fragen, Vorfälle in Staat, Justiz, Finanzwesen, Gesellschaft, dazu vor allem neuere Erfindungen und Entdeckungen sowie die den Journalisten bewegenden Themen der Publizität und der Pressefreiheit. Zunehmend bezog Wekhrlin Beiträge auswärtiger Mitarbeiter ein, die als »anonym« gekennzeichnet wurden. Der von solchen Mitarbeitern getragene Inhalt wuchs insbesondere zu jener Zeit, als Wekhrlin im Mai 1787 wegen einer Schmähschrift (»Pips von Hasenfuß«) gegen den Nördlinger Bürgermeister verhaftet worden und auf der Wallersteinischen Besitzung Schloß Hochhaus festgesetzt worden war. Hier verbrachte er fünf Jahre, ohne daß es zu einem Prozeß oder zu einer Verurteilung gekommen wäre. Nicht zuletzt, weil er von hier aus »Das graue Ungeheur« fortsetzen konnte, hat man immer auf eine relativ milde Haft geschlossen, zumindest unvergleichlich mit Schubarts Einkerkerung auf dem Hohenasperg.

Mit seinem dritten Journal, den »Hyperboreischen Briefen« wechselte Wekhrlin 1788 die Darstellungsform. Er wählte die Einkleidung eines Briefwechsels, »weil sich das Ding leicht weglesen lassen soll« (1788, I, S. 10) Das Attribut »hyperboreisch« bezog sich unmittelbar auf die vorangegangene Zeitschrift: »weil die Alten behaubten, das Geschlecht der Hyperboreer sei aus einer Vermischung von Riesen und Zwergen entstanden; folglich eine andere Art von Ungeheurn.« (ebda.) Mit diesem Organ, so hat man gemeint, habe Wekhrlin »der herrschenden Mode der Musenalmanache Rechnung tragen wollen« (Böhm S. 220), denen es schon äußerlich mit kleinerem Format angeglichen erscheint, im Inneren etwa durch »das Persönliche des Briefstils und die tändelnde Ausdrucksweise«. (Fähler S. 21) Charakteristisch ist auch, daß als Verfasser des Briefwechsels zahlreiche fiktiv-phantastische Personen auftreten, teils mit antikisierenden (z. B. Philander, Troilus), teils mit erfundenen Namen (z. B. Lichtfreund, Wahrmund). Inwieweit sich dahinter feste Korrespondenten verbergen (vgl. Böhm S. 246), ist schwer zu entscheiden, zumal die Stilisierung relativ einheitlich erscheint. Die fiktive, noch an Rokoko und Anakreontik erinnernde Struktur der »Hyperboreischen Briefe« bedeutet nicht Verzicht auf aktuelle politische Bezüge, wenn man auch ein Hervortreten allgemeiner philosophischer Überlegungen feststellen zu können meinte. Immerhin werden im vorgezeichneten Rahmen als Themen nicht nur Gelehrtenrepublik und Magnetismus, die »Natur der Dinge« und der Wunderglauben, sondern auch Publizität und Pressefreiheit, der Negerhandel sowie – im positiven Sinne – die ersten Konsequenzen der Französischen Revolution erörtert.

Bei dem letzten genannten Titel, den »Paragrafen«, handelt es sich nicht mehr um ein eigentlich periodisches Werk. Nur zwei Bändchen sind erschienen und man hat deshalb auch bloß von einer »Anthologie von Feuilletons, Essais, Aufsätzen und Abhandlungen« (Fähler S. 22) gesprochen. Doch angesichts von Wekhrlins übrigem Zeitschriftenjournalismus wird man die »Paragrafen« doch als dessen letzte Ausläufer betrachten dürfen. Der Titel steht für »ein kurzes Stück Prosa« (Fähler S. 22) und kommt in diesem Sinne schon im »Grauen Ungeheur« vor. In der Vorrede zum ersten »Paragrafen«-Bändchen heißt es zur Erläuterung: »Wenn man sich bei seinen Freunden im Andenken erhalten; wenn man nur durch kleine Züge gefallen möchte, wobei sich bequem denken läßt; mit Einem Wort, wenn man auf Mehr nicht Anspruch macht als, zuweilen an der Tafel oder auf dem Schäferbett angeführt zu werden: so schreibt man – Paragrafen.« (1791, I, S. 5 f.)

In der Bewertung dieser inhaltlichen wie formalen Beiläufigkeiten sind die Wekhrlin-Biographen jedoch uneins. Während F. W. Ebeling in ihnen »ein seltsames Gemisch von Gedankentiefe und attischem Salz einerseits, Wiederholungen und Schalkheiten andererseits« (S. 89) sah, glaubte der eher kritische G. Böhm »in den ›Paragrafen‹ in litterarischer und stilistischer Beziehung geradezu einen erheblichen Aufschwung gegen die ›Hyperboreischen Briefe‹ erblicken zu dürfen. Die Beiträge derselben haben nichts von dem Kränklichen der Kellerpflanzen an sich, und einzelne graziöse und pathetische kleine Aufsätze dürfen sogar als Musterstücke für die Darstellungsweise des achtzehnten Jahrhunderts erklärt werden«. (S. 254) Doch kann die Virtuosität einzelner Beiträge kaum überdecken, daß die »Paragrafen« »keinen festen Plan für ihren Inhalt« haben: »Alles, was zu einer Betrachtung Anlaß gibt, ist willkommen. Politische Dinge sind mehr individuell, sind auf Ausschnitte und spezielle Ereignisse begrenzt, oft vom Biographischen hergeleitet.« (Fähler S. 22)

In seinem letzten Lebensjahr wurde Wekhrlin nochmals im Tagesjournalismus tätig, als er für kurze Zeit die »Ansbachischen Blätter« herausgab. Doch war er hier »in die bescheidene Stellung eines bloßen Redakteurs der einlaufenden Nachrichten gedrängt« (Böhm S. 281), was ihm kaum mehr Gelegenheit bot, an seinen zuvor gepflegten journalistischen Stil anzuknüpfen.

Bei den im folgenden genannten, von Ebeling durch Handexemplare identifizierten und von Böhm ergänzten Kreis von Mitarbeitern an Wekhrlins Zeitschriften, ist es gelegentlich zweifelhaft, inwieweit es sich tatsächlich um eigene Mitarbeiter und Korrespondenten handelt oder nicht um Autoren, von denen Wekhrlin anderweitig bereits publizierte Beiträge bloß nachgedruckt hat.

Mitarbeiter u. a.: B. Andreß, K. F. Bahrdt, E. Beck, K. Th. Beck, Chr. G. Boekh, J. W. Brenk, G. A. Bürger, G. W. Dachsberg, M. Denis, Chr. K. W. v. Dohm, A. Drexel, G. Forster, G. F. W. Großmann, L. L. Haschka, J. M. Hassencamp, J. Chr. G. König, G. Chr. Lichtenberg, B. Mayr, F. Frhr. v. Meggenhofen, J. H. Merck, J. v. Müller, C. F. W. Nopitsch, G. J. Planck, K. L. Reinhold, Herzog Karl zu Sachen-Meiningen, M. Sailer, J. G. Salzmann, J. A. Schlettwein, G. A. Schlözer, L. Schubart, J. H. Schulz, J. Chr. E. v. Springer, J. A. v. Stark, J. B. Strobl, M. A. v. Thümmel, A. Weishaupt, L. v. Westenrieder, A. Zaupfer.

Literatur: Friedrich W. Ebeling: Wilhelm Ludwig Wekhrlin. Leben und Auswahl seiner Schriften. Zur Culturgeschichte des 18. Jahrhunderts. Berlin 1969. – *Gottfried Böhm:* Wilhelm Ludwig Wekhrlin (1739–1792). Ein Publizistenleben des achtzehnten Jahrhunderts. München 1893. – Ludwig Wekhrlin. Publizist. 1739–1792. In: Schwäbische Lebensbilder. Hrsg. v. *Hermann Haering* u. *Otto Hohenstatt.* Bd. 2. Stuttgart 1941. S. 468–480. – *Ruth Fähler:* Wekhrlin als Feuilletonist. Diss. Münster 1947. – *Paul Reimann:* Wilhelm Ludwig Wekhrlin (1739–1792). In: Weimarer Beiträge 1 (1955) S. 5–17. – *Peter Lahnstein:* Wilhelm Ludwig Wekhrlin. In: *P. L.:* Schwäbische Silhouetten. Stuttgart 1962. S. 40–54. – *Till Grupp:* Wilhelm Wekhrlin. Versuch über einen vergessenen Publizisten. In: Publizistik als Gesellschaftswissenschaft. Internationale Beiträge. Hrsg. v. *Hansjürgen Koschwitz* u. *Günter Pötter.* Konstanz 1973. S. 131–145.

Ephemeriden der Menschheit
oder
Bibliothek der Sittenlehre und der Politik
[Ab Heft 2]
Der Sittenlehre, der Politik und der Gesetzgebung
1776–1778, 1780–1784, 1786

Hrsg.: Isaak Iselin [Ab 1782: Wilhelm Gottlieb Becker]
Erscheinungsweise: monatlich
Basel: Schweighauser [Ab 1780 Leipzig: Weygand; 1785 Leipzig: Göschen]
Umfang: 5–8 Bogen

Bibliographischer Nachweis: Diesch Nr. 1047, Kirchner (1932) Nr. 1570; Kirchner (1969) Nr. 4492
Standort: Universitätsbibliothek Marburg (Sign.: I C 111)

Diese Zeitschrift auch den Nationaljournalen zuzurechnen, mag fragwürdig erscheinen, denn schon der Titel enthält den Hinweis, daß hier die Menschheit als eine Einheit jenseits aller nationalen Grenzen anvisiert ist. Doch scheint es auch nicht unangemessen, das Organ gewissermaßen als ein »kosmopolitisches Nationaljournal« zu bezeichnen, als Organ einer geistigen Haltung, der sozusagen die gesamte Menschheit zur Nation wird. In diesem Sinne ist es ein typisches Produkt des aufklärerischen Weltbürgertums, obwohl zumindest anfänglich spezifisch schweizerische Komponenten nicht zu übersehen sind. Nur unter dem Aspekt des thematisch breit angelegten Nationaljournals ist die Berücksichtigung der Zeitschrift hier auch angebracht, weil in ihr ein literarischer Gehalt i. e. S. nur am Rande gegeben ist. Vielmehr widmet sich das periodische Werk in erster Linie den im Untertitel genannten Gebieten der Sittenlehre, Politik und Gesetzgebung und verkörpert damit in besonderer Weise jene zeitbezogenen, praktisch-politischen Antriebe, deren Vordringen nach Robert Prutz einen grundlegenden Wandel der deutschsprachigen Publizistik in den siebziger Jahren herbeiführte. Da die »Ephemeriden der Menschheit« überdies zu den für die damalige geistige Diskussion »führenden Zeitschriften Deutschlands« (Im Hof S. 64) gehörten und ihr Herausgeber auf Geschichtsphilosophie und literarisches Räsonnement der Zeit einflußreich gewirkt hat, verdienen sie im vorliegenden Band erwähnt zu werden.

Die Zeitschrift hat ihren geistigen Wurzelgrund in den schweizerisch-philantropischen Bestrebungen, in denen der Herausgeber, der Baseler Ratsschreiber Isaak Iselin (1728–1782) verankert war. Im Jahre 1762 war er bereits Mitbegründer der »Helvetischen Gesellschaft zu Schinznach« und in den folgenden Jahren hat er immer wieder zur Gründung weiterer gemeinnütziger Gesellschaften aufgerufen. Im Zusammenhang dieser Bemühungen stehen auch publizistische Pläne, die, anstelle eines zunächst geplanten deutsch-französischen Organs, zur Edition der »Ephemeriden« seit 1776 führten.

Für deren publizistischen Plan ist die Vorstellung richtungweisend, »daß die Glückseeligkeit aller auf dieser Erde lebenden Menschen ein Ganzes ausmacht, von welchem jeder Theil mit allen übrigen in den engesten Verhältnissen stehet«. (1776, I, S. 1 f.) Entgegen aller nationalen Beschränktheit und

Ethnozentrik wird behauptet: »Es ist deshalben wahren Menschenfreunden nichts fremd, was noch so fern von ihnen in denjenigen Sachen vorgehet, welche die Glückseeligkeit der Menschen ihrer Brüder vermehren oder vermindern können. Und ein Werk, welches von den Veränderungen dieser Art die sich in der Welt eräugnen, so viele und so zuverlässige Nachrichten ertheilet, als es seinen Verfassern möglich ist, soll denselben ohne Zweifel sehr angenehm seyn.« (ebda. S. 3)

Demzufolge war es erwünscht, »von Versuchen, von Vorschlägen, von Unternehmungen belehrt zu werden, welche andre an verschiedenen Orten zum Besten ihrer Mitbürger und des ganzen menschlichen Geschlechts entwerfen«. (ebda.) In typisch aufklärerischem Fortschrittspathos hieß es ferner, »daß es unmöglich ist die Masse des menschlichen Elendes beträchtlich zu vermindern, wenn nicht durch die Ausbreitung eines bessern Lichtes derjenige Theil der Menschen davon befreyet wird, welcher des Nachdenkens fähig ist«. (ebda. S. 4) Dabei war dies aber nicht als ein Vorgang bloß intellektuell-theoretischer Aufklärung zu verstehen, sondern als ein Vorgang mit praktischen politischen Konsequenzen: »Die Erleuchtung der Menschen über ihre Anliegenheiten wird Tyrannen und schlimmen Ministern die Unterdrückung ihrer Mitmenschen immer schwerer machen; und sie wird guten Fürsten die Beförderung der allgemeinen Glückseeligkeit in eben demselben Maasse erleichtern.« (ebda.)

Dieses publizistische Programm fand redaktionell in drei festen Rubriken Ausdruck, womit sich Iselin, wie schon mit seinem Titel, unmittelbar an ein französisches Vorbild anschloß, die »Ephémerides du citoyen«, welche die französischen Physiokraten 1765 bis 1772 mit dem Untertitel »bibliothèque raisonnée des sciences morales et politiques« herausgegeben hatten. Die erste Rubrik bot jeweils »Abhandlungen«, sollte »dogmatisch seyn und ist bestimmet die Grundsätze aufzuheitern und auszubreiten, durch deren Befolgung die wahre Glückseeligkeit des einzelnen Menschen und der ganzen Gesellschaft befestiget und vermehret wird«. (1776, I, Nachricht) Der zweite Teil brachte kritische Nachrichten, d. h. Rezensionen, auch Auszüge von Büchern, »welche über diese wichtigen Angelegenheiten des menschlichen Geschlechtes geschrieben worden sind«. (ebda.) Der dritte Teil (»Historische Nachrichten«) sollte schließlich »historisch seyn, und so viel es den Herausgebern möglich seyn wird, von allem demjenigen Nachricht ertheilen, was zur Erhöhung des menschlichen Wohlstandes von Fürsten und Privatpersonen unternommen und vollzogen wird, und was sonst in dieser Art vorgehet. Auch wird man oft Vergleichungen alter und neuer Sitten und des Zustandes gewisser Völker in den verschiedenen Zeitpuncten ihrer Geschichte darinn finden«. (ebda.)

Inhaltlich war die Zeitschrift damit »von einem allgemeinern Umfange ... als die französischen Ephemeriden« (1776, I, S. 11), die sich auf ökonomische Themen beschränkten. Dagegen sollten es jetzt »Ephemeriden der ›Menschheit‹ sein, nicht des Bürgers allein« (Im Hof S. 65). Zwar nahmen die Beiträge ökonomischen Charakters aufs ganze gesehen immer noch einen größeren Raum ein, doch hinzukamen auch pädagogische, philosophische, religiöse, juristische, soziale und allgemeine politische Fragen. »Aus dem Programm Iselins«, so stellt Ulrich Im Hof fest, »ergab es sich, daß unter dem Thema ›Sitten‹ auch etliche kulturhistorische Nachrichten in den ›Ephemeriden‹ figurieren. In diesem Sinne fanden Fragen der Kunst und Dichtung, auch wenn sie nicht pädagogisch motiviert waren, Eingang«. (ebda. S. 66)

Iselin sah sich bereits Ende 1778 aus verschiedenen Gründen gezwungen, die Zeitschrift aufzugeben, doch entschloß er sich auf vielfach geäußerten Wunsch, die Zeitschrift seit 1780 fortzusetzen, jetzt im Leipziger Verlag Weygand. Als der Herausgeber bereits 1782 starb, übernahm der sächsische Archäologe und Unterhaltungsschriftsteller Wilhelm Gottlieb Becker (1753–1813) die Redaktion des Journals. Er führte das Organ zunächst bis Ende 1784 weiter. Wegen einer längeren Italienreise kam es im folgenden Jahr zu einer Unterbrechung, doch erneuerte Becker 1786 noch einmal das Werk, brachte es aber nicht mehr über zwölf Hefte hinaus, deren beiden letzte sogar erst im Spätjahr 1787 erschienen. »Es ist«, so schrieb Becker entschuldigend zum Abgesang des Journals, »eines der ältesten dieser Art, und hat andern die Bahn gebrochen: daher ist es auch billig, daß es früher als andre wieder abtritt, zumal da es nun entbehrlich geworden ist.« (1786, XII, S. 682)

Iselin war nicht nur Herausgeber der »Ephemeriden der Menschheit«, sondern verfaßte auch zahlreiche Beiträge selbst (vgl. Im Hof S. 258 ff.). Anfänglich wird das Organ überdies durch Beiträge J. G. Schlossers bestimmt, mit dem Iselin im Blatt eine Korrespondenz über die Philantropinen führte. In mehreren Fortsetzungen entwickelte Iselin programmatisch seinen »Katechismus des Menschenfreundes«. Später, vor allem unter Beckers Leitung, traten die Abhandlungen mitunter zurück, während der Anteil der Rezensionen, Auszüge und historischen Nachrichten zunahm. Neben Mitarbeitern, welche größere Beiträge lieferten, bedurfte die Zeitschrift auch der Korrespondenten, welche das Material für den dritten Teil zusammenbrachten: Nachrichten und Mitteilungen über sozial nützliche Verordnungen und Maßnahmen, »gute Taten«, Stiftungen, Beispiele von Gerechtigkeit und Toleranz, Berichte von Plänen, Preisausschreiben und Geschichten der gelehrten ökonomisch-patriotischen Gesellschaften zahlreicher Städte – dies alles ein Bild fortschreitender Aufklärung in Europa darbietend. Allerdings verlor das Blatt im Laufe der Zeit nicht nur seine ursprünglichen schweizerischen Elemente, sondern büßte auch etwas von der anfänglichen Linie ein, die sich in einer zuweilen etwas zusammenhanglosen Vielfalt verlor. Ohnehin mochten die politischen Verhältnisse manche Selbstbeschränkung des publizistischen Programms erzwingen, was W. G. Becker zu Beginn des letzten Jahrgangs immerhin zu einer flammenden Rechtfertigung des Unternehmens aus dem Geiste der Publizität veranlaßte, die sehr an Wekhrlin erinnert: »Publicität ist unstreitig eine aufklärende Sonne aller Finsternisse der Menschheit; sie bringt die Fehler, Gebrechen, Mißbräuche, Ungerechtigkeiten und Tiranneien gegen Unterdrückte ans Licht; sie verscheucht Vorurtheile, entlarvt den Betrug, macht den Pflichtlosen schaamroth, den unweisen Richter behutsam, und den Tirann feig; sie schärft des Kurzsichtigen Augen, reizt zur Thätigkeit, spornt zur Nachahmung, weckt Betriebsamkeit, befördert den Nahrungsfleiß, verbessert die Sitten, macht Gefühl des Menschenwerths rege, stärkt die Freiheitsliebe, und verbreitet Aufklärung und Glückseligkeit.« (1786, I, S. 5)

Mitarbeiter u. a.: W. G. Becker, R. Z. Becker, J. J. Bernoulli, J. L. Böckmann, J. G. Büsch, F. Ehrhart, J. M. Fleischmann, J. A. Güldenstädt, F. F. v. Herzberg, H. K. Hirzel, I. Iselin, J. E. Moerschel, J. v. Müller, S. Müller, H. Pestalozzi, F. Quesnay, J. A. Schlettwein, J. G. Schlosser, S. N. H. Singuel, J. v. Sonnenfels, N. E. Tscharner, P. F. Weddingen, Chr. H. Wolke.

Literatur: Hans Hubrig: Die patriotischen Gesellschaften des 18. Jahrhunderts. Weinheim 1957. – *Ulrich Im Hof:* Isaak Iselin und die Spätaufklärung. Bern, München 1967.

THEATER-JOURNAL FÜR DEUTSCHLAND
1777–1784

Hrsg.: Heinrich August Ottokar Reichard
Erscheinungsweise: monatlich geplant, dann unregelmäßig mehrere Hefte pro Jahr (= 22 Stück)

Gotha: Ettinger
Umfang: 6 Bogen
Bibliographischer Nachweis: Diesch Nr. 1798; Kirchner (1932) Nr. 1812; Kirchner (1969) Nr. 4170
Standort: Staatsbibliothek Preußischer Kulturbesitz Berlin (Sign.: Yp 1946)

Daß die Idee des Nationaljournals auch auf die Theaterzeitschrift übertragen wurde, mußte in den siebziger Jahren des 18. Jh.s naheliegen. Dabei bildete hier ein lokales Unternehmen den Ausgangspunkt.

Nach dem Weimarer Schloßbrand hatte sich die Schauspielertruppe des Abel Seyler zunächst nur für ein Gastspiel nach Gotha verpflichtet, doch wurde dort 1775 aus ihren verbliebenen Resten das Gothaische Hoftheater begründet, das bis 1779 bestand. Als künstlerischer Leiter wirkte der Schauspieler Konrad Ekhof, als organisatorischer Direktor wurde Heinrich August Ottokar Reichard (1751–1828) tätig, ein seinerzeit »durch vielseitige litterarische Thätigkeit bekannter Schriftsteller« (ADB 27, S. 625) mit einer Produktion, »die an Fruchtbarkeit ihres Gleichen sucht« (ebda.). Er sorgte nicht nur durch eine Reihe von Übersetzungen und Adaptierungen ausländischer Dramen für ein ausreichendes Repertoire, sondern gründete auch 1775 einen »Theater-Kalender«, der (außer 1795) bis 1800 alljährlich erschien und der »unter seinen theatralischen Schriften an erster Stelle genannt werden muß«. (Rupp S. 96)

Schon diesem »Theater-Kalender« wurde eine national kompensatorische Funktion aufgegeben: »Wir haben«, so hieß es in der ersten Vorrede, »sehr wenige Schriften über das deutsche Theater; und diejenigen, die wir besitzen, sind entweder zur allgemeinen Lectüre zu einseitig, oder zu kritisch. Im gegenwärtigen Werke hat man eine solche zu sammeln gesucht, die für den *Künstler* und den *Liebhhaber* der Kunst *gleich* brauchbar sei, und in Etwas den Mangel einer allgemeinen Bühne durch ein Ganzes von Nachrichten ersetzen helfe; da jene, bei der politischen Verfassung von Deutschland, vielleicht auf immer ein Unding bleiben muß« (zit. nach Selbstbiographie S. 126). Neben Theatergedichten und -nachrichten, biographischen und historischen Beiträgen, Anekdoten und dramaturgischen Aufsätzen enthielt der »Theater-Kalender«, in den späteren Jahren überhandnehmend, vor allem Verzeichnisse der in- und ausländischen Schauspielergesellschaften, der lebenden Mitglieder der deutschen Bühnen, der aufgeführten Stücke und Vorstellungen sowie der neuen Theaterliteratur im In- und Ausland. Zahlreiche Mitarbeiter, unter denen gelegentlich auch

M. Claudius, J. W. Goethe und Chr. M. Wieland auftreten, waren durch Beiträge oder Korrespondenzen Helfer des Unternehmens. Zumindest zeitweilig erwarb sich das Werk damit auch Zuspruch.

Dieser zeitweilige Erfolg des »Theater-Kalenders« mochte Reichard bestimmen, parallel dazu auch ein periodisch kurzfristigeres »Theater-Journal für Deutschland« herauszugeben, das zunächst monatlich geplant war, dann aber unregelmäßig in 22 Heften erschien. »An Umfang den Kalender relativ überbietend«, so konstatiert Rupp, »blieb das Journal an Bedeutung ersichtlich hinter ihm zurück.« (S. 128) In Zielsetzung und Inhalt folgte es ihm ohnehin deutlich nach: Am Beginn standen jeweils mehrere Theatergedichte oder -reden, Prologe und Epiloge, Gelegenheitspoesie zur Rühmung der Welt Thaliens. Es schlossen sich Auszüge aus Stücken oder kleinere Dramen an, so etwa von F. M. Klinger, K. W. Ramler, J. F. Schink und anderen. Hinzukamen ferner Aufsätze zur Geschichte des Theaterwesens sowie zu einzelnen dramaturgischen Fragen. Ein »Kritisches Verzeichnis der neuesten Theaterschriften« wurde wegen des Stoffumfangs bereits mit dem siebten Heft eingestellt.

Den Charakter eines Nationaljournals erhielt die Zeitschrift noch am ehesten durch ihr Bemühen, Beschreibungen der verschiedenen deutschen Bühnen und Schauspielergruppen zu liefern. Dazu trugen auch manche der »Auszüge aus Briefen« bei, mit denen die Hefte zumeist beschlossen wurden. Eigentümlich ist, daß das Organ gelegentlich unvollendete Aufsätze eingegangener anderer Blätter zu Ende führte. Besondere Erwähnung verdienen außerdem allenfalls die in mehreren Fortsetzungen abgedruckten »Briefe eines Schauspielers an seinen Sohn« des Dänen Knud Lyhne Rahbeck. Doch weder im nationalen Anspruch noch auf dramaturgischer Ebene erreichte das »Theater-Journal für Deutschland« damit eine Bedeutung, die es etwa mit Lessings vorangegangenen Blättern dieses Typs ebenbürtig erscheinen ließe. Lessing, von dem Auszüge aus der »Hamburgischen Dramaturgie« den »Theater-Kalender« eröffnet hatten und dessen Bildnis das Titelblatt zum ersten Heft des »Theater-Journals für Deutschland« zierte, blieb vielmehr die Leitfigur einer populär-epigonalen Nachfolgerschaft.

Mitarbeiter u. a.: G. W. Becker, J. Chr. Brandes, F. H. G. Frh. v. Drais, F. L. Epheu, J. Friedel, E. L. Hampel, A. L. Karsch, F. M. Klinger, F. Koch, J. Chr. Koppe, W. Chr. S. Mylius, L. Neumann, K. L. Rahbeck, K. W. Ramler, H. A. O. Reichard, J. Richter, E. F.

Rühl, F. Schalk, D. Schiebeler, J. F. Schink, H. G. Schmieder, H. W. Seyfried, F. J. H. v. Soden, Chr. A. Vulpius, Chr. J. Wagenseil, H. L. Wagner, A. G. Walch.

Literatur: ADB 27, S. 625 ff. – *H. A. O. Reichard.* (1751–1828). Seine Selbstbiographie überarb. u. hrsg. v. *Hermann Uhde.* Stuttgart 1877. – *Fritz Rupp:* H. A. O. Reichard. Sein Leben und seine Werke. Diss. Marburg 1911. – *Wilhelm Hill:* Die deutschen Theaterzeitschriften des achtzehnten Jahrhunderts. Weimar 1915.

JOURNAL VON UND FÜR DEUTSCHLAND
1784–1792

Hrsg.: Leopold Friedrich Günther von Goeckingk [Ab 1785 Philipp Anton Sigmund von Bibra]
Erscheinungsweise: monatlich
Ellrich: Selbstverlag [Ab 1785 o. O.: o. V.]
Umfang: 5–6 Bogen
Bibliographischer Nachweis: Diesch Nr. 1039; Kirchner (1932) Nr. 2513; Kirchner (1969) Nr. 5653
Standort: Universitätsbibliothek Erlangen (Sign.: Ztg. IV, 6)

Kaum ein anderes der hier genannten Nationaljournale ist mit einem ähnlich universellen, über das Literarische hinausgehenden Anspruch aufgetreten wie dieses. Daß unter den zahlreichen Blättern hierzulande bislang »nicht eins [sei], wodurch zunächst die verschiedenen, durch besondere Regenten von einander abgesonderten grossen und kleinen Staaten Deutschlands, in kleinen Vorfällen sc. mit einander bekannter würden« (1784, I, Plan zum gegenwärtigen Journale vom 8ten May 1783), dieser Gedanke bestimmt auch seinen Ausgangspunkt. Doch waren die äußeren Voraussetzungen zur Realisierung des Unternehmens denkbar ungünstig.

Leopold Friedrich Günther von Goeckingk (1748–1828), der dem Halberstädter Dichterkreis und dem Göttinger Hainbund nahestand, in den Jahren 1776 bis 1778 den Göttinger »Musenalmanach« betreute und selbst vor allem durch seine »Lieder zweier Liebenden« (1777) literarisch bekannt wurde, mußte sein periodisches Organ von dem kleinen Harzstädtchen Ellrich aus ins Werk setzen, wo er als Kanzleidirektor tätig war. Doch fehlten ihm nicht nur die immateriellen Vorteile und das geistige Klima eines kulturell anregenden Standortes; vielmehr war er zur Herstellung und zum Vertrieb auch auf den Selbstverlag angewiesen, was zusätzliche organisatorische und ökonomische Schwierigkeiten bereitete. Angesichts der Mühen, seiner Zeitschrift sowohl die Inhalte wie die Resonanz beim Publikum zu verschaffen, zeigte sich Goeckingk schon bald überfordert, so daß er das

Unternehmen bereits nach einem Jahr dem Domkapitular und Regierungspräsidenten Philipp Anton Sigmund von Bibra (1750–1803) in Fulda überließ. Gleichzeitig wurde die Übernahme des Debits durch den Nürnberger Buchhändler E. Chr. Gattenauer angekündigt.

Als Vorbild stand Goeckingk bei der Gründung seines publizistischen Unternehmens das englische »Gentleman's Magazine« vor Augen, das seit 1731 in London erschien. Daß ein solches Periodikum in Deutschland bis dahin nicht existierte, führte er wiederum auf das Fehlen eines vergleichbaren politisch-kulturellen Zentrums zurück. Um so notwendiger mußte ein entsprechendes Organ erscheinen, dessen redaktioneller Plan dort in den Grundlinien vorgezeichnet war. Das Blatt sollte daher nach Art des Vorbilds enthalten: Ein Verzeichnis von Getreidepreisen in den wichtigsten Städten Deutschlands, ein meteorologisches Tagebuch, eine Dokumentation der in Deutschland aufgeführten dramatischen Stücke, Nachrichten von Beförderungen und Konkursen, Mitteilungen aus Handschriften, Preisaufgaben, Ankündigungen gelehrter und literarischer Neuerscheinungen, Edikte und Verordnungen, verschiedene Arten von Populationslisten, inhaltliche Übersichten der wichtigsten Journale sowie eine zeitgeschichtliche Chronik. Diese Themenbereiche stellten zugleich regelmäßige Rubriken dar.

Doch damit nicht genug. Beabsichtigt war ferner, durch Nachrichten, Beschreibungen und Abhandlungen »die in einem so weiten Reiche zerstreuten merkwürdigen Deutschen und Deutschlands Merkwürdigkeiten bekannter zu machen...« (1784, I, Plan...) Es sollte demzufolge »künftig in Deutschland nicht viel Merkwürdiges geschehen könnnen, wovon in diesem Journale nicht einige Nachricht ertheilt« (1784, I, Vorbericht) würde, wobei »alles, was die Menschheit interessirt« (1784, I, Plan...), Aufmerksamkeit erwarten konnte. Damit dachte Goeckingk auch an ganz bestimmte Zielgruppen, z. B. die Deutschen, die sich außer Landes aufhielten und die Ausländer, welche der deutschen Sprache mächtig waren und mit den Verhältnissen des Landes vertrauter werden wollten.

Welcher Art die von Korrespondenten ersuchten »Merkwürdigkeiten« sein sollten, deutete der Herausgeber auch an: Abschriften aus gelehrten Briefwechseln, Manuskripte aus Privatbibliotheken, topographische Schilderungen und Reisebriefe, Nachrichten von Geburten, Heiraten, Todesfällen, Anekdoten großmütiger Taten, Mitteilungen von sozialen Fortschritten, Beschreibungen von seltenen Büchern, Altertümern, Gemälden, Naturerscheinungen, eigentümlichen Inschriften, Schilderungen von Unglücks- und Kriminalfällen sowie von Rechtsprechungen, schließlich auch Sammlung von Zeugnissen des Aberglaubens, seltsamer Gewohnheiten und Lebensumstände. Hinzukamen später noch als eigene Rubriken Anfragen, Beantwortung von Anfragen und Berichtigungen. Als Idee stand hinter dem ganzen Unternehmen die Vorstellung, dadurch die Aufklärung zu fördern, Vorurteile, Mißbräuche und Laster zu entlarven und damit dem gesellschaftlichen Fortschritt zu dienen.

Dieses enzyklopädisch-umfassende Programm eines Gesamtüberblicks über das öffentliche Leben in Deutschland war, wie schon der editorische Nachfolger Sigmund von Bibra festgestellt hat, »zu collosalisch ... und in Deutschland schlechterdings nicht ausführbar...« (1788, I, Vorbericht des Herausgebers). So hat dieser alsbald Einschränkungen vorgenommen und Abstriche gemacht, ohne jedoch Goeckingks Anlage grundsätzlich zu verändern. Inhaltlich wurde das Blatt durch Bibra »nach und nach zur Zeitschrift der gemäßigten katholischen Aufklärung« (Hofstaetter S. 228), was sich zumal in der in den späteren Jahrgängen einsetzenden Gegnerschaft zur französischen Revolution ausdrückt. Dabei geriet die Zeitschrift ohnehin »in eine ihr abträgliche Wettbewerbsnähe zu den Zeitungen«. (Max S. 144) Im wesentlichen bestand sie aus dem Nach- oder Abdruck zahlloser Korrespondenzen, d. h. aus der Kompilation von Informationen, vergleichbar vielleicht einer heutigen überregionalen Tageszeitung. Eine gewisse Nähe ist äußerlich auch daran bemerkbar, daß das Blatt trotz zeitschriftengemäßen Umfangs im Quartformat erschien, zweispaltig gedruckt war und meist kürzere Artikel enthielt.

Der eigentlich literarische Inhalt der Zeitschrift konnte demnach im ganzen nur begrenzt sein. Schon Goeckingk hatte angekündigt, daß – wiederum nach Art des »Gentleman's Magazine« – Rezensionen und Gedichte keine stehenden Rubriken bilden sollten. Immerhin wurde im ersten Jahrgang aber in mehreren Fortsetzungen G. A. Bürgers Übersetzung von Homers »Ilias« abgedruckt. Auch später fehlte es nicht an literarischen Beiträgen, wenngleich poetische Beispiele eher selten blieben oder allenfalls zitiert wurden und es sich dabei vorzugsweise noch um Produkte der didaktisch-aufklärerischen Literatur handelte. Zum literarischen Anteil lassen sich ferner nicht nur die Ankündigungen von Neuerscheinungen rechnen, sondern auch anderweitige Beiträge: Mehrfach finden sich Berichte von Lesegesellschaften, ein Verzeichnis der lebenden deutschen Schriftstellerinnen wird geliefert, andere literarische

Zeitschriften werden beobachtet, der Zustand der Künste erörtert. Weitere literarkritische und -historische Themen sind die Bardendichtung, die Faustsage in der deutschen Dichtung, die adäquate Übersetzung ausländischer Werke. Endlich wären noch sprachbezogene Beiträge zu nennen, z. B. Sammlungen von Provinzialismen und Idiotismen. Politischen Gehalt besitzt das Journal darüber hinaus in mehreren Aufsätzen zur Denk-, Rede- und Druckfreiheit sowie durch Bemerkungen zur Publizität, deren Aktualität seinerzeit auch dadurch bestätigt wird, daß das Blatt noch unter Goeckingks Leitung in einen ersten Konflikt mit politischen Instanzen geriet, auf den man sogar sein Ausscheiden als Herausgeber zurückgeführt hat. Auch Bibra verteidigte in den Einleitungen zu späteren Jahrgängen mehrfach die Idee der Publizität, wenngleich er dabei der Kritik doch vorsichtige Grenzen setzte.

Daß das »Journal von und für Deutschland« nicht »ohne ein Paar hundert durch ganz Deutschland zerstreute Correspondenten« (1784, I, Plan ...) bestehen konnte, dessen war sich Goeckingk durchaus bewußt. Zunächst sprach er von 80 vorhandenen Korrespondenten, doch suchte er aus anderen Städten weitere Mitarbeiter. Deren Namen sind infolge der Anonymität der Beiträge zum großen Teil unbekannt geblieben. Wenn trotzdem gelegentlich Autoren genannt werden, so handelt es sich zumeist offenbar um Zuschriften, die Erwiderungen auf Artikel der Zeitschrift selbst darstellten. Auch die Reihe der von Beutler und GutsMuths in ihrer Bibliographie angeführten Namen dürfte bei weitem nicht vollständig sein. Später sind u. a. auch Friedrich Schiller Beiträge zu der Zeitschrift zugeschrieben worden.

Mitarbeiter u. a.: J. Chr. Adelung, G. H. Amelung, J. F. J. Bertuch, Ph. A. S. v. Bibra, P. Böhm, G. A. Bürger, W. J. Chr. G. Casparson, Chr. K. W. v. Dohm, S. J. Erhard, F. W. Eichholz, A. Elwert, J. F. Engelschall, B. Chr. Faust, L. F. G. v. Goeckingk, A. L. Karsch, J. F. Kinderling, I. Chr. Kraft, F. C. v. Moser, S. Münster, F. Nicolai, J. Ph. Ostertag, G. K. Pfeffel, J. J. W. Ramdohr, J. v. Sartori, F. Schiller, J. G. Schlosser, C. H. Schmid, Chr. F. D. Schubart, J. v. Sonnenfels, J. W. Treiber, G. Chr. Voigt, Chr. J. Wagenseil.

Literatur: Vgl. *Hubert Max* (1942); ADB 2, S. 614; ADB 9, S. 306 ff. – *Ernst Müller:* Schillers Beiträge in Göckingks »Journal von und für Deutschland«. In: Allgemeine Zeitung, Jg. 1899, Beilage Nr. 149, S. 5–7. – *Walther Hofstaetter:* Das Deutsche Museum (1776–88) und Das Neue Deutsche Museum (1789–91). Leipzig 1908. – *Fritz Kasch:* Leopold F. G. von Goeckingk. Marburg 1909. – *Max Braubach:* Die kirchliche Aufklärung im katholischen

Deutschland im Spiegel des »Journal von und für Deutschland«. In: Hist. Jb. 54 (1934) S. 178–220. – *Carl Wehn:* Der Kampf des Journals von und für Deutschland gegen den Aberglauben seiner Zeit. Eine volkskundliche Untersuchung auf geisteswissenschaftlicher Grundlage. Diss. Köln 1937. – *Juliane Breunig:* Das Journal von und für Deutschland 1784–1792. Eine deutsche Zeitenwende im Spiegel einer deutschen Zeitung. Diss. München 1941.

SCHWEITZERSCHES MUSEUM
1783–1790

Hrsg.: Johann Heinrich Füßli
Erscheinungsweise: monatlich
Zürich: Orell, Geßner, Füßli und Comp.
Umfang: 6 Bogen
Bibliographischer Nachweis: Diesch Nr. 1088; Kirchner (1932) Nr. 3465; Kirchner (1969) Nr. 1145
Standort: Bayerische Staatsbibliothek München (Sign.: Per. 165 i.)

[Forts. u. d. T.]

NEUES SCHWEITZERSCHES MUSEUM
1793–1794

Hrsg.: Johann Heinrich Füßli
Erscheinungsweise: monatlich
Zürich: Orell, Geßner, Füßli und Comp.
Umfang: 5 Bogen
Bibliographischer Nachweis: Diesch Nr. 1088; Kirchner (1932) Nr. 3465; Kirchner (1969) Nr. 1271
Standort: Staatsbibliothek Preußischer Kulturbesitz Berlin (Sign.: Ru 374)

Dem Titel nach erscheint diese Zeitschrift als eidgenössisches Gegenstück zum »Deutschen Museum«, wenngleich sie stärker als dieses sich der historischen Quellenforschung widmete und insofern ein Organ jener schweizerisch-patriotischen Bestrebungen war, die schon in der »Helvetischen Bibliothek« (1765 ff.) und in den »Ephemeriden der Menschheit« (1776 ff.) Ausdruck gefunden hatten.

Als Herausgeber ist hier Johann Heinrich Füßli (1745–1832) zu nennen, der in seiner weitgreifenden Tätigkeit die Aufgaben des Historikers, Schriftstellers und Politikers vereinigte. Seine geistige Entwicklung hatte vor allem noch J. J. Bodmer bestimmt, dessen Nachfolger als Professor der vaterländischen Geschichte und Politik er in Zürich auch wurde. Wesentliche Anregungen waren während eines Italienaufenthalts auch von J. J. Winckelmann ausgegangen.

Das »Schweitzersche Museum« diente Füßli nicht nur dazu, seine eigenen, auf ausgiebigem Quellenstudium beruhenden historischen Studien zu veröffentlichen, sondern es wurde zum Sammelbecken zahlreicher, der Förderung des eidgenösssischen Nationalgeistes verpflichteter Autoren. Die Ankündigung entwickelte dieses Programm in doppelter Weise: »Daß es in Prosa und Versen lauter Aufsätze enthalten soll, welche entweder Schweitzer zu Verfassern haben, um dadurch die Stuffe unsrer Cultur in verschiedenen Epochen zu bezeichnen; oder welche die Schweitz angehen (diese letzteren mögen nun von einheimischen oder ausländischen Schriftstellern herrühren) um damit die Kenntniß aller wißenswürdigen Dinge, die das Vaterland angehen, immer mehr auszubreiten, und die Liebe seiner Kinder für dasselbe, womöglich noch inniger und fester zu gründen.« (1783, I, S. III) Patriotismus, so hieß es zustimmend, sei nicht bloß eine Sache des Enthusiasmus, sondern bedürfe eines gründlichen Fundaments an Wissen. Dabei war inhaltliche Vielfalt durchaus beabsichtigt: »Gemeinnützigkeit muß das Ziel des Ganzen, aber es kann nimmermehr die Eigenschaft der einzelnen Theile seyn.« (ebda. S. IV)

Programmatisch setzte die Zeitschrift mit Füßlis Lebensbeschreibung J. J. Bodmers ein, die über mehrere Hefte fortgesetzt wurde. Indem er dazu »nebst einer Analyse seiner Schriften, den Kern seines sechzigjährigen Briefwechsels mit etlich hundert deutschen und helvetischen Männern« auswertete, ergab sich eine »fortlaufende Geschichte der deutschen Schönen Litteratur eines halben Jahrhunderts« (ebda. S. X). Später wurden auch sprach- und literargeschichtliche Beiträge aus Bodmers Nachlaß mitgeteilt, so daß dieser noch immer als die literarische Leitfigur erscheint. Im übrigen lag der inhaltliche Schwerpunkt aber, wie bereits vermerkt, im Historischen. Zahlreich sind die Auszüge aus Urkunden und Dokumenten, Schilderungen von politisch-militärischen Geschehnissen der Schweizer Geschichte, Abhandlungen über die politische Verfassung der schweizerischen Kantone und Städte sowie über die bürgerlichen, kirchlichen und sozialen Verhältnisse des Landes. Auch Reisebriefe und Sittenbilder dienten der aufgeklärten Selbstverständigung über den eigenen Nationalcharakter, entsprechende ausländische Urteile wurden zitiert oder widerlegt. Schließlich fehlte es nicht an theoretischen Beiträgen zur Moralphilosophie, Kritik, Altertumskunde und anderen Wissenschaften. Nicht selten wurden Reden abgedruckt, welche den Ruhm verdienter Männer feierten.

Auch in den poetischen Beiträgen der Zeitschrift herrscht die schweizerische Note vor, sei es in der Panegyrik auf bedeutende Eidgenossen, in vaterländischen Gesängen und Gesellschaftsliedern, sei es in der durch die spezifisch schweizerische Bergnatur und Seenwelt inspirierten empfindsamen Lyrik. Als bekannteste Autoren treten hier Friedrich von Matthison und Johann Gaudenz von Salis-Seewis hervor. Einen anderen Ton vermittelten dagegen die satirischen Fabeln G. K. Pfeffels. Eigens zu vermerken ist ferner, daß die Zeitschrift mit Ulrich Bräkers »Lebensgeschichte eines armen Mannes im Tockenburg«, die in mehreren Folgen veröffentlicht wurde, ein unvergängliches Stück Volksliteratur vor der Vergessenheit bewahrt hat, von welchem der Herausgeber meinte, es dürfte »diese Darstellung der Schicksale und des häuslichen Lebens eines ganz gemeinen aber rechtschaffenen Mannes mit allen ihren schriftstellerschen Gebrechen dem eint und andern Leser des Museums wohl so willkommen und vielleicht auch eben so nützlich seyn, als die mit Meisterhand entworfene Lebensbeschreibung eines grossen Staatsmannes oder Gelehrten«. (1787, II, S. 120) Wohl bewahrte die geographisch-kulturell begrenzte Zielsetzung die Zeitschrift nicht vor einer gewissen Provinzialität, aber darin ein eigenständiges Stück Welt zu beschreiben, hatte ja ausdrücklich in ihrer Intention gelegen.

Die Zeitschrift, deren erstes Heft im Juli 1783 herausgekommen war, erschien in Monatsheften bis zum Sommer 1787. Nach einer Unterbrechung von einem halben Jahr setzte Füßli das Organ bis Ende 1790 fort, als es vorläufig sein Erscheinen einstellte. Eine Wiederaufnahme unter dem Titel »Neues Schweitzersches Museum« erfolgte 1793/94.

Mitarbeiter u. a.: J. L. Am Bühl, J. M. Affsprung, J. A. F. Balthasar, Ph. S. Bridel, J. J. Beroldingen, J. J. Bodmer, C. v. Bonstetten, U. Bräker, F. Brun, J. Brunner, J. Bürkli, G. Escher v. Berg, J. C. Fäsi, G. Fießinger, C. Fischer, J. H. Füßli, J. Grob, F. L. Haller, L. L. Haschka, J. J. Hegner, J. G. Heinzmann, H. C. Hirzel, S. Hirzel, J. A. Höpfner, J. Hottinger, W. Huber, I. Ith, J. C. Keller, H. Korrodi, H. L. Lehmann, F. U. Lindinner, J. Lüthi, F. Matthison, F. G. Mazewski, L. Meister, N. F. v. Mülinen, J. G. Müller, J. Th. Müller, J. H. v. Orell, J. C. Ott, J. H. Pestalozzi, G. K. Pfeffel, J. F. Ratschky, K. F. Reinhardt, J. G. v. Salis-Seewis, J. H. Schinz, G. L. Schnell, L. F. Schmidt, J. G. Schultheß, G. L. Spalding, F. G. Stäudlin, Chr. zu Stolberg, J. Chr. Tobler, J. B. v. Tscharner, M. Usteri, J. W. Veith, H. Waser, A. L. v. Wattenweil, J. H. Wyß, C. Zay, K. F. Zimmermann, Chr. Zollikofer.

Literatur: ADB 8, S. 263 ff. – *Carl Ludwig Lang:* Die Zeitschriften der deutschen Schweiz. Bis zum Ausgang des 18. Jahrhunderts. (1694–1798). Leipzig 1939. – *René Salathé:* Die Anfänge der historischen Fachzeitschrift in der deutschen Schweiz (1694–1813). Diss. Basel 1958. Basel 1959.

6. Sonstige Zeitschriften der literarischen Aufklärung

Ist im vorliegenden Band bisher versucht worden, die literarischen Zeitschriften des 18. Jh.s zu einzelnen, möglichst geschlossenen Gruppen zusammenzufassen, so kann dies für die im folgenden beschriebenen periodischen Organe am wenigsten oder nur mit erheblichen Einschränkungen behauptet werden. Denn weder eine ähnlich enge personelle Verbindung noch ähnlich gemeinsame programmatische Grundsätze liegen hier vor, weshalb man auch nicht von einer eigentlichen Gruppenbildung sprechen kann. Manche der verzeichneten Titel ließen sich vielleicht unschwer noch dem vorangegangenen Kapitel zuweisen, doch würde man dann den Typ des Nationaljournals wahrscheinlich allzusehr überdehnen und in seinem normativen Anspruch relativieren. Schon Robert Prutz hat übrigens abermals eine Expansion konstatiert, indem »der Merkur und das Museum, als die eigentlich charakteristischen und zeitgemäßgen [Journale], ... sofort wieder das Signal zu einer unendlichen Menge von Wiederholungen und Nachahmungen« (1851, S. 418) gegeben haben. Dem Unterschied dieser beiden Prototypen entsprechend, »zertheilen sich dieselben in zwei große Gruppen« (ebda.): Auf der einen Seite stehen die am »Deutschen Merkur« orientierten belletristischen Unterhaltungsblätter wie z. B. die bereits früher angezeigte »Iris« (1774–1776, vgl. S. 118) oder die »Olla Potrida« (1778–1797), auf der anderen Seite, mehr vom Muster des »Deutschen Museums« ausgehend, das »Göttingische Magazin der Wissenschaften und Litteratur« (1780–1785) oder J. W. von Archenholtz' »Litteratur und Völkerkunde« (1782–1791).

Wenn die genannten Titel mit anderen hier dennoch weniger in der Nachfolge der Nationaljournale beschrieben, sondern unter dem Vermerk »sonstige Zeitschriften der literarischen Aufklärung« rubriziert werden, so auch deshalb, um nochmals darauf aufmerksam zu machen, wie dauerhaft die Aufklärung im 18. Jh. nachwirkt und auch im Zeitschriftenwesen präsent bleibt. Ihr Einfluß wird keineswegs durch Sturm und Drang, Empfindsamkeit und beginnende Klassik ein für allemal abgebrochen, sondern sie überlebt in mancherlei Form sogar die Wende zum 19. Jh., wobei diese Bewegung in zahlreichen lokalen, ideologischen und persönlichen Varianten auftritt. So könnte man hier auch noch andere publizistische Organe unterbringen, zumal etwa die »Berlinische Monatsschrift« (1783–1796, mit Fortsetzungen bis 1811), die noch in den achtziger Jahren einsetzt, die aber aus praktischen Gründen ausgegliedert bleibt, weil sie in dem in der Sammlung Metzler vorliegenden Band »Literarische und politische Zeitschriften 1789–1805« von Paul Hocks und Peter Schmidt bereits beschrieben ist. Aus gleichem Grund kann auch auf weitere, noch vor 1789, der zeitlichen Grenze unseres Bandes, gegründete Zeitschriften verzichtet werden, z. B. auf Friedrich Schillers »Thalia (1785–1793) und die berühmte »Allgemeine Literatur-Zeitung« (1785–1849).

Mit den ersten, im folgenden aufgeführten Zeitschriften aus dem Kreis um Chr. A. Klotz sehen wir uns zunächst nochmals in jene kritisch-publizistischen Auseinandersetzungen des Umbruchs seit Ende der sechziger Jahre zurückversetzt, in denen Lessing und Herder das Klima der literarischen Öffentlichkeit von Übelständen zu reinigen, die »Frankfurter gelehrten Anzeigen« gegen mancherlei Orthodoxie verschiedenster Provenienz Front zu machen suchten. Dazu kommen Journale wie die »Olla Potrida« oder die Blätter Chr. A. Bertrams, die in charakteristischer Weise den Typ des populär-belletristischen Unterhaltungsblatts ohne höheren literarischen Anspruch vertreten – nicht unter ästhetisch-normativem, aber unter empirisch-soziologischem Blickwinkel ein durchaus eigenständiger und gewichtiger Bereich literarischer Kommunikation. Nicht die Durchsetzung neuer poetologischer Prinzipien ist ihre Sache, sondern Bereitstellung abwechslungsreichen Lesestoffs für den Geschmack des Durchschnittspublikums. In ihnen kommen die literarischen Größen minderen Ranges zu Wort, die erfolgreichen Unterhaltungsschriftsteller der Zeit, etwa H. A. O. Reichard, Chr. A. Vulpius, A. F. E. Langbein, auch A. G. Meißner, der zugleich als Mitherausgeber der Zeitschrift »Für ältere Litteratur und neuere Lectüre« (1783–1785) firmiert.

Allein schon durch die Breite seiner journalistischen Tätigkeit bemerkenswert ist J. Chr. Adelung, der die spezifisch sprachkundliche Zeitschrift belebt und dabei nicht nur typologisch, sondern auch im Grundsatz noch an Gottsched anschließt. Herausgeberisch am bedeutendsten von den folgenden Periodika sind G. Chr. Lichtenbergs und G. Forsters »Göttingisches Magazin der Wissenschaften und Litteratur« sowie J. W. von Archenholtz' »Litteratur und Völkerkunde« – beides Organe, die ganz entschiedene, wenn auch unterschiedlich inspirierte Positionen der Aufklärung vertreten. Dies gilt für das weltanschaulich-publizistische Programm wie für die Haltung zur poetischen Produktion, die, sofern sie überhaupt ernst genommen wird, inzwischen in mancherlei Hinsicht anachronistische Züge aufweist. Archenholtz' »Litteratur und Völkerkunde« kann in ihrer aufklärerisch-kosmopolitischen Anlage zugleich zu unserem letzten Kapitel überleiten, in dem noch einige eigens für die ausländische Literatur geschaffenen Organe verzeichnet sind.

Literatur: Robert Prutz: Zur Geschichte des deutschen Journalismus. In: Deutsches Museum 1 (1851) S. 409–432. – *Paul Hocks, Peter Schmidt:* Literarische und politische Zeitschriften 1789–1805. Stuttgart 1975.

DEUTSCHE BIBLIOTHEK DER SCHÖNEN WISSENSCHAFTEN 1767–1771

Hrsg.: Christian Adolf Klotz
Erscheinungsweise: vier bis sieben Hefte pro Jahr (= fünf Bände zu je vier Stück)
Halle: Gebauer
Umfang: 12 Bogen
Bibliographischer Nachweis: Diesch Nr. 237; Kirchner (1932) Nr. 1294; Kirchner (1969) Nr. 261
Standort: Hessische Landesbibliothek Fulda (Sign.: VI. c. 134)

Daß die literarische Zeitschrift auch nach dem Konflikt zwischen Gottsched und den Schweizern ein bevorzugtes Medium zum öffentlichen Austrag grundsätzlicher und persönlicher Kontroversen blieb, dafür läßt sich das obige Organ anführen, das jedoch durch seinen kritischen Gehalt auch nicht annähernd an die Substanz des einstigen Literaturstreits heranreicht.

Denn der Herausgeber Christian Adolf Klotz (1738–1771) ist der Nachwelt »fast nur durch die von überlegenen Gegnern, wie Lessing und Herder, gegen ihn geführte vernichtende Polemik bekannt..., während er seiner Zeit eine sehr angesehene Rolle auf der litterarischen Bühne Deutschlands gespielt hat«. (ADB 16, S. 228) Wenn Lessing seine »Briefe antiquarischen Inhalts« (1768/69) und Herder den dritten Teil seiner »Kritischen Wälder« (1769) einer detaillierten Auseinandersetzung mit Klotz widmeten, wobei, wie Herder vermerkte, diesen seine Werke »nicht die halbe Arbeit gekostet haben, wie seine Analyse mir« (Suphan-Ausgabe Bd. III, S. 368), so erweist sich der Angegriffene zumindest als zeitgenössische Figur von öffentlicher Bedeutung.

Dabei richtete sich die Kritik gegen die sachlichen Fehler und den wissenschaftlichen Dillettantismus des Vielschreibers Klotz, welche Lessing von »zusammengestoppelte[r] Gelehrsamkeit Alltagswitz und Schulblümchen« (56. Antiquarischer Brief) sprechen ließ und Herder zu dem Urteil veranlaßte, er wisse »keinen Deutschen, der ohne alles A. B. C. der Wissenschaft, über die er schreibt, so wie Klotz schreiben kann«. (Suphan-Ausgabe ebda. S. 440) Beide nahmen dazu vor allem Anstoß an der von Klotz zur Schau getragenen Anmaßung und Eitelkeit seines literarisch-publizistischen Treibens, an dem »Hang des Verfassers, in seine Urteile die diffamierendsten Persönlichkeiten einzuflechten« (Lessing ebda.), an der »Ungezogenheit, die die Klotzische Bibliothek gegen die besten Schriftsteller Deutschlands« (Herder ebda. S. 369 f.) bewies. Dies war umso schlimmer, als er es verstanden hatte, »sich einen Anhang zu erschimpfen und einen noch größern sich zu erloben. Besonders hatte er einen Schwarm junger aufschießender Skribler sich zinsbar zu machen gewußt, die ihn gegen alle vier Teile der Welt als den größten, außerordentlichsten Mann ausposaunten und ihn in eine solche Wolke von Weihrauch verhüllten, daß es kein Wunder war, wenn er endlich Augen und Kopf durch den narkotischen Dampf verlor«. (Lessing ebda.) Zu dieser »Clique« (ADB 16, S. 230), diesem »Tross kleiner Geister« (Kawerau S. 193), gehörten K. F. Bahrdt, G. Chr. Harles, K. R. Hausen, J. G. Jacobi, K. F. Flögel, J. G. Meusel, F. J. Riedel, G. B. von Schirach, J. G. Schummel, R. H. Zobel und andere, die zugleich Mitarbeiter an den publizistischen Unternehmungen von Klotz waren. Riedel, der als Popularästhetiker bekannt wurde, tat sich noch besonders hervor, indem er die Hefte seiner »Bibliothek der elenden Scribenten« (1768–1770) einem Devotionskult um Klotz bzw. einer infamen Diskreditierung seiner Gegner widmete.

Den durch die oben zitierten Urteile vernichteten literarischen Ruf hatte Klotz, »seiner ganzen Anlage nach halb Poet halb Philolog« (Kawerau S. 192), durch eine Reihe philologisch-ästhetischer Schriften begründet, die großenteils noch in lateinischer Sprache erschienen. Dies gilt auch für seine erste literarische Zeitschrift, die 1764 in Göttingen begonnenen »Acta litteraria«, die G. B. von Schirach über den frühen Tod des Herausgebers 1771 hinaus fortsetzte. Klotz wirkte ferner durch die »Neuen Hallischen gelehrten Zeitungen« (1766–1771) und schließlich die »Deutsche Bibliothek der schönen Wissenschaften«, verfügte also über »drei eigene Organe ..., die unablässig den Ruhm Klotzens verkündeten und Alles, was nicht zur Clique gehörte, anrempelten. Noch nie vorher war ein Reclameinstitut mit gleicher Unverfrorenheit und gleichem Geschick organisiert worden...« (Kawerau S. 198)

In der Vorrede zur »Deutschen Bibliothek der schönen Wissenschaften« erklärt der als »Geheimdenrath« auftretende Herausgeber, er wolle nur die Aufsätze einiger Freunde sammeln, ordnen und vermehren, welche »mit den Urtheilen, die theils von bekannten Kunstrichtern, theils von demjenigen Theile des Publici, welcher ihnen bloß folget, ohne selbst zu untersuchen und zu prüfen, über die Verdienste und Talente verschiedener Schriftsteller gefällt werden, nicht zufrieden seyn könnten« (1767, I, Vorrede). »Schon der Titel dieser Bibliothek«, so fährt er fort, »zeigt, wodurch sie sich von den zween andern, welche jetzt in Deutschland geschrieben werden, unterscheidet. Sie hat engere Gränzen als die *Bibliothek der schönen Wissenschaften*, weil sich die Verfasser blos auf die Beurtheilungen deutscher Bücher einschränken, und sich auch nicht im Stande sehn, die Nachrichten von den Künsten, welche jene besonders interessant macht, geben können. Da sich dieselben auch nicht anheichich machen, alle neue Bücher anzuzeigen, so kan diese Bibliothek auch nicht an den weiten Umfang der *allgemeinen deutschen Bibliothek* reichen«. (ebda.)

Damit waren jedoch nicht nur inhaltlich-publizistische Abgrenzungen, sondern zugleich auch die literaturpolitischen Fronten bezeichnet, um die es hier ging. Denn Klotz' Zeitschrift sah ihre Aufgabe in kritischen Attacken gegen die Berliner Organe aus dem Umkreis Lessings. Dies geschah durch Rezensionen, die in zweierlei Form gebracht wurden: In einer Abteilung findet man Neuerscheinungen ausführlicher und grundsätzlicher besprochen, in einer zweiten weitere Titel nur kurz angezeigt und beurteilt. Dabei gehörte es zu dem von Klotz gepflegten kritischen Stil, ein anfänglich meist ausgedrücktes Lob für poetisches Bemühen und literarische Verdienste durch anschließenden Tadel an angeblichen »Fehlern« oder durch persönliche Unterstellungen zu unterlaufen. So wurden die Werke M. Mendelssohns, F. Nicolais, K. W. Ramlers, vor allem aber die F. G. Klopstocks, J. G. Hamanns, J. G. Herders und G. E. Lessings bemängelt und ihre Autoren zurechtgewiesen. Auch der Kampf gegen die zum Sturm und Drang überleitenden literarischen Bestrebungen beherrschen die Zeitschrift, so in der Kritik an Herders »Kritischen Wäldern« und Fragmenten »Über die neuere deutsche Literatur« oder an H. W. von Gerstenbergs Schleswigschen Literaturbriefen, denen z. B. dunkle und gekünstelte Schreibart sowie Fremdwörterei vorgeworfen wird. Neben manchen nicht weiter bemerkenswerten Übersetzungen und ästhetischen Lehrbüchern der Zeit stellen

Werke von Chr. F. Gellert, J. W. L. Gleim, F. von Hagedorn, J. G. Jacobi, G. W. Rabener, J. P. Uz und Chr. M. Wieland die positiven Symptome dar, womit die Zeitschrift ein eher rückwärtsgewandtes literarästhetisches Credo offenbart. Indem Klotz in ihr später auf die Angriffe Lessings und Herders antwortete, wurde sie selbst unmittelbar in jene Konfrontation mit einbezogen, aus welcher der Herausgeber als der dauerhaft der öffentlichen Verachtung preisgegebene Kritiker hervorgehen sollte.

Literatur: ADB 16, S. 228 ff. – *Waldemar Kawerau:* Aus Halles Litteraturleben. Halle 1888 – *Wilhelm Schrader:* Geschichte der Friedrichs-Universität zu Halle. Bd. I. Berlin 1894. – *Erich Schmidt:* Lessing. Geschichte seines Lebens und seiner Schriften. 2. veränd. Aufl. Bd. I Berlin 1899. S. 631 ff.

MAGAZIN DER DEUTSCHEN CRITIK
1772–1776

Hrsg.: Gottlob Benedikt von Schirach
Erscheinungsweise: halbjährlich (= fünf Bände zu je zwei Stück)
Halle: Gebauer
Umfang: 16–22 Bogen
Bibliographischer Nachweis: Diesch Nr. 272; Kirchner (1932) Nr. 1824; Kirchner (1969) Nr. 293
Standort: Hessische Landesbibliothek Darmstadt (Sign.: Zs 8692)

»Der Rest der Klotzischen Schauspielergesellschaft«, so heißt es in einer Rezension des ersten Stücks dieser Zeitschrift in den vom Sturm und Drang erfüllten »Frankfurter gelehrten Anzeigen« vom 4. 9. 1772, »packt das übrige Geräth auf ein neues Fuhrwerk, wozu *J. J. Gebauer* abermals die Vorspann hergiebt, und fährt nun unter dem Namen der *Schirachischen* Bande in der Welt herum. Die Herren, dem Geiste ihres Meisters getreu, fahren, wie Er, fort, *Gleim, Wieland* und *Jacobi,* ungeheure, aber nichts bedeutende Complimente herzusagen; *Klopstocken* bey Gelegenheit Deutsch, und Richtigkeit der Metaphern beyzubringen; *Herdern* als einen der schlechtesten Köpfe dem Publiko kennen zu lehren, und wie alle die Knabenstreiche weiter heissen mögen, die wir uns schämen herzunennen«. (a.a.O. S. 561) Mit diesen spöttischen Bemerkungen ist die hier angezeigte Zeitschrift als ein Nachfolgeorgan zu dem zuvor beschriebenen Blatt bestimmt, das dessen literarkritische Tendenz unter anderem Titel und Herausgeber fortsetz-

te. Die Ankündigung war bereits in einem Avertissement der
»Deutschen Bibliothek der schönen Wissenschaften« vom 12.
September 1771, d. h. noch vor Klotz' frühem Tod im gleichen
Jahr erschienen.
Der zitierte Rezensent der »Frankfurter gelehrten Anzeigen«
erblickte in dem periodischen Werk nur »Schreiber ohne Saft
und Kraft« (ebda. S. 562) und entschuldigte sich gar, daß man
sich mit einem Unternehmen aufhalte, »das von selbst die
Achtsamkeit des Publikums bis zur zweyten Messe nicht überleben wird« (ebda. S. 564). Doch ließ sich der Herausgeber
Gottlob Benedikt von Schirach (1743–1804) durch solche
Prognosen des »Frankfurter Blättleins« (1774, II, Vorrede),
auch »die *neue schwarze Zeitung* in Frankfurt am Mayn«
(1773, II, S. 195) genannt, nicht beirren, sondern führte die
Zeitschrift immerhin bis 1776 fort. Der halbwüchsig-forschen
Kritik hielt er mit schulmeisterlicher Gebärde vielmehr schon
1772 entgegen, »daß diejenige Gesellschaft, welche mit mir
dieses Journal besorgt, nicht zu jenen jungen Personen mehr
gerechnet werden kan. Unter allen meinen Mitarbeitern ist
kein einziger, welcher sich nicht durch eigne Schriften der
Welt bekannt gemacht und ihren Beyfall erhalten hätte. Alle
meine bisherigen Mitarbeiter bekleiden solche Ämter, deren Beruf mit dem Zwecke dieses Journals, mehr, oder weniger zusammenhängt, und verschiedne von ihnen nennt das Publikum
längst mit Hochachtung«. (1772, II, S. 2)

Den Kern dieser »Gesellschaft« bildeten noch die Angehörigen des
Hallenser Kreises um Klotz, in dem sich Schirach bewegte, bevor er
1769 als Professor an die Universität in Helmstedt ging. Von hier
aus führte er auch Klotzens »Acta litteraria« mit zwei weiteren Heften 1772 und 1773 fort. Doch bekannter als durch die bisher genannten Organe wurde Schirach später durch die Herausgabe des »Politischen Journals« (1781 ff.), ein Blatt, das »während der Französischen
Revolution zum Abwehrorgan umstürzlerischer Ideen« (J. Kirchner
1958, I, S. 131) wurde. Eine Fortsetzung durch den Sohn Wilhelm
Benedikt von Schirach bestand bis 1840.

Das »Magazin der Critik« war, wie schon der Titel verrät,
in erster Linie ein Rezensionsorgan, wenngleich laut Vorrede
zum ersten Heft auch »Übersetzungen, Vorschläge zum Besten
der Litteratur, und dahin gehörige kleinere Aufsätze« (1772, I,
Vorrede) Aufnahme finden sollten. Hinzukamen gelegentlich
auch Verse als poetische Proben. In der Vielfalt kritischer Urteile sah der Herausgeber »das Zeichen der *democratischen*

Freiheit, welcher dieses Journal eröffnet steht«. (ebda.) Ausdrücklich sollte das Blatt ein Organ zur Rechtfertigung gegen unlautere Angriffe sein, nicht daß »jeder beleidigte *elende Scribent* in diesem Magazin seine Nothdurft vortragen könne« (ebda.), aber doch so, daß man »das Unrecht der andern deutschen Journale ... in diesem Magazine anzeigen und sich gegen hämische, oder unbillige Kunstrichter, welche es auch seyn mögen, vertheidigen« (ebda.) könne. Alle Teile der schönen Wissenschaften sowie die Geschichtsschreibung sollten zugelassen sein.

In der Anlage in zwei Abteilungen folgte die Zeitschrift ganz der »Deutschen Bibliothek der schönen Wissenschaften«: Die erste Rubrik enthielt längere Rezensionen und Artikel, die zweite bot kürzere Anzeigen von Büchern, »um entweder recht gute Bücher der Aufmerksamkeit zu empfehlen, oder schlechte Autoren, so weit es angeht, dem Publiko wegzucritisiren«. (ebda.) Daß der Geist Klotzens hier weiter regierte, ging nicht nur aus dem Nekrolog hervor, den K. R. Hausen ihm in der ersten Nummer widmete, sondern überhaupt in der weiteren Verteidigung des literarkritischen Frontenverlaufs: Während manche periphere Neuerscheinung der Zeit Zustimmung fand, wurde an der richtungweisenden jüngeren Literatur weiter kleinliche, im Theoretischen z. T. anachronistische Kritik geübt. »Betrachten wir Göz von Berlichingen als ein seynsollendes Drama«, so heißt es z. B. über Goethes Schauspiel, »so ist der kritischen Ahndungen kein Ende«. (1774, I, S. 121) Wird hier aus engen poetologischen Normvorstellungen gegen die Regelverletzungen der neueren Dramatik argumentiert, so aus moralischen Gründen eine »zurechtweisende Vorrede« für den »Werther«-Roman verlangt. Das Recht der Theorie gegenüber der Produktion, ein typisch rationalistisches Phänomen, wurde auch anderweitig verteidigt. Außer Goethe waren wiederum J. G. Herder, F. G. Klopstock, J. M. R. Lenz und G. E. Lessing die Zielscheiben dieser Kritik, während Autoren der früheren Aufklärung wie G. W. Rabener und F. W. Zachariae dagegen gut wegkamen.

Literatur: ADB 31, S. 307 f.; *Joalchim Kirchner:* Das deutsche Zeitschriftenwesen – seine Geschichte und seine Probleme. 2. neu bearb. u. erw. Aufl. Bd. 1. Wiesbaden 1958.

[BERLINISCHES] LITTERARISCHES WOCHENBLATT
1776–1777

Hrsg.: Christian August von Bertram
Erscheinungsweise: wöchentlich
Berlin, Leipzig: Birnstiel
Umfang: 1 Bogen
Bibliographischer Nachweis: Diesch Nr. 1051; Kirchner (1932) Nr. 1600; Kirchner (1969) Nr. 4497
Standort: Universitäts- und Stadtbibliothek Köln (Sign.: Wallraf H II 39)

[Forts. u. d. T.]

LITTERATUR- UND THEATER-ZEITUNG
1778–1784

Hrsg.: Christian August von Bertram
Erscheinungsweise: wöchentlich
Berlin: Wever
Umfang: 1 Bogen
Bibliographischer Nachweis: Diesch Nr. 1766; Kirchner (1932) Nr. 1609; Kirchner (1969) Nr. 4173
Standort: Staatsbibliothek Preußischer Kulturbesitz Berlin (Sign.: Yp 1951)

[Forts. u. d. T.]

EPHEMERIDEN DER LITTERATUR UND DES THEATERS
1785–1787

Hrsg.: Christian August von Bertram
Erscheinungsweise: wöchentlich
Berlin: Maurer
Umfang: 1 Bogen
Bibliographischer Nachweis: Diesch Nr. 1790; Kirchner (1932) Nr. 2356; Kirchner (1969) Nr. 4207
Standort: Staatsbibliothek Preußischer Kulturbesitz Berlin (Sign.: Yp 1952)

[Forts. u. d. T.]

ANNALEN DES THEATERS
1788–1797

Hrsg.: Christian August von Bertram
Erscheinungsweise: halbjährlich (= 20 Hefte)
Berlin: Maurer
Umfang: 5–8 Bogen
Bibliographischer Nachweis: Diesch Nr. 1794; Kirchner (1932) Nr. 2369; Kirchner (1969) Nr. 4217
Standort: Universitätsbibliothek Erlangen (Sign.: Ztg. VIII, 67)

Weniger durch eine herausragende literarische Bedeutung als durch eine über mehrere Titelwechsel hinweg kontinuierliche Präsenz im literarischen Journalismus erscheint es angebracht, auf Christian August von Bertram (1751–1830) und seine vorgenannten Blätter hinzuweisen, die vermöge ihres »litterarischen und theatralischen Inhalts einen zweifachen Nutzen gewähren« (1784, XI, S. 175) wollten.

Ihnen vorausgegangen war noch sein »Beitrag zur Geschichte des deutschen Theaters« (1775/76), der nach dem Vorbild von H. A. O. Reichards »Theater-Kalender« (1775 ff.) angelegt war, aber schon nach wenigen Stücken eingestellt wurde. Da Bertram mit Reichard befreundet war, wirkte dieser nicht nur an seinen Zeitschriften mit, sondern die oben genannten Blätter haben mit dessen »Theater-Journal für Deutschland« (1777–1784) und der nachfolgend beschriebenen »Olla Potrida« (1778–1797) einen beträchtlichen Teil der Mitarbeiter gemeinsam.

Mit dem nur im Jahrestitel als »Berlinisch« lokal spezifizierten »Litterarischen Wochenblatt« machte Bertram einen erneuten, jetzt dauerhafteren Versuch im literarischen Journalismus. Die Verfasser, so hieß es in einer »Nachricht«, glaubten »das Mittel gefunden zu haben, wodurch sie die Liebhaber der schönen Wissenschaften auf eine angenehme und unterhaltende Art mit den neuesten Schriften aus ihrem Fache bekannt machen zu können«. (1776, I, S. 16) Diesem Ziel dienten literarisch-moralische Aufsätze, Gedichte, Mitteilungen aus Musik und Bildender Kunst, vor allem Rezensionen, wobei sich unter den besprochenen Werken Goethes »Stella« und J. M. Millers »Siegwart«, J. M. R. Lenz' »Soldaten« und Bertuchs Übersetzung des Don Quijote befanden. Hinzukamen überdies dramaturgische Aufsätze sowie Nachrichten insbesondere vom lokalen Berliner Theater, aber auch von anderen Schauspielbühnen. Aus der Nachrede zum ersten Jahrgang ist zu erfahren, »daß nicht allein einige Leser dieses Artikels wegen unsre Blätter hielten, sondern auch viele von den übrigen Lesern, denselben immer viel weitläufiger bearbeitet zu sehen wünschten«. Doch der Herausgeber versuchte sich aus kritischer Vorsicht diesem Publikumswunsch zu entziehen: »Den theatralischen Artikel können wir darum nicht anders und nicht weitläufiger abhandeln, weil wir uns in keinem Tadel der Schauspieler einlassen, sondern sie nur in solchen Rollen nennen wollen, worinn sie Lob verdienen.« Überdies wurde versichert, »daß wir in den meisten Fällen nur das für gut halten, was ein ganzes erleuchtetes Publikum mit seinem Beifall beehret«.

Als Bertram das »Litterarische Wochenblatt« nach zweijährigem Bestehen einem neuen Verleger übertrug, nahm er in den neuen Titel, dem Inhalt entsprechend, einen Hinweis auf den inzwischen gewachsenen theatralischen Anteil auf. Das Themenspektrum wurde zudem noch ausgeweitet, denn das Blatt sollte enthalten:

»Abhandlungen über allerhand Materien, theils selbst ausgearbeitet, theils übersetzt; Biographien von Dichtern, schönen Geistern und Künstlern; Briefe gelehrter Männer; Gedichte, gehaltene Prologe und Epiloge, Verse an Schauspieler; kleine dramatische Stücke; umständliche und kritische Nachrichten von den verschiedenen deutschen Schauspielergesellschaften; Nachrichten vom Theater zu Paris und London, aus fremden Journalen oder eigner Correspondenz gezogen; Beurtheilungen der neuesten Schriften aus den schönen Künsten und Wissenschaften, aus der Volksphilosophie und bürgerlichen Geschichte; musikalische und allerley gelehrte Nachrichten; Anzeigen von Kupferstichen, Medaillen, Todesfällen u. d. g.« (1778, I, Ankündigung)

Angesichts dieser angestrebten inhaltlichen Breite fielen die einzelnen Hefte naturgemäß sehr unterschiedlich aus, zumal die Länge einzelner Aufsätze, dramatischer Stücke oder Romane häufig einen Abdruck in mehreren Fortsetzungen erforderten. Neben den aktuellen Mitteilungen aus der Theaterwelt des In- und Auslandes standen auch dramaturgische Beiträge grundsätzlicher Natur, z. B. eine Folge von Briefen über Lessings »Nathan der Weise« oder Auszüge aus J. F. Schinks »Dramaturgischen Fragmenten«. Da es im Rezensionsteil weithin nicht um kritische Würdigungen, sondern um kurze Anzeigen der Neuerscheinungen ging, findet man eine große Anzahl von Titel besprochen.

Obgleich Bertram, wiederum mit dem Verleger, 1785 abermals den Titel wechselte, entsprach die neue Zeitschrift in »Plan und Aufmachung ... völlig ihrer Vorgängerin« (Hill S. 69). Der Inhalt zeigt die gleichen Bestandteile, wenn auch, da Bertram inzwischen eine Anstellung am Berliner Nationaltheater erhalten hatte, der theatralische Teil weiter zunahm. »Die Theaternachrichten in den ›Ephemeriden‹ nahmen mehr und mehr überhand, besonders seit 1786, als ein Berliner Theaterstreit ... das allgemeine Interesse in Anspruch nahm.« (Hill S. 70) Neuerscheinungen und die literarischen Periodika wurden ebenfalls fortlaufend angezeigt und kommentiert.

Als Bertram 1788 nochmals den Titel änderte, war dies jedoch zugleich Symptom für einen Wandel des Organs selbst:

An die Stelle der bis dahin erschienenen Wochenblätter traten jetzt die halbjährlichen »Annalen des Theater«, die weniger einen aktuell-journalistischen als chronikalischen Zug annahmen. Die kundgegebene Absicht, »das Publikum von dem Vorwärtsgehen oder Zurückschreiten der dramatischen Kunst zu benachrichtigen und dadurch der Kunst und dem Künstler selbst nützlich zu seyn« (1788, I, S. 126) bedeutete nun, daß sich der Herausgeber »ausschließungsweise« (ebda.) dem Theaterthema zuwandte. »Die Theaternachrichten«, so heißt es in W. Hills Charakterisierung der »Annalen«, »machen den Hauptbestand des Inhalt aus. Sie geben immer mehr die Kritik auf und beschränken sich auf nackteste Tatsachen: Mitteilungen über Personal und Repertoire. Nur bei ganz besonderen Anlässen gehen die Mitteilungen ins Einzelne.« (S. 71) Dramaturgische Aufsätze, biographische Skizzen und Rezensionen, Reisebriefe, Anekdoten, Fabeln, Episteln oder andere poetische Bruchstücke machten den übrigen Teil des periodischen Werks aus.

Im Laufe der Jahre hat sich eine große Zahl von Mitarbeitern an Bertrams Zeitschriften beteiligt. Selbst Goethe ist vertreten, mit seinem Monodrama »Proserpina« und anderer Gelegenheitspoesie. Diese dominiert auch sonst, vor allem in den lyrischen Proben, die sonst von zumeist unbedeutenden Verseschmiedern der Zeit stammen und heute weniger abwechslungsreich als eintönig anmuten. Gehören im übrigen G. A. Bürger, M. Claudius, J. J. Eschenburg, J. G. Jacobi, K. Ph. Moritz, F. (Maler) Müller und Chr. zu Stolberg noch zu den literarisch vergleichsweise bemerkenswerten Gestalten und sind andere wie z. B. A. G. Meißner, H. A. O. Reichard und Chr. A. Vulpius zumindest durch ihren zeitgenössischen Erfolg bekannt geblieben, so gewinnen zahlreiche andere Mitarbeiter für uns kaum noch Konturen. Ihre Beiträge, für den Augenblick geschrieben, bilden jenen leicht konsumierbaren Stoff, der Bertrams Zeitschriften zu symptomatischen Erscheinungsformen der populären literarischen Unterhaltungszeitschrift macht.

Mitarbeiter u. a.: J. André, J. W. v. Archenholtz, B. Chr. d'Arien, M. H. Arrelius, R. Becker, W. G. Becker, Chr. A. Bertram, J. C. Blum, J. A. Blumauer, Chr. F. Frh. v. Bonin, C. F. Bretzner, W. H. Brömel, G. A. Bürger, J. H. Campe, D. Chodowiecki, M. Claudius, F. Danzi, M. Denis, J. J. Engel, J. J. Eschenburg, Sch. H. Ewald, J. C. Fischer, A. Chr. Friedel, F. A. Gallisch, J. W. L. Gleim, J. W. Goethe, J. F. v. Götz, L. Gomperz, F. W. Gotter, K. F. D. Grohmann, K. F. W. Herrosee, J. K. Heß, A. W. Iffland, J. G. Jacobi, G. F. John, J. F. Jünger, J. K. Kretschmann, H. Kneisel, A. v. Kotzebue, C. F. Kramer, G. A. Liebe, A. G. Meißner, K. W. Meyer, K. Ph. Moritz, K. Müchler, F. (Maler) Müller, J. A. Musäus, W. Chr. S. Mylius, F. Nicolai, K. M. Plümcke, C. F. Pockels, K. W. Ramler, H. A. O. Reichard, J. D. Sander, F. Schalk, J. F. Schink, K. Schmidt, H. G. Schmieder, F. P. A. Schouwärt, Chr. F. D. Schubart, A. Schultz, C. F. Sintenis, J. v. Sonnenfels, G. F. Stäudlin, J. H. Stilling, Chr. zu Stolberg, J. B. Tilly, J. H. Voß, Chr. A. Vulpius, Chr. J. Wagenseil, H. L. Wagner, A. Wall, V. Weber, F. Wetzel, A. B. Wichers, K. Willer.

Literatur: Wilhelm Hill: Die deutschen Theaterzeitschriften des achtzehnten Jahrhunderts. Weimar 1915.

OLLA POTRIDA
1778–1797

Hrsg.: Heinrich August Ottokar Reichard
Erscheinungsweie: vierteljährlich
Berlin: Wever
Umfang: ca. 7–13 Bogen
Bibliographischer Nachweis: Diesch Nr. 885; Kirchner (1932) Nr. 1611; Kirchner (1969) Nr. 5511
Standort: Stadtbibliothek Dortmund (Sign.: 681 Le)

»Nach dem ›deutschen Merkur‹«, so schreibt H. A. O. Reichard in seiner Selbstbiographie, »war die ›Olla Potrida‹ lange Zeit das älteste deutsche Journal; dies beweist wohl, daß sie Liebhaber gefunden hatte«. (S. 152) Daß die obige Zeitschrift »dem Journale Wielands ... an Verbreitung und Beliebtheit nicht nach[stand]« (Rupp S. 131), dies hat man auch später eingeräumt, zugleich aber vermerkt, daß sie »dem geistigen Inhalte nach weit hinter ... [diesem] zurück[blieb]« (ebda.). Denn es handelt sich hierbei um ein bekanntes literarisches Unterhaltungsblatt ohne höheren normativen Anspruch, das, wie schon der Titel andeutet, mehr durch eine bunte, reichhaltige Mischung von Lesestoff als durch literarische Programmatik sich auszeichnen sollte: Der spanische Name »Olla Potrida« bezeichnet eine Mischung verschiedenartiger Speisen. Vielseitige Abwechslung und Zurichtung auf einen nicht besonders wählerischen literarischen Geschmack bildeten das populäre Rezept der Zeitschrift und dürften seinen langfristigen Erfolg begründet haben.

Als Herausgeber erscheint der hier bereits vom »Theater-Journal für Deutschland« (1777–1784, vgl. S. 167) bekannte Heinrich August Ottokar Reichard (1751–1828), der darüber hinaus noch an weiteren publizistischen Unternehmen maßgeblich beteiligt war (»Gothaische gelehrte Zeitungen«, 1774–1800; »Nouveau Mercure de France«, 1775, mit Fortsetzungen, »Aus den Papieren einer Lesegesellschaft«, 1787–1789).

Ähnlich wie die genannte Theaterzeitschrift wies die »Olla Potrida« über lange Jahre eine gleichbleibende Gliederung in stehende Rubriken auf: Eröffnet wurden die Hefte jeweils mit Gedichten, großenteils Widmungs- und Gelegenheitsgedichten, Freundschafts- und Naturlyrik, Romanzen, Episteln, Fabeln und anderen didaktischen Versen. Unter dem Titel »Dramatische Aufsätze« erschienen Theaterstücke, dem Charakter der Zeitschrift entsprechend vornehmlich Lustspiele, Possen, »Operetten« und ähnliches. Eine weitere Rubrik bot Auszüge aus anderen Werken, insbesondere Reiseberichten. Größeren Raum nahmen daneben Abhandlungen und vermischte Aufsätze ein, in denen nicht nur literarische, sondern auch historische, ethnologische, moralphilosophische Themen behandelt, Kultur- und Sittenbilder aus Vergangenheit und Gegenwart entworfen wurden. Eine eigene Abteilung war ferner der Naturgeschichte gewidmet, während die Rubrik »Ökonomie« schon nach wenigen Heften aufgegeben wurde. Dazu kamen Anekdoten, Auszüge aus Briefen, biographische Skizzen, Romane und Erzählungen sowie schließlich »Miscellaneen«, Fragmente und – in französischer Sprache – »Piéces fugitives«. Manche Rubriken erschienen mit dem Hinweis »Vacat« selbst dann, wenn es dem Herausgeber offenbar an einschlägigem Material fehlte.

Bei der Zusammenstellung dieses Inhalts, der ein Leseinteresse an vielerlei »Merkwürdigkeiten« befriedigen sollte, griff der Herausgeber vielfach auf andere Zeitschriften zurück, die er exzerpierte oder nachdruckte. Schon in der Ankündigung hatte es geheißen, die Zeitschrift werde »den Geist der verschiedenen, in Deutschland zerstreuten periodischen Schriften und fliegenden Blätter« (1778, I) liefern und diese Idee wurde später auch auf ausländische Journale ausgedehnt, was den Vorwurf des plagiativen Journalismus gezeitigt hat.

Mit dem Jahr 1796 erfuhr die Zeitschrift eine Veränderung. Angeblich auf Wunsch des Verlegers wurde sie zum Nachfolgeorgan der von J. Chr. F. Schulz herausgegebenen »Neuen Quartalschrift zum Unterricht und zur Unterhaltung, aus den neuesten und besten Reisebeschreibungen gezogen« (1786 ff.) bestimmt. Dementsprechend brachte sie im folgenden nur noch Auszüge aus Reisebeschreibungen und fand 1798 bis 1800 eine Fortsetzung unter dem Titel »Lectüre für Reisedilletanten«.

Was die Mitarbeiter angeht, so hat man die »Olla Potrida« einen »Sammelplatz für untergeordnete Geister« (Hofstaetter S. 222) genannt. Daran ändert auch die Tatsache nichts, daß selbst Goethe wiederum zu Beginn mit den Gesängen aus »Lila« und einem Widmungsgedicht auf die Herzogin von Weimar zu Wort kam. Ein besonders eifriger Mitarbeiter war dagegen Goethes Schwager, der seinerzeit beliebte Unterhaltungsschriftsteller Christian August Vulpius, der vor allem seine Lustspiele hier erscheinen ließ. Zu den bekannteren, aber nur selteneren Mitarbeitern gehörten außerdem K. Ph. Moritz, J. H. Voß, H. L. Wagner und H. Zschokke. Der Herausgeber trug nicht zuletzt durch seine Adaptierungen und Übersetzungen fremdsprachiger Lustspiele bei. Später öffnete Reichard, der einer der entschiedensten Gegner der Französischen Revolution in Deutschland war, sein Organ auch dieser Auseinandersetzung.

Mitarbeiter u. a.: W. G. Becker, F. H. G. Frh. v. Drais, A. Elwert, F. L. Epheu, E. A. Eschke, J. W. Goethe, J. F. v. Götz, G. A. v. Gramberg, J. Chr. A. Grohmann, P. F. Hinze, A. W. Iffland, J. C. C. Klingguth, J. Chr. Koppe, A. G. Meißner, F. A. A. Meyer, K. Ph. Moritz, J. A. Musäus, H. A. O. Reichard, F. Schalk, C. H. Schmid, K. Schmidt, D. Schmieder, L. S. G. Sprengel, J. C. Tutenberg, J. Chr. Unzer, J. H. Voß, Chr. A. Vulpius, Chr. J. Wagenseil, H. L. Wagner, P. F. Weddingen, H. Zschokke.

Literatur: ADB 27, S. 625 ff. – *H. A. O. Reichard* (1751–1828). Seine Selbstbiographie überarb. u. hrsg. v. *Hermann Uhde.* Stuttgart 1877. – *Fritz Rupp:* H. A. O. Reichard. Sein Leben und seine Werke. Diss. Marburg 1908. – *Walther Hofstaetter:* Das Deutsche Museum (1776–88) und Das Neue Deutsche Museum (1789–91). Leipzig 1908.

GÖTTINGISCHES MAGAZIN DER WISSENSCHAFTEN UND LITTERATUR
1780–1785

Hrsg.: Georg Christoph Lichtenberg, Georg Forster
Erscheinungsweise: zweimonatlich, später unregelmäßig (= drei Bände zu je sechs Stück, 4 Bd. = ein Stück)
Göttingen: Dieterich
Umfang: 10–11 Bogen
Bibliographischer Nachweis: Diesch Nr. 317; Kirchner (1932) Nr. 1804; Kirchner (1969) Nr. 346
Standort: Stadtbibliothek Mainz (Sign.: VI. l. 375)

Aus der nicht geringen Zahl lokal oder regional orientierter (literarischer) Zeitschriften des 18. Jh.s ragt diese allein schon durch den Rang der beiden als Herausgeber genannten Autoren hervor.

Allerdings fiel dem erst 1778 nach Deutschland gelangten Georg Forster (1754–1794) hierbei eher eine Nebenrolle zu, gewissermaßen die Aufgabe eines werbewirksamen Aushängeschilds. Georg Christoph Lichtenberg (1742–1799) war ihm zwar schon während seines England-Aufenthalts 1775 begegnet, dort jedoch vor allem durch den Vater Johann Reinhold Forster beeindruckt, der als Naturforscher den Weltumsegler James Cook begleitet und dabei auch seinen Sohn mitgenommen hatte, von dem die spätere berühmte Reisebeschreibung stammt. Als Georg Forster nach Deutschland kam und 1779 in Kassel als Professor der Naturgeschichte am Carolinum berufen wurde, knüpfte sich die Verbindung neu. Aus ihr ging das gemeinsame Zeitschriftenunternehmen hervor, dessen Leitung jedoch, wie der Vorbericht zum ersten Heft erkennen läßt, bei Lichtenberg lag: »Herr Prof. Forster hat, wegen seiner Entfernung vom Druckort des Magazins, die, so gering sie auch scheinen möchte, doch immer groß genug ist, eine Berathschlagung unter uns über die jedesmalige Anordnung und Auswahl der Abhandlungen aus unserm Vorrath zu erschweren, dieselbe meinem Gutdünken allein überlassen.« (1780, I)

Indem das Organ in seiner Anlage ganz »den Stempel Lichtenbergischer Geistigkeit« (Fabian S. 76) trägt, steht das Attribut »göttingisch« nicht nur für den lokalen Bezug zum Erscheinungsort, sondern ist zugleich Etikett für eine programmatische Zielsetzung. Das Magazin sollte »dem Göttingischen in dem Titel gemäß handeln« (Brief an Chr. G. Heyne vom 11. 8. 1779), d. h. der Mentalität einer Universitätsstadt entsprechen, deren politische Zugehörigkeit zu Hannover sie zugleich zu einem Vorposten englischer Aufklärung werden ließ, »frei von Pathos und Leidenschaft, wach zum Zweifel, zur Kritik, exakt und eindeutig«. (Fabian S. 79) Insofern war mit »göttingisch« durchaus eine Gegenposition bezogen zu den gerade vom gleichen Ort vom (Göttinger) Hainbund ausgegangenen schwärmerisch-geniehaften Literaturbestrebungen, aber auch zu deren sonstigen Zentren und Organen. Im übrigen besaß Göttingen im aufklärerischen Zeitschriftenwesen schon einen besonderen Ruf, weil hier bereits seit 1739 die »Göttingischen Zeitungen von gelehrten Sachen« erschienen (vgl. Oppermann), ein dem Leipziger Vorbild folgendes, enzyklopädisch informierendes Gelehrtenorgan, das unter dem 1817 angenommenen Titel »Göttingische gelehrte Anzeigen« noch heute besteht.

G. Chr. Lichtenberg, dessen geistesgeschichtlicher Ort durch eine eigentümliche Spannung zwischen mathematisch-physikalischen Interessen einerseits, der Neigung zu moralphilosophischer Reflexion andererseits bestimmt ist und der daraus die Kunst des Aphorismus entwickelte (vgl. u. a. Requadt), hatte sich bereits mit dem »Göttinger Taschenkalender«, den er von 1776 bis 1799 herausgab, einer periodischen, literarisch-publizistischen Tätigkeit zugewandt. Der vor allem auch durch die Kupferstiche Daniel Chodowieckis berühmte Kalender erwies sich als geeignetes Medium für die Veröffentlichung von Beiträgen in einem »moralphilosophierenden, naturwissenschaftlich unterbauten, aufklärerisch-plauderhaften Ton«. (Fabian S. 2) Doch bleibt der Kalender hier außer Betracht, weil es sich dabei um eine eigene, damals sehr populäre Art periodischer Druckschriften handelt, zu der auch Taschenbücher und Almanache gehören. Dagegen war die hier angezeigte Zeitschrift »ursprünglich als Ergänzung zum Taschenkalender, sozusagen als gelehrter, ernsthafterer Bruder gedacht..., um alle Gegenstände, die für einen Kalender zu ausführlich, dem Inhalt und der Form nach zu schwerwiegend waren, aufzunehmen«. (Fabian ebda.)

Diesen Unterschied ließ schon die Ankündigung erwarten, derzufolge der Schwerpunkt mehr bei der Wissenschaft als bei der Literatur liegen sollte: »Kenntniß der Natur und des Menschen überhaupt, Physik, Naturhistorie und Philosophie, Physiognomik für und wider, Geschichte, hauptsächlich gelehrte Statistik, Nachrichten von den neuesten und wichtigsten Entdeckungen... Wegbleiben wird hingegen sowohl von der einen Seite alles, was zur eigentlichen Theologie, Jurisprudenz und Medizin gehört als von der andern, was den Geschmack an müssiger Tändeley und literarischem Partheygeist schmeichelt.« (Vgl. Fabian S. 78) Mit der Betonung des wissenschaftlichen Gehalts, durch den man nicht nur den Kalender, sondern auch Zeitschriften wie den »Deutschen Merkur« und das »Deutsche Museum« zu übertreffen suchte, ging die polemische Wendung des Rationalisten Lichtenberg gegen Geniekult und Schwärmerei einher, gegen die »gaukelnde Literatur unseres Jahrzehnds«, wie Forster es auch ausdrückte (vgl. Sämtliche Schriften, VII, S. 127).

Die ersten Hefte der Zeitschrift bestehen denn auch aus astronomischen, meteorologischen, botanischen, zoologischen, philosophischen, pädagogischen und historischen sowie (entgegen der Ankündigung) juristischen Abhandlungen. Die eigentlich literarischen Beiträge stammten im wesentlichen noch von Lichtenberg selbst: Sein »Orbis pictus für deutsche dramatische Schriftsteller, Romandichter und Schauspieler« und das »Gnädigste Sendschreiben der Erde an den Mond«, in dem J. H. Voß und die Jünger des Göttinger Hainbundes satirisch persifliert wurden, verbunden mit einer selbstironischen Verteidigung der eigenen Zeitschrift. Wenn sich hier auch Aufklärung und Witz vereinigten, so litt das Organ im ganzen doch unter dem sehr speziellen Charakter der meisten Beiträge.

Schon im Vorbericht zum ersten Heft klagte Lichtenberg über fehlende Mannigfaltigkeit, entschuldigte dies mit der inneren Qualität der Beiträge und versprach, es solle »künftig öfters Ernst mit Munterkeit abwechseln« (1780, I, Vorbericht). Daß dies aber zunächst kaum eintrat, veranlaßte Lichtenberg dazu, im zweiten Jahrgang, in der Anrede an die Leser, »die ein nicht empfindsames Journal zum *Zeitvertreib* lesen« (1781, I, Vorbericht), erneut gewisse Eingriffe anzukündigen, um den Plan des Organs »einigermassen dahin abzuändern, daß wir die durchaus bleibende Absicht zu belehren mit so viel Veränderung im äussern zu verbinden trachten werden, als sie nur immer verträgt. Wir werden daher selbst Gedichte nicht mehr ausschliessen, allein, wie es sich wohl von selbst versteht, nur solche nicht, die den Titul unsers Journals, welcher Wissenschaft verspricht, wenigstens nicht ganz Lügen strafen«. (ebda.) Dabei dachte Lichtenberg insbesondere an Lehrgedichte oder an Verse nach Art horazischer Episteln und juvenalischer Satiren. Doch diese Anpassung an einen weniger gelehrten Publikumsgeschmack blieb mehr Versprechen als Wirklichkeit. Zwar erschienen nun manche populären oder durch aktuelle Bezüge interessanten Beiträge, aber an den in Aussicht gestellten poetischen Beispielen fehlte es nach wie vor.

Bei den Verfassern der Beiträge handelte es sich zunächst vorwiegend um Göttinger Professoren-Kollegen des Herausgebers. Hinzukamen später gelegentliche Einsendungen von auswärts, so ein Beitrag Friedrich Nicolais über die Berliner Literaturbriefe oder J. A. Leisewitz' Mitteilungen über die Todesumstände Lessings. Lichtenberg selbst lieferte außer den bereits genannten literarischen Satiren naturwissenschaftliche und biographische Beiträge. Auch erneuerte er die Auseinandersetzung um J. K. Lavaters Physiognomik, die er bereits im Taschenkalender begonnen hatte, und er führte die Angriffe auf J. H. Voß und die empfindsam-tändelnde Poesie fort, die ihm mit einem aufgeklärten Geist nicht vereinbar schien.

Etwa zehn Artikel steuerte Georg Forster bei, von denen die wichtigsten über O-Tahiti handeln und Fragmente vom Ende des Kapitän Cook mitteilen. Eine Skizze von Cooks Leben und

Charakter hatte auch Lichtenberg selbst eingefügt. Hier lagen die Interessen der beiden Herausgeber noch nahe beieinander, während in den folgenden Jahren »die Entfremdung, die ganz andere Ursachen hat, zwangsläufig in der gemeinsamen Arbeit am Magazin sichtbar wird«. (Rödel S. 200 Anm. 19) Hatte Forster anfangs gemeint, »zu genaue Übereinstimmung in der Denkart könnte den Ton dieses Journals zu einseitig werden lassen« (Brief an F. H. Jacobi vom 10. 10. 1779), so vermag man diesen Gedanken auch gegen die Zeitschrift als einer bloßen »Sammlung spezialwissenschaftlicher Abhandlungen« (Fabian S. 82) zu wenden: »Diesen Abhandlungen aus zahlreichen Wissensgebieten fehlt der gemeinsame Bezugspunkt, sie vermögen keine Einheit zu bilden und sind auf keinen gemeinsamen Nenner zu bringen, und der Nenner Aufklärung, den Lichtenberg wohl angegeben hätte, vermag nicht, diese Vielzahl der Aspekte zu sammeln.« (ebda.) Als die ohnehin spärlich und problematisch gewordene Gemeinschaftsarbeit von Lichtenberg und Forster nach dessen Berufung nach Wilna endete, war auch das Ende der Zeitschrift gekommen, wenngleich Lichtenberg noch 1788 an eine Wiederaufnahme dachte. Sie erübrigte sich jedoch, da er im »Göttinger Taschenkalender« weiter über ein zumal populäreres periodisches Werk verfügte und für dieses gerade daranging, die berühmten Erklärungen von Hogarth' Kupferstichen zu entwerfen.

Mitarbeiter: W. G. Becker, J. F. Blumenbach, J. L. Böckmann, G. A. Ebell, J. A. Eberhard, J. G. H. Feder, G. Forster, Chr. Girtanner, K. F. Häberlin, J. F. M. Herbell, Chr. G. Heyne, M. Hißmann, H. Hollenberg, J. C. Ilsemann, A. G. Kästner, N. A. J. Kirchhof, J. A. Koch, J. A. Kritter, J. A. Leisewitz, G. Chr. Lichtenberg, T. Lowitz, C. Meiners, A. L. F. Meister, J. D. Michaelis, J. G. D. Müller, L. v. Muralt, F. Nicolai, J. L. Oeder, W. Olbers, J. S. Pütter, A. W. Rehberg, J. A. H. Reimarus, C. F. Schröder, D. Tiedemann, J. H. Voß.

Literatur: Heinrich Albert Oppermann: Die Göttinger gelehrten Anzeigen während einer hundertjährigen Wirksamkeit für Philosophie, schöne Literatur, Politik und Geschichte. Hannover 1844. – *Friedrich Lauchert:* G. C. Lichtenberg's schriftstellerische Thätigkeit in chronologischer Übersicht dargestellt. Mit Nachträgen zu Lichtenberg's ›Vermischten Schriften‹ und textkritischen Berichtigungen. Göttingen 1893. – *Götz von Selle:* Die Georg-August-Universität zu Göttingen 1737–1937. Göttingen 1937. – *Rosemarie Fabian:* Georg Christoph Lichtenberg als Publizist und Journalist. Diss. Freiburg/Br. 1947. – *Wolfgang Rödel:* Forster und Lichtenberg. Ein Beitrag zum Problem deutsche Intelligenz und französische Revolution.

Berlin (Ost) 1960. – *Paul Requadt:* Lichtenberg. 2. erw. Aufl. Stuttgart 1964. – *Horst Fiedler:* Georg Forster Bibliographie. 1767 bis 1970. Berlin (Ost) 1971. – *Rudolf Jung:* Lichtenberg-Bibliographie. Heidelberg 1972. – *Gerhard Steiner:* Georg Forster. Stuttgart 1977.

Magazin für die deutsche Sprache
1782–1784

Hrsg.: Johann Christoph Adelung
Erscheinungsweise: erst vierteljährlich, dann unregelmäßig (= zwei Bände zu je vier Stück)
Leipzig: Selbstverlag in Kommission [ab 1783 Leipzig: Breitkopf]
Umfang: 10 Bogen
Bibliographischer Nachweis: Diesch Nr. 334; Kirchner (1932) Nr. 2857; Kirchner (1969) Nr. 4529
Standort: Staatsbibliothek Bamberg (Sign.: eph. lit. o. 18)

Indem sich diese Zeitschrift ihrem Schwerpunkt nach sprachlichen Themen widmete, weist sie zurück auf die frühen philologischen Organe aus dem Umkreis Gottscheds, zumal der Herausgeber Johann Christoph Adelung (1732–1806) ohnehin auch in seinem sprachtheoretischen Standpunkt unverkennbar »am Ausgang eines Zeitalters [steht], in dem Gottsched unbedingt herrschte, dem er auch in vielem gleicht – mit seinen regelnden Absichten ein starrer Verfechter einer bestimmten Sprach- und Literaturform«. (NDB I, S. 64) Dies gilt vor allem insofern, als sich Adelung noch ganz der Auffassung anschloß, das Obersächsische bilde die Grundlage der hochdeutschen Schriftsprache. Auch mit seinen anderen normativen Sprachregeln stand er im Gegensatz zur jüngeren Generation, die der Sprache längst neue, unkonventionelle Ausdruckswerte abgerungen und den Abweichungen von der »richtigen« Gramatik sowie den Historizismen und Provinzialismen zu neuer literarischer Berechtigung verholfen hatte.

Adelung, der sich auf mancherlei wissenschaftlichen Gebieten zumeist etwas dillettierend bewegte, hat sich einen Namen gemacht vor allem aufgrund des »Grammatisch-kritischen Wörterbuchs der hochdeutschen Mundart«, das fünfbändig zwischen 1774 und 1786 in erster Auflage erschien. Außer der historischen Etymologie wurden Bedeutung, Anwendungsbereich und Stilart des deutschen Sprachbestandes kodifiziert. Die lexikographische Arbeit wurde später durch Werke zur Grammatik und Stilistik ergänzt. Zu den Werken dieser sowohl mit theoretischen wie praktischen Intentionen verbundenen

Sprachlehre gehört auch das hier angezeigte Organ, es »ging als rechtfertigende und erläuternde Zeitschrift nebenher«. (ADB I, S. 81)

Dabei stellte diese keineswegs Adelungs einzige journalistische Unternehmung dar. Er hat im Laufe seines Lebens vielmehr elf Zeitungen und Zeitschriften herausgegeben, die zudem ganz verschiedener Art sind (vgl. Sickel S. 49 ff.). Von 1769 bis 1787 leitete er die Redaktion der fast täglich erscheinenden »Leipziger Zeitung« (vgl. Witzleben S. 49 ff.), mit der auch ein Wochenblatt verbunden war, das er 1774 bis 1779 betreute: »Neues Leipziger Allerley der merkwürdigsten Begebenheiten dieser Zeiten.« Als »vollkommen eigene Schöpfung Adelungs« (Sickel S. 50) ist das »Leipziger Wochenblatt für Kinder« (1772–1774, vgl. Göbels) anzusehen, »die erste Kinderzeitschrift überhaupt« (Sickel ebda.), die sich in aufklärerisch-moralisierendem Sinne der Schicht der jugendlichen Leserschaft zuwandte, aber in C. F. Weißes »Kinderfreund« (1775–1784) ein kindgemäßeres Nachfolgeorgan fand.

Auf ein anderes Gebiet führten wiederum die »Mineralogischen Belustigungen«, die Adelung von 1768 bis 1771 in sechs Teilen herausgab. In Anlehnung an die »Allgemeine Deutsche Bibliothek« schuf er ferner ein bibliographisch-referierendes Blatt, das »Allgemeine Verzeichniß neuer Bücher mit kurzen Anmerkungen«, das von 1776 an acht Jahre bestand (vgl. Wittmann Sp. 767 ff.). Der Versuch, die 1784 eingegangenen Leipziger »Neuen Zeitungen von gelehrten Sachen« fortzuführen, kam dagegen nicht über drei Jahrgänge hinaus. Weiterhin bleiben vier Zeitschriften historisch-politisch-geographischen Inhalts zu verzeichnen, die »Neue Schaubühne der vorfallenden Staats-, Kriegs- und Friedenshändel nicht weniger die Begebenheiten in der Kirche, der Natur und der Gelehrtheit« (1760), das »Allgemeine Staats-Magazin zum Behuf der neuesten politischen Geschichte und der damit verbundenen Wissenschaften« (1766–1768), die »Geographischen Belustigungen« (1776–1778) und der »Schauplatz des Baierischen Erbfolgekriegs« (1778/79).

Das hier verzeichnete »Magazin für die Deutsche Sprache« ist, nach dem Urteil Sickels, jedoch »die einzige Zeitschrift Adelungs, die einen selbständig-wissenschaftlichen Charakter hat«: »Das Blatt zeigt ihn auf der Höhe seiner sprachwissenschaftlichen Tätigkeit.« (S. 53 f.) Schon der erste programmatische Aufsatz des Organs (»Was ist Hochdeutsch?«) versucht den Beweis zu führen, es gelte als Schriftsprache »allemal die Mundart der blühendsten und ausgebildetsten Provinz oder Stadt, wo der gute Geschmack am meisten und allgemeinsten verbreitet ist«. (1782, I, S. 25 f.) Dabei gibt es keinen Zweifel, daß die Umstände seit langem dazu geführt haben, »Sachsen zu der blühendsten Provinz Deutschlands zu machen, und es dadurch zu den höhern Graden der Cultur und des Geschmakkes vorzubereiten«. (ebda. S. 26) Der gleichen Argumentation folgt Adelung auch auf literarischem Gebiet. In der Abhandlung »Auch etwas von dem Zustande der deutschen Literatur« (ebenfalls im ersten Heft) werden Kultur und Wohlstand als Voraussetzung der Geschmacksbildung genannt, in denen Deutschland noch Frankreich nachsteht: »Aber sie erreichen doch immer in einem Theile seinen gewissen Grad und Höhe, und zwar denjenigen Grad, dessen eine Nation nach der Beschaffenheit ihrer Umstände nur fähig ist; und dieser Theil wird denn das Vorbild der ganzen Nation, und dient dem Geschmacke in derselben ... zur Stütze.« (1782, I, S. 89)

Diese mustergebende Provinz Deutschlands, »und welche könnte es anders seyn« (ebda. S. 91), ist wiederum Obersachsen. Wie rückwärtsgewandt diese Sicht ist, wird erst ganz deutlich, wenn Adelung wenige Seiten später davon spricht, bei den Deutschen scheine es, »daß der Zeitpunct von 1740 bis 1760 der einige wahre männliche Grad des guten Geschmackes war, welchen sie nicht überschreiten sollten«. (S. 95) Daß Adelung insbesondere J. F. Gellert als Höhepunkt des literarischen Geschmacks schätzte, ist bekannt. Hat man dem Herausgeber wegen seiner vielseitigen populärwissenschaftlichen Interessen »den Instinct für das Zeitgemässe« (ADB I, S. 81) zugeschrieben, so trifft dies zumindest kaum auf diese seine Zeitschrift zu. Denn ihr zentralisierendes Prinzip war eher das bereits Unzeitgemäße, wenn nicht sogar Anachronistische.

Daß er sich durch seine sprachlich-literarische Beweisführung »mit unsern Deutschen Provinzen gleich am Anfange völlig verderben werde«, dessen zeigte sich Adelung schon in der Vorrede zum »Magazin für die Deutsche Sprache« (1782, I) gewiß; und der Widerspruch oder die Angriffe anderer Blätter wie z. B. des »Deutschen Merkurs«, auf die Adelung wiederum in seinem periodischen Organ replizierte, bestätigten dies. Neben den zitierten programmatischen Aufsätzen enthielt die Zeitschrift überdies Beiträge zu Fragen der Orthographie, der Laut- und Wortbildungslehre, der Grammatik, Namenkunde und Stilistik sowie Besprechungen entsprechender Werke anderer Autoren, auch des Auslands. Hervorzuheben ist schließlich ein »Chronologisches Verzeichniß der Dichter und Gedichte des schwäbischen [d. h. staufischen] Zeitalters«, das literarhistorischen Interessen dient. Der Großteil der Beiträge stammt von Adelung selbst. Außer ihm sind K. G. Anton, F. v. Blankenburg, J. F. A. Kinderling und I. de Luca als Mitarbeiter zu nennen.

Literatur: ADB I, S. 80 ff. – NDB I, S. 63 ff. – *C. D. von Witzleben:* Geschichte der Leipziger Zeitung. Leipzig 1860. – *Georg Witkowski:* Geschichte des literarischen Lebens in Leipzig. Leipzig, Berlin 1909. – *Karl-Ernst Sickel:* Johann Christoph Adelung. Seine Persönlichkeit und seine Geschichtsauffassung. Diss. Leipzig 1933. – *Hubert Göbels:* Das »Leipziger Wochenblatt für Kinder« (1772–1774). Eine Studie über die älteste deutschsprachige Kinderzeitschrift. Ratingen u. a. 1973. – *Reinhard Wittmann:* Die frühen Buchhändlerzeitschriften als Spiegel des literarischen Lebens. In: Archiv f. Gesch. d. Buchwesens 13 (1973) Sp. 613–932.

LITTERATUR UND VÖLKERKUNDE
1782–1786

Hrsg.: Johann Wilhelm von Archenholtz
Erscheinungsweise: monatlich (= neun Bände zu je sechs Stück)
Leipzig: Verlagskasse der Gelehrten
Umfang: 5–6 Bogen
Bibliographischer Nachweis: Diesch Nr. 230; Kirchner (1932) Nr. 2472; Kirchner (1969) Nr. 1129
Standort: Herzog August Bibliothek Wolfenbüttel (Sign.: Za 249)

[Forts. u. d. T.]

NEUE LITTERATUR UND VÖLKERKUNDE
1787–1791

Hrsg.: Johann Wilhelm von Archenholtz
Erscheinungsweise: monatlich (= zehn Bände zu je sechs Stück)
Dessau, Leipzig: Göschen
Umfang: 5–6 Bogen
Bibliographischer Nachweis: Diesch Nr. 230; Kirchner (1932) Nr. 2468; Kirchner (1969) Nr. 1189
Standort: Herzog August Bibliothek Wolfenbüttel (Sign.: Za 250)

Daß es zu den anthropologischen Antrieben der Aufklärung gehörte, die Sitten und »Merkwürdigkeiten« anderer Länder und Völker kennenzulernen, um damit der vielförmigen Natur des Menschen auf den Grund zu kommen, fand auch auf mancherlei Weise Eingang in das periodische Schrifttum der Zeit: Nicht nur, daß Reisebeschreibungen zum beliebten Inhalt einer Vielzahl von Zeitschriften gehörten, sondern es wurden diesem Themenbereich auch eigene Blätter gewidmet, von denen insbesondere des Cook-Begleiters Johann Reinhold Forsters »Beiträge zur Völker- und Länderkunde« (1781–1793) genannt seien.

Solche landes- und völkerkundlichen Interessen literarisch zu vermitteln und einzukleiden, dies charakterisiert auch die hier angezeigte

Zeitschrift des Johann Wilhelm von Archenholtz (1741–1812), der sonst noch als Verfasser einer »Geschichte des Siebenjährigen Krieges« (1788) bekannt ist. Er war ein entschiedener Anhänger der Aufklärung, bis hin zur anfänglichen Begeisterung für die Französische Revolution, die er zeitweise aus unmittelbarer Nähe beobachtete. Ausschlaggebend für seine geistige Orientierung und publizistische Tätigkeit wurde jedoch vor allem ein längerer Aufenthalt in England, dessen bürgerlich-politische und kulturelle Substanz zu vermitteln er zeitlebens bemüht blieb. Dazu gründete er später weitere Periodika, die »Annalen der brittischen Geschichte« der Jahre 1788 bis 1796 (1789–1800), ja sogar eigene englischsprachige Blätter (»The British Mercury«, 1787–1790; »The English Lyceum«, 1787). Über die Jahrhundertwende hinweg führte schließlich seine historisch-politische Zeitschrift »Minerva« (1792–1809, mit Fortführung bis 1857).

Folgt man der Anrede an das Publikum am Ende des ersten Bandes, so bestand ursprünglich eine stark historische Zielsetzung: »Eine Menge litterarischer Schätze, die zur *Aufklärung des mittlern Zeitalters* dienen, liegen in großen Büchersammlungen ungenutzt. Unser Endzweck ist, das interessante und größtentheils unbekannte, aus diesen gelehrten Fundgruben hervorzusuchen und zu bearbeiten!« (1782, VI, S. 613) Wie sehr hier noch das aufklärerische Geschichtsbild bestimmend war, macht die anschließende, aufs Mittelalter gemünzte Bemerkung deutlich, daß »noch so vieles zur nähern Kenntniß der finstern Zeiten zu wissen übrig bleibt«. (ebda.) Zu den Dokumenten und biographischen Fragmenten, den historischen Beiträgen zur Literatur-, Kunst- und Sittengeschichte sowie zur Geschichte wissenschaftlicher Disziplinen in verflossenen Jahrhunderten wurden ferner versprochen: »*Reisen, Erzählungen, kleine philosophisch-litterarische Abhandlungen, Auszüge aus fremden in Deutschland wenig bekannten Werken,* und *Fragmente aus den neuesten Schriften anderer Nationen*« (ebda.). Wenngleich es sich dabei häufig um gelehrte, wissenschaftlich fundierte Beiträge handelte, so war sich Archenholtz doch der besonderen Bedingungen bewußt, welche die Journallektüre dem Herausgeber stellte: »eine glückliche Mischung solcher Dinge, die wechselweise bald den Verstand, bald die Einbildungskraft, bald das Herz auf eine ausserordentliche Art beschäftigen«. (1788, VII, S. 5) Die Gliederung des Jahresregisters in historische und literarische Abhandlungen, Reisen, literarische Aufsätze vermischten Inhalts, Briefe, Erzählungen und Anekdoten läßt bereits etwas von dieser inhaltlichen und formalen Mischung erkennen.

Die Reiseskizzen, die Archenholtz selbst zu den ersten Heften seiner Zeitschrift beisteuerte, waren vorbereitende Stücke zu seinem Werk »England und Italien« (1785), das weniger durch die politisch begründete Bevorzugung Englands als durch die antiklerikalen, negativen Urteile über Italien von sich reden machte. Das aufgeklärte politische Bewußtsein fand jedoch nicht nur im Lob der bürgerlichen Freiheiten Englands Ausdruck, sondern auch in der Kritik an Mißständen im eigenen Land, obgleich hier Vorsicht geboten war. So heißt es in der bereits zitierten Anrede an das Publikum, wobei an das Schicksal Chr. F. D. Schubarts erinnert wird: »Die Furcht für dem Schwerdt der Censur und für widrigen Schicksalen verhindert oft die Bekanntmachung wichtiger und wahrer Vorfälle, die sich vor unsern Augen zutragen. Trotz unsrer gepriesenen *Germanischen Freyheit*, lähmt das Wort *Fürst* die Hand fast aller deutschen Schriftsteller.« (1782, VI, S. 614)

Die landes- und völkerkundlichen Beiträge erreichten im Laufe der Zeit eine beträchtliche geographische Streuung, nachdem anfangs noch die antiken Großreiche mit im Vordergrund standen. Behandelt wurden Geographie und geschichtliche Ereignisse, staatliche Einrichtungen und technische Errungenschaften, Sitten und religiöse Gebräuche, Literatur, Kunst und sonstige kulturelle Einrichtungen. Die das Denken der Zeit beschäftigenden Zusammenhänge zwischen Klima, Religion, Sprache, Handel, Regierungsform, Kunstprodukten und Charakter eines Volkes sollten zudem interkulturelle Vergleiche zwischen Europa, Amerika, Afrika und Asien ermöglichen. Dabei kamen durchaus nicht nur historische, sondern auch aktuelle Themen vor, so etwa später die Französische Revolution. Die große thematische Breite ließ sich nur erreichen, weil der Herausgeber seit dem zweiten Band der Zeitschrift auch andere Gelehrte und Autoren zur Mitarbeit heranzog, deren Anzahl im Laufe der Jahre ständig weiter zunahm, ohne daß sich darunter ähnlich prominente Namen finden wie in den großen Nationaljournalen.

Auch der Anteil der poetischen Beiträge nahm erst mit dem zweiten Jahrgang allmählich zu, wurde dann aber zu einer festen Einrichtung. Dem primär an praktischen Nutzenserwägungen ausgerichteten Herausgeber, dem es selbst an »dichterischer Begabung gebrach« (Ruof 1915, S. 119), lag das Poetische ohnehin ferner. Wenn das übrige Blatt von einer aufklärerischen Grundhaltung geprägt war, so gilt dies auch für die poetischen Beigaben: Hier finden sich noch Nachklänge der Friedrich-Panegyrik der Karschin, J. W. L. Gleims und des F. von Kleist, die didaktisch-moralisierende Fabeldichtung C. F. Pokkels und K. F. Schinks, die Sinngedichte, Elegien und Episteln bloß zeitgenössisch hervorgetretener Autoren. Selbst in den Wein- und Freundschaftsliedern fehlten selten gewisse gelehrt-reflektierende Töne. Von der Gestimmtheit der jüngeren poetischen Generation ist so gut wie nichts zu bemerken. In der Begründung für die Auswahl der Gedichte gab Archenholtz gelegentlich zu erkennen, daß er sein Unternehmen selbst gern für ein Nationaljournal gehalten wissen wollte. »Nur dann«, so hält er den Dichterlingen, die ihn offensichtlich mit poetischen Einsendungen überhäuften, entgegen, »wenn ein Gelegenheitsgedicht ein Nationalinteresse hat, kann es der Herausgeber eines Journals, der nicht blos für eine Provinz schreibt, ohne Bedenken aufnehmen.« (1787, V, S. 454) Zu der Zeit, als er dies schrieb, hatte er seine seit Juli 1782 erscheinende »Litteratur und Völkerkunde« zumindest durch eine Auffrischung des Titels zu erneuern gesucht.

Mitarbeiter u. a.: J. M. Affsprung, J. B. v. Alxinger, J. W. v. Archenholtz, B. Chr. d'Arien, E. G. Baldinger, G. v. Baumberg, C. F. Benkowitz, F. v. Blankenburg, J. A. Blumauer, J. J. Brinkmann, J. F. Cordes, J. A. Cramer, Th. v. Deronville, J. J. Eschenburg, J. T. Fischer, J. W. L. Gleim, C. S. Grüner, L. L. Haschka, F. Hegrad, K. H. Heydenreich, J. D. Horn, A. L. Karsch, F. v. Klein, P. E. Klipstein, C. F. Kramer, C. Lang, A. F. E. Langbein, A. G. Meißner, A. H. Meltzer, J. J. Mnioch, L. Neumann, Th. L. Noak, J. F. Ratschky, K. v. Rehdinger, K. F. Reinhard, J. v. Retzer, J. G. Rhode, W. T. Richter, G. v. Salisch, J. F. Schink, V. H. Schmid, F. L. Schröder, L. Schubart, K. G. F. Schwalbe, J. P. Sattler, J. A. C. Seidensticker, F. H. K. Siegmann, L. Sincera, C. F. Splittegarb, C. G. Spranger, J. W. Streithorst, H. A. Töpfer, J. G. Viweg, A. H. v. Walterstern, C. F. Weiße, F. Weygand, K. S. Wigand, C. G. Wilke.

Literatur: ADB 1, S. 511 f. – NDB 1, S. 335 f. – *Friedrich Ruof:* Johann Wilhelm von Archenholtz. Ein deutscher Schriftsteller zur Zeit der Französischen Revolution und Napoleons (1741–1812). Berlin 1915. Reprint Vaduz 1965. – *ders.:* Johann Wilhelm von Archenholtz (1741–1812). In: *H.-D. Fischer* (Hrsg.): Deutsche Publizisten des 15. bis 20. Jahrhunderts. München/Pullach, Berlin 1971. S. 129–139. – *Karl d'Ester:* Johann Wilhelm von Archenholtz. In: Handbuch der Zeitungswissenschaft. Hrsg. v. *Walter Heide,* Bd. 1. Leipzig 1940. Sp. 239–241.

Für aeltere Litteratur und neuere Lectüre
1783–1785

Hrsg.: Karl Christian Canzler, August Gottlieb Meißner
Erscheinungsweise: vierteljährlich, vom 2. Jg. ab zwei Hefte im Quartal
Leipzig: Breitkopf
Umfang: zunächst 16, vom 2. Jg. an 8–9 Bogen
Bibliographischer Nachweis: Diesch Nr. 344; Kirchner (1932) Nr. 2855; Kirchner (1969) Nr. 4537
Standort: Universitätsbibliothek Erlangen (Sign.: Ztg. IX, 167)

Aus der großen Zahl konkurrierender literarischer Blätter suchte sich diese Zeitschrift durch die im Titel explizit gemachte doppelte Schwerpunktbildung herauszuheben. Der Inhalt war demzufolge zunächst in zwei getrennte Teile gegliedert. »Der erstere«, so steht im Vorbericht zum ersten Heft zu lesen, »ist *Erneuerungen* aus *vergeßnen* oder *verkanten Werken*, gedruckten sowohl als handschriftlichen, bestimmt. (...) Die zweite Hälfte besteht aus *ganz neuen*, wenigstens in teutscher Sprache noch neuen Aufsätzen. Der Gegenstand derselben sei Geschichte, Weltweisheit, Dichtkunst, Länderkunde, und moralische Erzählung.« Dabei wurde der Anspruch erhoben, zumindest die »erstere Hälfte ... mit keinem der ietzt florirenden Journäle gemein« (ebda.) zu haben. Nachdem hier anfänglich u. a. Lebensbilder und Werkproben älterer deutscher Autoren geboten worden waren, entschloß man sich schon im zweiten Heft, beide Teile »künftig durch einander zu mischen, und auch darinnen dem Geschmack des Publikums nach[zu]geben, daß ... nur sechs Bogen Erneuerungen und wenigstens zehn für ungedruckte Aufsäze« (1783, II, Vorbericht) vorgesehen sein sollten. Wenn sich im Zurücktreten des Historischen der besondere Aktualitätsbezug des periodischen Mediums geltend machte, so weist in die gleiche Richtung, daß seit dem zweiten Jahrgang in jedem Quartal zwei Hefte (mit halbem Umfang) herauskamen.

Auch die beiden Männer, die sich in Dresden zur Herausgabe der Zeitschrift zusammengetan hatten, standen bei allen gemeinsamen Interessen für unterschiedliche thematische Schwerpunkte. Während der Bibliothekar Karl Christian Canzler (1735–1786) vor allem historische Aufsätze, auch zur mittelalterlichen Literaturgeschichte, beisteuerte, lieferte August Gottlieb Meißner (1753–1807) neben ebenfalls literargeschichtlichen mehr die poetischen Beiträge. Mitarbeiter im literarischen Teil waren außer ihm noch besonders W. G. Becker und A. F. E. Langbein, d. h. Autoren, die ihren Ruf nicht durch hochrangige künstlerische Leistungen, sondern durch zeitgenössische Beliebtheit begründet haben. Balladen, Nachdichtungen, konventionelle Liebeslyrik sowie komische Erzählungen und sonstige aufklärerisch-moralisierende Formen standen zunächst noch im Vordergrund, doch kam mitunter auch anderes – etwa durch den Bardensänger K. F. Kretschmann oder durch Übersetzungen von Shakespeares Gedichten – hinzu.

Während in den historischen Beiträgen zuletzt bevorzugt sächsische Verhältnisse breiter dargestellt wurden, war die Länderkunde vor allem durch statistisch fundierte Berichte des Grafen von Brühl aus England vertreten. Auch in den Beiträgen zu den übrigen im Vorbericht genannten Themenkomplexen fehlte es nicht an aktuellen Bezügen (z. B. Pressefreiheit), doch hat man gerade darin einen »Einbruch in das fremde Gebiet« (Hofstaetter S. 224) gesehen, welches schon vom »Deutschen Museum« abgedeckt wurde: »Da nun die Quartalschrift genau wie das Museum auf rein zufällige Beiträge angewiesen war, so ergab sich bei ihr, besonders in den poetischen Beiträgen, ein rascher Niedergang, wie ja auch das Museum zu gleicher Zeit sank. Immer mehr schränkte sich der Inhalt auf das ein, was das Unterhaltungsbedürfnis des Durchschnitts erforderte.« (Hofstaetter ebda.) Den Mangel an gleichbleibend guten Beiträgen gibt auch Joachim Kirchner als Grund dafür an, daß sich die Zeitschrift trotz ihrer programmatischen Nähe zum »Deutschen Museum« und auch gemeinsamen Mitarbeitern nicht auf der beanspruchten Höhe zu halten vermochte und nach dem Tode Canzlers und der Übersiedlung Meißners als Professor nach Prag der Konkurrenz alsbald wieder das Feld überließ. Für das letzte Heft wird von Hofstaetter und Kirchner sogar erst 1787 als Erscheinungsjahr angegeben.

Mitarbeiter u. a.: L. v. Baczko, W. G. Becker, G. W. R. Becker, Gr. v. Brühl, J. H. Buße, K. A. Cäsar, K. Chr. Canzler, G. Forster, L. F. G. v. Goeckingk, F. Grillo, K. G. Günther, K. F. W. Herrosee, K. F. Hungar, K. F. Kretschmann, A. F. E. Langbein, G. F. Lindemann, A. G. Meißner, C. H. Schütze, F. H. Unger.

Literatur: ADB 3, S. 769 f. – ADB 21, S. 242 f. – *Walther Hofstaetter:* Das Deutsche Museum (1776–88) und Das Neue Deutsche Museum (1789–91). Leipzig 1908. – *Joachim Kirchner:* Das deutsche Zeitschriftenwesen – seine Geschichte und seine Probleme. Bd. 1. 2. neu bearb. u. erw. Aufl. Wiesbaden 1958.

7. Zeitschriften für ausländische Literatur

»Es ist längst eine erwiesene Sache«, so schreibt J. W. von Archenholtz in seiner »Litteratur und Völkerkunde«, »daß keine Nation so wie die Deutschen sich um andere Völker bekümmert.« (1783, VI, S. 640) Diese im 18. Jh. immer wieder hervorgehobene Weltoffenheit der Deutschen, die dem kosmopolitischen Programm der Aufklärung entsprach, zu der aber alsbald die Klage über mangelnde Nationalgesinnung ebenso stereotyp hinzutrat, hat in weitreichender Weise die literarische Entwicklung Deutschlands bestimmt und dabei, wie wir schon gesehen haben, auch in den literarischen Zeitschriften dieser Epoche mannigfachen Ausdruck gefunden. »Kein Land«, so spezifiziert etwa W. G. Becker die oben zitierte Äußerung von Archenholtz, »beschäftigt sich so sehr mit der Litteratur der Ausländer, als Deutschland.« (Magazin der neuern französischen Litteratur, 1780, I, Vorrede) Und F. J. J. Bertuch leitet mit ähnlichen Überlegungen sein »Magazin der Spanischen und Portugiesischen Literatur« ein: »Wir Teutschen waren von je her, und seitdem unsre Väter die Künste und sanfteren Musen aufnahmen, die Bienen fremder Literaturen. Keine Nation lernte allgemeiner und lieber die Sprache aller andern, und durchsuchte ihre gelehrten Schätze so gern als wir. Nicht einheimische Armuth, nein, Wißbegierde und unser geschäftiger Nationalgeist war die Triebfeder davon.« (1780, I, S. III)

Daß diese Bemühungen auch schon in die bisher besprochenen Zeitschriften des 18. Jh.s eingingen, braucht hier nicht mehr weiter betont zu werden. Doch befinden wir uns mit den obigen Äußerungen bereits im Begründungszusammenhang von literarischen Organen, die *ausschließlich* der Vermittlung ausländischer Literatur und Kultur dienten und von denen einige, in unverkennbarer Analogie zueinander gebildete Titel des späten 18. Jh.s im folgenden noch genannt werden. Allerdings handelt es sich keineswegs um die ersten deutschsprachigen Blätter, die sich eine solche Aufgabe stellten. Vielmehr führte die Vorbildung des Mediums Zeitschrift in Frankreich und England dazu, daß manche deutschen Periodika schon seit dem frühen 18. Jh. ihre Existenz ganz auf Übersetzungen – zumal von ausländischen Zeitschriften – gründeten.

Dies gilt zunächst insbesondere für die Gattung der Moralischen Wochenschriften, in denen der Anteil übersetzter Beiträge zeitweise groß war, wenn es sich nicht überhaupt um mehr oder minder vollständige Übertragungen handelte. Den Sittenschriften nahe stehen auch noch Organe wie die »Versuche und Übersetzungen den guten Geschmack der Ausländer bekannt zu machen« (1751) oder die »Neuen Auszüge aus den besten ausländischen Wochen- und Monatschriften« (1765–1769). Beiträge aus dem »Mercure de France« bot J. Chr. Rost in seinem »Übersetzer verschiedener kleiner, zur Aufnahme des guten Geschmacks dienlicher, Schriften« (1753), von dem jedoch nur ein Heft erschienen ist. Einen ganz anderen Zeitschriftentyp repräsentieren dagegen die verschiedenen Ländern gewidmeten allgemeinwissenschaftlich-gelehrten Rezensions-, Referate- und Mitteilungsorgane, für die als Beispiel die »Brittische Bibliothek« (1756–1776) oder die »Russische Bibliothek« (1772–1789) genannt seien. Bei der Fülle des Materials wurde in ihnen die schöne Literatur, wenn überhaupt, in der Regel nur beiläufig berücksichtigt. Nicht nur die gegenwärtige, sondern auch die antike Literatur fand übrigens in eigenen periodischen Organen Bearbeitung (vgl. »Philologische Bibliothek«, 1770–1774). Schließlich wären eigens auch die im Deutschland des 18. Jahrhunderts erschienenen fremdsprachigen Zeitschriften zu vermerken. Für die französische Sprache mögen die »Nouvelles littéraires« (1776–1779), »Les Ephemerides du Berlin« (1778), die »Correspondance littéraire secrète« (1775–1793) erwähnt sein, für die englische Sprache »The Beauties of the Magazine« (1775), »The English Magazine« (1774–1778), »The British Mercury« (1787–1790) und »The English Lyceum« (1787).

Die im folgenden gesondert herausgestellten, den wichtigsten fremden Nationalliteraturen gewidmeten literarischen Zeitschriften stehen demnach hier für zahlreiche weitere Bemühungen, die internationale literarische Kommunikation zu fördern. Sie belegen auch, daß sich im 18. Jh. seit langem jene wenige Jahrzehnte später von Goethe diagnostizierte »Epoche der Weltliteratur« (Maximen und Reflexionen 767) vorbereitete, über die er zu Eckermann äußerte: »Ich bin überzeugt, daß eine Weltliteratur sich bilde, daß alle Nationen dazu geneigt sind und deshalb freundliche Schritte tun. Der Deutsche kann und soll hier am meisten wirken, er wird eine schöne Rolle bei diesem großen Zusammentreten zu sprechen haben.« (15. 7. 1827) Selbst Goethe erkannte, mit Blick auf die »Edinburgh Reviews«, den besonderen Wert periodischer Schriften in diesem Zusammenhang an: »Diese Zeitschriften, wie sie nach und nach ein größeres Publikum gewinnen, werden zu einer gehofften allgemeinen Weltliteratur auf das Wirksamste beitragen...« (JA 38, S. 170)

Literatur: Joachim *Kirchner:* Das deutsche Zeitschriftenwesen – seine Geschichte und seine Probleme. Bd. 1. 2. neu bearb. u. erw. Aufl. Wiesbaden 1958.

BRITTISCHES MUSEUM FÜR DIE DEUTSCHEN
1777–1780

Hrsg.: Johann Joachim Eschenburg
Erscheinungsweise: anfangs vierteljährlich, d. h. zwei Bände zu je zwei Stück jährlich, dann halbjährlich (= sechs Bände)
Leipzig: Weygand
Umfang: 15–30 Bogen
Bibliographischer Nachweis: Diesch Nr. 1054; Kirchner (1932) Nr. 2829; Kirchner (1969) Nr. 4504
Standort: Landesbibliothek Coburg (Sign.: Cas. A 5672)

[Forts. u. d. T.]

ANNALEN DER BRITISCHEN LITTERATUR,
VOM GANZEN JAHRE 1780
1781

Hrsg.: Johann Joachim Eschenburg
Erscheinen: ein Band
Leipzig: Weygand
Umfang: 33 Bogen
Bibliographischer Nachweis: Diesch Nr. 1045; Kirchner (1932) Nr. 2829; Kirchner (1969) Nr. 4515
Standort: Landesbibliothek Dresden (Sign.: Ephem. lit. 732)

MAGAZIN DER ITALIENISCHEN LITTERATUR UND
KÜNSTE
1780–1785

Hrsg.: Christian Joseph Jagemann
Erscheinungsweise: zunächst vierteljährlich, dann unregelmäßig (= acht Bände)
Weimar: Hoffmann [Ab Jg. 3, 1782 Dessau, Leipzig: Buchhandlung der Gelehrten; 1785 Halle: Hendel]
Umfang: bis zu 25 Bogen
Bibliographischer Nachweis: Diesch Nr. - -; Kirchner (1932) Nr. 2179; Kirchner (1969) Nr. 4513
Standort: Bayerische Staatsbibliothek München (Sign.: H. lit. P. 181)

MAGAZIN DER SPANISCHEN UND PORTUGIESISCHEN LITTERATUR
1780–1782

Hrsg.: Friedrich Johann Justin Bertuch
Erscheinungsweise: zwei Hefte 1780, ein Heft 1782
Weimar: Hoffmann [1782 Dessau u. Leipzig: Buchhandlung der Gelehrten]

Umfang: 22 Bogen
Bibliographischer Nachweis: Diesch Nr. – –; Kirchner (1932) Nr. 176a;
Kirchner (1969) Nr. – –

Magazin der neuern französischen Litteratur
1780–1781

Hrsg.: Wilhelm Gottlieb Becker
Erscheinungsweise: anfangs monatlich, dann zweimonatlich (= zwölf Stücke in zwei Bänden)
Leipzig: Breitkopf
Umfang: 5–6 Bogen
Bibliographischer Nachweis: Diesch Nr. – –; Kirchner (1932) Nr. 1996;
Kirchner (1969) Nr. 4514
Standort: Bayerische Staatsbibliothek München (Sign.: H. lit. P. 34)

NAMENREGISTER

Nicht aufgenommen wurden in das Register die in den summarischen Mitarbeiter- und Literaturverzeichnissen aufgeführten Namen

Abbt, Th. 84–86
Adamietz, H. 149, 152
Adelung, J. Chr. 91, 179, 197–199
Aepinus, D. 17
Agricola, M. 31 f.
Anakreon 7, 11
Anton, K. G. 199
Archenholtz, J. W. von 178–180, 200–203, 206
d'Arien, B. Chr. 106, 108
Ariosto, L. 105, 120
Aristoteles 78, 95
d'Aubignac, F. H. Abbé 7

Bach, A. 125
Bahrdt, K. F. 111, 112, 117, 181
Bardili, Chr. G. 154
Basedow, J. B. 86
Batteux, Ch. 14, 70, 78
Baumgarten, A. G. 17
Bayle, P. 2, 43
Beck, G. K. 157
Becker, W. G. 163, 166 f., 204, 206
Bender, W. 35, 82
Bergk, Th. 122
Berglar, P. 107
Bertram, Chr. A. von 179, 186–189
Bertuch, F. J. J. 138, 140, 187, 206, 208
Beutler, J. H. Chr. 173
Bibra, Ph. A. S. von 170–173
Biester, J. E. 145
Blankenburg, F. von 199
Blum, J. C. 124
Bode, J. J. 108
Bodmer, J. J. 4, 7, 16, 18, 27, 31, 35–38, 40–46, 49, 54, 69, 71, 98, 105, 145, 174 f.
Böckmann, P. 4, 21, 62
Böhm, G. 157, 160–163

Böttiger, K. A. 140
Bohn, C. E. 87 f., 90 f.
Boie, H. Chr. 100, 108 f., 129, 141–147
Bouhours, D. 20
Bräker, U. 176
Bräuning-Oktavio, H. 112–117
Brandes, H. 36
Breitinger, J. J. 16–18, 27, 31, 35–38, 40–42, 44 f., 98
Breitkopf, G. I. 12, 24, 51
Brockes, B. H. 47
Buchholtz, A. 25, 62, 68
Bürger, G. A. 109, 138, 146, 152, 172, 189

Canitz, F. R. L. von 7, 48
Canzler, K. Chr. 204 f.
Cervantes, M. de 105
Chodowiecki, D. 194
Cicero 7
Claudius, M. 80, 103, 106–110, 152, 154, 169, 189
Consbruch, F. A. 32
Consentius, E. 61
Cook, J. 193, 195, 200
Corneille, P. 7, 66, 95
Cramer, J. A. 8, 19, 22, 24 f., 43, 53–56, 85, 103
Cronegk, J. F. von 55 f., 79
de la Crose, Jean
s. Jean Cornand

Dach, S. 11
Dähnert, J. C. 15 f.
Danzel, Th. W. 2, 77
Deinet, J. K. 112, 116
Destouches, Ph. N. 14
Diderot, D. 14, 70, 72
Diesch, C. 1, 44, 102
Dohm, Chr. K. W. von 129, 141–146
Dolce, L. 82

211

Dreyer, J. M. 49, 55
Drollinger, G. F. 40
Dryden, J. 82
Dubos, J. B. Abbé 48, 74, 79
Dumpf, J. W. 107
Dusch, J. J. 85 f.
Dyck, J. G. 75, 77, 80

Ebeling, F. W. 156 f., 159, 162 f.
Ebert, J. A. 19, 22, 53, 55
Eckermann, J. P. 207
Ekhof, K. 168
Ersch, J. S. 91, 123
Eschenburg, J. J. 97, 145, 189, 208
Euripides 74

Fabian, R. 193 f., 196
Fähler, R. 161 f.
Faesi, R. 45, 46
Fischer, O. 103
Fischer, W. 96
Fleischer, Chr. 104
Flögel, K. F. 181
Fontenelle, B. Le Bovier de 11, 124
Forster, G. 139, 179, 192–197
Forster, J. R. 193, 200
Friedrich der Große 71, 83
Fuch, G. 32, 56
Füssli, J. Caspar (Füßli) 45
Füssli, J. (Conrad (Füßli) 41, 44
Füssli, J. H. (Füßli) 174–176
Funk, B. 104

Gärtner, K. Chr. 19, 22, 49, 51, 52, 53, 54, 55
Gattenauer, E. Chr. 171
Gebauer, J. J. 183
Gedicke, F. 145
Gellert, Chr. F. 19, 53 f., 69, 72, 75, 114, 183, 199
Gerstenberg, H. W. von 44, 85 f., 102–105, 107 f., 182
Gerth, K. 102 f.
Gessner, S. (Geßner) 45, 47, 115
Giessing, Ch. P. 80

Gieseke, N. D. 50, 53–55
Gleim, J. W. L. 19, 30, 43, 55 f., 69, 72, 85, 107, 114, 118–120, 122, 137, 146, 183, 203
Göbels, H. 198
Goeckingk, L. F. G. von 124, 170–173
Goedeke, K. 52
Göschen, G. J. 147
Goethe, J. W. von 109–112, 114–117, 121–125, 134–139, 146, 152 f., 169, 185, 189, 192, 207
Gottsched, J. Chr. 2–22, 24–27, 29–31, 33, 35–38, 40, 42–44, 46–49, 51 f., 56 f., 59, 62–64, 67–69, 76 f., 86, 91, 98, 105, 130, 179 f., 197
Gottsched, L. A. V. 7, 56, 100 f.
Grantzow, H. 100
Gregorius, I. F. 66
Grenest, Abbé 82
Grillo, F. 85
Grimm, M. 79
Gryphius, A. 7
Günther, J. Chr. 7
Guhrauer, G. E. 77
Guthsmuths, J. Chr. F. 173

Haacke, W. 130 f., 134
Hagedorn, F. von 19, 52, 69, 72, 183
Haller, A. von 27, 36, 49, 69, 72
Hamann, J. G. 153, 182
Hardenberg, F. von (Novalis) 140
Harles, G. Chr. 181
Hauff, G. 149
Hausen, K. R. 181, 185
Heidegger, J. 41, 44
Heinecke, C. H. 27–48
Heinrich, J. P. 32
Heinse, W. 119 f., 138
Hetzel, Ch. 125
Herder, J. G. 82, 83, 85, 90, 103, 105, 108, 110 f., 114 f., 124, 138 f., 146, 153, 179–183, 185
Hill, W. 64, 92, 95 f., 188 f.
Hirzel, J. C. 45 f.

212

Hocker, S. T. 112
Hocks, P. 179
Hölty, L. Chr. H. 109, 152
Hofmann, E. 125
Hofstaetter, W. 47, 49, 130, 142–147, 172, 192, 205
Hogarth, W. 196
Homer 11, 105, 172
Horaz 11, 59, 69, 123, 195
Houben, H. H. 69

Im Hof, U. 164, 166
Ising, F. 100

Jacobi, F. H. 121 f., 137, 145, 196
Jacobi, J. G. 115, 118–122, 126, 137, 181, 183, 189
Jagemann, Chr. J. 208
Jansen, C. 114
Jessen, H. 108
Junghanns, G. A. 31
Justi, J. H. G. von 86

Kästner, A. G. 2, 19, 26, 69
Kaim-Kloock, L. 100
Kaiser, G. 99, 130
Kant, I. 139
Karsch, A. L. 80, 101, 105, 122, 124, 137, 203
Kaufmann, Chr. 98
Kawerau, W. 181
Keller, C. 45
Kinderling, J. F. A. 199
Kirchner, J. 1, 12, 31 f., 41, 44 f., 69, 74, 88, 97, 102, 137, 149, 184, 205
Kleen, J. P. 104
Kleist, Chr. E. von 19, 72, 84 f.
Kleist, F. von 203
Klencke, C. L. von 122
Klinger, F. M. 98, 117, 138, 146, 152, 169
Klinger, U. R. 18–20
Kliphausen, A. Zigler von 7
Klopstock, F. G. 14, 29, 35, 44–46, 50, 54, 56, 70, 80, 85, 99, 103–105, 107, 109, 114, 116, 124, 142, 146 f., 152, 182 f., 185
Klotz, Chr. A. 97, 179–185
Koch, E. Chr. 17
Koch, M. 103
Köhler, J. T. 74
Köhler, K. F. 148, 152
König, J. U. 47–49
König, S. 12
Kranefuss, A. 109
Krauss, H. 148
Krauss, R. 153
Krauss, W. 48
Krause, J. G. 4
Kretschmann, K. F. 205
Krüger, J. Chr. 56
Krull, E. 100 f., 126

Lachmann, K. 61
Lachmanski, H. 100, 119, 121–124
Lamettrie, J. O. de 70
Lanckorońska, M. Gräfin 100
Lang, C. L. 41 f.
Langbein, A. F. E. 179, 204
Lange, S. G. 55, 59, 69
La Roche, S. von 101, 114, 121, 124–127
Lasius, J. 17
Lavater, J. K. 115, 145, 195
Leibniz, G. W. 12 f.
Leisewitz, J. A. 146, 152, 195
Lenfant, J. 44
Lenz, J. M. R. 109, 117, 121 f., 124, 138, 146, 152, 185, 187
Lessing, G. E. 2, 25 f., 29, 32–35, 44, 59, 61–64, 66–76, 78–80, 82, 84–86, 90, 92–98, 103–107, 109, 123, 134, 152, 169, 179–183, 185, 188, 195
Lichtenberg, G. Chr. 83, 132, 145 f., 179, 192–196
Lieberkühn, Chr. G. 55
Lilien, D. 125
Linguet, H. 160
Liscow, Chr. L. 27, 47 f.
Löwen, J. F. 31, 93

Lohenstein, D. C. von 7
Lotter, J. G. 8
Luca, I. de 199
Luis, G. 53

Macchiavelli, N. 66
Manthey-Zorn, O. 119–122
Marmontel, J.-F. 72, 124
Marpurg, F. W. 77
Martens, W. 4
Matthison, F. von 176
Maupertuis, P. L. M. de 12
Mauvillon, E. 11, 20, 40
Max, H. 131, 142, 145, 149, 154, 172
Meier, G. F. 17
Meissner, A. G. 179, 189, 204 f.
Mendelssohn, M. 44, 63, 75 f., 78 f., 81 f., 84, 86, 182
Merck, J. H. 111–116, 124, 138
Metis, E. 149
Meusel, J. G. 181
Michaelis, J. D. 115
Milch, W. 124 f.
Miller, J. M. 148, 152, 154, 187
Milton, J. 7, 36, 40, 44
Minor, J. 80
Möller, H. 88
Molière (Jean Baptiste Poquelin) 14, 124
Montenoy, P. de 14
Montesquieu 11, 14
Moritz, K. Ph. 189, 192
Morris, M. 114
Moser, F. C. von 116 f.
Müller, F. (Maler) 122, 189
Müller, K. W. 56
Müller, W. 152
Münster, H. A. 149
Muncker, F. 29, 32, 52, 61 f., 70, 72
Mylius, Chr. 8, 19, 24–27, 29, 31–34, 43, 53, 62 f., 66–72, 74

Naumann, Chr. N. 26, 28–32, 69, 70, 72
Neander, C. F. 31
Neuber, F. C. 37

Neuffer, Chr. L. 154
Neukirch, B. 7
Nicolai, F. 44, 63, 74–76, 78–91, 98, 103, 110, 137, 145, 182, 195
Notker 7

Opitz, M. 6 f., 11, 17
Oppermann, H. A. 193
Ossenfelder, H. A. 29, 31, 66
Ost, G. 90 f.
Otfried 7

Palthen, J. F. von 85
Parthey, G. C. F. 90
Perels, Chr. 61
Petersen, G. W. 116
Pfeffel, G. K. 146, 176
Philips, F. C. A. 76, 88, 90
Pindar 105
Plautus 66, 74
Plinius 123
Plutarch 11, 123
Pockels, C. F. 203
Pope, A. 11, 72, 82, 136
Porée, Ph. Chr. Abbé 7
Prutz, R. E. 4, 19, 61, 88, 129, 131, 133, 142, 150, 164, 178
Pyra, I. 27, 51

Rabener, G. W. 19, 22, 51, 53–55, 72, 183, 185
Rahbeck, K. L. 169
Ramler, K. W. 53, 70 f., 80, 105, 146, 169, 182
Rebmann, A. G. F. 157
Redlich, C. Chr. 107, 109
Reichard, H. A. O. 167–169, 179, 187, 189 f.
Reichel, E. 2
Reinhold, K. L. 139
Requadt, P. 194
Resewitz, F. G. 82, 85, 103 f.
Riccoboni, F. 66, 74
Richardson, S. 44, 72, 121, 124
Richter, H. M. 96
Riedel, F. J. 115, 181
Robertson, J. G. 66

Rödel, W. 196
Roertgen, W. F. 117
Rost, J. Chr. 47 f., 53, 207
Rothe, H. G. 56
Rousseau, J. J. 14, 44, 70, 126
Rudolphi, Chr. L. 122
Rüdiger, J. A. 67 f.
Rümann, A. 100
Ruof, F. 202
Rupp, F. 168 f., 190

Sack, A. F. W. 56
Sack, J. D. 55
Salis-Seewis, J. G. von 176
Sappho 120
Sauder, G. 98 f.
Saurmann, N. 51 f., 55
Schairer, E. 149–151
Scheibe, S. 23
Scherer, W. 111, 113, 115
Schilbach, E. 65 f., 69, 72–74
Schiller, F. 125, 139, 173, 179
Schink, J. F. 169, 188, 203
Schinz, J. H. 45
Schirach, G. B. von 181, 183 f.
Schirach, W. B. von 184
Schlegel, A. W. 140
Schlegel, F. 140
Schlegel, J. A. 22, 53–55
Schlegel, J. E. 7–9, 19, 30, 43, 53 f., 93
Schlözer, A. L. von 115
Schlosser, J. G. 111, 114–116, 121, 145 f., 166
Schmid, Chr. H. 100, 111, 117, 137
Schmidt, C. A. 22, 53 f.
Schmidt, E. 62, 65, 68, 71, 74, 83, 86
Schmidt, J. Chr. 56
Schmidt, K. E. 122, 137
Schmidt, P. 179
Schmidt-Rohr, Chr. 110
Schönaich, Chr. O. Frhr. von 14, 57, 69 f.
Schönborn, G. F. E. 105
Schröder, Chr. M. 50–56
Schubart, Chr. F. D. 98, 131, 148, 149–154, 156, 159, 161, 202
Schubart, L. 148, 154
Schubert, J. W. 32
Schütz, Chr. G. 122 f.
Schulthess, J. G. 45
Schulz, J. Chr. F. 139, 191
Schummel, J. G. 191
Schwabe, J. J. 4, 8, 18–22, 26, 29, 48, 51 f., 56
Seneca 74
Sengle, F. 134–136, 138–140
Seuffert, B. 102, 111
Seyler, A. 168
Shaftesbury, A. 79
Shakespeare, W. 7, 14, 59, 74, 85, 96, 105, 116, 123
Sickel, K.-E. 198
Sonnenfels, J. von 96, 115
Sophokles 11
Spener, J. K. Ph. 119
Spener, M. G. 53
Spenser, E. 105
Stäudlin, G. F. 148, 154
Stage, C. H. 150
Stamford, H. W. 122
Stammler, W. 109
Steinmetz, H. 93, 95
Stolberg, Chr. Graf zu 103, 138, 152, 189
Stolberg, F. L. Graf zu 103, 138, 146, 152
St. Mard 11
St. Pierre, B. de 126
Straube, G. B. 53
Strauss, G. W. 31
Struth, F. 7–9
Sturz, H. P. 103 f.
Sucro, J. G. 72
Sulzer, Johann Georg 70 f., 82, 85, 115
Swift, J. 11

Tasso, T. 120
Terenz 123
Thomasius, Chr. 7, 61, 130 f.
Thomson, J. 44, 72, 74, 127
Thyssen, E. 24–27

Titius, J. D. (Tietz) 57 f.
Traub, H. 97
Triller, D. W. 11, 40, 69, 70
Trillmich, R. 25 f., 33, 71

Ulbrich, F. 18–25, 47 f., 51 f.
Ulrich, R. 45
Unzer, J. Ch. 101
Uz, J. P. 53, 55, 69, 72, 85, 183

Valjavec, F. 91
Vergil 7, 11
Voltaire 11, 14, 66, 70, 72, 95
Voss, Chr. F. (Voß) 68
de Voss, E.-M. 12, 14
Voss, J. H. (Voß) 80, 100, 109 f., 143, 145 f., 152 f., 192, 195
Vossius, G. R. 82
Vulpius, Chr. A. 179, 189, 192

Wagner, A. M. 102
Wagner, H. L. 117, 152, 192
Wahl, G. 48
Wahl, H. 131, 134, 137–140
Waniek, G. 2, 7–10, 12, 14, 17 f., 18, 24, 47, 57, 59, 100
Weckherlin, G. R. 157

Weilen, A. von 97, 102–105
Weinhold, K. 142
Weisse, Chr. F. 75, 79, 80, 83, 94, 96, 123, 198
Wekhrlin, W. L. 131, 155, 155–163, 167
Werdmüller, R. 45
Werenfels, S. 66
Wezel, J. C. 152
Wieland, Chr. M. 45, 69, 85, 109, 118, 124, 129 f., 130, 132–140, 142 f., 169, 183, 190
Wilke, J. 100
Winckelmann, J. J. 77, 79, 146, 174
Winkler, M. 2, 9, 12–14
Wittmann, R. 198
Witzleben, C. D. von 198
Wolf, S. 41, 45
Wolff, Chr. 12 f.

Young, E. 46, 82

Zachariae, J. F. W. 19, 53–55, 185
Zeman, H. 30, 34
Zimmermann, J. G. 145
Zobel, R. H. 181
Zschokke, H. 192

TITELREGISTER

Acta Eruditorum 8, 16, 88
Acta litteraria 181, 184
Für ältere Litteratur und neuere Lectüre 179, 204 f.
Die Akademie der Grazien 101, 122–124
Allgemeine Deutsche Bibliothek 87–92, 99, 104, 110, 145, 168, 180–182, 198 f.
Allgemeine Literatur-Zeitung 91, 123, 179
Allgemeines Staats-Magazin zum Behuf der neuesten politischen Geschichte und der damit verbundenen Wissenschaften 198
Allgemeines Verzeichniß neuer Bücher mit kurzen Anmerkungen 91, 198
Almanach des Muses 100, 143
Annalen der britischen Geschichte 201
Annalen der brittischen Litteratur vom ganzen Jahre 1780 208
Annalen des Theaters 186–190
Annales politiques, civiles et littéraires du dix-huitième siècle 160
Ansbachische Blätter 162
Auserlesene Bibliothek der neusten deutschen Litteratur 91

The Beauties of the Magazine 207
Beiträge zur Völker- und Länderkunde 200
Belustigungen des Verstandes und des Witzes 4, 10 f., 18–25, 27, 29, 32, 35, 43, 48, 51–54, 56, 136
Bemühungen zur Beförderung der Critik und des guten Geschmacks 24–28, 43, 51
Berliner Literaturbriefe
s. Briefe, die neueste Litteratur betreffend
Berlinische Monatsschrift 90, 132, 145, 178
Berlinische Nachrichten von Staats- und gelehrten Sachen (Haude & Spenersche Zeitung) 48
Berlinische Privilegirte Staats- und Gelehrte Zeitung (Vossische Zeitung) 26, 62, 67 f., 71 f., 75, 106
Beyträge zur critischen Historie der deutschen Sprache, Poesie und Beredsamkeit 3, 5–10, 16, 19, 21, 25, 36, 38, 130
Beyträge zur Historie und Aufnahme des Theaters 64–67, 73 f.
Bibliothek der elenden Scribenten 181
Bibliothek der redenden und bildenden Künste 79
Bibliothek der schönen Wissenschaften und der freyen Künste 44, 75–81, 83, 89, 103, 182
Der Biedermann 3
La Bigarure 66
Die Braut 100
Bremer Beiträge
s. Neue Beyträge zum Vergnügen des Verstandes und Witzes
Briefe über Merkwürdigkeiten der Litteratur 86, 102–106, 182
Briefe, die neueste Litteratur betreffend 44, 62, 80, 82–89, 93, 102, 104, 195
Briefe über die Wienerische Schaubühne 96
The British Mercury 201, 207
Brittische Bibliothek 207
Brittisches Museum für die Deutschen 208
Chronik
s. Deutsche Chronik
Chronologen 155–163
Correspondance littéraire secrète
Critische Beiträge
s. Beyträge zur critischen Hi-

storie der deutschen Sprache, Poesie und Beredsamkeit
Critische Nachrichten aus dem Reiche der Gelehrsamkeit 70–73
Der Critische Sylphe 29
Critische Versuche ausgefertigt durch einige Mitglieder der deutschen Gesellschaft zu Greifswald 15
Critischer Versuch zur Aufnahme der deutschen Sprache 15–17, 30
Crito 44–47
Deutsche Bibliothek der schönen Wissenschaften 180–185
Deutsche Chronik 98, 129, 131, 148–154
Der Deutsche Merkur 118, 129–144, 178, 190, 194, 199
Der Deutschen Gesellschaft in Leipzig Nachrichten und Anmerkungen, welche Sprache, Beredsamkeit und Dichtkunst der Deutschen betreffen 8
Deutsches Museum 85, 98, 131, 138, 142–148, 174, 178, 194, 205
Discourse der Mahler 36, 46
Dresdner gelehrte Anzeigen 49
Dreßdnische gelehrte Anzeigen 49
Dressdnische Nachrichten von Staats- und gelehrten Sachen 47–49

Edinburgh Review 207
The English Lyceum 201, 207
The English Mercury 207
Ephemeriden der Litteratur und des Theaters 186–190
Ephemeriden der Menschheit 163–167, 174
Les Ephemerides du Berlin 207
Éphémerides du citoyen 165 f.
Ermunterung zum Vergnügen des Gemüths 32–34, 62, 66

Das Felleisen 157

Franckfurter gelehrte Zeitung 112, 117
Frankfurter Dramaturgie 96
Frankfurter gelehrte Anzeigen 100, 111–118, 121, 179, 183 f.
Die Frau 100
Frauenzimmer-Belustigungen 101
Der Freygeist 25, 29, 43
Der Freymäurer 19
Freymüthige Nachrichten von neuen Büchern, und anderen zur Gelehrtheit gehörigen Sachen 41–44, 56, 85

The Gentleman's Magazine 171 f.
Geographische Belustigungen 198
Zur Geschichte der Litteratur. Aus den Schätzen der Herzoglichen Bibliothek zu Wolfenbüttel 97
Gothaische gelehrte Zeitungen 191
Gothaisches Magazin der Künste und Wissenschaften 132
Göttingische gelehrte Anzeigen 193
Göttingische Zeitungen von gelehrten Sachen 193
Göttingischer Taschenkalender 194–196
Göttingisches Magazin der Wissenschaften und Litteratur 83, 132, 178, 179, 192–197
Das graue Ungeheuer 155–163
Hallische Bemühungen
s. Bemühungen zur Beförderung der Critik und des guten Geschmacks
Hamburgische Adreß-Comtoir-Nachrichten 107
Hamburgische Beiträge zu den Werken des Witzes und der Sittenlehre 101
Hamburgische Dramaturgie 62, 74, 86, 92–97, 169
Hamburgische Neue Zeitung
s. Kayserlich privilegirte Hamburgische Neue Zeitung

Hamburgischer Unpartheyischer Correspondent
s. Staats- und gelehrte Zeitung des Hamburgischen Unpartheyischen Correspondenten
Für Hamburgs Töchter 125
Hanauisches Magazin 132
Haude- und Spenersche Zeitung
s. Berlinische Nachrichten von Staats- und gelehrten Sachen
Helvetische Bibliothek (1735 ff.) 36
Helvetische Bibliothek (1765 ff.) 174
Hessen-Darmstädtische privilegirte Land-Zeitung 110
Hyperboreische Briefe 155–163
Der Hypochondrist 103 f.

Iris 101, 118–122, 126

Jenaische gelehrte Zeitung 61
Journal von und für Deutschland 131, 170–174
Journal étranger 79
Journal des Sçavans 20
Der Jüngling 53, 55

Kayserlich privilegirte Hamburgische Neue Zeitung 94, 97, 103, 107
Der Kinderfreund 79, 198
Königlich privilegirte Berliner Nachrichten von Staats- und gelehrten Sachen 71

Leipziger Wochenblatt für Kinder 198
Leipziger Zeitung 198
Der Liebhaber der schönen Wissenschaften 28, 30
Litterarisches Wochenblatt (Berlinisches) 186–190
Litteratur- und Theater-Zeitung 186–190
Litteratur und Völkerkunde 178–180, 200–203, 206

Magazin der deutschen Critik 183–186
Magazin für die deutsche Sprache 197–200
Magazin der italienischen Litteratur und Künste 208
Magazin der neueren französischen Litteratur 206, 209
Magazin der spanischen und portugiesischen Litteratur 206
Der Mahler der Sitten 36, 44
Der Mann ohne Vorurtheil 96
Mannheimer Dramaturgie 96
Die Matrone 100
Mecklenburgisches Museum 132
Mercure de France 20, 135 f., 207
Mercure galant 20, 84, 135
Mineralogische Belustigungen 198
Minerva 201
Musenalmanach (Göttingen) 100, 110, 114, 142 f., 170
Musenalmanach (Hamburg) 100
Musenalmanach (Leipzig) 100

Nacheiferungen in den zierlichen Wissenschaften 32
Der Naturforscher 25, 29, 33 f., 62
Neue Allgemeine Deutsche Bibliothek 88–92
Neue Auszüge aus den besten ausländischen Wochen- und Monatsschriften 207
Neue Belustigungen des Gemüths 28 f., 31
Neue Beyträge zum Vergnügen des Verstandes und Witzes (Bremer Beiträge) 18, 22, 25, 29, 31, 35, 37 f., 43, 46, 48–58, 63, 99
Neue Bibliothek der schönen Wissenschaften und der freyen Künste 75–81
Neue Erweiterungen der Erkenntnis und des Vergnügens 57–60
Neue Hallische gelehrte Zeitungen 181

Neue Hamburgische Dramaturgie 96

Neue Litteratur und Völkerkunde 200–203

Neue Quartalsschrift zum Unterricht und zur Unterhaltung, aus den neuesten und besten Reisebeschreibungen gezogen 191

Neue Schaubühne der vorfallenden Staats-, Kriegs- und Friedenshändel nicht weniger die Begebenheiten in der Kirche, der Natur und der Gelehrtheit 198

Der Neue Teutsche Merkur 133–141

Neue Zeitungen von gelehrten Sachen (Leipzig) 4, 16, 19, 41, 198

Neuer Büchersaal der schönen Wissenschaften und freyen Künste 3, 9–13, 43

Neues deutsches Museum 142–148

Neues Leipziger Allerley der merkwürdigsten Begebenheit dieser Zeiten 198

Neues Schweizersches Museum 174–177

Das Neueste aus der anmuthigen Gelehrsamkeit 3, 12–15, 43

Das Neueste aus dem Reiche des Witzes 62, 67–70

Niedersächsisches Magazin 132

Der Nordische Aufseher 43, 56, 85 f., 103

Nouveau Mercure de France 191

Nouveaux amusements de l'ésprit et du coeur 21

Nouvelles littéraires 207

Olla Potrida 178 f., 187, 190–192

Papiere einiger Freunde 125

Aus den Papieren einer Lesegesellschaft 191

Paragrafen 155–163

Der Patriot 3

Pfälzisches Museum 132

Philologische Bibliothek 207

Philosophische Untersuchungen und Nachrichten von einigen Liebhabern der Weisheit 25

Physikalische Belustigungen 25

Politisches Journal 184

Pommersches Archiv der Wissenschaften und des Geschmacks 132

Pommersches Museum 132

Pomona für Teutschlands Töchter 101, 124–128

Russische Bibliothek 207

Sammlung critischer, poetischer, und anderer geistvollen Schriften, zur Verbesserung des Urtheils und des Wizes in den Wercken der Wolredenheit und der Poesie 16, 22, 27, 36, 38–41, 49

Sammlung einiger Schriften zum Zeitvertreibe des Geschmacks 55

Sammlung vermischter Schriften zur Beförderung der schönen Wissenschaften und der freyen Künste 81 f.

Sammlung vermischter Schriften, von den Verfassern der Bremischen Neuen Beyträge zum Vergnügen des Verstandes und Witzes 50–59

Schauplatz des Bayerischen Erbfolgekriegs 198

Schleswigsche Literaturbriefe s. Briefe über Merkwürdigkeiten der Litteratur

Schriften zum Vergnügen des Geistes 55

Der Schriftsteller nach der Mode 28, 31

Schubarts Vaterländische Chronik s. Deutsche Chronik

Der Schutzgeist 55

Schweizersches Museum 127, 174 –177
Staats- und gelehrte Zeitung des Hamburgischen Unpartheyischen Correspondenten 42, 68, 106, 108

Teutsche Chronik
s. Deutsche Chronik
Der teutsche Merkur
s. Der deutsche Merkur
Thalia 139, 179
Theater-Journal für Deutschland 167–170, 187, 190
Theater-Kalender 168 f., 187
Theatralische Bibliothek 64, 67, 73–75, 78

Der Übersetzer verschiedener kleiner, zur Aufnahme des guten Geschmacks dienlicher Schriften 207
Ulmische Teutsche Chronik 153

Universal Magazine of Knowledge and Pleasure 58

Vaterlandschronik
s. Deutsche Chronik
Die Vernünfftigen Tadlerinnen 3, 100
Der Vernünftler (1754) 29
Versuche und Übersetzungen den guten Geschmack der Ausländer bekannt zu machen 207
Vossische Zeitung
s. Berlinische privilegirte Staats- und Gelehrte Zeitung

Der Wahrsager 25
Wandsbecker Bothe 97, 106–111
Wandbeckischer Mercur 108
Wochenblatt für's Schöne Geschlecht 125
Wöchentliche Anzeigen zum Vortheil der Liebhaber der Wissenschaften und Künste 41–44

M	44	Nagel *Hrotsvit von Gandersheim*
M	45	Lipsius *Von der Bestendigkeit. Faksimiledruck*
M	46	Hecht *Christian Reuter*
M	47	Steinmetz *Die Komödie der Aufklärung*
M	48	Stutz *Gotische Literaturdenkmäler*
M	49	Salzmann *Kurze Abhandlungen. Faksimiledruck*
M	50	Koopmann *Friedrich Schiller I: 1759–1794*
M	51	Koopmann *Friedrich Schiller II: 1794–1805*
M	52	Suppan *Volkslied*
M	53	Hain *Rätsel*
M	54	Huet *Traité de l'origine des romans. Faksimiledruck*
M	55	Röhrich *Sage*
M	56	Catholy *Fastnachtspiel*
M	57	Siegrist *Albrecht von Haller*
M	58	Durzak *Hermann Broch*
M	59	Behrmann *Einführung in die Analyse von Prosatexten*
M	60	Fehr *Jeremias Gotthelf*
M	61	Geiger *Reise eines Erdbewohners i. d. Mars. Faksimiledruck*
M	62	Pütz *Friedrich Nietzsche*
M	63	Böschenstein-Schäfer *Idylle*
M	64	Hoffmann *Altdeutsche Metrik*
M	65	Guthke *Gotthold Ephraim Lessing*
M	66	Leibfried *Fabel*
M	67	von See *Germanische Verskunst*
M	68	Kimpel *Der Roman der Aufklärung (1670–1774)*
M	69	Moritz *Andreas Hartknopf. Faksimiledruck*
M	70	Schlegel *Gespräch über die Poesie. Faksimiledruck*
M	71	Helmers *Wilhelm Raabe*
M	72	Düwel *Einführung in die Runenkunde*
M	73	Raabe *Einführung in die Quellenkunde*
M	74	Raabe *Quellenrepertorium*
M	75	Hoefert *Das Drama des Naturalismus*
M	76	Mannack *Andreas Gryphius*
M	77	Straßner *Schwank*
M	78	Schier *Saga*
M	79	Weber-Kellermann *Deutsche Volkskunde*
M	80	Kully *Johann Peter Hebel*
M	81	Jost *Literarischer Jugendstil*
M	82	Reichmann *Germanistische Lexikologie*
M	83	Haas *Essay*
M	84	Boeschenstein *Gottfried Keller*
M	85	Boerner *Tagebuch*
M	86	Sjölin *Einführung in das Friesische*

M 87	Sandkühler *Schelling*
M 88	Opitz *Jugendschriften. Faksimiledruck*
M 89	Behrmann *Einführung in die Analyse von Verstexten*
M 90	Winkler *Stefan George*
M 91	Schweikert *Jean Paul*
M 92	Hein *Ferdinand Raimund*
M 93	Barth *Literarisches Weimar. 16.–20. Jh.*
M 94	Könneker *Hans Sachs*
M 95	Sommer *Christoph Martin Wieland*
M 96	van Ingen *Philipp von Zesen*
M 97	Asmuth *Daniel Casper von Lohenstein*
M 98	Schulte-Sasse *Literarische Wertung*
M 99	Weydt *H. J. Chr. von Grimmelshausen*
M 100	Denecke *Jacob Grimm und sein Bruder Wilhelm*
M 101	Grothe *Anekdote*
M 102	Fehr *Conrad Ferdinand Meyer*
M 103	Sowinski *Lehrhafte Dichtung des Mittelalters*
M 104	Heike *Phonologie*
M 105	Prangel *Alfred Döblin*
M 106	Uecker *Germanische Heldensage*
M 107	Hoefert *Gerhart Hauptmann*
M 108	Werner *Phonemik des Deutschen*
M 109	Otto *Sprachgesellschaften des 17. Jahrh.*
M 110	Winkler *George-Kreis*
M 111	Orendel *Der Graue Rock (Faksimileausgabe)*
M 112	Schlawe *Neudeutsche Metrik*
M 113	Bender *Bodmer/Breitinger*
M 114	Jolles *Theodor Fontane*
M 115	Foltin *Franz Werfel*
M 116	Guthke *Das deutsche bürgerliche Trauerspiel*
M 117	Nägele *J. P. Jacobsen*
M 118	Schiller *Anthologie auf das Jahr 1782 (Faksimileausgabe)*
M 119	Hoffmeister *Petrarkistische Lyrik*
M 120	Soudek *Meister Eckhart*
M 121	Hocks/Schmidt *Lit. u. polit. Zeitschriften 1789–1805*
M 122	Vinçon *Theodor Storm*
M 123	Buntz *Die deutsche Alexanderdichtung des Mittelalters*
M 124	Saas *Georg Trakl*
M 126	Klopstock *Oden und Elegien (Faksimileausgabe)*
M 127	Biesterfeld *Die literarische Utopie*
M 128	Meid *Barockroman*
M 129	King *Literarische Zeitschriften 1945–1970*
M 130	Petzoldt *Bänkelsang*

REALIEN ZUR LITERATUR
ABT. D:
LITERATURGESCHICHTE

JÜRGEN WILKE

Literarische Zeitschriften des 18. Jahrhunderts (1688-1789)

Teil I: Grundlegung

MCMLXXVIII
J. B. METZLERSCHE VERLAGSBUCHHANDLUNG
STUTTGART

CIP-Kurztitelaufnahme der Deutschen Bibliothek

Wilke, Jürgen:
Literarische Zeitschriften des 18. [achtzehnten]
Jahrhunderts: (1688–1789) / Jürgen Wilke. –
Stuttgart: Metzler.

Teil 1. Grundlegung. – 1978.
 (Sammlung Metzler; M 174: Abt. D, Literatur-
 geschichte)
 ISBN 3-476-10173-8

ISBN 3 476 10173 8

M 174

© J. B. Metzlersche Verlagsbuchhandlung und Carl Ernst Poeschel Verlag GmbH
in Stuttgart 1978. Satz und Druck: Gulde-Druck, Tübingen.
Printed in Germany

INHALTSVERZEICHNIS

I. Einleitung 1

II. Forschungsgeschichte 14

III. Begriff und Merkmale der Zeitschrift 26

IV. Die Vorgeschichte der Zeitschrift im 17. Jahrhundert 36
   1. Sogenannte Vorläufer 36
   2. Die Anfänge der Zeitschrift in Frankreich und England 42
   3. Die Anfänge der Zeitschrift in Deutschland . . 49

V. Die erste literarische Zeitschrift in Deutschland: Christian Thomasius' »Monatsgespräche« 54

VI. Die Zeitschrift im literarischen Leben des 18. Jahrhunderts 64
   1. Zeitschrift und literarische Öffentlichkeit . . . 65
   2. Die literarische Zeitschrift und der freie Schriftsteller 72
   3. Die literarische Zeitschrift als Medium der Kritik 79
   4. Die literarische Zeitschrift und die Entwicklung der deutschen Literatursprache 92
   5. Die literarische Zeitschrift und das Lesepublikum 100

VII. Erscheinungsmerkmale der literarischen Zeitschrift im 18. Jahrhundert 111
   1. Titel 111
   2. Periodizität und Erscheinungsdauer 114
   3. Herausgeber und Mitarbeiter 117
   4. Auflagen 122
   5. Format, Umfang, Ausstattung 127
   6. Preise 128
   7. Ankündigungen, Vorreden 131

Register 135

> Wenn, zum Beyspiel, in unsern Tagen ein neuer Dichter aufsteht, so versammeln sich alle Journalisten um ihn herum und predigen sein Lob, nachdem sie glauben, daß er es verdienet habe...
>
> (Friedrich Justus Riedel, 1768)

I. Einleitung

Als Robert Eduard Prutz (1816–1872), der im Vormärz vielseitig wirkende politische Dichter, Literarhistoriker, Publizist und Verfasser einer ersten »Geschichte des deutschen Journalismus« (1845), im Jahre 1851 zusammen mit Wilhelm Wolfsohn seine Zeitschrift »Deutsches Museum« erscheinen ließ und den Titel in bewußter Anlehnung an das gleichnamige Journal des 18. Jh.s wählte, leitete er das Blatt nicht nur programmatisch mit der üblichen Vorrede ein. Er entwickelte seine Leitgedanken überdies historisch im ersten Jahrgang noch in zwei Aufsätzen unter dem Thema »Zur Geschichte des deutschen Journalismus«, die als eine begrenzte Fortführung der unvollendet gebliebenen Darstellung von 1845 gelten können. Prutz verbindet darin seine Zeitschrift nicht nur mit dem von ihm schon vor 1848 vielfältig vertretenen Programm einer Vermittlung von Literatur, Kunst, Wissenschaft und politisch-gesellschaftlicher Lebenserfahrung, sondern er gibt vor allem einen Abriß der Entwicklung des deutschen Zeitschriftenwesens seit dem ausgehenden 17. Jh. Seinem spezifischen Interesse gemäß, steht dabei die literarische Zeitschrift im Vordergrund.

Prutz, der geschichtsphilosophisch in der Nachfolge Hegels steht, geht es insbesondere um den Nachweis, daß die Geschichte des deutschen Journalismus ihre eigenen, bestimmbaren Gesetze habe. Dazu gehört vor allem die angeblich regelmäßige Wiederkehr krisenhafter Wendepunkte: »wenn nicht immer in denselben Zeitabschnitten, doch jedesmal unter denselben gleichartigen Verhältnissen, zieht der Strom unserer Journalistik, nachdem er eine Zeitlang in unzähligen Fachjournalen aus einander gelaufen, sich wieder in wenige einzelne zusammenfassende, centralisirende Organe zusammen, es tritt ein Stillstand ein, ein Moment der Sammlung, der Besinnung – und erst wenn dieser überwunden ist, vertheilt der Strom sich wiederum in die verschiedensten Gebiete der Wissenschaft und Literatur« (S. 338). Ein unablässiger Wechsel von »Expansion und Concentration«

(ebda.) bildet nach Prutz das historische Entwicklungsgesetz des deutschen Zeitschriftenjournalismus.

Jedoch sind die genannten Antriebe nicht autonom, sondern abhängig von der geistigen und gesellschaftlichen Selbstentfaltung der Nation. Sie werden dort vor allem wirksam, »wo im Leben unserer Nation ein neues Princip zum Durchbruch kommt, eine neue, höhere Phase sich eröffnet« (S. 339). So wie nach Prutz »jedes neue Geschlecht seine Dichter hervorbringt...«, so will auch jede neue Richtung ihre neue Journalistik haben, eine Journalistik, welche die auseinanderfließende, zerstreute Masse unter dem neuen Principe zusammenfaßt und eben dadurch den Durchbruch dieser neuen Richtung und ihre Ausbreitung über die gesammte Literatur, das gesammte Leben vorbereitet« (ebda.). Das jeweilige Bemühen, »die bisherigen vereinzelten Bestrebungen der wissenschaftlichen der belletristischen und der politischen Journalistik unter dem Princip der neuen Zeit in Einem Blatte zusammen zu fassen« (ebda.) bildet für Prutz nicht nur die Grundlage seiner historischen Darstellung, sondern zeigt zugleich die Absicht der eigenen Zeitschriftengründung an.

Die zitierten Äußerungen von Robert Prutz enthalten eine publizistische Theorie von der Funktion der Zeitschrift und den inneren Gesetzen ihrer geschichtlichen Entwicklung. Den Kern bildet dabei die Vorstellung von den »centralisirenden Organen«, die einerseits eine Folge des sich wandelnden nationalen Lebens sind und andererseits die Aufgabe haben, den vielgestaltigen Stoff der Zeit unter einem einheitlichen, neuen, »zeitgemäßen« Prinzip zu sammeln, zu selektieren, zu ordnen und damit überschaubar zu machen. Erst durch solche Reduktion und Akzentuierung gelingt es, einer neuen Richtung zum Durchbruch zu verhelfen. Demnach haben die Zeitschriften Entscheidendes für die Geistes- und Literaturgeschichte zu leisten, sie werden zu Katalysatoren des Fortschritts. Um eine bereits vor Prutz von Joseph Görres formulierte, empirisch aber schwer prüfbare alternative Formel zu benutzen: Der literarische Journalismus ist nicht nur Reflex des literarischen Lebens, sondern auch sein eigentlich aktives Organ. Er thematisiert die literarischen Strömungen der Zeit und gibt ihnen damit Konturen für die Öffentlichkeit. Wo dies gelingt, ist zugleich eine höhere Stufe im Werdegang von Literatur und Nation erreicht.

Im strengen Sinn hat Prutz seine publizistische Theorie jedoch nicht nachgewiesen. Dies würde ohnehin auch jene erheblichen Schwierigkeiten bereiten, die bei der wissenschaftlichen Prüfung historischer Gesetze prinzipiell auftreten. So erscheint das theoretische Konzept bei Prutz eher nur als Gliederungsschema für die historische Beschreibung des Gegenstandes. Denn das »centralisirende, zusammenfassende Element« (S. 340) bemerkt er schon an der ersten Zeitschrift, dem französischen »Journal des Sçavans« (1665 ff.). Sieht er hierin eine mehr mechanische Summierung, so stellt er dem am Beispiel des Christian Thomasius »die wahrhafte Centralisation, die Centralisation auf ein bestimmtes Princip, eine bestimmte Idee entgegen – die Idee der Aufklärung, der geistigen Befreiung« (S. 343). Durch des Thomasius' »Monatsgespräche« (1688–1690) angeregt, diversifizierte sich im folgenden das deutsche Zeitschriftenwesen und wurde erst durch Gottsched, vor allem aber durch Lessing wieder in eine Phase der Sammlung auf »centralisirende Organe« übergeführt. Weitere Höhepunkte in dieser Abfolge bilden Wielands »Deutscher Merkur« (1773 ff.), Boies und Dohms »Deutsches Museum« (1776 ff.) und schließlich Schillers »Die Horen« (1795 ff.).

Sieht man von den Moralischen Wochenschriften ab, so unterscheidet Prutz im wesentlichen zwei Gattungen der literarischen Zeitschrift, »je nachdem nämlich das kritisch-raisonnirende oder das poetisch-productive Element in ihnen vorwiegt« (S. 352). Hinzu kommt eine dritte Gruppe, in der »beide Elemente, das kritische und das productive, sich gleichmäßig die Wage halten« (S. 353). Diese grobe typologische Gliederung geht von den Inhalten·der literarischen Zeitschriften aus und läßt zumindest eine erste Ordnung des Materials zu. Denn die Zeitschriften sind einerseits Träger der literarischen Kritik, sei es in der Form der Buchrezension oder in der des theoretisch-kritischen Artikels. Andererseits dienen sie dazu, poetische Werke zu veröffentlichen, zunächst oft noch in Auszügen bereits erschienener Bücher, dann zunehmend aber als Original- oder gar Vorabdruck. Mögen sich aus den verschiedenen Inhalten auch typologische Unterschiede ergeben, so sind die Ausprägungen doch selten so rein, daß sie eine eindeutige Klassifikation erlauben.

Die Linie des kritischen literarischen Journalismus führt Prutz unmittelbar auf den verehrten Christian Thomasius zurück, dessen »Monatsgespräche« – wie bereits zitiert – »das erste gelehrte Journal in deutscher Sprache« (S. 342) bilden. In den vorangegangenen Zeitschriften habe man lediglich referieren gelernt, »kritisiren lernten wir zuerst durch Thomasius« (S. 343). Die Einheit seines Werks sei keine neutral-bibliographische mehr, sondern bestehe in einem durchgängigen kritischen Prinzip, ja er »stellte seine Zeitschrift ganz und ausschließlich nur auf die Kritik« (ebda.). Die Abkehr vom bibliographisch-referierenden zum kritisch-polemischen Journalismus der Aufklärung setzt wertende Selektion voraus, wählte Thomasius doch »im Gegentheil (der Erste in Deutschland!) aus dem ungeheuren Vorrath nur solche Bücher und knüpfte nur an solche Erscheinungen an, die ihm, sei es durch Zustimmung, sei es durch Bekämpfung, zur Auseinandersetzung seiner leitenden Ideen dienen mochten« (S. 343). Thomasius bildet den Ausgangspunkt auch des literarischen Journalismus, weil er zuerst die Belletristik in die publizistische Kritik mit einbezogen und eine ganz neue Verbindung von Wissenschaft, Literatur und praktischem Leben vollzogen hat, die Prutz selbst in seiner Zeit zu verwirklichen suchte und für die er eine Tradition vorweisen wollte. Daß Thomasius in seiner Zeitschrift selbst zeitgenössische Romane besprochen hat, was ganz ungewöhnlich war, macht ihn zum Ahnherr aller künftigen literarkritischen Journalistik.

Diese hier eingeleitete Linie des literarkritischen Journalismus sieht Prutz in ebenbürtiger Weise erst zwei Menschenalter später bei Lessing fortgesetzt, »als das zweite bahnbrechende Gestirn am Himmel der deutschen Journalistik aufging« (S. 345). Inzwischen hatte sich jedoch der andere Typ der literarischen Zeitschrift ausgebildet. Daß die deutsche Dichtung seit Johann Christian Günther (1695–1723) zu neuem Leben und Selbstbewußtsein erwachte, nennt Prutz eine Voraussetzung dafür: »da erst öffnen sich die Schranken unsrer Journalistik auch der Kunst, da erst zu den gelehrten Zeitschriften gesellen sich bellettristische – nun aber auch in so dichter Masse, daß es nicht lange währt, und dasselbe Uebergewicht, das bis dahin bei der kritisch-wissenschaftlichen gelegen, geht über auf die poetisch-bellettristische Seite« (S. 347).

Dazu bedurfte es einer Popularisierung des zunächst primär gelehrten Journalismus. Diese ging von den an englische Vorbilder angelehnten Moralischen Wochenschriften aus, die in sich eine eigentlich »bürgerliche Journalistik« (S. 348) darstellen. Literarisch erscheint sogar der englische Familienroman als »die zur Kunstform erhobene, die gleichsam in sich consolidirte, zur poetischen Einheit gebrachte Moralische Wochenschrift« (S. 349 f.). Da sowohl J. Chr. Gottsched als auch die Schweizer J. J. Bodmer und J. J. Breitinger Blätter solchen Typs herausgaben, lassen sich ihm literargeschichtlich fruchtbringende Wirkungen zuschreiben: »und ebenso aus unsern moralischen Wochenschriften entwickelten sich jene literarischen Fehden, jene poetischen und kritischen Streitigkeiten, welche die Mitte des Jahrhunderts bei uns bezeichnen und aus denen endlich die ideelle Einheit der Nation, die Einheit in Literatur, Kunst und Bildung hervorging, diese einzige, leider Gottes, die wir bis jetzt noch haben« (S. 351). Hier wird das eigene politische Bekenntnis des Verfassers sichtbar, der das, was einst ein nationaler Gewinn war, längst als unzureichend empfindet.

Weil die Journale, die lediglich theoretische Erörterungen enthielten, auf Dauer nicht befriedigen konnten, »so fing man auch bald an, selbständige poetische Productionen, zuerst Schilderungen, dann Fabeln, dann Gedichte überhaupt, darin aufzunehmen« (S. 352). Daraus entwickelte sich jener poetisch-produktive, belletristische Zeitschriftentyp, für den jedoch kein Beispiel genannt wird. Der dritten Gattung, in der man »mit der Production sogleich auch die Kritik zu vereinigen« (S. 351) suchte, weist Prutz die »Belustigungen des Verstandes und des Witzes« (1741 ff.) und die »Bremer Beiträge« (1744 ff.) zu, obwohl sich die letzteren geradezu ausdrücklich auf poetische Produktion beschränken wollten. Indem dann »die Production allmälig die Kritik überwucherte und verdrängte« (S. 353), ergab sich die Notwendigkeit, »daß auch die Kritik ihrerseits sich concentrirte und eigene, ausdrückliche Organe für sich herzustellen suchte« (ebda.). Dies geschieht in den kritischen Organen, die seit den fünfziger Jahren des 18. Jh.s erscheinen, insbesondere in Lessings Berliner »Briefen, die neueste Litteratur betreffend« (1759 ff.) und in Friedrich Nicolais »Allgemeiner deutscher Bibliothek« (1765 ff.). Prutz schließt seinen ersten Aufsatz mit einer groben Periodisierung, wonach »wir die zwanzig Jahre (um runde Zahlen zu nehmen) von 1755–75 in ähnlicher Weise als die Morgenröthe unserer kritischen Journalistik betrachten dürfen, wie die zwanzig Jahre von 1735–55 als die früheste Morgenröthe unserer Dichtung zu gelten pflegen« (S. 345).

Die Popularisierung der Kritik, die nach Prutz' Auffassung vor allem ein Erfolg von Nicolais »Allgemeiner deutscher Bibliothek« war, forderte, wie er in seinem zweiten Aufsatz ausführt, erneut eine dialektische Gegenbewegung heraus, »das bellettristische Element mußte sich jetzt ebenso zu concentriren suchen, wie zwanzig Jahre zuvor die Kritik sich concentrirt hatte« (S. 410). Zugleich verlangten jedoch die politischen, sozialen, wissenschaftlichen und geistigen Entwicklungen der Zeit ein neues, universaleres Prinzip der Zusammenfassung. Dem entwicklungsgeschichtlich fortgeschrittenen Problemstand der

Zeit gemäß, bricht eine »ganz neue, an Umfang und Wirksamkeit alle früheren weit übertreffende Epoche unserer Journalistik« (S. 411) an. Sie ist geprägt von einem universellen Typ von Journal, »das nun schon nicht mehr bloß Kritik und Production, sondern auch Kunst und Wissenschaft, Natur und Geschichte, Rechts- und Staatswissenschaft, kurzum den ganzen Umfang der damaligen so außerordentlich erweiterten Bildung zusammenfassen sollte, und zwar ... zusammenfassen auf der Grundlage des herrschenden bellettristischen Geschmacks« (S. 411). Für dieses »neue großartige centralisirende Organ« (ebda.) gibt es zwei durchaus unterschiedliche Prototypen, die »den Unternehmern zu höchster Ehre, unserer Literatur aber zu dauerndem Nutzen« (ebda.) gereichten. Während der »Deutsche Merkur« und sein Herausgeber Wieland im folgenden jedoch eher kritisch beurteilt werden (»der große Papierkorb der damaligen Literatur«, S. 416), wird das »Deutsche Museum« von Boie und Dohm hochgerühmt, weil es, »wenn auch noch immer auf der allgemeinen bellettristischen Grundlage der Zeit, das historisch-politische, überhaupt das reale Element in den Vordergrund« (S. 416) stellte. In dieser bei aller literarischen Durchdringung entschieden auf das praktische öffentliche Leben bezogenen Zielsetzung und auch in der patriotischen Haltung, die im angeblich kosmopolitischen »Merkur« keine Parallele hatte, sieht Prutz das Programm seiner eigenen Zeitschrift vorgeformt, mit der er ähnlich in seiner eigenen Gegenwart zu wirken hoffte. So mündet die historische Darstellung hier, ohne schon zu enden, in eine Traditionsbildung, der sich der Autor selbst einfügen wollte.

Die Vorstellungen von Robert Prutz zu den Entwicklungsgesetzen des literarischen Journalismus in Deutschland und seine Skizze der historischen Abfolge der Zeitschriften im 18. Jh. sind hier zitiert und vorangestellt, weil sie für unser Vorhaben erst, wenn auch unsystematische Orientierungspunkte liefern können. Zwar wird man heute längst vieles zurechtrücken und insbesondere dort Korrekturen anbringen, wo es unter dem Zwang des groben analytischen Schemas zu unvermeidlichen Verkürzungen oder gar gewaltsamen Verzerrungen kommt; und eine nach heutigen wissenschaftlichen Ansprüchen tragfähige Operationalisierung seines theoretischen Konzepts und seiner Kategorien ist bei Prutz ohnedies nicht zu erwarten. Dennoch bietet er einen zweckdienlichen Einstieg in den hier zu behandelnden Gegenstandsbereich. Da ist zunächst überhaupt der Ansatz, Literaturgeschichte von der Seite der literarischen Zeitschrift her aufzurollen und zu ergänzen. Dies bedeutet zugleich, von einer am isolierten, hochrangig-ästhetischen Originalwerk orientierten Kanonbildung abzusehen und ins literarhistorische Bewußtsein medienkundliche und kommunikationssoziologische Gesichtspunkte einzubringen, d. h. Literatur auch als ein an bestimmte Vermittlungsformen gebundenes soziales Phänomen zu betrachten. Festzuhalten ist ferner der Gedanke von den »centralisirenden Organen«, die den literarischen Gehalt unter »zeitgemäßen« oder vielleicht bereits unter »unzeitgemäßen« Prinzipien selektieren und organisieren. Folglich wären Zeitschriften nicht nur bibliographisch und chronologisch anzuordnen. Vielmehr bliebe nach den Prinzipien zu fragen, unter denen solche »Centralisation« jeweils erfolgt. Dabei ist die typologische Unterscheidung zwischen kritisch-räsonnierender, poetisch-produktiver und gemischter Zeitschriftengattung im Blick zu behalten. Wenn Prutz auf die Bedeutung der periodischen Zeitschriften für die Formulierung und öffentliche Durchsetzung literarischer Programme und Bewegungen aufmerksam macht, so ist auch damit eine allgemeinere, durchaus aktuelle kommunikationstheoretische Fragestellung aufgeworfen.

Die vorliegende Darstellung geht von diesen bei Prutz skizzierten Überlegungen aus, um auf der Grundlage des im einzelnen recht unterschiedlichen Kenntnisstandes einen zusammenfassenden Überblick über die literarischen Zeitschriften des 18. Jh.s zu vermitteln. Es wird damit ein Medium der Kommunikation beschrieben, das seit jener Zeit die Entwicklung der Literatur nicht nur begleitet, sondern die literarische Produktion in nicht geringem Maße selbst mit trägt und in bisher kaum hinreichend erkannter Weise auf sie zurückgewirkt hat. Das 18. Jh. gilt in der Pressegeschichte gern als die Epoche des Zeitschriftenjournalismus, weil die Zeitschrift als publizistisches Mittel damals offenbar das System der gesellschaftlichen Kommunikation beherrschte. Dagegen mag man, so lange die Geschichte der Zeitung im 18. Jh. vergleichsweise ungenügend erforscht ist, Vorbehalte anmelden (vgl. Welke 1977). Doch die epochale Charakterisierung trifft einen unbestreitbaren Vorgang: Die kaum mehr überschaubare Zunahme an Zeitschriftentiteln im Laufe des 18. Jh.s und eine wachsende thematische Spezialisierung, durch welche die Zeitschrift zum geeigneten periodischen Medium einer sich immer stärker in fachspezifische Teilöffentlichkeiten differenzierenden Gesellschaft wurde. Für den literarischen Bereich vollzieht sich dieser Vorgang an der literarischen Zeitschrift.

Zeitlich greift die vorliegende Darstellung noch ins 17. Jh. zurück, um auch die in- und ausländische Vorgeschichte sowie die frühe Ausbildung von Zeitschrift und literarischer Zeitschrift mit zu erfassen. Der Überblick endet 1780/90. Diese Grenze ist äußerlich dadurch bestimmt, daß im Jahre 1789 der in der gleichen Reihe bereits erschienene Band von Paul Hocks und Peter Schmidt »Literarische und politische Zeitschriften 1789–1805« (Stuttgart 1975) einsetzt. Doch auch aus inneren Gründen läßt sich der Abschluß der Darstellung zu diesem Zeitpunkt rechtfertigen, weil sich die Epoche der Aufklärung ihrem Ende zuneigt. Das bedeutet jedoch nicht, daß sich alle hier aufgenommenen Zeitschriften inhaltlich auch der Aufklärung zuordnen lassen.

Zunächst ist es aber notwendig, grundlegend die Merkmale, Entstehungsbedingungen und Bestimmungsfaktoren der literarischen Zeitschrift als eines publizistischen Mediums aufzuweisen. Damit sollen noch manche Voraussetzungen für die bisher bereits in der Sammlung Metzler erschienenen Bände zu den literarischen Zeitschriften späterer Epochen geschaffen werden. Mag hier vornehmlich die Stellung der Zeitschrift im literarischen Leben des 18. Jh.s interessieren, so ergeben sich daraus doch auch allgemeinere Einsichten in die Spezifika des Gegenstandes.

Da es im Rahmen der vorliegenden Bände nicht um eine Gesamtdarstellung der literarischen Zeitschriften des 18. Jh.s geht, die Zahl der einschlägigen Blätter aber im genannten Zeitraum erheblich zugenommen hat, ist eine Auswahl der Titel unvermeidlich. Joachim Kirchner, dem die neuere Zeitschriftenforschung die umfassenden bibliographischen Hilfsmittel und die grundlegende historiographische Arbeit verdankt, zählte bis 1790 insgesamt 323 literarische Zeitschriften. Während es in mehreren Dezennien bis 1740 lediglich 31 Titel waren, gliedert er für die anschließenden Jahrzehnte folgende Daten auf: Bis 1750 26 Titel, bis 1760 34 Titel, bis 1770 25 Titel, bis 1780 96 Titel, bis 1790 111 Titel. Unter den insgesamt 323 Titeln befinden sich nach Kirchners Aufschlüsselung 99 Theaterzeitschriften, 30 literarisch-kritische Zeitschriften und 45 literarische Zeitschriften wissenschaftlichen Charakters.

Dabei muß man jedoch gegen Kirchners typologische Statistik gewisse Vorbehalte anmelden, weil die Zuweisung zahlreicher Titel durchaus problematisch ist. Auch hat er die Kriterien der Klassifikation nicht weiter expliziert. Das gilt im übrigen auch für Carl Dieschs »Bibliographie der germanistischen Zeitschriften« (1927), der darin einen sehr weiten Begriff des Gegenstandes zugrunde legte und so bis zu seiner Gegenwart weit über 4000 Titel verzeichnete.

Die Schwierigkeiten einer trennscharfen Typologie liegen vor allem darin, daß die Grenzen zwischen den einzelnen Ausprägungen der Zeitschrift recht fließend sind und eine ausschließliche Einordnung oft nicht erlauben. Diese läßt sich jedenfalls nicht durchgängig unvermittelt aus dem »Wesen« der Objekte selbst herleiten. Kontroversen im einzelnen Fall sind müßig, da es hier nicht um ontologische, sondern um sachlich-pragmatische Entscheidungen gehen sollte. Es scheint uns daher kein Grund für Auseinandersetzungen, wenn wir in die vorliegenden, den literarischen Zeitschriften gewidmeten Bänden auch Titel aufgenommen haben, die Kirchner (und mit ihm andere Autoren) nicht dieser Gruppe zurechnen, sondern etwa der allgemeinwissenschaftlichen Zeitschrift (z. B. »Allgemeine Deutsche Bibliothek«), der Unterhaltungszeitschrift (z. B. »Belustigungen des Verstandes und des Witzes«) und der historisch-politischen Zeitschrift (z. B. »Deutsche Chronik«). Beiläufig wird dagegen nur auf die in Herausgeber- und Mitarbeiterschaft vielfältigen Bezüge zur Moralischen Wochenschrift hingewiesen: Dies einmal, weil es sich dabei um eine eigenständige und relativ eindeutig abgrenzbare Gattung handelt, und zum anderen, weil für sie eine neuere, grundlegende Untersuchung von Wolfgang Martens (1968) vorliegt. Im späten 18. Jh. entsteht dann, wie schon Prutz vermerkt hat, jenes universelle politisch-literarische, kulturell übergreifende Journal, bei dem eine enge Klassifizierung ohnehin zu kurz greifen würde. Daß sich das Literarische dem Politischen schließlich nicht mehr entziehen kann, wird im Gegenbild selbst durch ein Blatt wie Schillers »Horen« (1795 ff.) belegt, das dem »Dämon der Staatskritik« ausdrücklich die Substanz des rein Ästhetischen entgegenzustellen suchte.

Auch wenn man Kirchners Zählung der literarischen Zeitschriften damit relativiert, so läßt sie doch immerhin etwas von der quantitativen Dimension dieses Mediums erkennen. Die für die vorliegenden Bände unumgängliche Auswahl versucht, ohne dies im einzelnen auch immer ausgiebig genug begründen zu können, die »centralisirenden Organe« des literarischen Journalismus im 18. Jh. zu erfassen. Darüber hinaus soll zumindest angedeutet werden, wie die jeweilige Diversifizierung erfolgte. Zahlreiche Blätter scheiden dabei zunächst aus, weil sie nur lokale oder periphere Bedeutung erlangt haben. Sicher sind sie für die breite Entwicklung der literarischen Kommunikation und insofern für die soziale Mediengeschichte nicht unerheblich gewesen und eine von gewissen normativen Vorentscheidungen absehende, im empirischen Sinne repräsentative Forschung müßte sie künftig auch noch mehr einbeziehen. Vorab bleibt aber die Auswahl der Titel im wesentlichen noch an dem durch die Literaturgeschichtsschreibung etablierten Personenkanon orientiert. Dies schließt Ergänzungen in unbekanntere Bereiche hier und da nicht aus.

Literargeschichtliche Bedeutung kann den im folgenden Band dargestellten Zeitschriften einmal dadurch zukommen, daß sie das gemeinsame Forum für eine literarische Strömung, einen literaturpolitischen Standort bilden, oder daß sie von einer literarischen Figur getragen werden, deren Geltung zugleich das Gewicht der von ihr (mit) herausgegebenen Zeitschrift bestimmt. Für den sich im 18. Jh. ausbildenden Typ des freien Schriftstellers wird die Zeitschrift zu einer neuen, bevorzugten Möglichkeit der periodischen Selbstdarstellung auf dem literarischen Markt. Der Wert einer Zeitschrift wird ferner auch von der Substanz des Inhalts und dem Rang des Mitarbeiterstabes geprägt. Dabei wollen wir, was den Begriff der »Zeitschrift« angeht, nicht einem terminologischen Purismus folgen, sondern auch Grenzfälle anderer Publikationsformen mit berücksichtigen: Lessings Beilage »Das Neueste aus dem Reiche des Witzes« zum Jahrgang 1751 der »Vossischen Zeitung« gehört z. B. ebenso zu einer Übersicht über den seinerzeitigen literarischen Journalismus wie die Redakteurstätigkeit von Matthias Claudius am »Wandsbecker Bothen«. Fast eine gesonderte Darstellung verlangen die zahlreichen Theaterzeitschriften des 18. Jh.s, von denen hier nur die im literargeschichtlichen Zusammenhang wichtigsten verzeichnet werden. Denn ohne ihre Berücksichtigung bliebe z. B. Lessings journalistischer Beitrag unvollständig. In gleicher Weise wie die Theaterzeitschriften bedürften auch die nach französischem Vorbild konzipierten Musenalmanache sowie die jährlichen Taschenbücher des späten 18. Jh.s einer eigenen Bearbeitung, die nicht Sache der hier vorgelegten Darstellung sein kann.

Wenn später versucht wird, die literarischen Zeitschriften des 18. Jh.s nicht in bibliographischer Chronologie, sondern in gewissen Entwicklungsstufen zusammenzufassen, die mit einer zentralen Gestalt oder literarischen Gemeinschaft, mit einer spezifischen Programmatik, einem literaturpolitischen Standort oder schließlich mit bestimmten Typen des Journals verbunden sind, so kommt auch dieses Bemühen nicht ohne den Zwang des gewählten Systems aus. Je enger man die Gruppen faßt, desto mehr Blätter bleiben am Rande. Manche von ihnen verdienen, zumindest erwähnt zu werden, während die »centralisierenden Organe« ausführlicher, wenn auch in der durch den Umfang des Bandes gebotenen Kürze beschrieben werden. Die grundlegenden bibliographischen Angaben werden dabei mitgeteilt und es wird vor allem auf die jeweiligen Programme Bezug genommen. Zeitschriften als publizistische Organe sind in der Regel durch eine ausdrückliche Programmatik gekennzeichnet. Diese wird meistens in Ankündigung, Vorrede oder Einleitung entwickelt und gibt den übergreifenden publizistischen Rahmen für die Einzelstücke ab. In einer vergleichenden Betrachtung solcher Programme lassen sich Kontinuität und Wandel des Mediums literarische Zeitschrift deutlich machen. Neben dem Programm sollen auch Inhalt, bevorzugte Themen, Aufbau der Zeitschriften beschrieben sowie wichtige Einzelbeiträge hervorgehoben werden. Dies alles dient dazu, den jeweiligen Stellenwert der Zeitschrift im literarischen Journalismus und in der Literatur des 18. Jh.s zu charakterisieren. Dies geschieht stets mit Bezug auf die vorhandene Sekundärliteratur.

Allerdings können zu den einzelnen Titeln kaum jemals vollständig jene Daten und Auskünfte ermittelt und präsentiert werden, die für die heutige Pressestatistik gefordert werden. Dies gilt vor allem für die Auflagenhöhen. Bibliographisch fehlen überdies noch in vielen Fällen gesicherte Angaben über Mitarbeiterstab und Verfasserschaft einzelner Beiträge. Hier stellen sich für das 18. Jh. besondere Probleme, weil damals eine weitgehende Anonymität für das Buch- und Publikationswesen typisch war. Daß dies gerade bei der Identifizierung der Autoren kollektiver Werke Schwierigkeiten bereiten muß, liegt auf der Hand. Zwar hat die ältere philologische Forschung den Beitrag der bedeutenden Dichter zu Zeitschriften bereits ausgiebig untersucht, und so sind wir über die Mitarbeiter der großen Journale auch einigermaßen informiert. Gleichwohl bestehen noch viele Lücken oder es ergeben sich Korrekturen vorliegender bibliographischer Befunde, ja an Nachweisen für die weniger bedeutsamen Organe fehlt es oft ganz.

Entscheidende Fortschritte können hier nur durch umfangreiche, institutionalisierte Bemühungen erzielt werden, wie sie gegenwärtig das mit neueren Dokumentationstechniken ausgestattete Projekt »Index deutschsprachiger Zeitschriften des 18. Jahrhunderts« bietet, das von der Akademie der Wissenschaften in Göttingen getragen und aus Mitteln der Stiftung Volkswagenwerk finanziert wird. Mit einem solchen Unternehmen kann und braucht die hier vorgelegte Übersicht nicht zu konkurrieren.

Daß nicht nur im bibliographischen Zusammenhang Fragen offen bleiben, ist bei der Anlage des Bandes als »Realienbuch« unvermeidlich. Das zusammengetragene Material kann zunächst nur einen Überblick vermitteln, einige übergreifende Probleme ansprechen und zur weiteren Beschäftigung mit den Blättern anregen. Paul Raabe hat unlängst über die Journale der Aufklärungszeit geäußert: »Der Inhalt der Zeitschriften ist, aufs Ganze gesehen, so gut wie verschollen« (1974, S. 104). Und daran knüpft er die Folgerung: »Die vollständige Erschließung des in den Zeitschriften Mitgeteilten ist ein ebenso unaufschiebbares Desideratum wie auch die Untersuchung einzelner Zeitschriften nach regionalen oder sachlichen Gesichtspunkten« (ebda.). Neben der historisch-bibliographischen Sicherung des Materials und der monographischen Beschreibung einzelner Titel sollte die künftige Forschung aber auch neuere theoretische Ansätze der Publizistikwissenschaft und Kommunikationsforschung sowie der empirischen Literatursoziologie aufgreifen, um zu über die Faktenkenntnis hinausreichenden Einsichten von größerer Reichweite zu gelangen. Dafür kann der vorliegende Band kaum mehr als ein Anstoß sein. Aber er mag helfen, einen reichen Gegenstandsbereich erneut aufzubereiten, wichtige Dimensionen der literarischen und publizistischen Entwicklung des 18. Jh.s wieder geschlossen ins Bewußtsein zu heben und dabei zugleich den Einblick in Zusammenhänge zu eröffnen, die sich über die Grenzen des hier angesprochenen Zeitraums bis in die Gegenwart erstrecken.

Literatur: R[obert] E[duard] *Prutz:* Geschichte des deutschen Journalismus. Zum ersten Male vollständig aus den Quellen gearbeitet. Erster Theil. Hannover 1845; Faksimiledruck mit einem Nachwort von *Hans Joachim Kreutzer,* Göttingen 1971. – *Robert Prutz:* Zur Geschichte des deutschen Journalismus. In: Deutsches Museum 1 (1851) S. 335–354 und S. 409–432; dass. geringfügig erw. in: *R. P.:* Neue Schriften. Zur deutschen Literatur- und Kulturgeschichte. Bd. 1 Halle 1854. S. 1–103. – Zu Prutz vgl. u. a.: *Hans Prutz:* Robert Prutz als Herausgeber des »Deutschen Museums« 1852–1866. Ein Beitrag zur Geschichte des deutschen Zeitschriftenwesens. In: Baltische Studien N. F. Bd. 30, 2. Stettin 1928. S. 75–99. – *Werner Spilker:* Robert Prutz als Zeitungswissenschaftler. Leipzig 1937. – *Eva D. Becker:* Das Literaturgespräch zwischen 1848 und 1870 in Robert Prutz' Zeitschrift »Deutsches Museum«. In: Publizistik 12 (1967) S. 14–36. – *Bernd Hüppauff:* Einleitung zu: *Robert Prutz:* Schriften zur Literatur und Politik. Tübingen 1973. S. VII–XXXVI. – *Jürgen Wilke:* Das ›Zeitgedicht‹. Seine Herkunft und frühe Ausbildung. Meisenheim a. Glan 1974. S. 305 ff. – *Robert Prutz:* Zwischen Vaterland und Freiheit. Eine Werkauswahl hrsg. und komm. von *Hartmut Kircher.* Köln 1975. Darin Vorwort S. 11–41 und Nachwort S. 405–430. – *Paul Raabe:* Die Zeitschrift als Medium der Aufklärung. In: Wolfenbütteler Studien zur Aufklärung. Im Auftrage der Lessing-Akademie hrsg. von *Günter Schulz*. 1(1974) S. 99 ff. – *ders.:* Zeitschriften und Almanache. In: Buchkunst und Literatur in Deutschland 1750 bis 1850. Hrsg. von *Ernst L. Hauswedell* und *Christian Voigt*. Hamburg 1977. Bd. I S. 145–195. – *Martin Welke:* Zeitung und Öffentlichkeit im 18. Jahrhundert. Betrachtungen zur Reichweite und Funktion der periodischen deutschen Tagespublizistik. In: Presse und Geschichte. Beiträge zur historischen Kommunikationsforschung. München 1977. S. 71–99.

II. Forschungsgeschichte

Bereits kurze Zeit nachdem die Zeitschrift als ein neues Medium der periodischen Kommunikation ausgebildet war, hat sie eine fachkundige Aufmerksamkeit gefunden, wenn auch – ähnlich wie einige Jahrzehnte zuvor schon die Zeitung – in zunächst stark moralisierender Form. Neben die kritischen Erörterungen über Nutzen und Schaden, Gebrauch und Mißbrauch der periodischen Blätter tritt bei der Zeitschrift jedoch sogleich auch das Bemühen um bibliographische Inventarisierung, so daß, wie bereits Robert Prutz festgestellt hat, »für die Anfänge des gelehrten Journalismus bei Weitem besser gesorgt ist, als für die früheste Geschichte unsers politischen Zeitungswesens« (1845, S. 34). Die Entfaltung der Zeitschrift begleitet somit von Beginn an ein Interesse, die typischen Merkmale des neuen Mediums herauszufinden, seinen Wert zu prüfen und es in Repertorien systematisch zu erfassen. Robert Prutz und nach ihm Karl d'Ester und Otto Groth haben zahlreiche dieser frühen zeitschriftenkundlichen Abhandlungen nachgewiesen und in ihrer Symptomatik gekennzeichnet. In noch lateinisch abgefaßten Werken äußerten sich u. a. Christian Juncker, Johann Christian Ernesti, Polykarp Lyser und E. J. F. Mantzel über die Ephemeriden, ihren Zweck und ihre Bedeutung, sowie über Voraussetzungen und Berechtigung der in ihnen geübten Kritik. Dazu wurden die Zeitschriften selbst meist thematisch gruppiert und, dem enzyklopädischen Wissenschaftsideal der Zeit gemäß, nicht nur Journale verschiedener Sachgebiete, sondern auch die der verschiedenen Länder und Sprachen erfaßt.

Dies gilt auch für die ersten deutschsprachigen Beiträge dieser Art, von denen insbesondere die Schriften von Julius Bernhard von Rohr (1716), Markus Paulus Huhold (1717) und Heinrich Ludwig Götten (1718, mit Fortsetzungen 1720 und 1724) zu nennen sind. Während Rohr noch behauptet, die Monatsschriften seien betrügerisch und die Journalisten bestechlich, stimmen Huhold und Götten überein, daß die Zeitschriften für die wissenschaftliche und geistige Entwicklung notwendig und nützlich sind. Das Bedürfnis nach bibliographischen Übersichten wird von ihnen bereits mit der schwer überschaubaren Fülle der einschlägigen Produktion, mit dem »grand mode« gewordenen Journalschreiben begründet. Huhold verzeichnet allein 161 Titel aus Deutschland, bei Götten sind es 63, dazu 22 französische und 15 lateinische, was Anlaß zu Überlegungen gibt, warum die Zeitschriften gerade in Deutschland so zahlreich sind. Außer den Titeln werden nach Möglichkeit Herausgeber und Erscheinungszeitraum mitgeteilt, sowie ein Urteil gefällt, »was von ihnen zu halten sey« (Huhold, Avertissement), um »den geneigten Leser mit dem *Judicio* dahin zu leiten, daß er die besten wehle« (Götten, Vorrede). Die als Selektionshilfe gedachten Annotationen sind jedoch sehr formelhaft und anspruchslos. Ein bibliographisches Bemühen um spezifisch publizistische Erscheinungsmerkmale und Daten liegt noch nicht vor.

Die Vielfalt der Zeitschriften führte schließlich sogar zur Gründung eigener Periodika, die lediglich wiederum den Inhalt anderer Zeitschriften zusammenfaßten oder in Auszügen nachdruckten. Es waren, wie Prutz sagt, »gewissermaßen . . . Journale der zweiten Potenz« (1845, S. 42). Außer einem frühen Beispiel von 1714/15 ist hier die »Vollständige Einleitung in die Monatschriften der Deutschen« zu erwähnen, die seit 1747, in schwindender Regelmäßigkeit bis 1754 (Bd. III, 1. Stück) erschienen ist. Da keine Zeit an Journalen fruchtbarer gewesen sei, erscheine es angebracht, »die weitläufigen Bemühungen so vieler Verfasser ins enge zu bringen, und sie gleichsam auf einer kleinen Tafel dem Auge vorzuhalten« (I, 1, Vorrede). Wie das Schicksal dieses Organs zeigt, konnte dieses Vorhaben kontinuierlich nicht durchgeführt werden, und von einer vollständigen Erfassung des Materials konnte schon gar keine Rede sein.

Den Abschluß wie den Höhepunkt dieser bibliographischen Inventarisierung der Zeitschriften des 18. Jh.s bildet das »Allgemeine Sachregister über die wichtigsten Zeit- und Wochenschriften«, das 1790 in Leipzig von Johann Heinrich Christoph Beutler und Johann Christoph Friedrich GutsMuths herausgegeben wurde. Das Werk bietet nach Auskunft seines Untertitels ein »raisonnirendes litterarisches Verzeichniß aller in diesem Jahrhundert bis jetzt erschienenen periodischen Blätter, nach Dezennien gearbeitet und mit einem Namensverzeichniß aller dabei befindlichen Mitarbeiter«. In der Vorrede rühmen die Autoren die große Bedeutung der Zeitschrift für die fortschreitende Aufklärung des 18. Jh.s. Die Zeitschrift wird als vorzügliches Medium charakterisiert, durch welches die »Kenntnisse der Gelehrten . . . allgemein in Umlauf gebracht, gereinigt, und in die allgemeine Volkssprache übergetragen« (S. 10 f.) wurden. So habe sie »auf alle Volksklassen einen sichtbaren und mächtigen Einfluß« (S. 10) gewonnen. Zwar sind für das Sachregister und das Mitarbeiter-Verzeichnis nur neun wichtige Zeitschriften ausgewertet worden – die angekündigte Fortsetzung blieb wiederum aus –, und auch der nach Jahrzehnten gegliederte bibliographische Nachweis mit einer ersten Zeitschriftenstatistik ist keineswegs erschöpfend. Gleichwohl liegt mit dem Werk von Beutler und GutsMuths ein erstes grundlegendes Journalrepertorium für das 18. Jh. vor, das schon von Prutz als »höchst beachtens- und dankenswerthe Vorarbeit« (1845, S. 53) gewürdigt wurde. Die moralisierende Diskussion, ob die Zeitschriftenlektüre nützlich oder nicht eher gefährlich sei, war dabei durchaus nicht abgebrochen, man findet sie noch am Jahrhundertende (z. B. J. Chr. Garve; J. H. Campe; 1788)

Die bibliographische Zielsetzung war ganz allgemein auf Zeitschriften aller Wissenszweige ausgerichtet und führte somit zunächst zu keiner speziellen Beschäftigung etwa mit der literarischen Zeitschrift, obwohl nahezu alle wichtigen Autoren des 18. Jh.s an solchen Periodika beteiligt waren und hellsichtige Hinweise etwa von J. G. Herder, J. W. Goethe und Jean Paul überliefert sind, die Rezensionen der Literaturjournale zu sammeln und gewissermaßen als ästhetische Systeme eigener Art zu bewahren. Eine vergleichbare Arbeit, wie sie auf anderem Gebiet Johann Samuel Ersch mit seinem »Repertorium über die allgemeinen deutschen Journale und andere periodische Sammlungen für Erdbeschreibung, Geschichte und damit verwandte Wissenschaften« (1790–1792) geliefert hat, ist für den engeren Bereich von Literatur und Dichtung nicht vorhanden.

Während die von Eduard Beurmann und Franz Dingelstedt 1838/39 anonym herausgegebenen »Studien und Kritiken der deutschen Journalistik« sich überwiegend der Presse der damaligen Gegenwart zuwandten, setzte erst mit Robert Prutz eine entschiedene historische Erforschung des deutschen Zeitungs- und Zeitschriftenwesens ein. Dabei bestimmte Prutz sein Interesse als durchaus literarhistorisch, doch ging es ihm um eine Literaturgeschichte, die »sich von der Obervormundschaft der Ästhetik emancipirt« (1845, S. 11) hat. Nur der Verzicht auf die klassische, ästhetisch-schöngeistige und exklusive Betrachtungsweise läßt überhaupt die Presse als einen würdigen Gegenstand in den Blick treten. Diese im Prinzip literarsoziologische, am Wandel der Öffentlichkeit und ihrer Manifestationen orientierte Perspektive mit all ihren Folgen für die Quellenarbeit des Literarhistorikers verbindet sich bei Prutz mit einem politischen Antrieb, erscheint ihm doch in seiner Zeit der Journalismus »überhaupt für das Schicksal unsers öffentlichen Lebens« (1845, S. 15) entscheidend und die Tagespresse der »Brennpunkt der politischen Bewegung« (ebda. S. 17) geworden zu sein: »Erst die Zeitungen haben das geschaffen, was wir heut zu

Tage die Stimme des Publikums, die Macht der öffentlichen Meinung nennen; ja ein Publikum ist erst durch die Zeitungen gebildet worden. In der Geschichte dieses Instituts daher erhalten wir zugleich die Grundzüge einer Geschichte des deutschen Publikums, einer Geschichte der öffentlichen Meinung in Deutschland« (ebda. S. 19). Die publizistische Gegenwartserfahrung und die Vereinigung von literarhistorischen und politischen Interessen führen zur Darstellung jenes »innern historischen Zusammenhangs« (ebda. S. 36), der den bibliographischen Repertorien des 18. Jh.s abgeht und den Prutz als Hegelianer gerade sucht. Wie er diesen Ansatz entwickelt hat, wurde in der Einleitung dargestellt.

Demgegenüber bleiben die Hinweise bei seinen Zeitgenossen und Nachfolgern in der Geschichtsschreibung sowohl der Literatur wie des Journalismus eher marginal. Das läßt sich auf der einen Seite bei Georg Gottfried Gervinus ([4]1853), auf der anderen bei Ludwig Salomon (1900/06) beobachten. Vergleichsweise reich an publizistischen Aspekten war dagegen schon Karl Biedermanns allgemeine Darstellung »Deutschland im 18. Jahrhundert« (1867, [2]1880), was weniger verwundert, wenn man daran erinnert, daß der Verfasser selbst im Journalismus gearbeitet hatte.

So wie das im Prinzip literarsoziologische Interesse bei Robert Prutz die Zuwendung zum Journalismus und zum Literaturjournal begründete, so mußte später das zeitweilig fast völlige Zurücktreten dieses Interesses in der deutschen Literaturwissenschaft zu einer Vernachlässigung auch der literarischen Zeitschrift führen. Die im Zusammenhang des Zeitschriftenwesens unvermeidliche profanhistorische Empirie blieb einer geistes- und gattungsgeschichtlichen, textmorphologischen oder auf immanente Interpretation ausgerichteten Forschung fremd und somit weitgehend außer Betracht. Immerhin hat aber schon die positivistische Literaturwissenschaft des ausgehenden 19. Jh.s in ihrer mit großer philologischer Akribie betriebenen Materialaufbereitung die Zeitschriften vielfach mit einbezogen. Sie als Quellen auszuwerten, gehörte seitdem zu den Grundvoraussetzungen literaturwissenschaftlich-philologischer Arbeit. Indem die Beteiligung bestimmter Autoren an einzelnen Journalen ermittelt, manche Verfasserschaft geklärt und dabei biobibliographische Befunde gesammelt wurden, trug diese Forschung wesentlich mit dazu bei, den Werkbestand der Autoren abzurunden und dunkel gebliebene Zonen in Leben und Werk aufzuklären. Doch blieb die Zeitschrift auf diese Weise überwiegend bloß Hilfsquelle, das Interesse an ihr war eher subsidiär, sie wurde kaum als literarisches Medium eigener Art gewürdigt. Überdies gab es besonders bevorzugte Objekte solcher philologischen Erschließungsarbeit, und zwar gerade jene, an denen die literargeschichtlichen Leitfiguren beteiligt waren. Dies zeigen z. B. die zahlreichen Studien über den Jahrgang 1772 der »Frankfurter gelehrten Anzeigen« (vgl. Bd. II S. 111 ff.)

Am ehesten hatten sonst noch die Moralischen Wochenschriften Aufmerksamkeit gefunden, nicht nur wegen ihrer großen Anzahl, sondern auch weil sie durch spezifische Merkmale als eigenständige Gattung ausgezeichnet sind (M. Kawczynski, 1880; E. Milberg, 1880). Hinzukamen seit der Jahrhundertwende Monographien über andere Zeitschriftentypen (z. B. Hugo Lachmanski, Die deutschen Frauenzeitschriften des 18. Jahrhunderts, 1900; Wilhelm Hill, Die deutschen Theaterzeitschriften des 18. Jahrhunderts, 1915) und über einzelne bedeutende Zeitschriften (z. B. Hans Wahl, Geschichte des Teutschen Merkur, 1914). Mehrere Arbeiten wurden von dem Leipziger Literarhistoriker Albert Köster angeregt, der sich selbst vorzugsweise mit der Literatur der Aufklärung befaßte und in der Forschung die Kenntnis empirischer historischer Fakten an die Stelle geistesgeschichtlicher Abstraktionen zu setzen suchte. In der von Köster herausgegebenen Publikationsreihe »Probefahrten« erschienen z. B. Walther Hofstaetters Untersuchung über das »Deutsche Museum« (1908) und Franz Ulbrichs Arbeit über die »Belustigungen des Verstandes und des Witzes« (1911). Mit Lessings journalistischer Tätigkeit beschäftigte sich in den gleichen Jahren mehrfach Ernst Consentius. Auf die hier geschaffenen Grundlagen muß man auch heute noch bei der Analyse der literarischen Zeitschrift im 18. Jh. zurückgreifen. Nach dem Ersten Weltkrieg sind im akademischen Betrieb der Germanistik zwar manche Untersuchungen, insbesondere Dissertationen, über Zeitschriften, ihre Herausgeber und Mitarbeiter entstanden. Doch das vorherrschende Interesse an der nach Anspruch und Rang hohen Kunst, am geschlossenen Einzelwerk und seiner Interpretation, ließ, wie bereits angedeutet, eine weitere intensive und kontinuierliche Erforschung der literarischen Zeitschrift nicht zu. Daß fast alle wichtigen Autoren des 18. Jh.s mit Zeitschriften in Verbindung standen, blieb zwar nicht unerwähnt, war aber doch kaum Anlaß, dies auch systematisch mit übergreifenden Fragestellungen anzugehen. Charakteristisch für diesen Zustand ist daß die erste Auflage des »Reallexikons der deutschen Literaturgeschichte« (1928/29) keinen Artikel zum Stichwort »Zeitschrift« enthält, wohl aber einen solchen zur »Zeitung«.

Die mit der Lehrstuhlübernahme Karl Büchers 1916 in Leipzig an die Universitäten zurückkehrende Zeitungswissenschaft führte indes von anderer Seite zu einer Belebung der Zeitschriftenforschung. Dabei suchte man jetzt die spezifisch publizistischen Merkmale dieses Mediums zu bestimmen und zu erfassen, d. h. weniger der jeweilige Inhalt als die periodische Form trat in den Vordergrund. Jedoch zogen der Begriff, die Typologie und die Genealogie des Mediums im ganzen mehr Forschungsenergie auf sich als durch die Ergiebigkeit der Resultate gerechtfertigt gewesen wäre. Die Fixierung der Diskussion auf manche wenig ertragreiche Fragestellung, insbesondere die Orientierung an der klassischen Definitionslehre ließ theoretischen und methodischen Neuansätzen wenig Raum.

Das durch Karl Bücher vertretene nationalökonomisch-statistische Interesse an der Presse erbrachte auch für die Zeitschrift Beiträge zu dieser Dimension, so die Arbeiten von Gerhard Menz (1928) und Erich Lorenz (1936). Hinzukamen Untersuchungen aus der mehr kulturgeschichtlich-literarisch ausgerichteten Schule der Zeitungswissenschaft. Ernst Herbert Lehmann, der mit einer Arbeit über die Kunstzeitschrift promoviert hatte, legte 1936 seine »Einführung in die Zeitschriftenkunde« vor, den ersten Versuch einer Systematik der Zeitschriftenforschung. Hubert Max beschrieb wenige Jahre später grundlegend »Wesen und Gestalt der politischen Zeitschrift« (1942). Vor allem aber unter der Anregung von Karl d'Ester sind bis in die fünfziger Jahre hinein zahlreiche Studien und Dissertationen auch zum Zeitschriftenwesen entstanden. Sowohl einzelne Typen der Zeitschrift wie renommierte Organe und Herausgeber und gewisse übergreifende Themen sind dabei historisch-deskriptiv abgehandelt worden. Mehrere dieser Arbeiten erschienen in der von d'Ester herausgegebenen Publikationsreihe »Zeitung und Leben«, die bis 1943 allein 95 Bände umfaßte. Mangelnde wissenschaftstheoretische Fundierung der älteren Zeitungswissenschaft läßt diese Studien von Reflexionsniveau und methodischer Systematik her im Rückblick nicht selten unbefriedigend erscheinen. Überdies ist daran zu erinnern, daß im »Arbeitskreis für Zeitschriftenfragen« (AfZ) diese Forschung sogar eine von den Nationalsozialisten ausdrücklich geförderte, institutionelle Form fand, was nicht ohne Rückwirkung blieb und ein Fach zusätzlich diskreditieren mußte, das ohnehin für publizistisches Führungsdenken anfällig war (vgl. H. Bohrmann, P. Schneider 1975).

Die eigentliche Grundlegung der neueren Zeitschriftenforschung ging jedoch vom Rande des akademischen Wissenschaftsbetriebes aus. Ihr Initiator war Joachim Kirchner, der, aus der bibliothekarischen Praxis kommend, sein Lebenswerk der Zeitschrift widmete. Sein zweibändiges Werk »Die Grundlagen des deutschen Zeitschriftenwesens« (1928/32) enthält im ersten Teil bibliographische und buchhandelsgeschichtliche Untersuchungen, im zweiten eine Gesamtbibliographie der deutschen Zeitschriften bis zum Jahr 1790, die weit mehr Titel nachweist als das alte Kompendium von Beutler und GutsMuths. Damit war der weiteren Forschung eine neue Basis geschaffen. Als Auswertung der hierbei gewonenen umfassenden Kenntnisse erschien 1958/62 die breit angelegte Gesamtdarstellung »Das deutsche Zeitschriftenwesen – seine Geschichte und seine Probleme«, deren erster Band schon einmal 1942 herausgekommen war. Darin wird die Entwicklung der Zeitschrift nachgezeichnet »in ihrer vielfältigen Verwobenheit mit der politischen, Geistes-, Wissenschafts und Sozialgeschichte jener Zeitläufte, die sie durchlief« (1958, I, S. 1). So adäquat diese kulturhistorische Perspektive der verzweigten publizistischen Gattung Zeitschrift auch erscheinen mag, so bleibt sie doch im ganzen recht global und deskriptiv. Zwar ist das verdienstvolle Werk Kirchners längst unentbehrlich geworden, aber der stark kompilatorische Charakter bestimmt auch seine Grenzen. Angesichts der Vielzahl der beschriebenen Titel können weder einzelne Traditionslinien der Zeitschrift hinreichend konzis überblickt werden, noch läßt sich der Stellenwert einzelner Blätter in ihren jeweiligen fachspezifischen Zusammenhängen analytisch bestimmen. Gleichwohl stellen Kirchners Arbeiten für die Zeitschriftenforschung die grundlegenden Hilfsmittel dar, wenn ihm auch Carl Diesch mit seiner umfänglichen »Bibliographie der germanistischen Zeitschriften« (1927) noch vorausgegangen war. Eine Neuauflage bzw. Weiterführung seines eigenen bibliographischen Grundwerks hat Kirchner selbst noch im hohen Alter durch die Bearbeitung der ersten, bis zum Jahr 1830 reichenden Lieferungen einer neuen, großen Zeitschriftenbibliographie unternommen (1969 ff.).

Während im Anschluß an Kirchner nach dem Zweiten Weltkrieg vor allem Wilmont Haacke die Tradition der historischdeskriptiven zeitungswissenschaftlichen Behandlung des Mediums Zeitschrift ungebrochen fortsetzte und sich dabei nicht ohne Selbstwiederholung bevorzugt der politischen Zeitschrift widmete, führte die Neuorientierung der Publizistikwissenschaft nach 1945 in doppelter Weise zur Abkehr von der älteren Zeitschriftenforschung: Die Aufarbeitung der theoretischen Ansätze und der empirisch-sozialwissenschaftlichen Methodik der amerikanischen Kommunikationsforschung brachte eine Abwendung von historischen Fragestellungen mit sich, die sich in der Tat kaum jemals an gesellschaftlich drängenden Bedürfnissen ausgerichtet hatten. Zum anderen traten die neueren, die politische Öffentlichkeit tiefgreifend verändernden Massenmedien Hörfunk und Fernsehen in den Vordergrund des Interesses, womit die Aufmerksamkeit für speziellere Medien wie die (literarische) Zeitschrift schwand. Zwar fehlte es nicht an weiteren monographischen Arbeiten, auch in Sammelwerken (vgl. H. D. Fischer 1973) und an pressegeschichtlichen Gesamtdarstellungen (vgl. Lindemann 1969). Doch bleiben diese weitgehend im Rahmen des seit Kirchner Vorgezeichneten, wenn nicht sogar in der Anlage noch heterogener (vgl. H. D. Fischer S. 7). Neuere theoretische und methodische Ansätze der Publizistikwissenschaft wurden hier jedenfalls bisher kaum rezipiert, obwohl deren Einbeziehung in diesen Bereich keineswegs ausgeschlossen wäre.

Wenn auch auf seiten der Literaturwissenschaft schon seit den fünfziger Jahren wieder Studien zu literarischen Zeitschriften entstanden, so gingen diese jedoch eher von Außenseitern (vgl. Chr. M. Schröder, Die »Bremer Beiträge«, 1956) oder vom Rande der akademischen Germanistik aus (vgl. Günter Schulz, Schillers »Horen«, 1960). Erst die Rückgewinnung literarhistorischer und empirisch-soziologischer Betrachtungsweisen in der Literaturwissenschaft lenkte auch die Aufmerksamkeit der etablierten Forschung auf die Medien und Formen des literarischen Journalismus. Jedoch fand bisher nur die Moralische Wochenschrift abermals eine umfassende Gesamtdarstellung (Wolfgang Martens, 1968). Begleitet und befördert wird die Neubelebung des Interesses an der literarischen Zeitschrift in den letzten Jahren durch eine Reihe von Neuauflagen (Reprints) älterer Blätter, vor allem des späten 18. und frühen 19. Jahrhunderts. Hierdurch ist manches aus dem älteren Zeitschriftenbestand wieder leichter zugänglich geworden. Das bereits genannte, von der Göttinger Akademie der Wissenschaften getragene Unternehmen der Erstellung eines Indexes deutschsprachiger Zeitschriften des 18. Jahrhunderts mittels Techniken der nichtnumerischen Datenverarbeitung verspricht entscheidende Fortschritte in deren bibliographischer Erschließung. Indem sich die Literaturwissenschaft gegenwärtig, sicher nicht ohne einen gewissen Hang zum Modischen, Fragen der literarischen Kommunikation und Rezeption geöffnet hat, lassen sich daraus förderliche Konsequenzen für das Interesse an dem Vermittlungsorgan literarische Zeitschrift erwarten, zumindest dort, wo diese Fragen nicht bloß in theoretischer Spekulation (vgl. u. a. W. Iser 1976), sondern in konkreter historischer und empirischer Analyse angegangen werden.

Zeitschriftenbibliographien:

M.[arkus] P.[aulus] H.[uhold]: Curieuse Nachricht Von denen Heute zu Tage grand mode gewordenen *Juornal-* (!) *Quartal-* und *Annual* Schrifften ... Freyburg 1716. – *H. P. L. M. [d. i. Heinrich Ludwig Goetten]:* Gründliche Nachricht von den Frantzösischen, Lateinischen und Deutschen *Journalen, Ephemeridibus,* Monatlichen *Extracten,* oder wie sie sonsten Nahmen haben mögen ... Leipzig und Gardeleben 1718. – Continuation ... 1720; Die andere Continuation ... 1724. – Vollständige Einleitung in die Monatschriften der Deutschen. 3 Bde. Erlangen 1747–1754. – [*Johann Heinrich Christoph Beutler, Johann Friedrich Christoph GutsMuths*]: Allgemeines Sachregister über die wichtigsten deutschen Zeit- und Wochenschriften. Voran als Einleitung ein raisonnirendes Verzeichniß der in diesem Jahrhundert bis jetzt erschienenen periodischen Blätter, nach Dezennien gearbeitet und mit einem Namensverzeichniß aller dabei befindlichen Mitarbeiter. Leipzig 1790. Reprint Hildesheim, New York 1976. – *Johann Samuel Ersch:* Repertorium über die allgemeinen deutschen Journale und andere periodische Sammlungen für Erdbeschreibung, Geschichte und die damit verwandten Wissenschaften. Bd. 1–3. Lembo 1790–1792. – *Carl Diesch:* Bibliographie der germanistischen Zeitschriften. Leipzig 1927. Reprint Stuttgart 1970. – *Joachim Kirchner:* Die Grundlagen des deutschen Zeitschriftenwesens. Mit einer Gesamtbibliographie der deutschen Zeitschriften bis zum Jahre 1790. 2 Bde. Leipzig 1928–1932. – *ders.* (Hrsg.): Bibliographie der Zeitschriften des deutschen Sprachgebietes bis 1900. Bd. 1: Die Zeitschriften des deutschen Sprachgebietes von den Anfängen bis 1830. Bearb. v. *Joachim Kirchner.* Stuttgart 1969.

Bio-bibliographische Hilfsmittel:

Christian Gottlieb Joecher (Hrsg.): Allgemeines Gelehrten-Lexikon ... Th. 1–4. Leipzig 1750. – *Johann Christoph Adelung:* Fortsetzungen und Ergänzungen zu Christian Gottlieb Joechers Gelehrten-Lexico ... Th. 1–2. Leipzig 1784–1787. – Das Gelehrte Teutschland oder Lexikon der jetzt lebenden Teutschen Schriftsteller. Angefangen von *Georg Christoph Hamberger.* Fortgesetzt von *Johann Georg Meusel.* Fünfte verm. u. verb. Aufl. Bd. 1–23. Lemgo 1796 bis 1834. – *Johann Georg Meusel:* Lexikon der vom Jahr 1750 bis 1800 verstorbenen Teutschen Schriftsteller. Bd. 1–15. Leipzig 1802 bis 1816. – Allgemeine Deutsche Biographie (= ADB). Bd. 1–56. Leipzig 1875–1912. – Neue Deutsche Biographie (= NDB). Berlin 1953 ff.

Literarische Bibliographien:

Karl Goedeke: Grundrisz zur Geschichte der deutschen Dichtung aus den Quellen. Zweite ganz neu bearb. Aufl. Dritter Band: Vom dreißigjährigen bis zum siebenjährigen Kriege. Dresden 1887. – *ders.:* Grundriß zur Geschichte der Deutschen Dichtung. Aus den Quellen.

3. neu bearb. Aufl. hrsg. v. *Edmund Goetze.* Vierter Bd., 1. Abtlg. Dresden 1916. Unveränderter Neudruck Berlin (Ost), Düsseldorf 1955. – *Elisabeth Friedrichs:* Literarische Lokalgrößen 1700–1900. Verzeichnis der in regionalen Lexika und Sammelwerken aufgeführten Schriftsteller. Stuttgart 1967. – *E. K. Grotegut, G. F. Leneaux:* Das Zeitalter der Aufklärung. Bern, München 1974.

Publizistische Bibliographien:

Karl Bömer: Bibliographisches Handbuch der Zeitungswissenschaft. Leipzig 1929. – *ders.:* Internationale Bibliographie des Zeitungswesens. Leipzig 1932. – *Fritz Franzmeyer:* Presse-Dissertationen an deutschen Hochschulen 1885–1938. Hrsg. v. *Walter Heide.* Leipzig 1940. – *Volker Spiess:* Verzeichnis deutschsprachiger Hochschulschriften zur Publizistik 1885–1967. Berlin, München-Pullach 1969. – *Wilbert Ubbens:* Presse, Rundfunk, Fernsehen, Film. Ein Verzeichnis deutschsprachiger Literatur zur Massenkommunikation 1968 bis 1971. Berlin 1971. – *ders.* (Bearb.): Universität Bremen, Bibliothek – Jahresbibliographie Massenkommunikation. Bremen 1977 ff.

Literatur:

Johann Christian Garve: Ein Einwurf wider die Nützlichkeit periodischer Schriften; *Joachim Heinrich Campe:* Beantwortung dieses Einwurfs. In: Braunschweigisches Journal 1 (1788) S. 16–19, 19 bis 44. – [*Eduard Beurmann, Franz Dingelstedt*]: Studien und Kritiken der deutschen Journalistik. Zwei Hefte. Hanau 1838/39. – *Robert Prutz* a.a.O. 1845. – *Georg Gottfried Gervinus:* Geschichte der Deutschen Dichtung. 4. verb. Aufl. 5 Bde. Leipzig 1853. – *Karl Biedermann:* Deutschlands geistige, sittliche und gesellige Zustände im Achtzehnten Jahrhundert. Leipzig 1867. – dass.: Deutschland im achtzehnten Jahrhundert. 2. verb. u. verm. Aufl. Leipzig 1880. 4 Bde. Reprint Aalen 1969. – *Max Kawczynski:* Studien zur Literaturgeschichte des 18. Jahrhunderts. Moralische Zeitschriften. Lemberg 1880. – *Ernst Milberg:* Die moralischen Wochenschriften des 18. Jahrhunderts. Ein Beitrag zur deutschen Literaturgeschichte. Meissen o. J. [1880]. – *Hugo Lachmanski:* Die deutschen Frauenzeitschriften des achtzehnten Jahrhunderts. Diss. Berlin 1900. – *Ludwig Salomon:* Geschichte des Deutschen Zeitungswesens von den ersten Anfängen bis zur Wiederaufrichtung des Deutschen Reiches. 3 Bde. Oldenburg, Leipzig 1900–1906. – *Walther Hofstaetter:* Das Deutsche Museum (1776–88) und das Neue Deutsche Museum (1789 bis 91). Ein Beitrag zur Geschichte der deutschen Zeitschriften im 18. Jahrhundert. Leipzig 1908. – *Phoebe M. Luers:* Der Nordische Aufseher. Ein Beitrag zur Geschichte der moralischen Wochenschriften. Diss. Heidelberg 1909. – *Karl d'Ester:* Geschichte der Zeitschriftenforschung vor 1800. In: Literarischer Handweiser 49 (1911) Nr. 7 bis 10, 14; 50 (1912) Nr. 1, 7, 8; 52 (1914) Nr. 15. – *ders.:* Zeitung und Zeitschrift. In: Deutsche Philologie im Aufriß. 2. überarb. Aufl.

hrsg. v. *Wolfgang Stammler*. Bd. 3. Berlin 1962. Sp. 1245–1352. – *Franz Ulbrich:* Die Belustigungen des Verstandes und des Witzes. Ein Beitrag zur Journalistik des 18. Jahrhunderts. Leipzig 1911. – *Hans Wahl:* Geschichte des Teutschen Merkur. Ein Beitrag zur Geschichte des Journalismus im achtzehnten Jahrhundert. Berlin 1914. Reprint New York, London 1967. – *Wilhelm Hill:* Die deutschen Theaterzeitschriften des achtzehnten Jahrhunderts. Weimar 1915. – *Albert Köster:* Die deutsche Literatur der Aufklärungszeit. Fünf Kapitel aus der Literaturgeschichte des achtzehnten Jahrhunderts. Heidelberg 1925. – *Johanna Schultze:* Die Auseinandersetzung zwischen Adel und Bürgertum in den deutschen Zeitschriften des 18. Jahrhunderts (1773–1806). Berlin 1925. – *Karl Bücher:* Gesammelte Aufsätze zur Zeitungskunde. Tübingen 1926. – *Gerhard Menz:* Die Zeitschrift. Ihre Entwicklung und ihre Lebensbedingungen. Eine wirtschaftsgeschichtliche Studie. Stuttgart 1928. – *Werner Storz:* Die Anfänge der Zeitungskunde. Die deutsche Literatur des 17. und 18. Jahrhunderts über die gedruckten periodischen Zeitungen. Diss. Leipzig 1931. – *Ernst Herbert Lehmann:* Einführung in die Zeitschriftenkunde. Leipzig 1936. – *Erich Lorenz:* Die Entwicklung des deutschen Zeitschriftenwesens. Eine statistische Untersuchung. Charlottenburg 1936. – *Lisl Grüßen:* Die deutsche Zeitschrift als Ausdrucksmittel der Literaturströmungen. Deutung des Werdens der deutschen Literaturzeitschrift vom Humanismus bis zum deutschen Idealismus. München 1937. – *Eva-Annemarie Kirchstein:* Die Familienzeitschrift. Ihre Entwicklung und Bedeutung für die deutsche Presse. Berlin 1937. – *Paul Gehring:* Die Anfänge des Zeitschriftenwesens in Württemberg. In: Württembergische Jahrbücher f. Statistik und Landeskunde 1936/1937. Stuttgart 1938. S. 1–56. – *Frid Muth:* Das Wesensgefüge der deutschen Zeitschrift. Versuch einer Vorgeschichte der deutschen Zeitschrift. Würzburg 1938. – *Edith Krull:* Das Wirken der Frau im frühen deutschen Zeitschriftenwesen. Diss. Berlin 1939. – *Carl Ludwig Lang:* Die Zeitschriften der deutschen Schweiz bis zum Ausgang des 18. Jahrhunderts (1694–1798). Leipzig 1939. – *Gerda Viktoria Förtsch:* Buchbesprechung und Zeitschrift. Dresden 1940. – *Hans A. Münster:* Geschichte der deutschen Presse in ihren Grundzügen dargestellt. Leipzig 1941. – *Joachim Kirchner:* Das deutsche Zeitschriftenwesen, seine Geschichte und seine Probleme. Leipzig 1942. – *ders.:* Das deutsche Zeitschriftenwesen – seine Geschichte und seine Probleme. Teil I: Von den Anfängen bis zum Zeitalter der Romantik. Teil II: Vom Wiener Kongreß bis zum Ausgang des 19. Jahrhunderts. Wiesbaden 1958–1962. – *Hubert Max:* Wesen und Gestalt der politischen Zeitschrift. Ein Beitrag zur Geschichte des politischen Erziehungsprozesses des deutschen Volkes bis zu den Karlsbader Beschlüssen. Essen 1942. – *Francis Ising:* Entwicklung und Wandlung des Typs der Frauenzeitschrift. Von den Anfängen bis heute. Mit einer Gesamtbibliographie. Diss. Münster 1943. – *Edith Feest:* Geschichte des Wiener Zeitschriftenwesens von 1727–1780. Diss. Wien 1945. – *Otto Groth:* Die Geschichte der deutschen Zeitungswissenschaft. Probleme und Methoden. München 1948. – *Christel Matthias Schröder:* Die »Bremer Beiträge«. Vorgeschichte und Geschichte einer deutschen Zeitschrift des achtzehnten Jahrhunderts. Bremen 1956. – *Wilmont Haacke:* Zeitschriftenforschung als Aufgabe der Publizistikwissenschaft. In: Publizistik 1 (1956) S. 131–146. – *ders.:* Die Zeitschrift – Schrift der Zeit. Essen 1961. – *ders.:* Studien zur Publizistik. In: Göttingische gelehrte Anzeigen 218 (1966) S. 343–368. – *ders.:* German Periodicals – their Historiography and Sociography. In: Gazette 13 (1967) S. 237–248. – *ders.:* The German Magazine: Its Origin and Development. In: Journalism Quarterly 45 (1968) S. 706–712. – *ders.:* Die politische Zeitschrift Bd. I 1665–1965. Stuttgart 1968. – *ders.:* Erscheinung und Begriff der politischen Zeitschrift. Tübingen 1968. – *ders.:* Geistesgeschichte der politischen Zeitschrift. In: Zsch. f. Religions- und Geistesgesch. 21 (1969) S. 115 ff. – *Louis Dudek:* Literature and the Press. A History of Printed Media and their Relation to Literature. Toronto o. J. [1960]. – *Wolfgang Martens:* Die Botschaft der Tugend. Die Aufklärung im Spiegel der deutschen Moralischen Wochenschriften. Stuttgart 1968 – *Margot Lindemann:* Deutsche Presse bis 1815. Geschichte der deutschen Presse Teil I. Berlin 1969. – *Heinz-Dietrich Fischer* (Hrsg.): Deutsche Zeitschriften des 17. bis 20. Jahrhunderts. Pullach 1973. – *Reinhard Wittmann:* Die frühen Buchhändlerzeitschriften als Spiegel des literarischen Lebens. In: Arch. f. Gesch. d. Buchwesens XIII (1973) Sp. 613–932. – *Hans Bohrmann, Peter Schneider:* Zeitschriftenforschung. Ein wissenschaftsgeschichtlicher Versuch. Berlin 1975. – *Paul Hocks, Peter Schmidt:* Literarische und politische Zeitschriften 1789–1805. Stuttgart 1975. – *Wolfgang Iser:* Der Akt des Lesens. Theorie ästhetischer Wirkung. München 1976.

III. Begriff und Merkmale der Zeitschrift

Der Begriff »Zeitschrift« als Sammelbezeichnung für ein periodisches Druckwerk mit spezifischen Merkmalen entstammt selbst dem 18. Jh. Er erscheint in diesem Sinne, wie Hansjürgen Koschwitz zuletzt belegt hat, erstmals 1751 bei Peter Freiherr von Hohenthal in der Vorrede zum dritten Band seiner »Oeconomischen Nachrichten«, einem kameralistischen Journal. Damit ist die Begriffsbildung zwar älter, als es nach Joachim Kirchners Hinweis auf sein Vorkommen 1784 bei Gottfried August Bürger den Anschein hatte (1928, S. 94). Aber es gilt dennoch, daß der Begriff »Zeitschrift« erst mehrere Jahrzehnte später auftritt als das Medium, zu dessen Bezeichnung er sich dann eingebürgert hat.

Infolge des französischen Ursprungs der Zeitschrift und ihrer anfänglichen Pflege als Forum wissenschaftlicher Kommunikation sprach man in Deutschland zunächst vorwiegend von »Journal« oder bildete noch lateinische Titel (z. B. »Acta Eruditorum«). Daneben entstanden alsbald verschiedene Lehnübersetzungen (z. B. »Wochenschrift«, »Monatschrift«) und Komposita mit Kennwörtern verschiedenen Typs (vgl. S. 111). Im Titel einer periodischen Publikation taucht der Begriff »Zeitschrift« erstmals 1788 in der »Bibliothek der besten deutschen Zeitschriften« auf. Kirchner führt die Wortschöpfung auf den puristischen Antrieb zurück, einen deutschen Ersatz für den fremdsprachigen Ausdruck »Journal« zu finden. Außerdem dürfte aber zu seiner Prägung und Einbürgerung beigetragen haben, daß in der zweiten Hälfte des 18. Jh.s mit dem historischen Bewußtsein auch das Zeit-Vokabular beträchtlich ausgeweitet und vielfältig in Umlauf gebracht wurde (Wilke 1974, S. 139 ff.). Von »Zeitschrift« zu sprechen mußte nach der historischen Entdeckung des Zusammenhangs zwischen der Zeit und ihrem jeweiligen Gehalt naheliegen. Zudem ergab sich eine Analogie zur bereits etablierten »Zeitung«. Auch kam das Wort »Zeit« schon vorher in zusammengesetzten Zeitschriftentiteln vor (z. B. »Der Zeitvertreiber«, 1746; »Sammlung einiger Schriften zum Zeitvertreibe des Geschmacks«, 1746). Obgleich der Begriff »Zeitschrift« bei den in unserer Darstellung behandelten literarischen Blättern des 18. Jh.s weder im Titel noch im Untertitel erscheint, so bleibt seine Neubildung als Gattungsname doch eben dieser Epoche zuzurechnen.

Was eine Zeitschrift eigentlich sei, ist bis heute Gegenstand zahlloser Erörterungen gewesen. Schon in den frühen bibliographischen Werken, auch in einer Vielzahl von Vorreden und Einleitungen zu Zeitschriften selbst gibt es Hinweise, worin man die Grundmerkmale dieses Mediums erblickt hat. Vor allem aber in der Zeitungswissenschaft seit den zwanziger Jahren hat man sich immer wieder um die Definition der Zeitschrift bemüht, ohne letztlich Übereinstimmung über eine gültige und brauchbare Formel zu erreichen. Dabei ging man von der in den Geisteswissenschaften weithin üblichen Annahme aus, es lasse sich über den sprachlichen Begriff schon das »Wesen« der Sache selbst erschließen. Dies und die Orientierung an der Systematik der traditionellen, klassischen Definitionslehre führte zu nicht selten aufwendigen, aber oft enttäuschenden Ergebnissen. Was herauskam, waren mitunter etymologisch-tautologische, umständliche, ja widersprüchliche Begriffsumschreibungen. Damit ging wertvolle Forschungsenergie in unergiebigen terminologischen Spekulationen verloren. Wo immer erneute Anläufe unternommen wurden, die »Natur« des Gegenstandes unmittelbar in Realdefinitionen zu erfassen, blieb die Menge empirisch gehaltvoller Aussagen über den Objektbereich gering. So unerläßlich eine klare Begriffsbildung für die wissenschaftliche Arbeit ist, so fragwürdig ist es, wenn sie zum Zentrum der Reflexion wird.

Günter Kieslich hat die Schwierigkeiten bei der Begriffsbestimmung der Zeitschrift auf drei Ursachen zurückgeführt (1971, S. 350): Auf die Unsicherheit bei der Abgrenzung von der Zeitung, auf die nahezu unüberschaubare Vielfalt der Erscheinungsformen der Zeitschrift und auf die mit den jeweiligen Gesellschaftsformen und den kulturell-geistigen Ansprüchen der Gesellschaft sich ändernden Intentionen, die dieses Kommunikationsmittel im Laufe seiner Geschichte in sich aufgespeichert hat. Will man an der Einheit der Zeitschrift als einer publizistischen Gattung festhalten, so erweist es sich als schier aussichtslos, für alle ihre Ausprägungen zwischen einem hochspezialisierten Fachorgan und einer Publikumszeitschrift im heutigen Sinne einen gemeinsamen Nenner anzugeben. Aber selbst wenn man nur die literarische Zeitschrift vor Augen hat, stellen sich immer wieder prinzipielle Abgrenzungsprobleme.

Als Ausgangspunkt der Begriffsbestimmung hat, wie bereits angedeutet, vielfach der Vergleich mit der Zeitung gedient. Diese hat man seit der älteren Zeitungs- und Publizistikwissenschaft durch vorwiegend vier Merkmale charakterisiert, durch

Aktualität, Periodizität, Universalität und Publizität. Unter Aktualität wird, abgesehen von der selteneren Verwendung im Sinne von »wirklich«, d. h. als Gegensatz zu »potentiell«, herkömmlich verstanden, daß die Zeitung »jüngstes Gegenwartsgeschehen« (Dovifat/Wilke 1976, I, S. 17) vermittelt, wobei jedoch zum Zeitaspekt, zur Neuheit, das Kriterium der Wichtigkeit, der Relevanz, hinzutritt (Kurzformel: »gegenwärtig wichtig«). Aktualität ist demnach eine relative Größe, die sich aus der Spannung zwischen dem Inhalt einer Aussage und dem Bewußtsein des jeweiligen Empfängers ergibt. Somit weist Aktualität auf die menschliche Aufmerksamkeitsstruktur zurück, durch welche die Selektion und Reduktion der komplexen Wahrnehmungseindrücke sinnvoll gesteuert wird. Diese die Aktualitätserfahrung strukturierenden Regeln sind aber nicht nur physiologisch und psychologisch, sondern großenteils auch sozial normiert.

Mit Periodizität ist das periodische Erscheinen der Zeitung in bestimmten regelmäßigen Zeitabständen gemeint. Hierdurch ist die Presse insbesondere vom Einzeldruckwerk des Buches unterschieden. Universalität dient als Bezeichnung für die thematische Vielfalt der Zeitung, insofern sie den mannigfachen Bereichen und Interessen des menschlichen Lebens Raum gibt. Ihre Folge ist die Gliederung in Sparten (Ressorts). Publizität schließlich wird in mehreren Bedeutungsnuancen gebraucht (vgl. Merten S. 223 ff.): Einmal in dem Sinne, daß die Zeitung – im Gegensatz etwa zum privaten Brief – prinzipiell öffentlich bzw. allgemein zugänglich sein muß (Groth 1960, S. 208: »potentielle Publizität«); sodann in dem Sinne, daß etwas bekannt, offenkundig, verbreitet ist (Groth ebda., S. 207: »aktuelle Publizität«); endlich in dem Sinne, daß die Zeitung auch von ihrer inneren Intention her eine möglichst große Öffentlichkeit zu erreichen sucht. Dahinter läßt sich der Unterschied zwischen einer qualitativen und einer quantitativen Dimension des Begriffs fassen: Qualitativ bezeichnet Publizität demnach die Eigenschaft prinzipiell allgemeiner Zugänglichkeit, ganz unabhängig von der Zahl der erreichten Personen. Quantitativ gibt die Publizität dagegen die tatsächliche Reichweite einer Botschaft an. (Zu den genannten Merkmalen fügt man heute die Disponibilität hinzu, um die Druckmedien von den modernen Funkmedien abzugrenzen: Ist der Kommunikationsinhalt im Druck gespeichert und damit mechanisch leicht transportierbar, dann kann der Rezipient weitgehend frei über Ort, Zeitpunkt, Tempo, Selektion des Lesens entscheiden, »disponieren«, während ihn Hörfunk und Fernsehen eng an den vorgezeichneten Programmablauf binden.)

Die genannten Grundmerkmale sind in der einschlägigen Literatur mit zum Teil beträchtlichem Aufwand etymologisch abgeleitet und analytisch interpretiert, wegen ihrer Mehrdeutigkeit aber auch kritisiert worden. So hat zuletzt Klaus Merten vor allem darauf hingewiesen, »daß Publizität als Verbreitung eine von Aktualität abhängige Größe ist« (S. 228), d. h. daß die erreichte Publizität funktional mit dem Aktualitätsgrad wächst. Damit seien beide Elemente nicht derart zu trennen, um wissenschaftslogisch als eigenständige und hinreichende Beschreibungsmerkmale des Gegenstandes dienen zu können. Daraus wird gefolgert: »Aktualität *und* Publizität können mithin nicht den Rang publizistischer Kriterien haben« (ebda. S. 226), sie haben als solche »ausgedient« (S. 229). Wenn man solchermaßen den theoretischen Erkenntnisgehalt und die Brauchbarkeit der Begriffe »für eine der deskriptiven Phase entwachsene Publizistikwissenschaft« (S. 216) in Zweifel zieht, so wird man für eine pragmatische, auf formale und operationalisierbare Kriterien angewiesene Beschreibung und Differenzierung der publizistischen Medien doch kaum auf sie verzichten können, zumindest solange nicht andere, tragfähigere Begriffe entwickelt sind, welche legitimer die gleichen Aufgaben zu erfüllen vermögen.

Von den am Medium Zeitung entwickelten Grundbegriffen her hat man die Zeitschrift als die »Begrenzte« (Groth 1960, S. 396 ff.) bestimmt. Weder nimmt sie gewöhnlich derart aktuelle Inhalte auf wie die Zeitung, noch weist sie in der Regel ein entsprechend häufiges Erscheinen auf. Als Kriterium für die Tagespresse gilt heute zumeist mindestens zweimal wöchentliches Erscheinen, während bei darüber hinausgehenden Intervallen eine Zuweisung zum Medium Zeitschrift erfolgt. Als begrenzt hat man die Zeitschrift aber vor allem in der Universalität gesehen, behandelt sie doch eher fachspezifische Thematik. Und schließlich ist, bei aller prinzipiellen Zugänglichkeit, die auch hier gegeben sein muß, der Kreis der angestrebten oder erreichten Öffentlichkeit nicht so weit gezogen wie beim Publikum der Zeitung. »Die Zeitschrift«, so hat schon Emil Dovifat zusammenfassend gesagt, »ist ein fortlaufend und in regelmäßiger Folge erscheinendes Druckwerk, das einem umgrenzten Aufgabenbereich oder einer gesonderten Stoffdarbietung (Bild, Unterhaltung) dient. Danach bestimmt sich ihre Öffentlichkeit, ihre Tagesbindung, ihr Standort, die Mannigfaltigkeit ihres Inhalts und die Häufigkeit des Erscheinens« (Dovifat/Wilke 1976, I, S. 23). Die auch von anderen Autoren immer wieder hervorgehobene inhaltliche Begrenzung der Zeitschrift hat demnach Folgen auch für die anderen publizistischen Merkmale.

Fachlich interessierender statt breit gestreuter, tagesaktueller Inhalt, in größeren Zeitintervallen erfolgendes periodisches Erscheinen sowie die Ansprache nur spezifischer Segmente der Öffentlichkeit sind also charakteristisch für die Zeitschrift. Allerdings sind diese Merkmale idealtypisch formuliert, d. h. praktisch wird man ein gewisses Spektrum zugestehen müssen, in dem sie erfüllt sein können. Grenzfälle einer lebendigen Wirklichkeit fügen sich – wie so oft – auch hier nicht eindeutig und restlos einem analytischen Schema. Sie zum entscheidenden Prüfstein von Definitionen zu machen, scheint unsinnig, da es nicht auf »wahre« sondern auf brauchbare Kategorien ankommt. Dies ist aber gerade fraglich bei einer Reihe sekundärer Merkmale, mit denen man die Zeitschrift zusätzlich in ihrem »Wesen« zu bestimmen suchte. Dazu zählen etwa die Kontinuität (im äußeren Erscheinungsbild wie in der inneren, publizistischen Haltung), die Kollektivität (Vielfalt innerhalb der thematischen Begrenzung, auch durch verschiedene Mitarbeiter bedingt), die Einheitlichkeit des Programms bzw. Ganzheitlichkeit der Erscheinung (»Teil eines einheitlich geleiteten Ganzen«, Kirchner 1928, S. 33), schließlich weitgehende Unabhängigkeit von einem bestimmten Standort: Während die Zeitung an einen Standort der Herstellung gebunden ist, der für den raschen, im Erscheinungsintervall zu vollziehenden kurzfristigen Vertrieb günstig ist, erscheint es für die Zeitschrift im Grunde beliebig, wo sie herausgegeben wird. Dies gilt oft jedoch nur dem Prinzip nach, denn z. B. im 18. Jh. waren die kulturellen und geistigen Zentren auch Mittelpunkte der Zeitschriftenproduktion.

Da es für die Zweckmäßigkeit von Definitionskriterien entscheidend ist, ob sie sich leicht operationalisieren lassen, wird man von den zuletzt genannten Merkmalen für die engere Begriffsbildung eher absehen. Dagegen empfiehlt sich das Merkmal der Periodizität zunächst als Basiskriterium, weil es einen ganz formalen Charakter hat. Im übrigen beruht auf der periodischen Wiederholung des Erscheinens im wesentlichen die Wirkungsmacht der publizistischen Medien (Kumulation). Daß eine Regelmäßigkeit des Erscheinens unter dem Druck von Periodik und Stoffmangel nicht immer einzuhalten ist, zeigt sich jedoch an nicht wenigen der hier später verzeichneten literarischen Blätter. Auch wird man von der Absicht der unbegrenzten

Dauer des Erscheinens grundsätzlich nicht sprechen können. Sonst müßten u.a . z. B. die Moralischen Wochenschriften aus dem Zeitschriftenwesen ausgegliedert werden (vgl. auch S. 115).

Inhaltlich ist die literarische Zeitschrift begrenzt, insofern sie sich thematisch auf den Bereich der Literatur bezieht. Literatur muß dabei, gerade für das 18. Jh., in einem weiten Sinne verstanden werden. Sie schließt außer der Produktion in einer Vielzahl poetischer und insbesondere didaktischer Formen vor allem Kritik, aber auch die Behandlung von mancherlei kulturellen, philosophischen, pädagogischen, künstlerischen, schließlich auch politischen Themen mit ein. Die Ränder werden vor allem dort problematisch, wo die literarische Intention in ein übergreifendes kulturbildendes Programm – so bei den »Nationaljournalen« des späten 18. Jh.s – eingeht. Aus der mehr oder weniger starken Begrenzung auf das Literarische bestimmen sich auch die anderen publizistischen Merkmale: Von Aktualität kann allenfalls in einem relativen, sachbezogenen Sinn die Rede sein, wobei der jeweilige literarische Entwicklungsstand die Bezugsfolie abgibt. Möglicherweise ist hier Aktualität überhaupt kein vorheriges Merkmal des Stoffes, sondern etwas, das ihm erst durch die periodische Veröffentlichung im publizistischen Medium aufgeprägt wird. Das Merkmal des zeitlich Neuen kann insofern vorliegen, als entweder neue poetische Produktionen abgedruckt, Neuerscheinungen kritisch besprochen oder ältere Werke erst bekannt gemacht, neue Positionen in der literarischen Diskussion bezogen oder Nachrichten aus dem literarisch-kulturellen Leben mitgeteilt werden. Die Zusammenstellung bzw. Auswahl des Inhalts hängt jeweils von Programm, Herausgeber und Mitarbeiterstab ab. Endlich ergibt sich aus der thematischen Eingrenzung die Bestimmung der literarischen Zeitschrift für eine intellektuell-literarisch interessierte Öffentlichkeit. Die Ausbildung dieses Segments der Öffentlichkeit steht in engem Zusammenhang mit der Entwicklung der literarischen Zeitschrift selbst.

Angesichts der nahezu unüberschaubaren Vielfalt des Mediums Zeitschrift ist neben der Definition die typologische Klassifizierung eine bevorzugte Aufgabe der Zeitschriftenforschung gewesen. Die Suche nach einer ebenso vollständigen wie detaillierten Systematik hat auch hier mitunter allzuviel Akribie auf sich gezogen. Im Prinzip lassen sich mehrere Klassifikationsschemata verwenden: Zeitschriften sind etwa zu unterscheiden nach der Dichte der Periodizität (z. B. Wochen-, Monats-, Vierteljahrsschriften), nach dem beabsichtigten Zweck (z. B.

Bildungs-, Unterhaltungszeitschrift) oder nach dem Rezipientenkreis (z. B. Fach- bzw. Publikumszeitschrift). In erster Linie hat man Zeitschriften jedoch nach thematischen Gesichtspunkten gruppiert, wobei der Grad der Spezialisierung jeweils in gewisser Affinität zu den anderen Klassifikationsmerkmalen steht.

Die »Vollständige Einleitung in die Monatschriften der Deutschen« (1747 ff.) bietet eine Gliederung von sieben Typen, darunter das »philologische Journal«. Bei Beutler und GutsMuths (1790) bilden die »Schönen Wissenschaften und Künste« eine von elf Gruppen. In beiden Fällen befinden sich literarische Zeitschriften aber auch unter den »Vermischten Urtheilen und Nachrichten« bzw. den »Vermischten Schriften«, worunter am Ende jeweils Organe erfaßt werden, die keine eindeutige Zuordnung zulassen. Joachim Kirchner hat in seiner Bibliographie ebenfalls eine thematische Klassifizierung vorgenommen und 21 Gruppen unterschieden, d. h. aber weniger als manche neuere Zeitschriftenkataloge, die bis zu 30 Typen mit mehreren Untergruppen vorsehen. Die Klassifizierung ist wegen der oftmals fließenden Übergänge zwischen den einzelnen Typen häufig schwierig, aber für das 18. Jh. noch einfacher als für die Gegenwart, wo – nach Günter Kieslich – »der typologische Reichtum des gegenwärtigen Zeitschriftenwesens ... Wissenschaft wie Praxis zu radikal vereinfachenden Ordnungsprinzipien gezwungen« (1971, S. 353) hat.

Daß sich die literarische Zeitschrift mit mehreren anderen Typen dieses Mediums berührt, haben wir bereits vermerkt: Einmal mit der allgemeinen, wissenschaftlichen Zeitschrift, die überhaupt den Wurzelgrund dieses Mediums bildet und mit der sie insbesondere das Rezensionswesen gemein hat. Sodann gibt es, vor allem im Persönlichen, enge Berührungspunkte mit der Moralischen Wochenschrift; und mehr gegen Ende des Jahrhunderts mit der kulturpolitischen Zeitschrift, durch welche die ›rein‹ literarische Zielsetzung in eine universellere Programmatik einbezogen wird. Dies geht mit dem Vorgang einher, daß die literarische auf die politische Öffentlichkeit übergreift und neben den Dichter der Typ des vielseitig tätigen, freien Schriftstellers tritt.

Überdies ist die Gruppe der literarischen Zeitschriften in sich wiederum differenziert. Die Spannweite reicht von den stark ins philologisch Wissenschaftliche gehenden Blättern, den, wenn man will, frühen germanistischen Zeitschriften, bis zu jenen Journalen, denen mehr ein poetisch-belletristischer Unterhaltungswert eignet. Robert Prutz hat, wie schon zitiert, zwischen dem kritischen Rezensionsorgan, dem poetisch-produktiven, belletristischen Journal und einem Mischtyp unterschieden. Über diesen Ansatz sind auch neuere Vorschläge zur Typologie kaum hinausgekommen, so wenn Nöhbauer mit zugestandener »Ungenauigkeit« (1961, S. 1279) vier Typen voneinander abhebt: das Rezensionsorgan, die akademische, literarästhetische Zeitschrift, die literarisch-politisch-kulturelle Revue und die ausschließlich der dichterischen Produktion gewidmete Zeitschrift. Solch innere Differenzierung wird man nicht übersehen dürfen, wenn man die literarische Zeitschrift als eine eigene Gattung dieses Mediums betrachten will.

Das Literaturjournal als Ausprägung des publizistischen Periodikums Zeitschrift gehört mit zu jenen Massenmedien, die für die kulturelle und gesellschaftliche Entwicklung der Neuzeit besonders kennzeichnend und folgenreich geworden sind. Massenmedien nennen wir die technischen Mittel, die der indirekten, einseitigen und öffentlichen Verbreitung von Aussagen an ein disperses Publikum dienen. Diese kommunikativen Merkmale treffen auch auf Medien zu, die keineswegs »massenhaft« vertrieben werden. In ihren Grenzen und mit ihren Mitteln erbringt die literarische Zeitschrift Aufgaben der Information, der Kritik, Meinungsbildung und Unterhaltung, die zu den anerkannten manifesten Funktionen der Massenmedien überhaupt gehören, und deren Erfüllung den Bestand des hochdifferenzierten modernen Gesellschaftssystems und seiner Subsysteme, wozu man den Bereich der Literatur rechnen kann, garantiert. Welche latenten Bedürfnisse die Massenmedien über die bewußt gesetzten Zwecke hinaus noch erfüllen, stellt ein noch weitgehend offenes Problemfeld dar. Aber auch hier dürfte nur eine differentielle, keine prinzipielle Grenze zwischen den einzelnen Massenmedien verlaufen.

Mag sich die literarische Zeitschrift in quantitativer Hinsicht (Wirkungsbreite) und in den qualitativen Formen der Aufmachung und Stoffdarbietung (Wirkungsmittel) von anderen Zeitschriftentypen und den anderen Medien unterscheiden, so ist sie im Grundsatz doch mit ihnen vergleichbar. Denn auch sie bildet eines jener kulturspezifischen Selektionsmedien, die sich mit zunehmender kulturell-gesellschaftlicher Komplexität herausgebildet haben und deren Leistung wesentlich darin besteht, diese auf für den einzelnen überschaubare Ausschnitte zu reduzieren. Auf diese Weise tritt an die Stelle der für das Individuum ohnehin nicht mehr vollends zugänglichen »Realkultur« eine oder mehrere »Medienkulturen«, womit »die Gesamtheit aller zu einem bestimmten Zeitpunkt in bestimmten kulturspezifischen Selektionsmedien präsenten Elemente einer Realkultur einschließlich aller Informationen über sie« (Kepplinger S. 18) gemeint ist. Diese Medienkultur ist eine »Aktualisierung der Realkultur« (ebda.), zugleich aber auch selbst wiederum Bestandteil der Realkultur. Dabei sind die Regeln der jeweiligen Selektion dafür ausschlaggebend, welches Bild die Medienkultur von der Realkultur bietet.

»Da es sehr verschiedene Medien gibt«, so Kepplinger, »und da die Medien u. U. nach sehr unterschiedlichen Prinzipien selektieren, kann es alternative Medienkulturen geben. Es gibt jedoch keine Alternative zur Medienkultur. Eine Alternative zur Medienkultur wäre nur dadurch realisierbar, daß man die Selektionsmedien zwischen den Individuen und der Realkultur ausschaltet. Die Ausschaltung der Selektionsmedien würde die Erkenntnisfähigkeit der Individuen nicht vergrößern, sondern verkleinern... Der Ausschnitt der erkannten kulturellen Realität würde auf den engen Bereich der persönlichen Primärerfahrung zusammenschrumpfen« (ebda. S. 25 f.).

Angewendet auf die literarischen Zeitschriften des 18. Jh.s, wirft dieser Ansatz bisher noch nicht gestellte Fragen auf: In welcher Weise hat dieser Zeitschriftentyp die Leistungen eines Selektionsmediums für das System der Literatur erbracht, welche Elemente der literarischen Realkultur und welche Informationen über sie sind jeweils wiedergegeben worden, welche Auswahl ist getroffen und welche literarischen Probleme sind thematisiert worden, wie haben die literarischen Zeitschriften das Bild der literarischen Kultur verändert, ja wie haben sie auf die Literatur selbst zurückgewirkt? Somit führt die literarische Zeitschrift nicht nur zu einer Erweiterung der Publikationsmöglichkeiten und zu einer Öffnung der Literatur aufs Publizistische hin, sondern zu einer strukturellen Veränderung der literarischen Kultur, deren Konsequenzen bis heute weiterwirken. Mag auch nicht entschieden sein, wo die Zeitschrift Ursache, Begleiterscheinung oder Folge einer durch anderweitige Faktoren begründeten Entwicklung ist, so erscheint sie doch nicht unberechtigt als eine ihrer herausragenden Manifestationen.

Literatur: Joachim Kirchner: Die Grundlagen des deutschen Zeitschriftenwesens. I. Teil: Bibliographische und buchhandelsgeschichtliche Untersuchungen. Leipzig 1928. – *Robert Wiebel:* Zeitung und Zeitschrift. Diss. Leipzig 1939. – *Walter Hagemann:* Zur Typologie der Zeitung und Zeitschrift. In: ZV + ZV 51 (1954) S. 632 f. – *Otto Groth:* Die unerkannte Kulturmacht. Grundlegung der Zeitungswissenschaft (Periodik). Bd. 1. Berlin 1960. – *Joachim Kirchner:* Gedanken zur Definition der Zeitschrift. In: Publizistik 5 (1960) S. 14–20. Auch in: *J. K.:* Ausgewählte Aufsätze aus Paläographie, Handschriftenkunde, Zeitschriftenwesen und Geistesgeschichte. Zum 80. Geburtstag des Verfassers am 22. August 1970 hrsg. vom Verlag Anton Hiersemann. Stuttgart 1970. S. 96–106. – *Hans F. Nöhbauer:* Versuch einer Typologie der literarischen Zeitschrift. In: ZV + ZV 58 (1961) S. 1278 f. – *Karl d'Ester:* Zeitung und Zeitschrift. In: Deutsche Philologie im Aufriß. 2. überarb. Aufl. unter Mitarb. zahlreicher Fachgelehrter hrsg. von *Wolfgang Stammler.* Bd. 3. Berlin 1962. Sp. 1245–1352. – *Günter Kieslich:* Zur Definition der Zeitschrift: In: Publizistik 10 (1965) S. 314–319; *ders.:* Begriff Zeitschrift. In: Handbuch der Publizistik. Hrsg. von *Emil Dovifat.* Bd. 3. Berlin 1969. S. 370–383; *ders.:* Zeitschrift. In: Publizistik. Das Fischer-Lexikon Bd. 9. Hrsg. von *Elisabeth Noelle-Neumann* und *Winfried Schulz.* Frankfurt/M. 1971. S. 350–355. – *Hansjürgen Koschwitz:* Der früheste Beleg für das Wort »Zeitschrift«. In: Publizistik 13 (1968) S. 41–43. – *Wilmont Haacke:* The Origin of the Word »Zeitschrift«. In: Gazette 15 (1969) S. 43–47. – *Walter J. Schütz:* Zeitungsstatistik. In: Handbuch der Publizistik. Hrsg. von *Emil Dovifat.* Bd. 3. Berlin 1969. S. 3 48–369. – *Wilbert Ubbens:* Zeitschriftenstatistik. Zur globalstatistischen Beschreibung des deutschen Zeitschriftenmarktes. Berlin 1969. – *Wilmont Haacke:* Zur Differenzierung von Zeitung und Zeitschrift. In: Verlagspraxis 17 (1970) S. 2 bis 9. – *Frid Muth:* Die Zeitschrift – Versuch einer Definition. In: ZV + ZV 68 (1971) S. 2050–2053. – *Enno Dreppenstedt:* Eine Zeitung = keine Zeitschrift. In: ZV + ZV 68 (1971) S. 2684 f. – *Klaus Merten:* Aktualität und Publizität. Zur Kritik der Publizistikwissenschaft. In: Publizistik 18 (1973) S. 216–235. – *Jürgen Wilke:* Das »Zeitgedicht«. Seine Herkunft und frühe Ausbildung. Meisenheim/Glan 1974. – *Hans Mathias Kepplinger:* Realkultur und Medienkultur. Literarische Karrieren in der Bundesrepublik. Freiburg, München 1975. – *Emil Dovifat:* Zeitungslehre. Sechste neu bearb. Aufl. von *Jürgen Wilke.* Bd. 1. Berlin, New York 1976.

IV. Die Vorgeschichte der Zeitschrift im 17. Jahrhundert

Ähnlich wie bei der Frage der Definition ihres Gegenstandes hat sich die ältere Zeitschriftenforschung mitunter auch in der Suche nach den Ursprüngen der Zeitschrift in manche unergiebigen Bemühungen festgefahren. Zwar war schon seit Beginn des 18. Jh.s im Grunde anerkannt, daß das französische »Journal des Sçavans« (1665 ff.) die erste, in den medientypischen Merkmalen voll ausgebildete Zeitschrift war. Doch hat es nicht an gelegentlich sehr normativen Versuchen gefehlt, noch ältere Zeitschriften aufzufinden oder doch gewisse Vorstufen und Frühformen zu ermitteln. Dies geschah nicht selten unter nationalen Vorzeichen, insofern man neben Gutenbergs Buchdruck und der Entstehung der Zeitung auch die Anfänge der Zeitschrift als ein Verdienst deutscher Kultur buchen wollte. Aus pragmatisch zu lösenden Fragen der Klassifizierung wurden dabei geradezu ideologische Streitpunkte. So legitim der historisch-genetische Ansatz im Prinzip auch ist, so wenig geht es dabei oft ohne begriffliche Spitzfindigkeiten und spekulative Konstruktionen ab. Trotz der damit angedeuteten Vorbehalte soll im folgenden kurz auf die am ausgiebigsten begründeten oder diskutierten Genealogien der Zeitschrift hingewiesen werden, bevor ihre aus- und inländischen Anfänge am Ende des 17. Jh.s dargestellt werden.

1. Sogenannte Vorläufer

Als älteste (historisch-politische) Zeitschrift hat Gerhard Menz die Prager Flugschrift »Variorum Discursuum Bohemicorum Nervus oder HussitenGlock« bezeichnet, die in 13 Fortsetzungen aus den Jahren 1618 bis 1620 erhalten ist. Sie wurde von dem Prediger Samuel Martini (1593–1639) herausgegeben und propagierte den Standpunkt der hussitischen Reformation zu den Ereignissen der Zeit, unter Beifügung von Urkunden, Dokumenten und Aktenstücken. Nach Menz ist dieses Druckwerk als »Frühform der Zeitschrift« anzuerkennen, »die selbstverständlich noch nicht sämtlich die entfalteten Merkmale der Spätformen zeigen« (1942, S. 46) müsse. Was als Zeitschrift zu gelten habe, sei »nicht einseitig nur vom Ende der Entwicklung her zu entscheiden« (ebda.). Auch dürfe ein Vorläufer der historisch-politischen Blätter nicht am »Journal des Sçavans« gemessen werden, das selbst nur einen bestimmten Typ von

Zeitschrift repräsentiere. Grundsätzlich bleibe die »Frage der Entstehung der Zeitschrift ... also auf keinen Fall allein von der gelehrten Zeitschrift aus zu lösen« (ebda. S. 47). »Zeitschrift«, so argumentiert Menz, »ist nicht der einzelne Teil, sondern das ganze Unternehmen« (ebda. S. 50), so daß die einzelnen Flugschriften nicht isoliert zu nehmen sind, sondern »die Unternehmung als Ganzes« (ebda. S. 48) betrachtet werden muß. Was damit gemeint ist und wie es sich praktisch operationalisieren lasse, wird jedoch nicht recht klar. Wegen des Erscheinens in »Continuationen«, aber auch aus thematischen und inneren Gründen behauptet Menz schließlich, »daß hier ein Unternehmen vorliegt, das sich als planvoll fortgesetzte publizistische Tätigkeit nach einheitlichem Programm unter immer wieder demselben Titel erweist« (ebda. S. 49).

Demgegenüber hat Hellmut Rosenfeld die »HussitenGlock« gattungstypologisch als »Flugschriftenserie« bestimmt. Das Werk gehöre »völlig in den Rahmen der damaligen Flugschriftenliteratur« (1941, S. 142), es sei »voll und ganz aus dem Geiste, aus dem Gesetz und der Aufgabe einer Flug- und Streitschrift zu verstehen« (1965, S. 575). Nur auf das Medium Flugschrift bezogen, lasse sich Einheitlichkeit feststellen. Die Fortsetzungen lassen z. B. nicht die Absicht eines regelmäßigen, periodischen Erscheinens erkennen. Die Einzelausgaben sind durch »eigene, scharf herausgehobene Sondertitel« (1941, S. 144) gekennzeichnet und offenbar auch gesondert vertrieben worden. Auch sonst fehlt die Bemühung um einen stetigen Leserkreis, etwa durch Verfasser- und Verlagsangaben. Die Aussagen werden einem »Johannes Huß redivivus« in den Mund gelegt, was Menz als Einheit des Herausgebers zu deuten neigte. Statt dessen handelt es sich aber um eine Fiktion für mehrere Verfasser, die den reformatorisch zugespitzten Kampf gegen die Jesuiten tarnen sollte, welcher den Inhalt der »HussitenGlock« im wesentlichen ausmacht. Der durchgängig polemische Ton entspricht ebenso dem traditionellen Charakter einer Flugschrift wie die Zusammenstellung von politisch-religiöser Propaganda mit Auszügen aus Dokumenten. Auch die kompilatorische Wiederaufnahme älterer Flugschriften und ihr Nachdruck gehört zu den gattungsspezifischen Merkmalen dieses Typs von Druckwerken. »Man kann also nicht zugestehen«, so Rosenfeld nach eingehender Prüfung, »daß in der ›HussitenGlock‹ und ihren Fortsetzungen sich etwas für die Zeitschrift Wesentliches realisierte oder sich ein Ansatz für die politische Zeitschrift finden ließe ...« (1965, S. 574 f.).

Als Markstein auf dem Wege zur Zeitschrift sind auch die »Frauenzimmer Gesprechspiele« des Nürnbergers Georg Philipp Harsdörffer (1607–1658) in Anspruch genommen worden. Sie sind in acht Fortsetzungen zwischen 1641 und 1649 erschienen. Mit diesem literarischen Formgebilde, so hat Günter Kieslich behauptet, befinde man sich »eindeutig im Vorhof der gedruckten periodischen Kommunikation« (1965, S. 516). Barocke Formzwitter solcher Art seien entstanden aus dem experimentierenden Spiel mit neuen Darstellungsformen, um den Mitteilungsstoff auf ungewohnte und angenehme Weise an das Publikum heranzutragen; als Ausdruck einer enzyklopädischen Stoff-Expansion, die zunehmend über den Umfang eines Einzelwerks hinausging und die Aufgliederung in mehr oder minder regelmäßige Fortsetzungen verlangte; als Folge gesellschaftsfördernder Bemühungen der barocken Sprachgesellschaften und schließlich als eine Nutzung der im Zeitablauf selbst enthaltenen Gliederungsmöglichkeiten. Dabei wurde das Gespräch als kultivierte Form menschlicher Kommunikation in besonderer Weise gesellschaftlich institutionalisiert. Harsdörffer hatte die Gesprächsspiele der Akademie von Siena kennengelernt, und sie waren ihm Vorbild seiner eigenen Sammlung. Mit ihr »beginnt auf deutschem Boden ein formal neuartiges literarisch-publizistisches Bemühen, das zur Verbesserung der gesellschaftsentsprechenden Kommunikation ... beitragen soll. In Hardsörffers Werk kündigt sich ein neuer Typ von Gebrauchsliteratur an, der spielweise Wissen, Geschmack, die guten Sitten und die Kontakte innerhalb der Gesellschaft, das heißt innerhalb der kontaktwilligen höfischen und gebildetbürgerlichen Kreise, fördern möchte« (Kieslich 1965, S. 517 f.).

Der Themenkatalog, den Harsdörffer im Rückblick selbst resümiert hat, umfaßt alles an Gegenständen, Tätigkeiten und Geschehnissen, was im Sinne kultivierter Unterhaltung diskussionsfähig schien. Dabei werden nach dem Schwierigkeitsgrad drei Stufen von Gesprächen (»schwere«, »mittlere« und »leichte«) unterschieden. Das didaktische Ziel der Spielbedingungen ist vor allem, Sprache und Phantasie auszubilden, was zu manchen manieristischen Formexperimenten führt. Im Inhalt der Gespräche fehlt jedoch jeglicher Gegenwartsbezug, es »bleibt alles bloße Anhäufung von unaktuellen Wissensmaterialien« (Kieslich 1965, S. 519). Insofern hat die neue, sich aus der Fülle des Stoffs ergebende Kommunikationsstruktur noch nichts mit einer journalistischen Intention zu tun. Doch die Stoffbehandlung und die ständige Suche nach neuen, ungewohnten und unbekannten Unterhaltungsgegenständen scheinen schon in die Nähe späterer »unterhaltsam«-bildender Monatsschriften zu führen. Kieslich hat darauf hingewiesen, wie die »Frauenzimmer Gesprechspiele« auch mehr unwillentlich »in eine scheinbare Periodizität gedrängt wurden« (S. 521), d. h. nicht im Sinne publizistischer Periodizität angelegt waren. Dies läßt sich noch am Erscheinen der Bände, an der Abfolge von Nachfrage, Neuauflage und Weiterführung verfolgen. Im wesentlichen bedingte offenbar der Erfolg beim Publikum die Fortsetzung, so daß vom dritten Teil an auch ganz auf die Titelanrede an die Frauen verzichtet wurde, um einen weiteren Kreis anzusprechen. »Das kalenderartige, jährlich periodische Erscheinen der ›Gesprechsspiele‹ Harsdörffers«, so sagt Kieslich, »hat nichts mit einer von der *Zeit* selbst diktierten, inneren Notwendigkeit zu tun. Die literarische Pseudo-Periodizität ist die Folge stoffimmanenter und vom Publikum geforderter Ausweitungen« (S. 522).

Trotz der in Grundmerkmalen bestehenden Differenz läßt sich nicht übersehen, daß ein Formgebilde wie die »Frauenzimmer-Gesprechspiele« und das Periodikum Zeitschrift auch Ergebnis gemeinsamer, übergreifender Antriebe waren, die zu unterschiedlichen Lösungen und Entwicklungen führten. Im einen Fall vollzog sie sich noch mehr im künstlerisch-formgebundenen Stil des Barock, im anderen Fall im eher publizistischen Geist der Aufklärung. Dem Anwachsen des Wissensstoffs und dem Anspruch auf seine Vermittlung in periodischer Kommunikation mußte jedoch auf Dauer die Zeitschrift als neues, flexibles Selektionsmedium viel besser entsprechen. Dabei wirkten neue schriftstellerische Intentionen auf der Seite der Autoren und neue Bedürfnisse auf der Seite des Publikums mit. Sie waren vonnöten, damit sich die artifizielle, allenfalls latent zeitschriftengemäße Zielsetzung in eine manifest publizistische wandelte. »Harsdörffers ›Gesprechspiele‹«, so faßt Kieslich sein Urteil auf der Grundlage der herkömmlichen Definition zusammen, »sind keine Zeitschrift; aber sie sind auf dem Wege zur Zeitschrift« (S. 520).

Zur ersten Zeitschrift erklärt worden sind schließlich auch die »Monatsgespräche« des Johann Rist (1607–1667). Frid Muth hat dies Ende der dreißiger Jahre in mehreren Arbeiten und unter deutlich nationalistischem Akzent getan. Johann Rist, der Lyriker und Dramatiker, Mitglied der »Fruchtbringenden Gesellschaft« und Gründer des »Elbschwan-Ordens« ließ seine »Monatsgespräche« seit 1663 erscheinen. Laut Vorbericht zum ersten Band war es seine Absicht, »nach den 12 Monaten des Jahres auch 12 Gespräche aufs Papier zu bringen, in welchen allemal von den fürnehmsten Blumen, Kräutern und Gewächsen, welche im selben Monath blühen, der Anfang gemachet und ferner von allerhand merkwürdigen Dingen in der Natur, ja schier von allen Sachen, so unter dem Himmel befindlich, sollte gehandelt werden«. Die hier genannte Grundthematik war im Prinzip nicht aktuell, obwohl sie sich zu Streitgesprächen populärwissenschaftlicher, enzyklopädisch-rhetorischer Belehrung ausweitete. Auch die Gliederung in zwölf Monate, die Muth vor allem dazu veranlaßte, »in Johann Rist Deutschlands ersten Journalisten zu sehen« (1941, S. 44) und seine Publikation als Zeitschrift, »deren erste Form er schuf« (ebda. S. 45), hat nicht den Charakter publizistischer Periodizität, sondern trägt vielmehr sinnbildliche Bedeutung.

Hellmuth Rosenfeld hat auch in diesem Fall gezeigt, daß Rist ein monatliches Erscheinen kaum ins Auge gefaßt hat und daß es keineswegs bloß der Säumigkeit der Verleger zuzuschreiben ist, wenn das Aprilgespräch erst 1666, das Maigespräch Anfang 1667, das Junigespräch 1668 und die übrigen sechs erst nach Rists Tode von dem Nürnberger Polyhistor Erasmus Francisci 1668–1671 vervollständigt wurden. Noch aus anderen Gründen hat Rosenfeld der Klassifizierung der »Monatsgespräche« als einer Zeitschrift widersprochen. Die Selbständigkeit des Titels jedes Gesprächs (bei loser Analogie der Untertitel) lasse sich nicht mit der Titeländerung von Zeitschriften vergleichen, wie sie durchaus vorkommt. Auch vom Inhalt her stehe das Werk durch »ein begrenztes, starres, in Reihenfolge und Gliederung kapitelmäßig feststehendes Programm« (Rosenfeld 1941, S. 136) eher dem Buch nahe. Erst Christian Thomasius habe »an Stelle von Rists enzyklopädischer und rhetorischer Belehrung eine kritische Sichtung und Stellungnahme zu modernen Büchern und Anschauungen« vorgenommen (ebda. S. 141). Demnach läßt sich erneut aus formalen inhaltlichen und allgemeinen historischen Gründen gegen die von Muth aufgestellte Genealogie der Zeitschrift behaupten, »daß weder der Verfasser Rist noch die Verleger in den Monatsgeprächen eine neue Presseform schaffen wollten« (ebda.). Mit Rosenfeld kann man Rists »Monatsgespräche« als ein »typisches Fortsetzungswerk monographischen Charakters« (S. 136) und als »zyklisches Fortsetzungswerk« (S. 135, 140) bezeichnen, das noch anderen Gesetzen folgt als die Zeitschrift.

Wenngleich die vorgenannten Werke aus äußeren und inneren Gründen nicht schon als Zeitschriften im Sinne des 18. Jh.s gelten können, so lassen sich doch bereits im 17. Jh. gewisse literarische Formgebilde beobachten, die einzelne Merkmale,

Faktoren und Motive aufweisen, welche später als ausgesprochen zeitschriftentypisch erscheinen. Die beschriebenen Genealogien der Zeitschrift sind nur durch Verwendung unscharfer Kriterien oder gar durch sachfremde Gründe zu erklären. Wesentlich für die Abgrenzung ist vor allem die Entscheidung, wo es sich um ein in mehreren Teilen fortgesetztes, additives Reihen- oder Lieferungswerk handelt und wo um eine Publikation, deren regelmäßiges Erscheinen auf eine periodisch-publizistische Zielsetzung zurückgeht. So sehr unterschiedliche Publikationsformen aus übergreifenden, gemeinsamen Antrieben hervorgehen mögen, so entscheidend ist im vorliegenden Zusammenhang der Übergang von einer sinnbildhaft-ästhetischen Komposition zu einer redaktionellen Selektion und Kompilation. Jedenfalls lassen es die im einzelnen behaupteten »Ähnlichkeiten« nicht zu, die Ausbildung des Mediums so vorzulegen, daß das gattungsprägende Beispiel des französischen »Journal des Sçavans« relativiert werden müßte.

Literatur: Gerhard Menz: Die älteste Zeitschrift. In: Börsenblatt f. d. Deutschen Buchhandel 107 (1940) S. 205 f.; *ders.:* Um die älteste Zeitschrift. In: Zentralblatt f. Bibliothekswesen 59 (1942) S. 46–52; *Hellmut Rosenfeld:* Um die älteste Zeitschrift. Ein Wort zur Klärung der Begriffe und Meinungen. In: Zentralblatt f. Bibliothekswesen 58 (1941) S. 133–148; *ders.:* Flugblatt, Flugschrift, Flugschriftenserie, Zeitschrift. Die »Hussiten-Glock« von 1618 im Rahmen der Entwicklung der Publizistik. In: Publizistik 10 (1965) S. 556–580. – *Georg Adolf Narciss:* Studien zu den Frauenzimmergesprächsspielen des Georg Philipp Harsdörffer (1607–1658). Ein Beitrag zur deutschen Literaturgeschichte des 17. Jahrhunderts. Leipzig 1928. – *K. G. Knight:* G. P. Harsdörffer's Frauenzimmergesprächsspiele. In: German Life and Letters 13 (1959/60) S. 116–125. – *Günter Kieslich:* Auf dem Wege zur Zeitschrift. Georg Philipp Harsdörffers »Frauenzimmer Gesprechsspiele« (1641–1649). In: Publizistik 10 (1965) S. 515–525. – *Georg Philipp Harsdörffer:* Frauenzimmer Gesprächsspiele. Hrsg. v. *Irmgard Böttcher.* I.–VIII. Teil. Tübingen 1968/69. – *Rosmarie Zeller:* Spiel und Konversation. Untersuchungen zu Harsdörffers »Gesprächsspielen«. Berlin, New York 1974. – *Theodor Hansen:* Johann Rist und seine Zeit. Aus den Quellen dargestellt. Halle 1872. – *Alfred Jericke:* Johann Rists Monatsgespräche. Berlin, Leipzig 1928. – *Frid Muth:* Das Wesensgefüge der deutschen Zeitschrift. Versuch einer Vorgeschichte der deutschen Zeitschrift. Würzburg 1938. – *ders.:* Deutschlands erste Zeitschrift. In: Zentralblatt f. Bibliothekswesen 58 (1941) S. 43–46.

2. Die Anfänge der Zeitschrift in Frankreich und England

Letzten Endes unberührt von den verschiedenen Versuchen, die Genealogie der deutschen Zeitschrift auf gewisse Vorstufen im 17. Jh. zurückzuführen, gilt bis heute das »Journal des Sçavans«, das 1665 zunächst von Denis de Sallo (1626–1669) in Paris herausgegeben wurde, als erste Zeitschrift im strengen Sinne und folglich als jenes Organ, mit dem »die europäische Zeitschriftenpresse von Frankreich ihren Ausgang nahm« (Mattauch 1965, S. 538). Hierbei entsteht ein neues Kommunikationsmittel der gelehrten Welt, das den zuvor eher ungeregelten Gelehrtenbriefwechsel formalisiert. Dieser Austausch gewinnt durch die Institutionalisierung des Mediums an Verbreitung und Intensität.

Das »Journal des Sçavans« erschien zunächst als Wochenblatt im Quartformat mit einem Umfang von acht bis 16 Seiten. Im Jahre 1724 ging man zu monatlichem Erscheinen in größerem Umfang über. Mit geringen Unterbrechungen besteht die Zeitschrift bis in die Gegenwart. Dem polyhistorischen Geist ihrer Entstehungszeit gemäß, wurde von Beginn an aus einer Vielzahl von Wissenschaftsbereichen berichtet. Auszüge und Zusammenfassungen von Büchern machen die Zeitschrift zu einem Selektionsmedium, das angesichts zunehmender Spezialisierung die Vielfalt wissenschaftlicher Themen überschaubar zu halten sucht, indem es sie reduziert und komprimiert. Obwohl sich das »Journal des Sçavans« den Charakter einer neutralen Chronik gab und wissenschaftlicher Objektivität verpflichtet sein wollte, ließen sich in der Auswahl der herangezogenen Werke und ihrer Einordnung gewisse Tendenzen kaum vermeiden, so daß »literarische Information mit rudimentärem Kommentar« (Mattauch 1968, S. 64) zusammengeht. Erst allmählich erschienen in den Gelehrtenzeitschriften größere Rezensionen sowie als gelegentliche Beiträge kürzere selbständige Abhandlungen zu verschiedenen wissenschaftlichen Fragestellungen, Nachrufe auf Gelehrte, Repliken in Leserbriefen und der Teil der »nouvelles littéraires«. Dabei handelte es sich um die von Korrespondenten eingesandten Kurznachrichten aus europäischen Ländern und Städten. Der Anteil der Besprechungen literarischer Werke war zunächst gering (ein bis zwei Titel je Nummer). Vielfach begnügte man sich mit einer Anzeige in den »nouvelles littéraires«.

Außer dem wissenschaftlichen Gelehrtenjournal, das noch im gleichen Jahr Nachbildungen in England (»Philosophical

Transactions«) und 1668 in Italien (»Giornale de Letterati«) fand, brachte Frankreich wenige Jahre später einen weiteren, in Form und Stil aufgelockerten Zeitschriftentyp hervor, das »Salonblatt«, wie Hans Mattauch ihn nennt (1968, S. 30, 44 f.): Der »Mercure galant« wurde seit 1672 von dem Theaterdichter Donneau de Visé herausgegeben und brachte vornehmlich Mitteilungen und Neuigkeiten aus der mondänen Welt der Salons. Die Monatsschrift wandte sich an die höfische und aristokratische Gesellschaft und war in ihrer »kulturpolitischen Richtung ausgesprochen modernistisch« (Noack 1964, S. 42). In den ersten Jahrzehnten wies jeder Band die Form eines fiktiven Briefes auf, später wurde eine Gliederung in Rubriken eingeführt. In diesem Rahmen erschienen jeweils in loser Folge Nachrichten aus allen gesellschaftlichen und kulturellen Bereichen. Hinzukamen Rätsel, Verse und Erzählungen sowie gelegentlich Buchanzeigen. Im Jahre 1724 übernahm das Blatt den Titel »Mercure de France«, was auf seinen gleichsam offiziellen Charakter hindeutet. Es bestand mit weiteren Titeländerungen bis 1791.

Die beiden genannten Zeitschriften, »Ausdruck zweier ganz verschiedener Interessenkreise und Leserklassen« (Mattauch 1968, S. 31), fanden – bei manchen inneren Wandlungen durch mehrfache Wechsel in der Herausgeberschaft – zunächst keine unmittelbaren Nachahmungen. Dies offenbar auch deshalb, weil beide Blätter ein königliches Privileg besaßen, das »eine wirksame Abschirmung der beiden Zeitschriften gegen unerwünschte Konkurrenzunternehmungen« (Mattauch 1965, S. 539) bildete. Neben der exklusiven Privilegierung behinderten aber auch die Kontrollmaßnahmen der Zensur die Ausbreitung der Zeitschriftenpresse. Diese dienten nicht nur der Unterdrückung unliebsamer politischer und religiöser Auffassungen, der Einhaltung der »guten Sitten« und der Unterbindung von Beleidigung und Verleumdung, sondern sie schränkten auch literarische und künstlerische Kritik in der Öffentlichkeit ein. Nicht wenige Verbote sind auf Grund von Beschwerden kritisierter Autoren erwirkt worden.

Daß sich das französische Zeitschriftenwesen dann im Übergang vom 17. zum 18. Jh. belebte, ist wesentlich auf Anstöße von außen zurückzuführen, wobei dem im Inneren eine allmähliche Lockerung oder großzügigere Handhabung der Zensur entgegenkam. Von besonderer Bedeutung war das zunehmend tolerierte Eindringen der protestantischen Exilzeitschriften vor allem aus Holland, wo sich im Refuge der Calvinisten »eine der französischen Autorität entzogene öffentliche Sphäre« gebildet hatte, »die aber in enger Verbindung zu den Pariser Gelehrten- und Literatenkreisen stand« (Mattauch 1968, S. 35).

Hier ist in erster Linie Pierre Bayles »Nouvelle République des Lettres« (Amsterdam 1684 ff.) zu nennen, der zahlreiche Blätter mit unterschiedlichen Schwerpunkten folgten. In ihnen herrschte zwar die gedanklich-aufklärerische Thematik und die religiösen Kontroversen noch vor. Doch entwickelten sich schließlich auch stärker »literatur-kritische Zeitschriften, die Vorbildgeltung erlangten« (Noack 1964, S. 46). Dazu gehörten u. a. etwa ein von holländischen Autoren getragenes »Journal littéraire« (1713–1722, 1729–1736) und insbesondere die »großen Zeitschriftenunternehmen, die dem französischsprachigen Publikum die Auslandsliteratur nahebringen wollten« (Noack 1964, S. 50). Als Titel seien hier nur die »Bibliothèque anglaise« (1717–1728) und die u. a. von Jaques Lenfant herausgegebene »Bibliothèque germanique« (1720–1740) genannt.

Die Rezeption der vom calvinistischen Refuge ausgehenden kritisch-publizistischen Impulse förderte entscheidend die um 1700 auch in Frankreich selbst einsetzende Ausbreitung und Verzweigung des Zeitschriftenwesens. Während sich die Gelehrtenzeitschrift in mehr oder weniger spezialisierte Organe differenzierte, blieb zunächst die »unbestrittene Stellung des ›Mercure galant‹ als Salonblatt« (Mattauch 1965, S. 543) erhalten. Die Träger der Journale entwickelten ein wachsendes Selbstbewußtsein von ihrer Verpflichtung zu öffentlicher Kritik, und das Publikum schien statt trockener Resümees mehr persönlich wertende Darstellung zu verlangen. Bemühte sich das im Mittelpunkt vielfältiger Polemiken stehende »Journal de Trévoux« (1701 ff.) noch großenteils um die Verteidigung der katholischen Religion in der konfessionellen Auseinandersetzung, so erhob sich im Laufe des ersten Jahrzehnts des 18. Jh.s doch hier ebenso wie in zahlreichen anderen Blättern der Ruf nach stärkerer Literarisierung. Dem gestiegenen Interesse an der Behandlung von Literatur- und Geschmacksfragen ist die Entwicklung des Zeitschriftenwesens denn auch gefolgt, so daß schließlich »gegen 1730 neben die Gelehrten- und Salonzeitschriften als dritter wesentlicher Typ das literarische Blatt getreten war« (Mattauch 1968, S. 33). Der Abbé Granet stellte mit dem »Spectateur Inconnu« (1723/24) »zum erstenmal ein Blatt ganz in den Dienst literarischer Kritik« (Mattauch 1965, S. 545). Der an mehreren Zeitschriften beteiligte Desfontaines schuf u. a. in »Le Nouvelliste du Parnasse« (1730–1732) »eine ganz neue Form journalistischer Literaturkritik« (Noack 1964, S. 53). Mit diesen Titeln und der vor allem um die Vermittlung englischer Literatur bemühten Zeitschrift »Le Pour et Contre« (1733–1740) des Abbé Prevost war »das literarische Blatt endgültig etabliert« (Mattauch 1965, S. 545). Mattauch charakterisiert es wie folgt: »Unter weitgehender Ausschaltung gelehrter Materien einerseits, des nur unterhaltenden und chronistischen Elements andererseits, richteten diese Blätter ihr Augenmerk auf die ›belles lettres‹: ... Neben den traditionell in den Poetiken genannten literarischen Gattungen fielen darunter auch Kunstprosa, Beredsamkeit, Geschichtsschreibung, Übersetzungen (zumeist noch antiker Autoren), sowie kritische Abhandlungen über Literatur und Kunst« (1968, S. 46).

Auf die Entwicklungslinien des literarischen Journalismus in Frankreich einzugehen ist nötig, weil dort »Lösungen auf wichtige publizistische Fragen« (Mattauch 1965, S. 538) vorgezeichnet sind, die auch für das spätere deutsche Zeitschriftenwesen richtungweisend wurden. Das Verdienst, ein neues Medium und seine ersten typologischen und inhaltlichen Diversifizierungen geprägt zu haben, wird auch dadurch nur wenig eingeschränkt, daß das Salonblatt außerhalb Frankreichs zunächst kaum Nachfolge gefunden hat, während der wichtige Typ der Moralischen Wochenschrift dort fast überhaupt nicht vorkommt, sondern von England ausgeht. Doch modellhaft bildet sich das französische Journal aus den Intentionen seiner Autoren und den Ansprüchen des Publikums in einer sich wandelnden Öffentlichkeit. An der Wende vom 17. zum 18. Jh. ist in Frankreich der prinzipielle Kampf um die Existenz und Anerkennung um die Legitimität der literarischen und künstlerischen Kritik entbrannt. Denn diese mußte zunächst erst gegen die Widerstände und Empfindlichkeiten der Autoren durchgesetzt und oft mühsam als Vermittlung des Publikumsurteils, als Dienst oder Versuch der Konsensbildung begründet werden. Doch wird die apologetische Haltung immer mehr in einen positiven Anspruch umgemünzt, in die Berufung auf das Recht und Amt einer freien Kritik, wodurch die Zeitschrift die Aufgabe eines öffentlichen kritischen Mediums erhält.

In der Folgezeit »zwang der Konkurrenzkampf die Journalisten zu immer gründlicheren und kritischeren Besprechungen« (Mattauch 1965, S. 541); und die zunehmende Anzahl nebeneinander bestehender, gelegentlich auch nachgedruckter oder erneuerter Titel wurde damit legitimiert, »daß der Leser so verschiedene kritische Standpunkte kennenlernen könne« (ebda.). Die Zeitschrift erwies sich in einem zunehmend kommerzialisierten literarischen Markt als geeignetes und bevorzugtes Medium, in dem sich einzelne Autoren, oft aber von Gruppen oder Herausgebergremien getragene literarische Richtungen profilieren und widerstreitende »literarische Doktrinen« (ebda. S. 545) artikulieren konnten. Dies geschah vor allem in der Querelle des Anciens et des Modernes, jener grundsätzlichen und weitreichenden Auseinandersetzung zwischen der strengen, traditionell-klassizistischen und der neuen »bürgerlichen« Poetik. Daß hierbei über die öffentliche Etablierung der Kritik hinaus auch die inhaltlichen Orientierungspunkte und die Darbietungsformen der aufklärerischen Literaturdiskussion vorgebildet waren, ist auf deutscher Seite im frühen 18. Jh. unbestritten gewesen, was auch die Zeitschriften auf vielfache Weise belegen.

Wenngleich die Stellung Frankreichs bei der Ausbildung der Zeitschrift und ihrer typologischen Differenzierung führend war, so darf man doch den Beitrag Englands keineswegs übersehen. Zwar geht die Tradition des Zeitschriftenjournalismus offensichtlich mehr vom französischen »Journal des Sçavans« aus als von den bereits wenige Monate später erschienenen »Philosophical Transactions of the Royal Society«, deren erster Herausgeber Henry Oldenburg (um 1615–1677) war. Aber daneben hat England eine Vielzahl von Zeitschriften verschiedenen Typs hervorgebracht, von denen vor allem die durch Joseph Addison (1672–1719) und Richard Steele (1672–1729) geschaffenen Organe »Tatler« (1707–1711), »Spectator« (1711 bis 1712, 1714) und »Guardian« (1713) eine große Nachfolge in den deutschen Moralischen Wochenschriften des 18. Jh.s fanden. Über diese unmittelbare Filiation hinaus lagen in den genannten Blättern auch substantielle Anknüpfungspunkte für die literarische Diskussion in Deutschland. Denn in ihnen wurden u. a. literarische Fragen behandelt, die großen Figuren der literarischen Überlieferung wie Shakespeare, Dryden und Milton zitiert, und schließlich waren die großen Autoren der Zeit wie z. B. Alexander Pope und Jonathan Swift mit eigenen Beiträgen vertreten. Bekanntlich gehörten die englischen Dichter des Klassizismus ebenfalls zu den Autoritäten, an denen sich das literarische Selbstbewußtsein der deutschen Aufklärung schulte.

Bevor die originale und gerade für Deutschland wirkungsreiche Gattung der »moral weeklies« den literarischen Journalismus in England zu einem anerkannten Höhepunkt führte, waren die anderen vorgeprägten Zeitschriftentypen längst bekannt, so das »learned journal« und das »miscellany journal«.

Form und Stil des seriösen, gelehrt-wissenschaftlichen Organs mit Forschungsberichten und Übersetzungen, Zusammenfassungen und Auszügen aus interessanten Büchern und Journalen anderer Länder setzte vornehmlich der über Holland nach London gelangte Jean Cornand fort, der seine Werke mit dem Namen de la Crose zeichnete. Er gab zwischen 1686 und 1711 mehrere, teilweise kurzlebige und trotz mancher Änderung im Typ gleichbleibende Blätter heraus: »Universal Historical Bibliotheque« (1686), »History of Learning« (1691), »Works of the Learned« (1691–1692), »Memoirs for the Ingenious« (1693), »History of the Works of the Learned« (1699–1711). Allerdings wandte sich de la Crose wegen moralischer Vorbehalte gegen die Befassung mit schöngeistiger Literatur, gegen »plays, satyrs, Romances and the like«.

Dem Bedürfnis nach Wissensvermittlung kam auch John Dunton nach, der mit seiner »Athenian Gazette« und der Fortführung »Athenian Mercury« (1691–1696, 1697) ein Organ schuf, dessen Inhalt aus Auskünften auf fiktive oder tatsächliche Fragen des Publikums bestand. Die Besprechung von Büchern im Dialog zwischen mehreren Personen – ein Verfahren, das Christian Thomasius 1688 in der ersten deutschsprachigen Zeitschrift anwandte – wurde in England vom »Mercurius Eruditorum« (1691) eingeführt. Am französischen »Mercure galant« orientiert war »The Gentleman's Journal« (1692–1694), das Peter Motteux, ebenfalls ein exilierter Hugenotte, herausgab. Daß hier wiederum im Rahmen eines Briefes an einen Herrn auf dem Lande neben Essays, Buchnotizen, Gelehrtennachrichten, Gesänge, Briefen und Versen auch bereits Prosaerzählungen und Fabeln zum Abdruck kamen, läßt Fritz Rau davon sprechen, es scheine »mit Motteux die Ausräumung der weithin herrschenden Eingenommenheit gegen alles frei Erdichtete zu beginnen« (S. 410). Nachfolger fand das Blatt u. a. in Duntons »Pegasus« (1696) und »Post-Angel« (1701–1702). Die Aufwertung der Poesie gegenüber gelehrten und moralischen Vorbehalten führte dazu, daß 1697 mit den »Miscellanies over Claret« das erste Journal erschien, das nur Versdichtung enthielt. Die »Miscellaneous Letters« (1694–1696) hatten bereits als erste englische Zeitschrift Fragen der Schauspielkunst erörtert. Einen Hinweis verdient schließlich noch Daniel Defoes »Weekly Review« (1704–1713) mit dem Supplement »Mercure Scandale«, das 1705 als »Little Review« ausgegliedert wurde. Hierin wurde die Gestaltung in Frage und Antwort wieder aufgenommen, wenn auch in neuer Form und in jenem sozial-moralisierenden Stil, der das »essay periodical« vorbereitete.

Mitunter sind die hier durch die wichtigsten Titel benannten Zeitschriftentypen lediglich als Vorstufen zum ausgereiften moralisch-literarischen Journalismus der »moral weeklies« beschrieben worden. »Addisons und Steeles Leistung«, so konstatiert z. B. Fritz Rau, »ging über solche Pionierarbeit hinaus.

Sie boten in ihren Blättern nicht nur erste literarkritische Stücke von Belang, sondern erzogen zugleich ihr Publikum zur Kritik, waren mehr Geschmackslenker als Geschmacksrichter. Mit feinem Tastsinn für ästhetische Valuta leiten sie erstmalig eine größere Leserschicht in das für Werk und Autor Wesenhafte ein, statt bloße Zensorsprüche zu fällen. Allerdings wird literarische Bildung noch als Teil einer moralistischen Gesamtformung des Menschen erstrebt« (S. 410 f.). Der hier angedeutete Stilwandel erstreckte sich auf die ganze Erscheinungsform der Blätter: Die zunächst fiktive Einkleidung und die Gliederung nach Kaffeehäusern und anderen Orten, wo sich Publikum und Öffentlichkeit bilden konnten; die der spezifisch bürgerlichen Moral- und Sittenbildung förderlichen Inhalte und Betrachtungsweisen; die räsonierende Darstellung des Essays und der spätere Übergang dazu, jede Nummer als Einzelessay zu konzipieren, weshalb man auch vom »essay periodical« (Graham S. 67) gesprochen hat; die oft eher individuelle als prinzipielldeduktive Kritik; in allem die Popularisierung, die Auflagen von 3000 und 4000 Exemplaren ermöglichte, obwohl der »Tatler« dreimal wöchentlich, »Spectator« und »Guardian« sogar täglich erschienen.

Der Gattungscharakter der Moralischen Wochenschriften ist, wie man längst erkannt hat, besonders ausgeprägt und auch in den deutschen Nachbildungen konsequent gepflegt worden. Eine Nähe zur literarischen Zeitschrift besteht weniger in der Struktur des Inhalts als in der Personalunion der Herausgeber (vgl. z. B. Gottscheds »Biedermann« und Bodmers und Breitingers »Discourse der Mahler«). Dies schließt gewisse Gemeinsamkeiten in der literarischen Thematik nicht aus. Doch sowohl aus prinzipiellen wie praktischen Gründen kann hier eine weitere Darstellung dieses Zweiges des deutschen Zeitschriftenwesens entfallen, weil eine umfassende Beschreibung und Analyse der Moralischen Wochenschriften durch Wolfgang Martens vorliegt (1968). Darin ist nicht nur ihr Gattungscharakter ausgiebig herausgearbeitet, sondern auch eine Abgrenzung von den literarischen Blättern vorgenommen: »Die Vielheit des Inhalts bei Stücken solcher Zeitschriften unterscheidet sich deutlich von der Einheit jedes einzelnen Stücks bei den Moralischen Wochenschriften. Das wöchentliche Stück der Moralischen Wochenschrift ist ein Ganzes. Es ist ... nicht aufgegliedert in mehrere kleine Beiträge, die ihre Selbständigkeit mit eigenen Überschriften bezeugten ... Diese innere Einheit aber ist garantiert vom fiktiven Verfasser« (S. 87). Martens hat auch die Abhängigkeit von den englischen Vorbildern gekennzeichnet (S. 23 ff.) und die spezifische Auffassung vom Nutzen der Literatur für das bürgerliche Leben charakterisiert, wie sie in den Moralischen Wochenschriften zum Ausdruck kommt (S. 404 ff.).

Literatur: Eugène Hatin: Bibliographie historique et critique de la presse française. Paris 1866; *ders.:* Histoire politique et littéraire de la presse periodique en France. 8 Bde. Paris 1859–1864. Reprint Genf 1967. Bd. 2 S. 149–476. – *ders.:* Les gazettes de Hollande et la presse clandestine au XVIIe et XVIIIe siècle. Paris 1865. Reprint Genf 1964. – *Betty T. Morgan:* Histoire du Journal des Scavans jusqu'en 1701. Paris 1928. – *Rudolf Noack:* Die französische literarische Journalistik im 17. und 18. Jahrhundert bis zum Erscheinen von »Le Pour et Contre« (1733–1740). In: Wiss. Zsch. d. Karl-Marx-Universität Leipzig. Gesellsch. u. Sprachwiss. Reihe 12 (1963) S. 113 bis 125; dass. u. d. T.: Journalismus und Literaturkritik. In: Neue Beiträge zur Literatur der Aufklärung. Berlin (Ost) 1964. S. 37–58 u. 330–334. – *Hans Mattauch:* Situation und Typologie der französischen Zeitschriftenpresse in der Frühzeit (1665–1730). In: Publizistik 10 (1965) S. 538–551. – *ders.:* Die literarische Kritik der frühen französischen Zeitschriften (1665–1748). München 1968.

Walter Graham: The Beginnings of English Literary Periodicals. A Study of Periodical Literature 1665–1715. Oxford 1926. Reprint New York 1972. – *Richmond P. Bond* (Hrsg.): Studies in the Early English Periodical. Chapel Hill 1957. – *Fritz Rau:* Zur Gestalt des »Tatler« und »Spectator«. Kritischer Bericht. In: Germ. Roman. Monatsschr. N. F. 10 (1960) S. 401–419. – *Wolfgang Martens:* Die Botschaft der Tugend. Die Aufklärung im Spiegel der deutschen Moralischen Wochenschriften. Stuttgart 1968. – *Richmond P. Bond:* The Tatler. The Making of a Literary Journal. Cambridge (Mass.), London 1971.

3. Die Anfänge der Zeitschrift in Deutschland

Als erste bedeutende, dem Vorbild des »Journal des Sçavans« folgende gelehrt-wissenschaftliche Zeitschrift in Deutschland gelten die »Acta Eruditorum«, die seit 1682 in Leipzig von dem Professor der Moral und praktischen Philosophie Otto Mencke (1644–1707) in lateinischer Sprache herausgegeben wurden und – weitgehend als Erbe der Familie – bis 1782 erschienen. Zwar läßt sich schon seit 1670 in Leipzig ein Werk nachweisen, das formal Zeitschriftencharakter hat, die »Miscellanea Curiosa Medico-Physica«, deren Träger die 1652 zunächst in

Wien ansässige, ein Jahr zuvor von dem Schweinfurther Arzt Johann Lorenz Bausch gegründete Academia naturae curiosorum war. Bereits hier wird der Anschluß an das französische Vorbild ausdrücklich gesucht. Das Erscheinen in umfänglichen Jahresbänden erfüllt grundsätzlich das Merkmal der Periodizität. Trotz gelegentlich geäußerter Zweifel nennt Joachim Kirchner daher »die ›Miscellanea‹ ... ohne Frage die erste in Deutschland erschienene wissenschaftliche Zeitschrift« (1958 I, S. 19). Lehmann klassifiziert sie noch genauer als das »erste medizinische Fachblatt – wohl gleichzeitig die erste Fachzeitschrift der Welt« (1936, S. 30). Doch an Ausstrahlung und Bedeutung kann sich diese Publikation auch nicht annähernd mit den »Acta Eruditorum« messen, die nicht nur durch ihren vielfältigen Inhalt und die Prominenz ihrer Mitarbeiter, sondern überhaupt durch ihre traditionsbildende Kraft richtungweisend geworden sind.

Ähnlich ist es in einem anderen Fall. Die 1964 in der Stadtbibliothek Braunschweig aufgefundenen Nummern eines Periodikums unter dem Haupttitel »Erbauliche Ruh-stunden« (1676 bis 1680) sind als frühes Beispiel, wenn nicht gar als Wurzel der Unterhaltungszeitschrift bzw. der Moralischen Wochenschrift aufgefaßt worden (vgl. Lindemann S. 187 f.). Vermutlich, so läßt die Nennung des Verlegers Heinrich Heuß im Jahresimpressum erkennen, handelt es sich hierbei jedoch um eine wöchentliche Beilage zur »Altonaischen Relation«, einer an mehreren Tagen der Woche erscheinenden Zeitung, die Johann Frisch redigierte (vgl. Bogel/Blühm I, S. 206 ff.). Gleichwohl behauptet Margot Lindemann von den Nummern: »Sie machen einen durchaus selbständigen Eindruck und dürften mit vollem Recht als Zeitschrift bezeichnet werden« (S. 188). Selbst wenn man dieser sehr problematischen Klassifizierung zustimmen könnte, so würde durch ein solch eher marginales Beispiel das Verdienst des Christian Thomasius bei der Schaffung der deutschsprachigen Zeitschrift kaum berührt. Mögen demnach Menckes und Thomasius' Zeitschriften rein chronologisch wiederum gewisse Vorläufer haben, die ihnen in einer einschlägigen Bibliographie den ersten Platz streitig machen könnten, so sind der Phänotyp und die Tradition der Zeitschrift doch erst durch sie voll ausgebildet worden. Dies ist auch von den Nachfolgern und nicht weniger von der schon bald einsetzenden Zeitschriftenforschung anerkannt worden, so daß man die Substanz dieser Traditionsbildung auch gegen die genannten archivalischen Befunde behaupten und sich zu eigen machen kann.

Nur am Rande sei daher auch vermerkt, daß Joachim Kirchner in Daniel Georg Morhofs »Polyhistor« von 1688 die Anregung zu einer gelehrten Zeitschrift entdeckt hat.

Den geistigen Nährboden der »Acta Eruditorum« bildete ursprünglich ein Kreis Leipziger Gelehrter, eine gelehrte Gesellschaft, wie sie vielfach auch noch im 18. Jh. als Träger von Zeitschriften gewirkt haben. Die treibende Kraft war dabei Otto Mencke, dessen herausgeberische Leistung Joachim Kirchner nachgezeichnet und gewürdigt hat. Demzufolge handelte es sich um ein gut vorbereitetes Unternehmen, für das Mencke 1681 in mehreren Ländern auf Reisen gewesen war, um fachlich kompetente Mitarbeiter und Rezensenten zu gewinnen. Die Absicht ging auf »eine alle Kreise der wissenschaftlichen Welt umspannende Zeitschrift« (Kirchner 1970, S. 153), wobei der später oft als deutsche Rückständigkeit gesehene Gebrauch der lateinischen Sprache die internationale Verständigung wie den Vertrieb über die Landesgrenzen hinaus sichern sollte. Zu den im Vordergrund stehenden naturwissenschaftlichen Abhandlungen, mit denen »der Ruf der neuen Zeitschrift im Auslande gefestigt werden sollte« (ebda. S. 159), kamen auch theologische, historische, geographische, philosophische und philologische Beiträge hinzu. Nur eigentlich literarische Gegenstände fehlten ganz. Die Zeitschrift bestand aus einzelnen, thematisch gebundenen Aufsätzen und referierenden Rezensionen von Neuerscheinungen, um in- und ausländische Publikationen bekannt zu machen. Kritische oder gar polemische Auseinandersetzungen waren nicht beabsichtigt, zumal nicht solche auf religiösem oder politischem Gebiet. Auch darin hat man später mitunter einen Mangel der »Acta Eruditorum« gesehen.

Die mit zahlreichen Illustrationen ausgestattete Zeitschrift erschien monatlich in zwei bis drei Bogen. Sie warf keinen Gewinn ab, wurde vielmehr vom Kurfürsten von Sachsen durch einen jährlichen Zuschuß unterstützt. Die ausgreifenden Bemühungen Menckes, ein solch universelles Organ zu schaffen, an dem bedeutende Wissenschaftler verschiedener Länder – Gottfried Wilhelm Leibniz (1646–1716) war der angesehenste deutsche Mitarbeiter – teilnahmen, läßt sich erst ermessen, wenn man Kirchners Darstellung folgt, mit welchen Schwierigkeiten dieses Unternehmen und damit die neue Formalisierung wissenschaftlicher Kommunikation unter dem Zwang der Periodizität verbunden war. Die Beschaffung der Manuskripte und Neuerscheinungen, deren Weiterleitung an die Rezensenten, der Bezug und die Lektüre der ausländischen Journale im

Streben nach wissenschaftlicher »Aktualität«, der Weiterverkauf der zur Besprechung erworbenen Bücher und dazu ein ausgiebiger Briefwechsel – dies alles erforderte einen erheblichen Arbeitsaufwand, zumal unter dem Zeitdruck des regelmäßigen Erscheinens, was Mencke selbst schließlich kaum mehr dazu kommen ließ, eigene Beiträge für das Journal zu schreiben. Eigengesetzlichkeit und Struktur des Periodikums erforderten jene laufende redaktionelle Arbeit, die sich künftig zunehmend verselbständigte und damit die bereits angedeuteten Wandlungen im Schriftstellerberuf herbeiführte.

Die Überführung bestehender informeller Kanäle gelehrter Kommunikation in ein neues, institutionalisiertes, periodisches Selektionsmedium war nicht nur ein Ereignis in der Presse- und Kommunikationsgeschichte, sondern vor allem ein entscheidender Vorgang in der Ausbreitung der neuzeitlichen Wissenschaft. Sie trat damit aus den engen, meist durch persönliche Verbindungen gebildeten Gelehrtenkreisen in eine weitere Öffentlichkeit, so begrenzt diese der Zahl nach zunächst auch noch sein mochte. Daß der wissenschaftliche Fortschritt in seiner Eigendynamik von der formellen Diffusion wissenschaftlicher Erkenntnisse abhängig war, läßt sich behaupten, auch wenn diese Feststellung hier den Charakter eines funktionalistischen Rückschlusses hat. Was hier geschaffen wurde, war nicht nur Ersatz für offenbar nicht mehr zureichende Formen der Mitteilung, Selektion, Distribution und Rezeption geistiger Gehalte, sondern deren Organisation auf einer neuen Produktionsstufe.

Obwohl der Typ der allgemein-wissenschaftlichen Zeitschrift weiter gepflegt und immer wieder belebt wurde – Kirchner nennt bis 1720 allein 54 Titel – nahm ihr Anteil an der Gesamtzahl der Journale alsbald ab. Denn die Entwicklung führte, der wissenschaftlichen Spezialisierung und gesellschaftlichen Differenzierung folgend, zu den spezialisierten Fachzeitschriften, die sich schnell auf allen Gebieten herausbildeten. Damit einher ging auch die räumliche Dispersion des Zeitschriftenwesens. Der Vorgang der thematischen Spezialisierung hatte seine innere Logik auch auf literarischem Gebiet, wenngleich zuweilen gerade von hier Bestrebungen ausgingen, einer kulturellen Desintegration entgegenzuwirken und die nationale Einheit im Geistigen zu erhalten.

Literatur: Acta Eruditorum I–IV (1682–1685). Reprint Hildesheim, New York 1966–1971. – *Joachim Kirchner:* Zur Entstehungs- und Redaktionsgeschichte der Acta Eruditorum. In: Archiv f. Buchgew. u. Gebrauchsgraph. 65 (1928) H. 4 S. 75–89. Dass. erw. in: *J.*

K.: Ausgewählte Aufsätze aus Paläographie, Handschriftenkunde, Zeitschriftenwesen und Geistesgeschichte. Stuttgart 1970. S. 153–172.
– *Margot Lindemann:* Deutsche Presse bis 1815. Geschichte der deutschen Presse Teil 1. Berlin 1969. – *Else Bogel / Elger Blühm:* Die deutschen Zeitungen des 17. Jahrhunderts. Ein Bestandsverzeichnis mit historischen und bibliographischen Angaben. 2 Bde. Bremen 1971. – *Ulrich Hensing:* Acta Eruditorum (1682–1782). In: *Heinz-Dietrich Fischer* (Hrsg.): Deutsche Zeitschriften des 17. bis 20. Jahrhunderts. Pullach b. München 1973. S. 29–47.

V. Die erste literarische Zeitschrift in Deutschland: Christian Thomasius' »Monatsgespräche«

Von Robert Prutz bis zu Joachim Kirchner sind die »Monatsgespräche« des Christian Thomasius (1655–1728) nicht nur als die erste deutschsprachige Zeitschrift, sondern zugleich auch als erstes literarisch-kritisches Journal in Deutschland gewürdigt worden. Daß Thomasius »für die Geschichte unsers literarischen Journalismus der eigentliche Stifter und Vater desselben« ist und »in dieser journalistischen Thätigkeit die gesammte Thätigkeit des Mannes gleichsam culminirt« (1845, S. 268), diese schon in unserer Einleitung zitierte Auffassung hat Prutz nicht gehindert, Thomasius gleichzeitig vor allem als unerschrockenen Kämpfer für geistige Freiheit zu rühmen, wobei das positive Urteil in der Bemerkung zusammengefaßt wird, »*daß er ein Charakter war*« (ebda. S. 294). In solchem Sinne hat vor Prutz schon Heinrich Luden ein kraftvolles Bild von Christian Thomasius entworfen, und in neuerer Zeit nochmals Ernst Bloch, der ihn bei aller Hervorhebung seiner persönlichen Vorzüge und seiner Verdienste um die Naturrechtslehre der Aufklärung auch als einen »der frühesten deutschen Publizisten« (S. 7) und die »Monatsgespräche« als »die erste gebildete Zeitschrift seines Landes« (S. 11) bezeichnet.

Dabei hat Christian Thomasius selbst gelegentlich davon gesprochen, »daß ich meine Gedancken für kein *Journal* will gehalten wissen / massen zwischen diesen und den meinigen sehr viel Unterschiede sind« (1689, I, S. 27). Dafür nennt er mehrere Gründe: Einmal fehle ihm die notwendige Korrespondenz, die die Grundlage eines solchen Organs bilde; sodann gehe es ihm nicht um eine enzyklopädische Erfassung von Büchern aller Wissenschaften, »sondern ich bin nur gesonnen über etliche Schrifften / die entweder auff eine *indifferente* Belustigung des Gemüths / oder auff rechtschaffene Erbauung des Verstandes ihr Absehen gerichtet haben ... meine unmaßgebliche Gedanckken mitzutheilen / und zwar dieselbe eintzig und alleine nach meinem eigenen Gefallen auszukiesen ...« (ebda. S. 28); schließlich gehöre zu einem Journal eine Zusammenkunft zahlreicher Gelehrter, er selbst wirke aber allein und könne nur nebenbei an dem Werk arbeiten. Diese Vorbehalte sind gegen den unmittelbaren Vergleich mit den bereits etablierten Zeitschriften wie z. B. den »Acta Eruditorum« und dem »Journal des Sçavans« gerichtet. Sie berühren jedoch prinzipiell den Gattungscharakter der »Monatsgespräche« nicht, zumal der Plan des Unternehmens, wenn auch in mancher fiktiven Relativierung, mit dem Blick auf die großen Prototypen des jungen Mediums begründet wird (vgl. 1688, II, S. 223 ff.). Zunächst hatte Thomasius noch selbst zu den Mitarbeitern der »Acta Eruditorum« gehört, bevor er mit Mencke u. a. wegen seines Einsatzes für die deutsche Sprache in Konflikt geriet. Nach der Trennung gab Thomasius ebenfalls in Leipzig, d. h. am Erscheinungsort des lateinischen Gelehrtenblatts, im Januar 1688 das erste Heft seiner deutschsprachigen Monatsschrift heraus, die er als Verfasser ganz allein bestritt und die man deshalb eine Individualzeitschrift nennen kann. Sie erschien zunächst pseudonym, im zweiten Jahrgang dann mit vollem Namen gezeichnet. Obwohl die Zeitschrift, sieht man von der kurzfristigen Fortsetzung durch Jacob von Ryssel ab, nur ganze zwei Jahre bestanden hat, erlebte sie ein wechselvolles Schicksal. Mehrfache Veränderungen des Titels (vgl. die Übersicht bei Freydank S. 382), Wechsel des Verlegers, Unregelmäßigkeiten im Umfang (pro Nummer zwischen sieben und zwölf Bogen), Wandel in Inhalt, formaler Darbietung und publizistischer Haltung – dies alles gibt dem Organ ein uneinheitliches Gepräge. Gerade darin hat Prutz aber »gleichsam ein Prognostikon« (1845, S. 333) für die vielfältigen Schwierigkeiten des literarischen Journalismus bis in seine eigene Gegenwart hinein gesehen.

Die zumeist verkürzt unter dem Kennwort »Monatsgespräche« zitierte Zeitschrift des Thomasius trägt anfangs noch einen typisch barocken Titel: »SCHERTZ- UND ERNSTHAFFTER / VERNÜNFFTIGER UND EINFÄLTIGER / GEDANCKEN / ÜBER ALLERHAND LUSTIGE UND NÜTZLICHE BÜCHER UND FRAGEN ERSTER MONATH ODER JANUARIUS, IN EINEM GESPRÄCH VORGESTELLET VON EINER GESELLSCHAFT DERER MÜßIGEN. FRANCKFURT UND LEIPZIG / VERLEGTS MORITZ GEORG WEIDMANN BUCHHÄNDLER / 1688.«

In den folgenden Heften wechselt jedoch nicht nur die jeweilige Monatsangabe. Schon in der Februarnummer fehlt der Hinweis auf die Herausgebergesellschaft, im März tritt an deren Stelle das Monogramm E. D. F. U. K. und von April an gibt es im ersten Jahrgang keinen Titelhinweis mehr auf den Träger der Zeitschrift. Diese ist überdies schon mit dem Märzheft in den Verlag Christoph Salfeld in Halle übergegangen, von dem bereits die ersten beiden Nummern gedruckt worden waren. Im Dezember 1688 erhält das Journal einen veränderten Titel: »ERNSTHAFFTE GEDANCKEN / ÜBER ETLICHE ERNSTHAFFTE BÜCHER UND FRAGEN AN STATT DES ZWÖLFFTEN MONATHS ODER DECEMB. IN EINEM GESPRÄCH VORGESTELLET.«

Für den zweiten Jahrgang 1689 wird der Titel erneut umformuliert: »FREYMÜTHIGER JEDOCH VERNUNFFT- UND GESETZMÄßIGER GEDANCKEN / UBER ALLERHAND / FÜRNEMLICH ABER NEUE BÜCHER JANUARIUS DES 1689. JAHRS / ENTWORFFEN VON CHRISTIAN THOMAS.«

Schließlich bleibt noch der Gesamttitel zu nennen, unter dem die zwei Jahrgänge 1690 im Verlag Christoph Salfeld zusammengefaßt wurden: »FREYMÜTHIGE LUSTIGE UND ERNSTHAFFTE JEDOCH VERNUNFFT UND GESETZMÄSSIGE GEDANCKEN ODER MONATS-GESPRÄCHE ÜBER ALLERHAND / FÜRNEHMLICH ABER NEUE BÜCHER DURCH ALLE ZWÖLFF MONATE DES 1688. UND 1689. JAHRS DURCHGEFÜHRET VON CHRISTIAN THOMAS.«

Schon der Titel des ersten Hefts macht die für den Zeitschriftenjournalismus neue, geradezu herausfordernde Haltung erkennbar. Nicht nur die Verwendung der deutschen Sprache, die auf ein größeres Bildungspublikum zielt, sondern auch die Verbindung einer gleichzeitig unterhaltenden und belehrenden Absicht grenzt die »Monatsgespräche« vom reinen Gelehrtenjournalismus der »Acta Eruditorum« ab. Auch daß eine »Gesellschaft der Müßigen« als Herausgebergremium genannt wird, läßt eine satirisch-komische Absicht ahnen, denn es handelt sich hierbei um eine »Persifflage auf das Akademienwesen der damaligen Zeit« (Prutz 1845, S. 298). Verstärkt wird dies noch in der Vorrede zum ersten Heft, die an die Herren Torbon und Bartuffe gerichtet ist, an die literarisch bekannten und durch Verstellung der Namen überdies ins Lächerliche gezogenen Typen des Pedanten und des Scheinheiligen. Drei Mitglieder der fiktiven Verfassergesellschaft treten mit nicht weniger spöttisch gemeinten Beinamen in der Vorrede auf: Der Träumende, der Schlafende, der Schnarchende. Ihre Konversation wird als Quelle der beabsichtigten Schrift ausgegeben, denn sie stellen sich angesichts der gelehrten Sozietäten anderer Länder die Frage, »ob es nicht angienge von neuen Büchern auch in hochdeutscher Sprache etwas zu schreiben...« (Vorrede). Als Ziel hat schließlich die »Gesellschaft sich vorgenommen ... allezeit die *Relationes* von denen Büchern mit denen *Judiciis* davon ... in ein Monats-Gespräch einzuschliessen...« (ebda.). Damit ist als journalistisches Prinzip deutlich gemacht, daß hier nicht bloß Exzerpte und Referate von Büchern mitgeteilt, sondern diese kritisch besprochen werden sollen.

Die fiktive Einkleidung wird im ersten Heft noch durch die Entwicklung einer weiteren, gleichsam novellistisch-dramatischen Rahmenhandlung verstärkt: Vier durch Beruf und geistigen Standpunkt unterschiedene Herren geraten auf einer Reise von Frankfurt zur Leipziger Neujahrsmesse ins Gespräch und teilen alsbald ihre z. T. konträren Auffassungen zu bestimmten Büchern, insbesondere zum Nutzen und den Gefahren der Romanlektüre mit. Die anfängliche Verwendung der Gesprächsform hat Thomasius ausdrücklich begründet. Das dialogische Verfahren erweitert zunächst den Spielraum der Meinungsäußerung. Es bietet aber auch den Vorteil, daß man »sein *judicium* von einem *Autore* ziemlich verstecken oder doch *temperiren* kann« (1689, I, S. 24). Ferner dürfte den Autoren »nicht unangenehm fallen / wenn sie höreten / daß die Leute *pro & contra* von ihren Büchern *censireten*« (1688, II, S. 245). Dabei lassen sich die jeweiligen Ansichten mehr als Einwände (»*per modum objectionum*«) formulieren und erinnern weniger an einen apodiktischen Richterspruch (»*judicii decisivi*«, ebda.). Schließlich dient die Gesprächsform auch der individuell charakterisierenden Satire. Diese hat Thomasius immer wieder als eine traditionsreiche Gattung verteidigt. Sie schien ihm die geeignete Form, um auch Negatives gefällig mitzuteilen. Über sich selbst sagt Thomasius etwa, »daß ich in Ernsthafften Sachen einen ziemlich verdrießlichen *stylum* habe / also habe ich mit Fleiß die herbe Wahrheit mit einer Satyrischen Schreibart verzuckern wollen...« (1689, I, S. 15). Den Verzicht auf die Dialogführung im zweiten Jahrgang hat Thomasius mit ihrem Zwang zur Ausführlichkeit und umständlichen Konstruktion, aber auch mit dem Verdruß über die Neigung der Deutschen begründet, überall persönliche Anspielungen zu entdecken. Thomasius hat das Recht eines kritisierten Autors auf Widerspruch im übrigen nicht nur zugestanden, sondern dem durch Aufnahme gegen ihn gerichteter, wenn auch wieder kommentierter Schmähschriften in die »Monatsgespräche« entsprochen.

In dem mehrfachen Bemühen des Thomasius, sein eigenes Zeitschriftenunternehmen zu begründen, ist das Februarheft 1688 von besonderer Bedeutung. In ihm beginnen die vier Reisenden über das Journal zu räsonieren, dessen eigene Geschöpfe sie sind. Bei aller Relativierung durch diesen witzigen Einfall werden die grundlegenden Vorstellungen des Verfassers selbst sichtbar. Schon am Ende der ersten Nummer ist man auf die »Acta Eruditorum« zu sprechen gekommen, als die Reisekutsche unsanft umgeworfen wird und das Gespräch, wie es heißt, »ein beschneietes Ende« (1688, I, S. 115) nahm. Dies hat man immer als unverfrorene Abfertigung des renommierten Gelehrtenblatts verstanden, und die scharfe Reaktion dürfte Thomasius mit dazu veranlaßt haben, in abgewogenerer Form das Thema im nächsten Heft wieder aufzunehmen. Darin bescheinigt er nicht nur den »Acta Eruditorum« ihre Verdienste, sondern auch den großen französischen Journalen, die er offenbar gut kannte. Doch deren Existenz bedeutet nicht, »daß nicht andern noch viele Materie übrig bliebe / die gelehrte Welt zubelustigen und Nutzen zuschaffen« (1688, II, S. 235). Der Vorteil der Zeitschrift besteht darin, zahlreiche Autoren bekannt zu machen, ja in einer doppelten Eignung als ökonomischem Selektionsmedium für Bücher, da man »den Inhalt derselben oder den Kern mit wenigem Zeitverlust und ohne große Kosten erlernen kan« (ebda.) S. 224).

Dem Einwand, man werde damit Bücher nur noch auszugsweise kennenlernen, hält Thomasius entgegen, »daß vielmehr durch ihre *excerpta* die Leute die Bücher zu lesen angefrischet würden / wenn man ihnen durch eine kurtze *relation* das Maul wässerig machte / und sie anlockte / desto mehr Bücher zu kauffen / von welchen sie sonsten nicht einmahl etwas gewust hätten...« (ebda. S. 234). Schließlich wird eingeräumt, »daß durch die *Journale* die rühmliche *Curiosität* der Menschen gestillet werde« (ebda. S. 237). Die Neugierde gilt dem Aufklärer Thomasius als ein positives anthropologisches Motiv und ihre Befriedigung wird im Sinne einer psychologischen Funktion interpretiert: »alle Menschen sind *Curieus,* und die *satisfaction* dieser Gemüths Neigung ist eine Belustigung« (ebda.). Mehr als der Inhalt der Bücher scheine jedoch das persönliche Urteil über sie zu interessieren, da »die *Curiosität* noch viel gemeiner und grösser ist / zu hören / ob ein Buch gut sey / oder nicht... Daß die Lust des bloßen Inhalts gegen diese viel geringer zu schätzen sey / weil jene das *ingenium* des Menschen, diese aber dessen *judicium afficiret*« (ebda. S. 237 f.). Aus dieser Vorstellung von einem mehr an Wertungen als an Sachverhalten orientierten Leseinteresse wird der Plan abgeleitet, »daß man in die teutschen *excerpta* diese letzte *Curiosität* zu stillen, auch *Judicia* von denen *Scribenten* setzen solte...« (ebda. S. 238). Die Verteidigung solch kritischer Rezensionspraxis orientiert sich insbesondere an Pierre Bayles Vorbild. Ähnlich wie bei der Durchsetzung der Kritik in Frankreich werden als deren Adressaten von Thomasius einmal die Autoren (daß »man die Schwachheiten derer Poeten / anderen zur Warnung und Besserung zuerkennen gäbe«, 1689, XII, S. 1056), zum anderen aber das Publikum und auch die Verleger genannt (vgl. Woitkewitsch Sp. 676).

Neu waren die »Monatsgespräche« jedoch nicht nur in der unterhaltsam-aufgelockerten Darbietung, im ironisch-freimütigen Ton und in der kritisch-satirischen Haltung, sondern auch im Inhalt. Der wissenschaftlichen Herkunft des Christian Thomasius gemäß, bilden die gelehrten Werke, zumal solche aus Jurisprudenz und Philosophie, noch einen erheblichen Anteil. Auch theologische, historische und politische, ja sogar medizinische Neuerscheinungen werden besprochen. Dabei handelt es sich vorzugsweise aber offenbar schon um Titel, die von der herrschenden Lehrart ihrer Zeit abwichen oder sie in besonders kritikbedürftiger Form selbst darstellten. Was die Zeitschrift aber von den vorangegangenen Gelehrtenjournalen vor allem abhebt, sind die erstmals vertretenen belletristischen Werke, nicht selten gerade die galanten französischen Romane, die gegen geistig beschränkte Vorbehalte verteidigt werden. Behandelt oder erwähnt werden im übrigen u. a. Werke von Abraham a Sancta Clara, die »Armea« und »Octavia« des Herzogs Anton Ulrich von Braunschweig, der »Don Quixote« des Cervantes, Boileaus Satiren, Tschirnhausens »Medicina mentis«, Daniel Georg Morhofs »Polyhistor« und im zweiten Jahrgang insbesondere Daniel Casper von Lohensteins »Arminius und Thusnelda«-Roman sowie Eberhard Werner Happels »Afrikanischer Tarnolast«. Aktualität ist hier insofern gegeben, als für Thomasius ein »Buch, das nur ein Jahr alt ist, ... schon außerhalb des zulässigen Bereichs« liegt (Woitkewitsch Sp. 664). Außer den Rezensionen werden Satiren und literarische Fehden gebracht. Zu »den ausbündigsten und witzigsten Satiren« zählt schon Robert Prutz (1845, S. 315) die komische Lebensbeschreibung des Aristoteles im Maiheft 1688, die als humoristisches Zerrbild einem im pedantischen Formalismus erstickten Aristoteles-Kult der Zeit entgegengehalten ist. Andererseits findet sich eine Verteidigung des Epikur, der allgemein noch als Inbegriff der Sittenlosigkeit galt. Zu den literarischen Fehden gehört insbesondere der Streit mit dem dänischen Hofprediger Hector Gottfried Masius. Die von Peter Schipping für diesen verfaßte Apologie »Gespräch pro Masio« nahm Thomasius im Mai 1689 in die »Monatsgespräche« auf, nicht ohne sie selbst wiederum kritisch zu zerlegen. Schon der zweite Jahrgang war mit einer ausführlichen Zueignung »Allen meinen grösten Feinden / Insonderheit Herrn Hector Gottfried Masio« begonnen worden.

Wie sehr die »Monatsgespräche« den herrschenden wissenschaftlich-publizistischen Konventionen widersprachen und damit einen Konflikt provozierten, läßt sich aus der Reaktion der gelehrten Welt erschließen. Die Vermutung, es habe sich bei den in den ersten Heften vorgeführten Figuren um »Karrikaturen damals lebender Leipziger Celebritäten« (Prutz 1845, S. 307) gehandelt, macht die persönlichen Angriffe, denen Thomasius ausgesetzt war, zumindest verständlich. Ob der baldige Wechsel zum Verlag des Christoph Salfeld in Halle damit zusammenhängt, ist nicht sicher, aber wahrscheinlich. Immerhin ist eine Anrufung der Zensurbehörde überliefert. Auch die Änderungen in Konzept und Aufbau der »Monatsgespräche« hat man überwiegend auf die hervorgerufenen Widerstände zurückgeführt. Die »Gesellschaft der Müßigen« wird im dritten Heft verabschiedet und ein einzelner, beauftragter Autor tritt auf; der novellistische Rahmen der Reisegesellschaft wird aufgegeben und es folgen als Träger des Gesprächs in jedem Heft neue, durch Namen und Umstände eher in eine zeitlose Fiktion gerückte Figuren. Das Dezemberheft 1688 und der Jahrgang 1689 bringen nicht nur die schon genannten, in der Tendenz eindeutigen Titelwechsel, sondern überhaupt eine zunehmende Milderung des Tons und den Verzicht auf die dialogische Gestaltung, ohne daß der Übergang zur Form der Abhandlung durchweg einen Zwang zur Kürze ausgeübt hätte.

Thomasius wendet sich vor allem vom unterhaltenden Prinzip seiner Zeitschrift ab: »Denn Schertzen hat seine Zeit / und ein weiser Mann muß von sich selbst seinem Schertze Maß und Ziel zu setzen wissen« (1689, II, S. 3). Hinter diesem, gegen Ende des zweiten Jahrgangs immer deutlicher werdenden Wandel hat man immer schon des Thomasius Hinwendung zum Pietismus gesehen. Sie führt am Schluß geradezu zu einer barocken Vanitas-Stimmung, von der besonders »Beschluß und Abdanckkung des Autors« im Dezemberheft 1689 geprägt ist. Nicht daß der Verfasser, bei aller Verwunderung über die angetroffenen Widerstände, sein furchtloses Eintreten für die »gesunde Vernunft« revidierte. Doch weil die Journale »dem süßen / und dem Geschmacke nach lieblichen / aber doch dabey ziemlich gesaltzenen oder hitzigen Geträncke nicht unähnlich sind« (1689, XII, S. 1156), will sich Thomasius wieder stärker der akademischen Lehre und dem Schreiben ernsthafter Bücher widmen. Denn: »So eitel aber die Belustigung ist, die man bey Lesung der Journale empfindet, so eitel / ja noch viel eitler ist die Mühe und der Schweiß derjenigen / die bey andern solche Lust zu erwecken sich lassen angelegen seyn« (ebda. S. 1157).

Wählte Thomasius schon die Bücher für die Rezension nach seinem persönlichen Geschmack aus, so gilt ähnliches für seine Besprechungsweise. Bei aller Variation im einzelnen gibt es, wie Woitkewitsch aufgezeigt hat (Sp. 670 ff.), gewisse durchgängige

Grundzüge: Die Vorstellung des Autors, die Vorstellung des Werks und die Urteilsfindung (Judicium). Die mitunter ausgiebige Zuwendung zum Autor eines Buchs, zur Spekulation über anonyme Verfasser und Verbindungen zwischen Leben und Werk mag sich vielleicht aus des Thomasius Fühlung für den journalistischen Wert der Personalisierung herleiten. Auch fehlt es nicht an bibliographischen Hinweisen und Bezügen zu anderen Besprechungen. Das jeweilige Werk wird meistens mit einer zusammenfassenden Inhaltsangabe vorgestellt, in der es nicht auf Vollständigkeit, sondern auf Hervorhebung des »*generalconcepts*« (1689, XI, S. 950) ankommt. Zur Illustration dienen markante Zitate. Jedoch wird das Inhaltsreferat oft unter- oder abgebrochen, um dem Verfasser Gelegenheit zu geben, sein Räsonnement mit einfließen zu lassen und sich unmittelbar an den Leser zu wenden. Dieses in Zustimmung, Zweifel oder Ablehnung reflektierende Verfahren bestimmt den kritischen Stil der Zeitschrift. Nach Woitkewitsch ist für die »Monatsgespräche« demnach »ein mit räsonierenden Digressionen durchsetztes Selektionsreferat« (Sp. 671) charakteristisch.

In den Regeln und Maßstäben seiner literarischen Kritik ist Thomasius noch weitgehend der von der antiken Rhetorik geprägten Poetik des Barock verpflichtet. Grundlegend ist die bis in den Titel des Journals spürbare Maxime des Horaz, die Werke der Dichter müßten zugleich Nutzen schaffen und belustigen (»Aut prodesse volunt aut delectare poetae.«). Unter Nutzen wird dabei im engeren Sinne die Verbreitung von Wissen und die Schärfung des Verstandes begriffen, während die Belustigung sich auf die Gemütskräfte und Emotionen bezieht (1688, I, 43). In der Abwägung zwischen den beiden Aufgaben der Kunst scheint sich im Laufe der beiden Jahrgänge eine gewisse Verlagerung auf das erste, intellektuell-kognitive Prinzip zu vollziehen. Denn Lohensteins »Arminius«-Roman wird trotz aller Unwahrscheinlichkeiten mehr wegen der scharfsinnigen Gelehrsamkeit als wegen seines unterhaltenden, psychischen Bedürfnissen entsprechenden Charakters gelobt. Diese Rezension zeigt überhaupt exemplarisch, wie Thomasius aus der Betrachtung von Stoff (»Materie«) und Erfindung (»Invention«), von Gattungszugehörigkeit und Stil (»Schreibart«) sein Urteil vorbereitet und begründet. Wenn er dabei äußert, das Vortreffliche weiche von der »gemeinen Regel« ab (1689, VIII, S. 664), so ist dies nicht nur eine für den ästhetischen Stilwandel förderliche Auffassung, in der die dogmatisch-normative Poetik schon ihre Verbindlichkeit zu verlieren beginnt. Es zeigen sich darin vielmehr auch die »aufklärerisch-toleranten« Kriterien des Thomasius (vgl. Woitkewitsch Sp. 674), hinter denen noch weniger historisch-relativierende als die anthropologischen Vorstellungen des Verfassers von der »gesunden Vernunft« stehen. In der »Idee der Aufklärung« hat auch Robert Prutz jenes durchgängige, zentralisierende Prinzip erblickt, durch welches sich die »Monatsgespräche« von der eher additiv-kompilatorischen, »bloß mechanischen Centralisation« (1851, S. 343) der vorangegangenen Gelehrtenjournale unterscheiden.

Unverkennbar tragen die »Monatsgespräche« jedoch die Spuren des Anfangs des neuen literarisch-kritischen Mediums an sich. Dies zeigt sich nicht nur bereits an dem erwähnten uneinheitlichen Gepräge der Zeitschrift und an ihrem äußeren Schicksal, sondern auch in der inneren Gestaltung. Nur die ersten Hefte leben von den voll entwickelten kritischen Talenten des Verfassers, während später die geistige Spannung nachläßt und zuweilen Weitschweifigkeit um sich greift. Bezeichnend dafür ist etwa, wie das gesamte Septemberheft 1689 mit einer umfänglichen Rezension von E. W. Happels »Afrikanischem Tarnolast« ausgefüllt wird. »In den späteren Gesprächen«, so urteilt auch W. Martens, »scheint die Lebendigkeit von der Fülle des Materials erstickt. Der persönliche Ton verliert sich, nicht zuletzt wohl aus Mangel an Resonanz beim Publikum« (S. 81). Zu diesem Schwund hat offenbar – so lassen die überlieferten Briefe des Buchhändlers Weidmann vermuten – Thomasius selbst mit beigetragen: »Weidmann klagt in den Briefen, zuerst wäre der Absatz sehr flott gewesen, dann aber hätte er nachgelassen, und zuletzt, als die Monatshefte durch Schuld des Autors nicht pünktlich fertig gewesen, hätten viele sie zurückgeschickt oder abbestellt« (Weißenborn S. 436).

Der mit der ersten literarischen Zeitschrift in Deutschland geschaffene Beginn gilt schließlich vor allem für die Sprachform. Hier sei dazu die treffende Charakterisierung von E. A. Blackall zitiert, wonach die »Monatsgepräche« »den Bedarf an einem graziösen, leichten Stil beweisen und die Unmöglichkeit enthüllen, das barocke Satzgefüge diesem Zwecke anzupassen« (S. 40). Dies läßt sich schon an den wenigen hier angeführten, mit lateinischem und französischem Wortgut gefüllten Satzperioden ablesen. Doch wenn man mit Blackalls sprachlich begründetem Urteil, die Bedeutung der »Monatsgespräche« liege »nicht so sehr in ihrer literarischen Qualität als in der simplen Tatsache ihrer Existenz« (S. 42), das Journal insgesamt würdigen wollte, so wäre dies eher eine Unterschätzung. Denn zumindest zeitweise hat die Zeitschrift innerhalb ihrer historischen Bedingungen literarisch-kritische Qualität, zumal es zunächst keine ebenbürtigen Konkurrenz- oder Nachfolgeorgane gab. »Die Tatsache, daß der Versuch überhaupt unternommen wurde«, so nochmals Blackall, »ist wichtiger als das Ausmaß seines Erfolges« (S. 40).

Literatur: H[einrich] Luden: Christian Thomasius, nach seinen Schicksalen und Schriften dargestellt. Berlin 1805. – *R. E. Prutz* (1845) S. 286–341. – *B. A. Wagner:* Christian Thomasius. Ein Beitrag zur Würdigung seiner Verdienste um die deutsche Literatur. Berlin 1872. – *Georg Witkowski:* Geschichte des literarischen Lebens in Leipzig. Leipzig, Berlin 1909. – *Hanns Freydank:* Christian Thomasius der Journalist; *Bernhard Weißenborn:* Die Bibliothek des Christian Thomasius; beides in: Christian Thomasius. Leben und Lebenswerk. Hrsg. von *Max Fleischmann.* Halle (Saale) 1931. S. 345–382 u. 421–452. – *Rolf Lieberwirth:* Christian Thomasius. Sein wissenschaftliches Lebenswerk. Weimar 1955. – *Heinz Schulz-Falkenthal:* Christian Thomasius – Gesellschafts- und Zeitkritik in seinen »Monatsgesprächen« 1688/89. In: Wiss. Zsch. d. Martin-Luther-Univers. Halle-Wittenberg. Gesellsch.-Sprachwiss. Reihe. 4 (1955) S. 533 bis 554. – *Joachim Kirchner:* Deutschlands erste Literaturzeitschrift. Die »Monatsgespräche« des Christian Thomasius* (1655–1728). In: Welt und Wort 15 (1960) S. 37–38. – *Ernst Bloch:* Christian Thomasius, ein deutscher Gelehrter ohne Misere. Frankfurt 1967. – *Thomas Woitkewitsch:* Thomasius' »Monatsgespräche«. In: Archiv f. Gesch. d. Buchwesens X (1970) Sp. 655–678. – *Robert Spaethling:* On Christian Thomasius and his Alledged Offspring: The German Enlightenment. In: Lessing-Yearbook III (1971) S. 194–213. – *Eric A. Blackall:* Die Entwicklung des Deutschen zur Literatursprache 1700 bis 1775. Stuttgart 1966.

VI. Die Zeitschrift im literarischen Leben des 18. Jahrhunderts

Daß das 18. Jh. als das Jahrhundert des Zeitschriftenjournalismus gelten kann, ist schon von den Zeitgenossen immer wieder geäußert und von Beutler und GutsMuths bis zu Joachim Kirchner aus der bibliographischen Sammlung des Materials belegt worden. Bereits in einer Schrift von 1714 wird die Verschiebung von der Buch- auf die Zeitschriftenliteratur konstatiert: Auch die Deutschen würden nun nicht mehr »große Volumina schreiben, nachdem der Genius unseres Seculi alle Folianten in Journale verwandelt hat« (zit. nach Schöne S. 214). Und in einem Werk von 1715 heißt es: »Wir leben in dem Seculo derer Journalisten: also ist es kein Wunder, daß alle Sachen in forma derer Journale vorgetragen werden« (ebda). Geradezu als Topos erscheint der Hinweis auf die Vielzahl konkurrierender Blätter laufend auch in den Vorreden und Einleitungen von literarischen Zeitschriften, was einen Begründungszwang zur Folge hat, der nicht selten apologetischen Charakter gewinnt. Wie international die Ausbreitung des Mediums sich vollzog und empfunden wurde, bestätigt auch eine Äußerung des von Mattauch zitierten holländischen Gelehrten Gisbert Cuper, der schon 1708 vom »siècle des journaux« (1965 S. 541) gesprochen hat. Die Entwicklung der Zeitschrift ließ sich u. a. deshalb als Fortschritts- und Ruhmestat der eigenen Zeit preisen, weil das Altertum dergleichen Schriften noch nicht kannte.

Wenn das 18. Jh. zu einer Blütezeit des Zeitschriftenwesens auch im Bereich der Literatur wurde, so hat dies seine Voraussetzungen und Ursachen im damaligen literarischen Leben. Dieses hat sich überhaupt im 18. Jh. derart entfaltet, daß man gemeint hat, es kämen seinerzeit »auch in statistisch signifikanter Weise zum erstenmal jene Faktoren zur Geltung, deren Zusammenwirken das Grundmuster dessen ausmacht, was man im genaueren Sinne literarisches Leben zu nennen pflegt« (Guthke S. 10). Der nicht sehr fest umrissene Begriff des literarischen Lebens steht demnach hier für die Summe der Interaktionen, die sich bei der Produktion, Distribution und Rezeption von Literatur abspielen (vgl. Becker/Dehn S. 7 ff.; Wittmann S. 261 ff.). Darin zeichnen sich im 18. Jh. grundlegende Wandlungen ab: Die Entstehung des Typs des freien Schriftstellers und des literarischen Marktes, die Ausbildung eines professionellen Buchhandels mit der erheblichen Steigerung der Buchproduktion, der Wandel buchhändlerischer Verkehrsformen vom Tausch- zum Bargeschäft, die allmähliche Entdeckung des Urheberrechts am literarischen Werk und der Kampf gegen den Nachdruck, schließlich das Anwachsen des Lesepublikums mit der Entwicklung neuer Lesebedürfnisse. Zu den elementaren Bestandteilen des sich so formierenden literarischen Lebens gehören nicht zuletzt aber das Zeitschriftenwesen und die Institutionalisierung der Literaturkritik in publizistischen Organen. Dieser Zusammenhang soll im folgenden weiter präzisiert werden.

Literatur: W[alter] Schöne: Die Zeitung und ihre Wissenschaft. Leipzig 1928. – *Eva D. Becker, Manfred Dehn:* Literarisches Leben. Eine Bibliographie. Auswahlverzeichnis von Literatur zum deutschsprachigen literarischen Leben von der Mitte des 18. Jahrhunderts bis zur Gegenwart. Hamburg 1968. – *Reinhard Wittmann:* Literarisches Leben im 18. Jahrhundert. In: Aus dem Antiquariat. Beilage zum Börsenblatt des Deutschen Buchhandels. Frankfurter Ausgabe. 30 (1974) S. A 201–A 213. – *Karl S. Guthke:* Literarisches Leben im 18. Jahrhundert in Deutschland und in der Schweiz. Bern 1975. – *Helmuth Kiesel, Paul Münch:* Gesellschaft und Literatur im 18. Jahrhundert. Voraussetzungen und Entstehung des literarischen Marktes in Deutschland. München 1977.

1. Zeitschrift und literarische Öffentlichkeit

Daß sich die literarische Zeitschrift im 18. Jh. so weitläufig entfalten konnte, ist Symptom für die gleichzeitige Entfaltung einer spezifisch literarisch bestimmten Öffentlichkeit. Die sozialpsychologische Erfahrung von Öffentlichkeit war zwar an sich nicht neu – sie hat schon frühere, insbesondere historisch bewegte Epochen wie etwa die Reformationszeit durchwirkt. Doch als politisch-soziale Sphäre mit dem Anspruch auf dynamische Ausbreitung gewinnt die Öffentlichkeit im 18. Jh. neue Dimensionen, zumal jetzt durch das Bürgertum eine soziale Schicht auch zu ihrem aktiven Träger wird. So schwach die Stellung des Bürgertums in Deutschland, verglichen mit England oder Frankreich, anfänglich sein mochte, so hat sich doch hier allmählich sein Aufstieg ebenso vollzogen und, bei zunehmendem politischen Funktionsverlust des Adels, zu einer grundlegenden Verschiebung der traditionellen ständischen Ordnung geführt. Zwar blieb die bürgerliche Emanzipation vorerst auf den wirtschaftlichen Bereich von Handel und Gewerbe und auf die geistig-kulturelle Sphäre beschränkt. Aus der wirtschaftlichen Leistung und der intellektuellen Bildung leitete man jedoch bald ein Selbstbewußtsein her, mit dem man sich positiv von den kaum mehr legitimierbaren Privilegien der Aristokratie, andererseits aber auch vom ungebildeten »Pöbel« abheben konnte. Ein wesentliches Ferment dieses Vorgangs bildete die originär bürgerliche Moral, die mit ihrer Tugend gegen die Verderbnis höfischer Korruption, Sittenlosigkeit und Verschwendungssucht gerichtet war.

Die hier global in den Grundzügen ihrer Entwicklung hergeleitete »bürgerliche« Öffentlichkeit hat Jürgen Habermas als Ablösung jener älteren, sogenannten »repräsentativen« Öffentlichkeit beschrieben, in welcher der absolutistische Hof vor den Untertanen lediglich zur Selbstdarstellung erschien. Die Genese der bürgerlichen Öffentlichkeit schildert er als einen Prozeß, in dem sich das in der Privatsphäre entwickelte bürgerliche Selbstbewußtsein schließlich mit dem Anspruch auf politische Teilnahme gegen die Obrigkeit wendet und diese zur Legitimation vor der »öffentlichen Meinung« zu zwingen sucht. Jene Privatsphäre wird zunächst zum eigentlichen Raum für die Entfaltung bürgerlicher Gefühlskultur, wobei der Literatur zentrale Bedeutung zukommt. Wo die Bürger aber aus dieser Privatsphäre heraustreten und sich zum Publikum versammeln, entsteht Habermas zufolge die spezifisch bürgerliche Öffentlichkeit. Sie erscheint demnach als ein soziales Aktionsfeld zwischen dem Privatbereich und der Sphäre der öffentlichen Gewalt (Staat, Regierung). Ihren Ausdruck findet sie im »öffentlichen Räsonnement« (Habermas S. 40), in der »alsbald zur öffentlichen Kritik entfalteten geselligen Konversation« (ebda.). Wenn für die Bildung des Publikums Voraussetzung ist, daß es gemeinsame Objekte des Räsonnements, der Kritik und Meinungsbildung besitzt, so erklärt sich daraus zugleich die Forderung nach freier Zugänglichkeit, nach Publizität dessen, was bis dahin von der Obrigkeit im höfischen Arkanbereich abgeschirmt wurde. Entsprechende Forderungen beherrschen das 18. Jh. und es überrascht nicht, daß der semantische Kampf mit dem damals zwar nicht neuen, aber terminologisch und schlagwortartig zugespitzten Begriffsfeld des Öffentlichen geführt wird.

Habermas' Schematisierung der bürgerlichen Öffentlichkeit und vor allem ihres Strukturwandels ist in einschlägigen Arbeiten vielfach aufgegriffen und auch ausgeweitet worden, obwohl sie in wesentlichen Teilen nicht durch empirisch historische

Befunde gedeckt ist und damit auch in den theoretischen Schlüssen zu fragwürdigen Interpretationen kommt. Zuletzt hat erst Gerhart von Graevenitz darauf hingewiesen, daß die Konfrontation von Privatsphäre und »repräsentativer« Öffentlichkeit, wie sie Habermas vornimmt, sehr problematisch ist, da sich im 18. Jh. pietistische Innerlichkeit »nicht in Widerspruch zur repräsentativen Öffentlichkeit gesetzt, ihr vielmehr zur Herrschaft auch über scheinbar nicht-repräsentative Bereiche verholfen [hat]. Repräsentative Öffentlichkeit bemächtigte sich in jeder ihrer möglichen Ausprägungen der Innerlichkeit...« (S. 76), d. h. oft bedeutete »›Innerlichkeit‹ Fortsetzung repräsentativer Öffentlichkeit mit anderen Mitteln« (ebda. S. 78). Demnach läßt sich auch nicht jede Regung des Innern für eine Regung des Bürgers halten. Überhaupt ist die Kategorie des Bürgertums in der demographischen und ständischen Schichtung des 18. Jh.s keineswegs hinreichend eindeutig umrissen. »Zum Bürgertum als der Summe der nichtadeligen, nichtbäuerlichen und nichtunterständischen Kräfte«, so äußert Kopitzsch, »gehörten so heterogene Schichten und Gruppen, daß von einer Einheit nichts zu erkennen ist« (S. 37). Außerdem gilt für die deutschen Verhältnisse, daß »nicht unbeträchtliche Teile des Adels bzw. des Feudalismus an neuen wirtschaftlichen Prozessen beteiligt waren; und zum anderen, daß wesentliche Innovationen ... von der adelig-bürgerlichen Führungsschicht, nicht von einem erst vereinzelt vorhandenen ›Wirtschaftsbürgertum‹ durchgesetzt wurden...« (ebda. S. 38). Sind hier sozialgeschichtliche Differenzierungen notwendig, so ist Habermas' Begriff der »öffentlichen Meinung« prinzipiell anfechtbar, weil er als solche nur das rational aufgeklärte, von subjektiven Interessen freie, lediglich auf das Allgemeinwohl gerichtete, informierte bürgerliche Räsonnement gelten läßt. Nun ist der Begriff »Öffentlichkeit« ohnehin äußerst vieldeutig, je nach Verwendungsbereich. Im juristischen und dann auch publizistischen Sinn bezeichnet »öffentlich« zunächst die Eigenschaft allgemeiner Zugänglichkeit, d. h. den Gegensatz zu »geheim« oder »privat«. Politisch bedeutet der Begriff meist eine Hinordnung auf den Staat, auf das, was alle angeht oder für alle wichtig ist (z. B. »öffentliche Gewalt«, »öffentliches Wohl«). Zuletzt wurde verstärkt Öffentlichkeit als eine Bewußtseinsdimension herausgearbeitet, die vom Individuum psychologisch als »Bedrohung« (Noelle-Neumann) erfahren werden kann. Danach folgt für den einzelnen aus der Wahrnehmung der Meinungsverteilung in der Öffentlichkeit ein Konformitätsdruck, der sich in einer abnehmenden öffentlichen Exponierbereitschaft für nicht mehrheitlich vertretene Meinungen niederschlägt.

»Öffentlichkeit entsteht«, so formuliert Gerhard Schmidtchen, »durch Handlungen (dazu zählt auch das gesprochene oder das geschriebene Wort) im Beobachtungsfeld menschlicher Gruppen« (1965, S. 337). In diesem Sinne ist Öffentlichkeit grundsätzlich mit dem menschlichen Gesellschaftsleben gegeben, unabhängig von seiner jeweiligen politischen Organisationsform. Allerdings wird von dieser im einzelnen abhängen, welche Entfaltungsmöglichkeiten und Artikulierungschancen die Individuen und Gruppen in der Öffentlichkeit besitzen. Voraussetzung ist hierfür eine weitreichende allgemeine Zugänglichkeit des Sozialbereichs und der Informationen über ihn, womit Öffentlichkeit als qualitatives Merkmal gemeint ist. Das 18. Jh. ist beherrscht von dem Bemühen, dieses Beobachtungsfeld zu erweitern, mehr Publizität einzufordern und schließlich den Anspruch auf politische Beteiligung zu erheben. Als vorzügliche Instrumente zur Erweiterung des ursprünglich auf den Bereich der Primärerfahrung beschränkten Beobachtungsfeldes konnten die periodischen publizistischen Medien dienen, die räumliche und zeitliche Kommunikationsdistanzen zu überbrücken vermögen. Wenn öffentlich das ist, was allgemein zugänglich ist und von jedermann zur Kenntnis genommen werden kann, so nimmt der Begriff auch quantitative Dimensionen an und verlangt eine Präzisierung der Antwort auf die Frage nach der faktischen Reichweite der Kommunikationsmedien. So weit möglich, sind hier auch quantitative Daten über den Umfang des Lesepublikums sowie Zeugnisse für die Bedingungen und Formen des Lesens zu ermitteln. Für die literarische Zeitschrift des 18. Jh.s wird hierzu noch später einiges mitgeteilt (vgl. S. 100). Im folgenden soll dagegen die prinzipielle Struktur und der geschichtliche Wandel jenes Beobachtungsfeldes angedeutet werden, das wir literarische Öffentlichkeit nennen. Obwohl dies noch in Anlehnung an das durch scheinbare historische Evidenz geprägte Modell von Habermas geschieht, darf jedoch nicht, wie es bei diesem der Fall ist, verkannt werden, daß schon die Zeitung des 17. Jh.s, ja auch die Flugblatt- und Flugschriftenliteratur des 16. Jh.s öffentlichkeitsbildend vorausgegangen sind und die Entwicklungen des 18. Jh.s vorgezeichnet haben (vgl. z. B. Ukena).

Aufmerksamkeit verdient im vorliegenden Kontext vor allem der Phasenverlauf, in dem sich nach Habermas die besagte »bürgerliche« Öffentlichkeit herausbildet. »Noch bevor die

Öffentlichkeit«, so stellt er fest, »der öffentlichen Gewalt durch das politische Räsonnement der Privatleute streitig gemacht und am Ende ganz entzogen wird, formiert sich unter ihrer Decke eine Öffentlichkeit in unpolitischer Gestalt – die literarische Vorform der politisch fungierenden Öffentlichkeit. Sie ist das Übungsfeld eines Räsonnements, das noch in sich selber kreist...« (S. 40). Bevor die Politik zum Objekt bürgerlicher Ansprüche und zum Anlaß der Entfaltung eines weitreichenden politischen Räsonnements wird, stellt die Literatur unter »den öffentlich zugängig gewordenen Gebilden der Kultur« (ebda.) den Kristallisationskern einer zunächst primär literarischen Öffentlichkeit dar. Dabei würde es zu kurz greifen, hier bloß eine Flucht vor dem Politischen ins Ästhetische zu sehen, wo doch an der Literatur jene menschlichen Kräfte entwickelt und geschult werden, die schließlich auch aufs Politische übergreifen. Auch Graevenitz hat neuerdings gegen die Auffassung argumentiert, daß hier die »Flucht in die Innerlichkeit gleichbedeutend ist mit der Flucht aus der Öffentlichkeit« (S. 2). Gerade der im Bürgertum forcierte Dualismus von Moral und Politik gewinnt, wie Reinhart Koselleck dargelegt hat, mittelbar kritische Funktion, denn es »spart sich die Kritik zunächst aus dem Staate aus, um dann gerade auf Grund dieser Aussparung sich scheinbar neutral auf den Staat auszuweiten und ihn ihrem Richterspruch zu unterwerfen« (S. 81). Das sich an Werken der Kunst und Literatur entzündende Räsonnement erstreckt sich »alsbald auch auf ökonomische und politische Dispute, ohne daß ihnen, wie solchen Diskursen in den Salons, die Garantie wenigstens unmittelbarer Folgenlosigkeit sicher sein konnte« (Habermas S. 44). Was die hierin aufgeworfene Frage nach den Folgen literarischer und politischer Reflexion angeht, so bedürfte es zu deren Klärung jedoch größerer Anstrengungen als es die implizite Schlußfolgerung des zitierten Satzes verrät.

Begreift man die literarische Öffentlichkeit des 18. Jh.s trotz mancher Kontinuität zur höfischen Repräsentation als Vorstufe zur politischen Öffentlichkeit, so wird damit erst vollends die Bedeutung jener Institutionen und Medien erkennbar, in denen sich das literarische Räsonnement artikulierte. Habermas nennt für England insbesondere das Kaffeehaus, für Frankreich den Salon, für Deutschland die Tischgesellschaft und das Theater: »Wie sehr sich Tischgesellschaften, Salons und Kaffeehäuser in Umfang und Zusammensetzung ihres Publikums, im Stil ihres Umgangs, im Klima des Räsonnements und in der thematischen

Orientierung unterscheiden mögen, sie organisieren doch allemal eine der Tendenz nach permanente Diskussion unter Privatleuten ...« (S. 47). Als bevorzugtes Medium erscheint aber in erster Linie das Journal: »Bald wird die Zeitschrift, zuerst die handgeschriebene Korrespondenz, dann die gedruckte Monats- und Wochenschrift zum publizistischen Instrument dieser Kritik« (S. 53). Einerseits behauptet Habermas im Gefolge aufklärerischer Idealismen, in der Kritik der Journale organisiere sich das »kompetenzfreie Laienurteil« (S. 51), »das Laienurteil des mündigen oder zur Mündigkeit sich verstehenden Publikums« (S. 52). Andererseits deutet er aber, wenn auch unzureichend, an, daß die Institutionalisierung der Kritik nicht bloß als Formalisierung der Publikumsdiskussion verstanden werden kann, sondern daß diese alsbald von einer Gruppe von Kritikern, »Kunstrichtern« und Literaten getragen wird, die bereits erste Anzeichen beginnender Professionalisierung aufweist: »Die kritischen Journale haben sich vom geselligen Gesprächskreis bereits ebenso abgelöst wie von den Werken, auf die sie sich räsonierend beziehen« (S. 54). Zur Verselbständigung des Räsonnements und seiner Ausdehnung auf neue Inhalte trägt bei, daß die quantitative Erweiterung des Beobachtungsfeldes literarische Öffentlichkeit eine Multiplikation einschlägiger Interaktionen einschließt.

Habermas' sozialhistorische These, daß der Prozeß, »in dem die obrigkeitlich reglementierte Öffentlichkeit vom Publikum der räsonierenden Privatleute angeeignet und als eine Sphäre der Kritik an der öffentlichen Gewalt etabliert wird, ... sich als Umfunktionierung der schon mit Einrichtungen des Publikums und Plattformen der Diskussion ausgestatteten literarischen Öffentlichkeit« (S. 63) vollzieht, umreißt die sozialgeschichtliche Bewegung, in der auch unser Gegenstand steht. Werden in die poetische Produktion zunehmend Themen aus dem bürgerlichen Erfahrungsbereich und bürgerliche Ideale (z. B. »Natürlichkeit«) aufgenommen und in alte oder auch neue und modifizierte Gattungsformen assimiliert, so erscheint andererseits die literarische Kritik zumindest im theoretischen Selbstverständnis immer wieder als ein Reich, in dem die gesellschaftlichen Rangunterschiede nicht mehr und jene Gleichheit schon gelten, die man in der politischen Sphäre noch entbehren muß. Ob dies faktisch der Fall war, läßt sich jedoch bezweifeln. Die öffentliche Meinung, deren Träger das Publikum als Subjekt der Öffentlichkeit ist, an die Autorität des Arguments, an die rationale, informierte, von privatem Eigennutz freie

Kritik zu binden und alle spätere Entwicklung als Verfall zu deuten, verkennt wesentliche, insbesondere sozialpsychologische Bestimmungsfaktoren von Öffentlichkeit.

Überhaupt ist die literarische Öffentlichkeit auch nur ein – wengleich für die Entwicklung des 18. Jh.s wichtiges – Segment der umfassenderen gesellschaftlichen Öffentlichkeit. Sie ist an das an der literarischen Produktion, Diskussion und Rezeption interessierte Publikum gebunden, dessen Dimensionen man sich ohnehin nicht übermäßig groß vorstellen darf. Daß die Diversifizierung des Mediums Zeitschrift mit der Aufspaltung in solche Teilöffentlichkeiten einherging, haben wir bereits angedeutet. Voran geht hier die Zeitschrift als Medium der wissenschaftlichen Kommunikation, indem sie den informellen wissenschaftlichen Briefwechsel formalisiert. Analog führt die literarische Zeitschrift zu einer Institutionalisierung neuer Formen der literarischen Kommunikation. Wesentlich bedingt ist dieser Vorgang vom gleichzeitig entstehenden literarischen Markt, auf dem die Literatur, zuvor mehr Objekt der höfischen Repräsentation, zu einem auch ökonomischen Gut wird. Die Kommerzialisierung des literarischen Marktes ist eine bedeutsame Begleiterscheinung der sich zugleich in Gewerbe und kultureller Selbstbildung anbahnenden bürgerlichen Emanzipation, ohne daß man daraus sogleich monistisch-materialistische Konsequenzen ziehen muß.

Die literarische Zeitschrift mochte sich schließlich als Organ einer erst später aufs Politische übergreifenden Öffentlichkeit eignen, weil einerseits die Literatur weniger als das unmittelbar politische Räsonnement den Verdacht der im einzelnen unterschiedlich praktizierten Zensur auf sich lenken mochte und zum anderen die Zeitschrift sich ihr noch am ehesten entziehen konnte, insofern sie teilweise noch aus dem akademischen Bereich hervorging.

Literatur: Reinhart Koselleck: Kritik und Krise. Eine Studie zur Pathogenese der bürgerlichen Welt. Freiburg, München 1959. Neuaufl. Frankfurt/M. 1973. – *Gerhard Schmidtchen:* Die befragte Nation. Über den Einfluß der Meinungsforschung auf die Politik. Freiburg 1959. Überarb. Neuaufl. Hamburg 1965. – *Jürgen Habermas:* Strukturwandel der Öffentlichkeit. Untersuchungen zu einer Kategorie der bürgerlichen Gesellschaft. Neuwied, Berlin 1962. ⁵1971. – *Elisabeth Noelle:* Öffentliche Meinung und soziale Kontrolle. Tübingen 1966. – *Franz Schneider:* Pressefreiheit und politische Öffentlichkeit. Studien zur politischen Geschichte Deutschlands bis 1848. Neuwied, Berlin 1966. – *Ulrich Eisenhardt:* Die kaiserliche Aufsicht über Buchdruck, Buchhandel und Presse im Heiligen Römischen Reich Deutscher Nation (1496–1806). Ein Beitrag zur Geschichte der Bücher- und Pressezensur. Karlsruhe 1970. – *Franklin Kopitzsch* (Hrsg.): Aufklärung, Absolutismus und Bürgertum in Deutschland. München 1976. – *Gerhard Sauder:* »Verhältnismäßige Aufklärung«. Zur bürgerlichen Ideologie am Ende des 18. Jahrhunderts. In: Jb. d. Jean-Paul-Gesellschaft 9 (1974) S. 102–126. – *Gerhart von Graevenitz:* Innerlichkeit und Öffentlichkeit. Aspekte deutscher »bürgerlicher« Literatur im frühen 18. Jahrhundert. In: DVjs 49 (1975). Sonderheft »18. Jahrhundert«. S. 1–82. – *Elisabeth Noelle-Neumann:* Öffentlichkeit als Bedrohung. Beiträge zur empirischen Kommunikationsforschung. Freiburg, München 1977. – *Peter Ukena:* Tagesschrifttum und Öffentlichkeit im 16. und 17. Jahrhundert in Deutschland. In: Presse und Geschichte. Beiträge zur historischen Kommunikationsforschung. München 1977. S. 35–53.

2. Die literarische Zeitschrift und der freie Schriftsteller

Die zuvor beschriebene, für die Entwicklung der literarischen Zeitschrift im 18. Jh. konstitutive Ausbreitung einer vom literarischen Publikum getragenen öffentlichen Sphäre hatte sowohl Voraussetzungen wie Begleiterscheinungen und Folgen auf der Seite der im literarischen Leben als Kommunikatoren wirkenden Personen oder Gruppen. Denn das Journal als Medium gelehrt-wissenschaftlicher, schöngeistig-literarischer und schließlich auch politischer Kommunikation hängt mit wesentlichen Veränderungen in der sozialen Stellung und im Selbstverständnis des Schriftstellers zusammen. Dabei wurde die periodische Publikation nicht selten sogar zur Existenzbedingung der Autoren.

Der hier angedeutete Wandel läßt sich unter zwei Aspekten beschreiben, d. h. zwei Entwicklungslinien im Spannungsfeld von Literatur und Journalismus konvergieren. Unter dem Aspekt der Ausbildung des journalistischen Berufsstandes kann man vom Entstehen eines »schriftstellerischen Journalismus« (Baumert S. 35 ff.) sprechen. Während die vorausgegangene Periode des »korrespondierenden Journalismus« überwiegend bestimmt ist »durch den rein relatorischen Charakter der Avisenzeitungen« (ebda. S. 34), d. h. durch vorwiegendes Sammeln von Nachrichten und Berichten, die man meist gelegentlichen oder nebenberuflichen Korrespondenten verdankte, bringt das 18. Jh. den Typ des publizistisch-schriftstellerischen Journalisten hervor, der weniger durch Tatsachenberichterstattung als durch kritisch-räsonierende Abhandlungen über literarische, philosophische, pädagogische, ästhetische oder politische Themen an der öffentlichen Meinungsbildung teilhaben will. Geht man nicht vom Typ des Nachrichtenredakteurs, sondern von dem des meinungsbildenden Publizisten aus, so kann man unter den Vorbehalten, die für alle Generalisierungen gelten, von der »Geburt des Journalisten in der Aufklärung« (Martens) reden. Betrachtet man die Entwicklung aber von der Sozialgeschichte des Dichterberufs her, dann ist die Entstehung des Typs des freien Schriftstellers zu beobachten, der zunehmend auch journalistisch arbeitet. »Zu keiner Zeit«, so behauptet Martens, »ist der Literat, der Dichter, in so gewichtigem Maße zugleich Journalist gewesen... Dieser Typ des Literaten-Journalisten ist in der Tat ein Phänomen der Aufklärung« (S. 97 f.).

Wie Baumert betont, hatte hier der Übergang in die »journalmäßige Publikation ... mehr literarische und wirtschaftliche als journalistische Ursachen« (S. 36). Die um sich greifende aufklärerische Diskussion und die anwachsende literarische Produktion bedurften eines neuen Kommunikations- und Selektionsmediums, wobei sich die Zeitschrift als »das Mittel wirtschaftlicher Verwertung literarischer Teilarbeiten« (ebda.) empfahl. Historisch ist diese Situation durch die Herauslösung des Dichters aus seinen traditionellen sozialen Bindungen gekennzeichnet. Haferkorn spricht in typisierender Weise für die ältere Zeit vom »ständischen Dichter« (Sp. 527 u. 651 ff.), dem Dichter unter fürstlicher oder akademischer Patronage, der einzelnen oder einem Kreis von Auftraggebern verpflichtet ist. Dieser Typ ist weitgehend an die höfischen Normen gebunden und vermittelt in seinen »sozialen Aufgaben den Schein eines für die gehobenen Stände nützlichen Amtes« (ebda). Allerdings trat insofern ein allmählicher Umbruch ein, als an die Stelle der Verherrlichung oder des Amüsements der höfischen Gönner immer mehr die Erbauung und der Zeitvertreib der mittleren und unteren Schichten trat. Die Dichtung orientiert sich dazu noch ganz an der normativen Poetik, deren Regeln für lern- und lehrbar gelten. Indem sich der ständische Dichter an die gesellschaftlichen und ästhetischen Normen des höfischen Publikums hält, sichert er sich zugleich seinen Lebensunterhalt, mochte dessen unmittelbare Quelle zunächst auch noch der im sozialen Status festgelegte Hauptberuf des Professors, des Schulmannes, des Beamten, des Geistlichen usw. bleiben.

Als sich die Autoren im Laufe des 18. Jh.s zunehmend von diesen ständischen Bindungen und damit zugleich von den

Zwängen der normativen Poetik befreiten, wurde ihre wirtschaftliche, soziale und geistige Situation labil und schwierig. Es entstand ein »grundsätzlich neuer Typus« (Haferkorn Sp. 543), »ein universaler Typus ..., der in sich das Amt des Dichters mit den Funktionen des Tagesschriftstellers, Redakteurs, Herausgebers, Kritikers, Literaturwissenschaftlers und Dramaturgen« (Sp. 526) verbindet. Damit übernahm der Autor neue Aufgaben in der entstehenden bürgerlichen Gesellschaft. Brachte ihn dieser Wandel auch in neue Abhängigkeiten – etwa von der des literarischen Marktes –, so ist er doch entscheidend geworden für jene dichterische Produktion, die nicht mehr den poetologischen Regelsystemen, sondern dem Bedürfnis nach subjektivem Bekenntnis und unmittelbarer Selbstaussprache dient. Berufsethos und Lebensform folgten einem »neuen Richtmaß: der subjektiven künstlerischen Wahrheit« (Sp. 546); und die »Rücksichten auf ständische Aufgaben und Nützlichkeitserwägungen wichen jener genialen Freiheit und dem Prinzip der Originalität« (Sp. 528), die im Sturm und Drang ihren Höhepunkt fanden. Dabei wurden die Literaten zunehmend zu jener sozial avantgardistischen Gruppe, die in der Folgezeit mit kaum jemals abbrechender Intensität öffentliche Wirksamkeit gesucht hat. An der im Freiraum literarisch-ästhetischer Produktion entwickelten Moral mußte sich mehr und mehr auch die Zeit messen lassen (vgl. Wilke). Der Anspruch, eine freie schriftstellerische Existenz zu führen und von ihren Einkünften gar leben zu können, war jedoch nur in der »konflikthaften Spannung zwischen frei gewählter künstlerischer Position und vorgegebener sozialer Situation« (Haferkorn Sp. 535) realisierbar. Die Unabhängigkeit wurde, wenn sie überhaupt zu erlangen war, mit einem so erheblichen Maß an sozialer Unsicherheit erkauft, daß die Sozialgeschichte des freien Schriftstellers nicht nur durch Mißerfolg und Scheitern, sondern auch von unablässigen Bemühungen charakterisiert ist, die eigene Lage durch geeignete Maßnahmen zu stabilisieren.

Ein wichtiges Anzeichen für die hier geschilderte Entwicklung ist zunächst die quantitative Vergrößerung der Gruppe der Schriftsteller. Nach zeitgenössischen Angaben sollen es im letzten Jahrhundertdrittel mehr als 10 000 gewesen sein. Haferkorn schätzt jedoch für die letzten Dezennien des 18. Jh.s, daß nicht mehr als 2000 bis 3000 Schriftsteller diese Tätigkeit als Hauptberuf ausübten und von ihrem Erlös leben mußten, während es sich bei den anderen um Personen handelte, die gelegentlich oder im Nebenberuf auch literarisch arbeiteten. Immerhin ist auch mit dieser Schätzung eine angesichts der gesellschaftlichen und kulturellen Verhältnisse beträchtliche Zahl genannt. Mit der Expansion der Zahl der Autoren weitete sich zugleich die literarische Produktion aus. Betrug der Anteil der deutschen und der lateinischen Titel in der Buchherstellung zwischen 1700 und 1740 noch 62 zu 38 Prozent, so nahm er bis 1800 auf 96 zu 4 Prozent zu. Verzeichnete der Ostermeßkatalog 1740 insgesamt 775 Neuerscheinungen, so gab es um 1780 bereits jährlich rund 5000 lieferbare Titel. Der Anteil der Theologie, die um 1740 fast noch die Hälfte der Titel ausmachte, ging bis zum Ende des Jahrhunderts auf ein Zehntel zurück. Gleichzeitig stieg der Umfang des literarischen Angebots i. e. S. von 6 Prozent im Jahre 1740 auf etwa 16 Prozent 1770 und 22 Prozent 1780. Die relative Abnahme des gelehrten Schrifttums vollzieht sich auch innerhalb des literarischen Bereichs, wo erhebliche Verschiebungen zur sogenannten Unterhaltungsliteratur« zu beobachten sind. Schließlich wird die Zunahme der Produktion auch durch die bereits früher zitierte Statistik der literarischen Zeitschriften des 18. Jh.s belegt. Ohne ein sich zugleich stark ausweitendes literarisches Publikum wären die genannten Steigerungen jedoch kaum realisierbar gewesen.

Die mit den quantitativen Daten grob umrissenen Dimensionen des literarischen Marktes im Deutschland des 18. Jh.s führten zu einer Unübersichtlichkeit, die neue verlegerische und buchhändlerische Vermittlungs- und Verkehrsformen verlangte. Dazu gehörte insbesondere der Übergang vom Tausch- zum Barverkehr, womit »die für die bürgerliche Ökonomie typischen Prinzipien des anonymen Warenverkehrs ... auch im Buchhandel an Einfluß« (Haferkorn Sp. 530) gewannen. Eingeleitet war damit die »Kommerzialisierung des Literaturbetriebs« (Sp. 531), in deren Folge die Distribution auf dem literarischen Markt gerade für die Schriftsteller schwer kalkulierbar wurde. Sie standen – anders als noch der ständische Dichter – einem überwiegend anonymen, unbekannten Publikum gegenüber und verspürten überdies einen zunehmenden Konkurrenzdruck. Die im frühen 18. Jh. einsetzende Aufspaltung des literarischen Lebens in unterschiedliche, sich polemisch bekämpfende Richtungen hatte demnach nicht nur ideologische Gründe, sondern auch wesentliche soziale und sogar wirtschaftliche Aspekte. Die Neigung zum Austragen literarischer Konflikte besaß ihr positives Korrelat im Kult der Freundschaftsbünde, die kaum ohne jegliche äußere Interessen zustande kamen.

In einem durch solche Faktoren bestimmten literarischen Markt vermochte die Zeitschrift »für viele Schriftsteller zum Ausgangspunkt einer eigenen literarischen Karriere« (Haferkorn Sp. 617) zu werden. Sie erschien durch ihre periodische Wiederkehr äußerst geeignet, die labile Stellung des freien Schriftstellers im sozialen System zu festigen. Auch konnte man mit ihr die für die Öffentlichkeit notwendige ständige Präsenz gewinnen. Hinzukam zumindest die Aussicht auf laufende Einkünfte, wie sie durch die langwierigere Buchpublikation nicht zu erlangen waren. Bei größeren Werken konnte der auszugsweise Vorabdruck mitunter eine zusätzliche Nutzung bedeuten. Mit der Zeitschrift ließ sich zudem jener Anspruch auf unbehinderte öffentliche Wirksamkeit etablieren, der in der verstärkten Forderung nach Pressefreiheit und politischer Beteiligung mündete. So wie »der auf moralische Besserung und tugendhafte Reifung abgestellte unpolitische Ton des ständischen Dichters« (Haferkorn Sp. 529) einem letzthin polemisch-sozialkritischen Antrieb wich, so nahmen die literarischen Zeitschriften im späten 18. Jh. einen nicht selten politischen Grundton an. Dabei forderte der literarische Markt, daß die Autoren mehr und mehr aus der zur Konvention gewordenen Anonymität heraustraten und auch soziales Prestige erwarben. Der selbst in vielen Zeitschriftenaufsätzen geführte Kampf gegen den im 18. Jh. verbreiteten Nachdruck zeigt das Bemühen, individuelles geistiges Eigentum zu schützen und belegt damit auf seine Weise, unter welchen Schwierigkeiten sich der Typ des freien Schriftstellers herausbilden mußte. Daß er in reiner Form nur idealtypisch zu beschreiben ist, unter den gegebenen Umständen aber Zwischenlösungen gesucht und Übergänge entwickelt wurden, ist ohne weiteres einzuräumen.

Kennzeichnend ist in unserem Zusammenhang, daß im Unterschied zu der meist vom Interesse des Verlegers und Druckers getragenen Zeitung, die Initiative zur Herausgabe einer literarischen Zeitschrift oft mehr von den Schriftstellern selbst ausging. Wo sie im literarischen Markt das wirtschaftliche Risiko trugen, suchten sie dieses zu mindern, etwa durch den Selbstverlag, die Subskription und die Pränumeration. Dies waren entwicklungsgeschichtlich wichtige, auf Dauer aber nicht durchsetzbare Wirtschaftsformen im Buchhandel, mochten die Autoren im Selbstverlag auch den Vorteil eines unmittelbaren Zugangs zum Publikum erblicken. Beispielhaft ist gelegentlich auf Christoph Martin Wieland hingewiesen worden, der die ersten Jahrgänge seines »Deutschen Merkur« im Selbstverlag herausbrachte. Mit den notwendigen organisatorischen und finanziellen Vorkehrungen war Wieland jedoch, wie manche seiner Kollegen, alsbald überfordert. So gab er sein Blatt einem Verleger in Kommission, der eine bessere Marktkenntnis besaß und diese besser auszuwerten wußte. Gleichwohl gehörte etwa die Subskriptionswerbung mit den Namen möglichst prominenter Mitarbeiter auch weiterhin zu den bevorzugten Mitteln, mit denen die Herausgeber ihre literarische Zeitschrift auf dem Markt zu bringen und dort zu institutionalisieren suchten. Indem der Herausgeber der Zeitschrift die unternehmerische Funktion an den Verleger abtritt, kommen dessen Interessen mit zur Geltung. Hier liegt der Ansatz zu jener späteren Entwicklung, in der, wie Baumert dargelegt hat, der Herausgeber zum Angestellten des Verlegers wird, der aufgrund eines Dienstvertrages für ein festes Gehalt eine Publikation redigiert, die nicht mehr unbedingt an seinen Namen gebunden ist. Doch schon lange zuvor hatten sich Verleger als Träger von Zeitschriften angeboten, zumal dann, wenn das Beispiel vergleichbarer Organe oder die Prominenz der Verfasser neben dem literarisch-publizistischen auch einen wirtschaftlichen Erfolg versprachen (vgl. S. 117 f..).

Der hier global und weitgehend typisierend beschriebene übergreifende Prozeß eines literatursoziologischen Wandels vom ständischen Dichter zum Typ des freien Schriftstellers vollzieht sich im 18. Jh. nur allmählich, verstärkt in seiner zweiten Hälfte. Der Vorgang implizierte Veränderungen in Arbeitsstil, Zeitplanung und Werkökonomie des literarisch-schriftstellerischen Berufs (vgl. Engelsing), ja er blieb nicht ohne Auswirkungen auf die Literatur selbst, sowohl was ihre Inhalte wie was ihre Präsentation angeht. Dabei wird die Literatur in vordem nicht gekannter Weise durch publizistische Faktoren mit bestimmt. Die damit angesprochenen Folgen, d. h. inwieweit publizistische Periodizität auf die literarische Produktion zurückgewirkt hat, sind noch nicht hinreichend untersucht. Daß die Zwänge der neuen Arbeitsformen mit dem durch die Terminierung bedingten Zeitdruck schon im 18. Jh. stark empfunden wurden, belegt Engelsing durch den damals fast schon zum Topos gewordenen Vergleich der periodischen literarischen Arbeit mit dem Los des antiken Rudersklaven (S. 407).

Obwohl selbst die führenden Dichter und Schriftsteller des 18. Jh.s publizistisch tätig waren und insbesondere die literarische Kritik in eigenen periodischen Organen etablierten, fehlt es seinerzeit nicht an Äußerungen, die den Journalisten und

»Zeitungsschreiber« abqualifizieren und demgemäß ein Stereotyp mit prägen, das bis heute nachwirkt. Sieht man von dem schon traditionellen moralischen Verdacht der Korrumpierbarkeit ab, so erblickte man vor allem in der engen Bindung an den Tag und in der Notwendigkeit kurzfristiger Arbeit eine Gefährdung begründeter Urteilsbildung.

Wie kritisch man die mit dem anwachsenden Zeitschriftenwesen verbundene Zunahme der Schriftstellerexistenzen bewertete, zeigt z. B. folgende Bemerkung aus der »Deutschen Bibliothek der schönen Wissenschaften« von 1767: »Wir leben jetzt in der Zeit der Journale; unsere ganze Litteratur ist mit wöchentlichen, monatlichen oder vierteljährigen Blättern überschwemmt, die wie ein wildes Wasser aus jedem Winkel Deutschlands hervorbrausen. Junge Studenten und Magister seit gestern und ehegestern, veraltete Professoren, trostlose Candidaten, abgesetzte Prediger; ein so abentheuerliches Gemengsel von seynwollenden Kunstrichtern drängt sich zum Theater, alle unterwinden sich, Dollmetscher des Publikums zu seyn, und jeder glaubt, seine Stimme sey auch die Stimme der Welt« (1767, I, S. 125). Kaum weniger kulturkritisch diagnostizierte Herder zur gleichen Zeit Ursprung und Konsequenzen dieser Verhältnisse: »Daher ist auch unsre Zeit um so viel reicher an Journalen, als sie an Originalwerken arm wird« (Suphan-Ausgabe, I, S. 139).

Auch wenn die literarische Zeitschrift nicht durchweg an den Typ des freien Schriftstellers gebunden ist, so erscheint dessen zunehmende Verselbständigung doch praktisch weitgehend mit der Expansion des Zeitschriftenwesens im literarischen Leben zusammenzuhängen. Selbst wo erste Anzeichen der Professionalisierung eines neuen, als Dichter, Kritiker, Herausgeber oder Mitarbeiter vielseitig tätigen Schriftstellertyps nicht vorliegen, begünstigt das publizistische Medium auch die Literarisierung etablierter Berufe und trägt damit zum Wandel der Kultur bei. Daß die Zeitschrift nicht zwingend mit dem Typ des freien Schriftstellers verknüpft ist, zeigt etwa Johann Christoph Gottsched, der – nach Haferkorn – der letzte große Vertreter ständischen Dichtertums war und der doch über Jahrzehnte hinweg bedeutende literarische Zeitschriften und Moralische Wochenschriften herausgab bzw. verfaßte und der sich dabei im Rückblick selbst einen Journalisten nannte (vgl. Bd. II). Auch die ersten wissenschaftlichen Journale sind noch wesentlich im höfisch-akademischen Geist gegründet worden. Doch schon Gottscheds Schüler Christlob Mylius verkörpert auf exemplarische Weise die Unsicherheit und Unstetigkeit einer freien literarischen Existenz, zu deren Festigung seine meist nur kurzfristig bestehenden Zeitschriften beitragen sollten (vgl. Bd. II). Mit Mylius' und insbesondere mit Lessings Arbeit an der Berliner »Vossischen Zeitung« geht die literarisch-publizistische Tätigkeit zudem von der fachspezifischen Zeitschrift auf die universaler angelegte Zeitung über. Die Beispielkette für dergleichen literarisch-publizistische Doppelexistenzen ist seitdem nicht mehr abgebrochen: »Während manche Zeitungsleute«, so Engelsing, »in ihrer journalistischen Tätigkeit und in den damit verknüpften politischen Geschäften derart aufgingen, daß für große literarische Vorhaben kaum Zeit übrigblieb, schulten sich andere in Beruf des Journalisten und Redakteurs für die schriftstellerische Bewältigung großer Aufgaben« (S. 407).

Literatur: Rudolf Jentzsch: Der deutsch-lateinische Büchermarkt nach den Leipziger Ostermeßkatalogen von 1740, 1770 und 1800 in seiner Gliederung und Wandlung. Leipzig 1912. – *Dieter Paul Baumert:* Die Entstehung des deutschen Journalismus. Eine sozialgeschichtliche Studie. München, Leipzig 1928. – *Hans Gerth:* Die sozialgeschichtliche Lage der bürgerlichen Intelligenz um die Wende des 18. Jahrhunderts. Ein Beitrag zur Soziologie des deutschen Frühliberalismus. Diss. Frankfurt/M. 1935. Neuaufl. Göttingen 1976. – *Louis Dudek:* Literature and the Press. A History of Printing, Printed Media, and their Relation to Literature. Toronto o. J. (1961). – *Hans Jürgen Haferkorn:* Der freie Schriftsteller. Eine literatur-soziologische Studie über seine Entstehung und Lage in Deutschland zwischen 1750 und 1800. In: Archiv f. Gesch. d. Buchwesens Bd. V (1964) Sp. 523–712. Erw. in: *Bernd Lutz* (Hrsg.): Deutsches Bürgertum und literarische Intelligenz 1750–1800. Stuttgart 1974. S. 113 bis 239. – *Gunter Berg:* Die Selbstverlagsidee der deutschen Autoren im 18. Jahrhundert. In: Archiv f. Gesch. d. Buchwesens Bd. VI (1966) Sp. 1371–1395. – *Wolfgang Martens:* Die Geburt des Journalisten in der Aufklärung. In: Wolfenbütteler Studien zur Aufklärung. Im Auftr. d. Lessing-Akademie hrsg. v. *Günter Schulz.* Bd. I. S. 84–98. Bremen, Wolfenbüttel 1974. – *Jürgen Wilke:* Das »Zeitgedicht«. Seine Herkunft und frühe Ausbildung. Meisenheim a. Glan 1974. – *Hans Widmann:* Geschichte des Buchhandels vom Altertum bis zur Gegenwart. Völl. Neubearb. d. Aufl. von 1952. Teil I. Wiesbaden 1975. – *Rolf Engelsing:* Der literarische Arbeiter. Bd. I: Arbeit, Zeit und Werk im literarischen Beruf. Göttingen 1976.

3. Die literarische Zeitschrift als Medium der Kritik

Das 18. Jh. wird vom Gedanken der Kritik als dem aufklärerischen Prinzip ersten Ranges beherrscht. Von Pierre Bayle über Gottscheds und Breitingers Poetiken bis zu Immanuel Kant reicht die Tradition einer bedeutsamen Reihe von Werken, die schon im Titel die Termini »Kritik« oder »kritisch« führen und die von einem eigentümlichen Pathos der kritischen Haltung getragen sind. Dabei wurde der Begriff »Kritik« international zum Schlagwort einer ganzen Epoche, die Kant selbst als »Zeitalter der Kritik« bezeichnet hat. Unübersehbar ist hierin der über den erkenntnistheoretischen Grundantrieb hinausgehende moralische Appell dieser Bewegung. Zwar ist der Begriff bereits griechischen Ursprungs und steht für eine zumindest seit der griechischen Logik in der abendländischen Geistesgeschichte beobachtbare Haltung des menschlichen Denkens zum Sein. Doch er gewinnt im 18. Jh. weitere Dimensionen: Wie nie zuvor wird Kritik ein systematisches Verfahren der Prüfung der Erkenntnisse und der Empfindungen vor den Regeln der Vernunft und damit zum Strukturprinzip und Instrument einer umfassenden geistigen Bewegung. Indem sie über gesellschaftliche und publizistische Vermittlungsinstanzen in der Öffentlichkeit institutionalisiert wird, entsteht eine ganz neue und folgenreiche professionelle Kritik.

Diese Kritik ist – bei all ihrer universalen Ausrichtung – auch für die Literatur und besonders die literarischen Zeitschriften von so konstitutiver Bedeutung, daß das literarkritische Journal seither als eigener, wesentlicher Zeitschriftentyp erscheint. Wo die Literaturkritik nicht ganze publizistische Organe ausfüllt, stellt sie doch oft beträchtliche Beiträge zu ihrem Inhalt. Diese Literaturkritik ist ohne die Grundlegung der Prinzipien aufklärerischer Kritik nicht vorstellbar, wenngleich die literarästhetischen Objekte der Kritik spezielle Probleme aufwerfen. Allerdings gelangte die sich in der laufenden Rezension von Neuerscheinungen entfaltende Literaturkritik im 18. Jh. vielfach kaum über ein schematisches Verfahren hinaus und gewann nur in ihren Höhepunkten auch prinzipielle, poetologisch fundierte Gestalt.

Auffällig ist in unserem Zusammenhang schon, daß zahlreiche Zeitschriften des 18. Jh.s bereits im Titel das epochemachende Schlagwort »Kritik« aufweisen: So die »Beyträge zur critischen Historie der deutschen Sprache, Poesie und Beredsamkeit« (1732–1744), so die »Sammlung critischer, poetischer, und anderer geistvollen Schriften, zur Verbesserung des Urtheils und des Wizes in den Wercken der Wolredenheit und der Poesie« (1741–1744), so die »Bemühungen zur Beförderung der Critik und des guten Geschmacks« (1743–1747), so die »Critische Bibliothek« (1748–1754), so die Zeitschrift »Crito«

(1751) und das »Magazin der deutschen Critik« (1772–1776). Insofern derartige, durch weitere ähnliche Beispiele belegbare Titelprägungen stets programmatischen Charakter haben, enthalten die Blätter vielfach nicht nur kritische Besprechungen von Neuerscheinungen, sondern auch grundsätzliche Beiträge zur Theorie der Kritik, zu ihrer Geschichte und Legitimität, ihren Prinzipien und Formen.

Im Vordergrund stehen vor allem Versuche, die notwendigen Eigenschaften des Kritikers zu entwickeln, den man in der Sprache der Zeit einen Kunstrichter nennt. Erörtert wird u. a. ferner, ob man Autoren schon zu Lebzeiten oder erst nach ihrem Tode kritisieren dürfe und ob für die Kritik eine Trennung von Autor und Werk gelten solle. Dem Verfasser eines Werks, so wird nicht selten gefordert, habe der Kritiker einen freundschaftlichen Dienst zu leisten, gegenüber der Gesellschaft und der Nation erfülle er eine patriotische Aufgabe. Doch kümmert man sich in der Rezensionspraxis oft wenig oder gar nicht um solche theoretischen Postulate, denen somit weithin ein illusorischer Charakter zukommt (vgl. de Voss). Die großenteils beleidigend-polemischen Auseinandersetzungen zwischen Gottsched und den Schweizern Bodmer und Breitinger mitsamt ihren jeweiligen Anhängern, aber auch die grobe Kritik Lessings an Gottsched zeigen, daß das oft geforderte freundschaftliche Verhältnis zwischen Kritiker und Autor zuweilen kaum mehr war als ein unverbindlicher Topos, der lediglich der Selbststilisierung des Rezensenten dient. Gleichwohl schaffen die Versuche, sich über die Grundlagen der Tätigkeit des Kritikers zu verständigen, der Folgezeit wesentliche Voraussetzungen. Hinzukommen in der deutschen Geisteswelt die Bemühungen, die bereits fortgeschrittenen kritischen Traditionen anderer Länder zu rezipieren. Hier sei für die französischen Ursprünge nur an Gottscheds Vermittlung von Pierre Bayles »Wörterbuch« (1741 ff.) erinnert und für England an die Debatte um Alexander Popes »Essay on Criticism« (1711), der ein Grundwerk für die Literaturdiskussion der Aufklärung bildet.

Eingeleitet wird das Jahrhundert der Kritik durch des Pierre Bayle berühmten »Dictionnaire historique et critique« (1695 bis 1697), in dem systematisch versucht wird, die Irrtümer, Fehler, Vorurteile und Widersprüche der historischen, theologischen und geistigen Überlieferung zu sammeln und zu entlarven. Damit will Bayle einerseits durch Vernunftkritik den wahren Zusammenhängen näherkommen, zum anderen aber prinzipiell vor kritikloser Leichtgläubigkeit und ihren Folgen warnen und zur Vorsicht gegenüber den Autoritäten verschiedenster Provenienz mahnen. Über das Bemühen um Richtigstellung einzelner Fakten hinaus wird Kritik damit als ein ständiger Prozeß universaler Relativierung in Gang gesetzt. Was von hier ausgeht, ist zunächst Kritik im Sinne der historisch-philologischen Rekonstruktion des Authentischen und der Erhellung »dunkler« Texte. Nach der »Abhandlung in welcher der Begriff der Critik bestimmet wird«, mit der das erste Stück der »Bemühungen zur Beförderung der Critik und des guten Geschmacks« 1743 einsetzt, übernahmen seit alters »die Grammatici oder Critici das Amt, die untergeschobenen, vor den wahren Schriften eines Schriftstellers zu erkennen, und die guten Handschriften von den schlimmen zu unterscheiden« (S. 23 f.). Die durch den Abschreiber oder die Länge der Zeit verfälschten und verderbten Texte bedurften der kritischen Unterscheidung, um »den wahren Sinn der Scribenten wieder herzustellen« (S. 24) und »um in der Dunkelheit ein Licht dadurch anzuzünden« (S. 25).

So wegweisend diese Textkritik für die systematische aufklärerische Erkenntnis im 18. Jh. und darüber hinaus wurde, so entschieden wurde sie alsbald, schon von den Gottesschedianern, als asoziales Pedantentum, Mäkelei oder »Splitterrichterei« abgewertet (de Voss S. 68 ff.). Im Vorwort zur zweiten Auflage seiner »Critischen Dichtkunst« spricht Gottsched denn auch davon, »daß ein Kriticus oder Kunstrichter nicht nur mit Worten, sondern auch mit Gedanken; nicht nur mit Sylben und Buchstaben, sondern auch mit den Regeln ganzer Künste und Kunstwerke zu thun hat. Man begreift es schon, daß ein solcher Kriticus ein Philosoph seyn und etwas mehr verstehen müsse, als ein Buchstäbler ...« (S. XXX).

Auch die bereits zitierte programmatische Abhandlung der »Bemühungen zur Beförderung der Critik und des guten Geschmacks« betont, die wahre Würde der Kritik gehe über die »Wortgrübeley« (S. 27) hinaus, und sie bestimmt ihre eigentliche Aufgabe als begründete Urteilsfindung: »Wenn wir gewissen Dingen entweder eine Eigenschaft beylegen, oder ihr eine absprechen, so heißt dieses beurtheilen« (S. 28). Zum Kritiker gewandt, wird hinzugefügt: »Solche Beurtheilungen werden gründlich sein, wenn er vermögend ist, die Ursachen davon anzugeben, und wenn sie ... aus einer Einsicht in das Wesen der Dinge, entspringen« (ebda.). Damit ist das Problem der ästhetischen Kritik mit der Vorstellung vom Geschmack verbunden, ebenfalls einem »Zentralbegriff der aufsteigenden bürgerlichen Kultur« (A. v. Bormann S. 2), um den sich eine ähnlich breite Diskussion entfaltet hat. Der wissenschaftlichen Kritik, die nach wahr und falsch unterscheidet, tritt die Geschmackskritik zur Seite, die begründet nach den Normen schön und häßlich urteilen will. Während aber die Literatur- und Kunstkritik in Frankreich ihr Existenzrecht gegen erhebliche Widerstände der Autoren und Künstler erst durchsetzen mußte, geht es in Deutschland kaum mehr um ihre prinzipielle Legitimität, sondern um ihre inhaltlichen und formalen Maßstäbe sowie um die Fragen der Kompetenz.

Dabei macht diese Geschmackskritik im Laufe des 18. Jh.s einen beträchtlichen Wandel durch. Nach einer Formulierung Gottscheds, die den Ausgangspunkt markiert, muß zwar nicht jedermann »nachgrübeln: woher es komme, daß dieses schön und jenes häßlich ist; dieses wohl, jenes aber übel gefällt? Wer dies aber weis, der bekömmt einen besondern Namen, und heißt ein Kriticus. Dadurch verstehe ich nämlich nichts anders, als einen Gelehrten, der von freyen Künsten philosophiren, oder Grund anzeigen kann.« (Versuch einer critischen Dichtkunst vor die Deutschen, Neudruck 1962, S. 96.) Ein Urteil verdient hiernach nur dann das Attribut »kritisch«, wenn es dem Anspruch auf Begründung genügt. Als Geschmack gilt nicht ein bloß subjektives Empfinden, sondern er setzt voraus, daß man dieses durch Kritik auch vor den Ansprüchen der Vernunft rechtfertigen und sich dazu für sein Urteil auf Gründe und Regeln berufen kann. Indem die Reflexion solchermaßen angehalten ist, zureichenden Grund anzugeben, schützt sie das ästhetische Urteil vor einem subjektiv-psychologischen Relativismus (vgl. A. Bäumler S. 96 ff.). In der Spannung zwischen dem individuellen Empfinden und der Allgemeingültigkeit der Regeln schafft erst die Kritik als Kontrollinstanz eine den geistig bewußten Menschen befriedigende Sicherheit. Damit gehört der Geschmack in den Bereich der klaren Erkenntnis, der zwischen der undeutlichen, »bloßen« Empfindung der Schönheit einerseits und den deutlichen Begriffen der exakten Wissenschaften (wie z. B. Arithmetik und Geometrie) angesiedelt ist. Zwar kondensieren sich im aufklärerischen Geschmacksbegriff ästhetische Erfahrungen des Bürgertums und seine nicht mehr an besondere ständische Privilegien gebundenen Urteilsmöglichkeiten. Das bedeutet jedoch, wie man sieht, zunächst keinen Verzicht auf jene fundamentalen Voraussetzungen, die erst eine ausreichende literarische Bildung vermittelt und die den Kenner vom sogenannten »Pöbel« abhebt. Allerdings erscheint die zum Richtmaß erhobene Vernunft prinzipiell als eine Anlage, die den Menschen allgemein mitgegeben und von ihnen entwickelbar ist. Ob man den Wandel vom ästhetischen Laienurteil zum begründeten Kunsturteil als eine Verengung deuten will (vgl. A. v. Bormann), ist eine Frage des Standpunkts; hat doch der genannte Begründungszwang seinerseits zu einer unvergleichlichen Differenzierung des kritischen Begründungsvermögens geführt.

Der hohe Anspruch einer wissenschaftlichen Literaturkritik setzt zwar wesentliche intellektuelle Fähigkeiten bei der Person des Kunstrichters voraus, gewinnt seine Sicherheit und Verläßlichkeit daneben aber entscheidend vom verbindlichen Regelsystem der normativen Poetik. Denn wer die Regeln anzuwenden weiß, heißt Kritiker.»›Schön‹ ist unter diesen Voraussetzungen, was ›richtig‹ ist in dem Sinne, daß es mit den Regeln übereinstimmt« (de Voss S. 19). Da die Kunst traditionsgemäß als Nachahmung der Natur verstanden wird, diese Natur aber erkennbare, universelle und harmonische Gesetzmäßigkeiten aufweist, können die der »vernünftig funktionierenden und damit schönen Natur inhärenten Regeln zur Grundlage der Kritik gemacht werden« (ebda.). Der für die Kritik konstitutive Bezug auf die Regeln hat demnach grundsätzliche, über das Ästhetische hinausgehende, weltanschauliche Motive. Aus dem Studium der als Vorbilder begriffenen antiken Autoren und der späteren poetischen wie literartheoretischen Überlieferung sowie aus der eigenen Sicht vom »Wesen« der Poesie formulieren die zentralen Figuren der literarästhetischen Diskussion des frühen 18. Jh.s ihre Poetiken und nennen sie »kritisch«, weil sie »eine systematische Grundlegung der ›Regeln‹ für Literaturkritik und Dichtung zu schaffen« (de Voss S. 21) suchen. Es überrascht dabei nicht, daß die Orientierung an den Regeln zu oft schematischen Urteilen, sowohl im Lob wie im Tadel, geführt hat. Das periodische Rezensionswesen konnte den schematischen Formalismus im Prinzip noch begünstigen. Die Stilisierung des Regelverstoßes zum Gesetzesbruch ließ schließlich jene überzogene Pose des hochmütigen »Kunstrichters« entstehen, die diesem Begriff in seiner juridischen Komponente anhaftet und die man historisch meist besonders unangenehm an Gottsched empfunden hat. Die Erhebung in eine national-patriotische Rolle und pädagogische Aufgabe des Kritikers für die Geschmacksbildung und letztlich auch die sittliche Vervollkommnung der bürgerlichen Gesellschaft mochte solches Selbstbewußtsein noch verstärken, so sehr die »Nation« dabei oft konturlos blieb und bloß »als beliebig verwendbares Versatzstück in der Polemik« (de Voss S. 104) eingesetzt wurde.

Unter dem geschilderten Begründungszwang stehen literarische Kritik und Geschmacksurteil in den literarischen Zeitschriften seit dem frühen 18. Jh., wobei die Tradition der historisch-philologischen, wissenschaftlichen Kritik gleichzeitig weitergeführt wird, vor allem in den umfassenden Rezensionsjournalen der Epoche. Mit dem zunehmenden Verbindlichkeitsschwund der normativen Poetik und der Lösung von einer engen Nachahmungstheorie änderten sich jedoch auch Funktionsbestimmung und Erscheinungsform der Literaturkritik und des Kritikers. Dies setzt schon durch die Schweizer Johann Jakob Bodmer und Johann Jakob Breitinger ein. Sie wenden sich gegen Gottscheds allzu groben poetischen Schematismus und betonen die Berechtigung der Phantasie, des Wunderbaren, der Einbildungskraft. Im Konflikt um Miltons »Paradise Lost« gehen die Schweizer über Gottscheds Prinzipien hinaus, der die Nachahmung nur an das vordergründig Wirkliche binden wollte, und erheben auch die Nachahmung möglicher Welten zu einer würdigen Aufgabe der Poesie, ja dem Wunderbaren wird sogar ein Vorrang eingeräumt. Denn die Dichtung nimmt »die Materie ihrer Nachahmung allzeit lieber aus der möglichen als aus der gegenwärtigen Welt.« (J. J. Bodmer, Critische Abhandlung von dem Wunderbaren in der Poesie, Zürich 1740, Neudruck Stuttgart 1967, S. 31 f.) Damit wurde der rationalistische Formalismus aufgesprengt und zugleich eine Psychologisierung des Geschmacksbegriffs eingeleitet. So wie sich die Dichter im folgenden allmählich von den Regeln der normativen Poetik emanzipieren, so die Kritiker von ihrer mechanischen Anwendung in der kritischen Urteilsfindung. Noch der späteren rationalistischen Kunsttheorie – etwa bei Friedrich Nicolai – erscheint die Empfindung suspekt, und so bleibt eine »genaue und gesunde Kritik, das einzige Mittel, den guten Geschmack zu erhalten und zu bestimmen«, wie es in der Verteidigung der Kritik im siebzehnten Stück der »Briefe über den itzigen Zustand der schönen Wissenschaften in Deutschland« (1755) heißt (zit. Neudruck 1894, S. 134). Nicolai war es, der mit diesem Werk ganz entschieden forderte, den Streit zwischen den Gottschedianern und den Schweizern als unfruchtbar auf sich beruhen zu lassen und der damit die polarisierte Diskussion zu überwinden suchte. Dabei zielte er auf eine Kritik ab, die sich weniger auf die Richtigkeit in Einzelheiten und Äußerlichkeiten beziehen sollte, sondern der es auf den inneren Gehalt und die Schönheit des Ganzen ankam.

Noch Lessing spricht in seiner Abhandlung »Der Rezensent braucht nicht besser machen zu können, was er tadelt« (1767?) davon, beim Mißfallen über ein Kunstwerk könne man sich »entweder auf die bloße Empfindung berufen, oder seine Empfindung mit Gründen unterstützen« (zit. Ausgabe Lachmann/Muncker Bd. XV S. 62). Aber zur Unterscheidung wird nun hinzugefügt: »Jenes tut der Mann von Geschmack: dieses der Kunstrichter« (ebda.). Für die Kritik bleibt der Anspruch auf Begründung erhalten: »Der Kunstrichter empfindet nicht blos, daß ihm etwas nicht gefällt, sondern er fügt auch noch sein *denn* hinzu« (ebda. S. 63). So sehr dieser Anspruch an die Kritik auch für Lessing unvermindert verbindlich ist, so zeigt er doch besonders deutlich den bereits angesprochenen Wandel. Schon in seiner Abrechnung mit Gottsched führt er gegen dessen Regelkonstrukte die »natürliche Schreibart« ins Feld. Die Betonung des Rechts der Natur gegenüber der allgemeingültigen Norm signalisiert im Ansatz den Durchbruch jenes Individualismus, der für die Literatur- und Geistesgeschichte des ausgehenden 18. Jh.s ausschlaggebend wurde. Entscheidend ist dabei, woher der Kritiker nach Lessing seine Maßstäbe beziehen soll: »Der wahre Kunstrichter«, so schreibt er in der »Hamburgischen Dramaturgie«, »folgert keine Regeln aus seinem Geschmacke, sondern hat seinen Geschmack nach den Regeln gebildet, welche die Natur der Sache erfordert« (19. Stück vom 3. Juli 1767). Indem hier erneut gegen die abstrakte Regel die konkrete »Natur der Sache« ausgespielt wird, vollzieht sich der Übergang von einer deduktiv-normativen zu einer induktiv-individualisierenden Kritik. Wenn Lessing einmal äußert, das »Genie lacht über alle Grenzscheidungen der Kritik« (HD, 7. Stück vom 22. Mai 1767), so rechtfertigt er damit keineswegs einen schrankenlosen Subjektivismus. Als obsolet gilt ihm nur das äußerlich gleichsam mechanisch korrekte, gesetzmäßige Werk, nicht aber eine die Regeln aus innerer Konsequenz erfüllende Schöpfung. Künstlerische Produktivität erscheint noch durchaus mit den Kunstregeln vereinbar. Allerdings gibt es Werke, »gegen die alle Kraft der Legislation zu kurz fällt« (HD, 7. Stück vom 22. Mai 1767). Die Tragfähigkeit der Regelkritik ist damit ein für allemal erschüttert. Das Eingeständnis der Unzulänglichkeit tradierter Maßstäbe verbindet sich bei Lessing zudem mit einem neuen Ethos kritischer Wahrhaftigkeit und Aufrichtigkeit. »Nicht jeder Kunstrichter«, so heißt es im

96. Stück der »Hamburgischen Dramaturgie«, »ist Genie: aber jedes Genie ist ein geborener Kunstrichter. Es hat die Probe aller Regeln in sich. Es begreift und behält und befolgt nur die, die ihm seine Empfindung in Worten ausdrücken... Vernünftelt mit ihm darüber, so viel ihr wollt...«

Mit diesem hier beispielhaft durch Lessing illustrierten Wandel der Kritik änderte sich auch der zuvor oft umständliche, gelehrt-trockene Ton der Kritik zu mehr Unmittelbarkeit und persönlicher Färbung. Die einmal eingeschlagene Individualisierung, die Betonung des Kunstgefühls, die Entdeckung der sinnenhaften Elemente der Kunst im Gefolge von Alexander Gottlieb Baumgartens »Aesthetica« (1750), schließlich der Subjektivismus des Sturm und Drang enthoben die Kritik zunehmend dem Zwang rational einsichtiger Begründung. »Das Problem des Geschmacks«, so sagt Alfred Bäumler mit Bezug auf Winckelmann, aber das gilt weit über diesen hinaus, »ist durch die Genialität des Beurteilers praktisch gelöst« (S. 105). So verlangen die Subjektivierung und die für eigentlich produktiv gehaltenen irrationalen Wurzeln des dichterischen Schaffens die kongeniale »Einfühlung« des Kritikers und eine entsprechend impressionistisch gestimmte Kritikform. Die Begründung aus der Vernunft oder der Regelsystematik wird dabei als sachfremd abgelehnt. Die angenommene Freiheit der Inspiration macht nicht nur den Dichter, sondern auch den Kritiker in seinem Selbstverständnis zu einer Figur, die keine äußeren Rücksichten mehr zu nehmen braucht. Das Bild eines solchen Kritikers hat Johann Gottfried Herder in seinem »Vorläufigen Discours: von dem Ursprunge und den Gesichtspunkten, in denen der Kunstrichter erscheinet« entworfen, mit dem die zweite Sammlung seiner Fragmente »Über die neuere deutsche Litteratur« (1767) beginnt. Ohnehin erschloß die von Herder massiv eingeleitete Historisierung des Bewußtseins auch der Kritik neue Dimensionen und Maßstäbe.

Herder gibt in dem genannten Diskurs in nuce eine Entwicklungsgeschichte des Kunstrichtertums, die er mit der zunehmenden Bewußtwerdung der menschlichen Reflexion parallelisiert. Anschließend bestimmt er die Aufgabe des Kritikers in drei Richtungen: »Dem Leser erst Diener, denn Vertrauter, denn Arzt. Dem Schriftsteller erst Diener, denn Freund, denn Richter; und der ganzen Litteratur entweder als Schmelzer, oder als Handlanger, oder als Baumeister selbst« (Suphan-Ausgabe Bd. I, S. 246). Hat der Kritiker dem Publikum das Werk zu vermitteln – und Herder betont dies sehr stark –, so wird andererseits von ihm verlangt, sich in den Autor hineinzudenken, weil nur so eine angemessene Beurteilung möglich sei: »Suche ihn kennen zu lernen und als deinen Herrn auszustudiren; nicht aber dein eigener Herr seyn zu wollen ... Es ist schwer, aber billig, daß der Kunstrichter sich in den Gedankenkreis seines Schriftstellers versezze und aus seinem Geist lese ...« (ebda. S. 247). Schließlich hat der Kunstrichter als »Mitbürger« Anteil daran, den Bestand der Literatur und Kultur zu fördern. Herder skizziert diese Figur des Kritikers in durchaus kritischer Absicht, »denn alle unsre Kritici sind Richter; jedes Journal reimt sich auf Tribunal« (ebda. S. 249). Um mit René Wellek zu sprechen: »Herder vertritt eher eine Kritik der Schönheiten denn eine Kritik der Mängel ... In Wahrheit ist dies weniger ›Kritik‹ als Verstehen, Einfühlung, sich dem Dichter unterordnen« (S. 190).

Die Forderung nach kongenialer Affinität zwischen Schöpfer und Beurteiler und der Verzicht auf Begründung aus Theorie und Systematik haben im Grunde eine Selbstaufhebung der Kritik zur Folge, die in ihren Konsequenzen auf Dauer kaum befriedigen konnte. So fruchtbar der Aufbruch von Dichtung und Kritik aus der rationalistischen Regelsystematik auch war, so wenig vermochte dem Reflexionsstand der Zeit ein bloßer Rückzug auf die Quellen des Irrationalen zu genügen. Am Kulminationspunkt der Epoche macht daher Kant in seiner »Kritik der Urteilskraft« (1790) erneut den Versuch, auch das Ästhetische jener freien und öffentlichen Prüfung zu unterziehen, die als kritisches Prinzip die Legitimität der Erkenntnisse für ein aufgeklärtes Bewußtsein begründen sollte. Die Formalisierung des Kunsturteils durch Kant überhöhte den inzwischen schon zum nicht selten selbstgefälligen bürgerlichen Vorurteil abgesunkenen, im Ursprung aber gesellschaftlich emanzipativen Geschmacksbegriff und ging im Anspruch ebenso über die ästhetisch-kritische Diskussion der vorangegangenen Jahrzehnte hinaus wie die gleichzeitig sich entfaltende, »klassische« deutsche Dichtung über das bisherige literarische Schaffen. Doch darf man über deren unhistorischer Verabsolutierung nicht Bedeutung und Wert von Poesie und Kritik der Aufklärung verkennen oder zur bloßen Vorstufe erklären.

Überdies muß man die Literaturkritik des 18. Jh.s nicht zu isoliert sehen. Dazu ist die Kritik ein zu universales Phänomen. Vor allem kommt, wie Reinhart Koselleck gezeigt hat, hinzu, daß die Kritik im 18. Jh. eine zunehmend antifeudalistische Wendung nimmt und somit politische Qualität gewinnt. Denn es »spart sich die Kritik zunächst aus dem Staate aus, um dann gerade auf Grund dieser Aussparung sich scheinbar neutral auf den Staat auszuweiten und ihn ihrem Richterspruch zu unterwerfen« (Koselleck S. 81). In diesem Vorgang »einer Prozeßführung, die sich zunehmend gegen den Staat richtet« (ebda.), wird insbesondere der Dualismus von Moral und Politik als kritisches Motiv funktionalisiert. Auch wird gerade »die Kunst als Antipode der bestehenden Herrschaft« (S. 83) begriffen und vielfach als eigentlicher Hort der Moral den Mängeln des politischen Daseins entgegengestellt: »Im Augenblick, als die dualistisch abgesonderte herrschende Politik dem moralischen Richterspruch unterworfen wird, verwandelt sich das moralische Urteil in ein Politicum: in politische Kritik« (S. 84). Demnach vermochte schon Poesie selbst implizit kritische Funktion zu haben. Ihre explizit gemachte Beurteilung durch die Literaturkritik erscheint damit weniger als Äquivalent für eine weithin verhinderte politische Kritik, was sie faktisch auch sein kann, sondern sie wird dialektisch selbst zu einer Spielart der politischen Kritik, indem sie die staatliche Ordnung durch die Ansprüche der Kunst zu relativieren sucht. Diese Legitimationsfigur ist bis heute erhalten geblieben.

Außerdem konnte im Reich der Kritik im 18. Jh. jene Freiheit und Gleichheit bereits als vollzogen erscheinen, die im politischen Raum noch keine Verwirklichung gefunden hatte. Das Modell der Gelehrtenrepublik als »einer freien, unantastbaren Sphäre des Geistes« (de Voss S. 123) schloß eine Autonomie und Unabhängigkeit der Kritik ein, vor der nicht Hierarchien und Privilegien, sondern nur die Qualität der geistig-künstlerischen Leistung den Anspruch auf Geltung erheben konnte. Mag diesem Modell auch jene Radikalität gefehlt haben, die es in Frankreich besaß, so ging der Antrieb doch in die gleiche Richtung: »die Macht der Obrigkeit erlischt an der Schwelle zum Reich der Kritik« (de Voss S. 124). Man wird nicht übersehen dürfen, daß hieran vieles bloß aufklärerisches Postulat geblieben ist. Doch läßt sich kaum bestreiten, daß Kunst- und Literaturkritik über ihren jeweiligen Gegenstand hinaus prinzipielle Bedeutung als Exerzierfelder jenes Räsonnements gewannen, dem sich schließlich auch die politischen Verhältnisse nicht mehr entziehen konnten.

Angesichts dieser übergreifenden Dimensionen des Phänomens der Kritik ist jedoch nicht außer acht zu lassen, auf welche Weise diese konkrete Gestalt angenommen hat. Von Beginn an gehört Kritik zu den Konstituentien des Zeitschriftenwesens, ja das Journal ist, wie immer wieder bemerkt wurde, die hauptsächliche Institution und der wesentliche Träger dieser Kritik im 18. Jh. Traditionsbildend ist hier schon die erste deutschsprachige Zeitschrift, des Christian Thomasius' »Monatsgespräche« (1688 ff.). Das periodische Rezensionswesen führte zu einer Aktualisierung der Kritik und ermöglichte kritische Selektion einer immer schwerer zu überschauenden Literaturproduktion. Daß dabei literargeschichtlich bedeutsam gewordene Werke neben bloß damals aktuellen und heute verschollenen Titeln besprochen wurden, kann dabei ebensowenig überraschen wie die Tatsache, daß die Rezensionen keineswegs überwiegend jenen prinzipiellen Ansprüchen standhalten, wie sie in der gleichzeitigen Theorie der Kritik aufgestellt wurden. Über die Mängel der periodischen Tageskritik kann man nur enttäuscht sein, wenn man ihre zeitgebundene Funktion unterbewertet und sie allzusehr als Anlaß grundsätzlicher poetologischer Klärung (miß)versteht. So handelt es sich bei den Rezensionen nicht selten um bloße Referate und Inhaltsangaben, teilweise mit beigefügter historisch-philologischer, wissenschaftlicher, ästhetischer oder bloß pragmatischer Kritik. Bei solcher Expansion der Kritik konstatierte man schon bald eine Hypertrophie des Kritisierens, so daß sich bereits die »Neuen Beyträge zum Vergnügen des Verstandes und Witzes« (1744 ff.) durch ausdrücklichen Verzicht auf Kritik und Beschränkung auf die poetische Produktion davon absetzten. Solches Bemühen bestätigt aber nur, wie sehr sich die Kritik der Literatur gerade in den Zeitschriften bemächtigt hatte. Dazu gehörte auch die ausgiebige wechselseitige Besprechung der literarischen Journale. Eine systematische Untersuchung, welche Werke wo und wie oft rezensiert worden sind, fehlt bisher, wie überhaupt – trotz der Ansätze bei Anni Carlsson – eine Entwicklungsgeschichte der literarischen Tageskritik noch der Bearbeitung bedarf. Neben der Besprechung vieler inzwischen vergessener Titel der in- und ausländischen Buchproduktion steht aber auch die kritische Diskussion um die epochemachenden Werke der Zeit. Diese gewinnt selbst literargeschichtliche Bedeutung, wo sie nicht nur in reaktiver Reflexion den Stellenwert des einzelnen Werks festzulegen sucht, sondern wo sie dieses durch die Formulierung weiterführender Ziele überhöht (vgl. etwa die von Fambach herausgegebene Sammlung bedeutender Rezensionen des 18. Jh.s).

Literatur: Johann Christoph Gottsched: Versuch einer critischen Dichtkunst vor die Deutschen. Leipzig 1730. 4. verm. Aufl. 1751. Nachdruck Darmstadt 1962. – *Johann Jakob Bodmer:* Critische Abhandlung von dem Wunderbaren in der Poesie. Zürich 1740. Neudruck Stuttgart 1967. – *Johann Jakob Breitinger:* Critische Dichtkunst. 2 Bde. Zürich 1740. Neudruck Stuttgart 1966. – [*Christlob Mylius?*]: Abhandlung in welcher der Begriff der Critik bestimmet wird. In: Bemühungen zur Beförderung der Critik und des guten Geschmacks 1 (1743) S. 19–39. – [*Friedrich Nicolai*]: Briefe über den itzigen Zustand der schönen Wissenschaften in Deutschland. 1755. Neudruck hrsg. v. *Georg Ellinger.* Berlin 1894. – *Johann Gottfried Herder:* Sämtliche Werke. Hrsg. v. *Bernhard Suphan.* Bd. 1. Berlin 1877. – *Gotthold Ephraim Lessing:* Sämtliche Schriften. *Hrsg. v. Karl Lachmann.* 3. neu durchges. u. verm. Aufl. bes. d. *Franz Munkker.* Bd. XV. Leipzig 1900.

Friedrich Braitmaier: Geschichte der poetischen Theorie von den Diskursen der Maler bis auf Lessing. 2 Bde. Frauenfeld 1888/89. – *Max Wedel:* Herder als Kritiker. Berlin 1928. Reprint Nendeln 1967. – *Gerda Viktoria Förtsch:* Buchbesprechung und Zeitschrift. Dresden 1940. – *George A. Saintsbury:* A History of Criticism and Literary Taste in Europe from the Earliest Texts to the Present Day. 3 Bde. Edinburgh, London [7]1949. – *F. Schümmer:* Die Entwicklung des Geschmacksbegriffs in der Philosophie des 17. und 18. Jahrhunderts. In: Archiv f. Begriffsgeschichte 1 (1955) S. 120–141. – *Werner Milch:* Literaturkritik und Literaturgeschichte; Die Anfänge der literarischen Kritik in Deutschland. Beides in: *W. M.* Kleine Schriften zur Literatur- und Geistesgeschichte. Heidelberg 1957. – *Oscar Fambach* (Hrsg.): Ein Jahrhundert deutscher Literaturkritik (1750–1850). Ein Lesebuch und Studienwerk. Bd. III. Berlin 1959. – *Reinhart Koselleck:* Kritik und Krise. Eine Studie zur Pathogenese der bürgerlichen Welt. Freiburg, München 1959. Neuaufl. Frankfurt 1973. – *René Wellek:* Geschichte der Literaturkritik 1750–1830. Darmstadt, Berlin-Spandau, Neuwied 1959. – *Alfred Bäumler:* Das Irrationalitätsproblem in der Ästhetik und Logik des 18. Jahrhunderts bis zur Kritik der Urteilskraft. Darmstadt 1967. – *Anni Carlsson:* Die deutsche Buchkritik von der Reformation bis zur Gegenwart. Bern, München 1969. – *Alexander von Bormann* (Hrsg.): Vom Laienurteil zum Kunstgefühl. Texte zur deutschen Geschmacksdebatte im 18. Jahrhundert. Tübingen 1974. – *Claus von Bormann:* Der praktische Ursprung der Kritik. Die Metamorphosen der Kritik in Theorie, Praxis und wissenschaftlicher Technik von der antiken praktischen Philosophie bis zur neuzeitlichen Wissenschaft der Praxis. Stuttgart 1974. – *Eva-Maria de Voss:* Die frühe Literaturkritik der Aufklärung. Untersuchungen zu ihrem Selbstverständnis und zu ihrer Funktion im bürgerlichen Emanzipationsprozeß. Diss. Bonn 1975.

4. Die literarische Zeitschrift und die Entwicklung der deutschen Literatursprache

Die Zeit zwischen 1700 und 1775 ist, wie Eric A. Blackall in einer grundlegenden Studie beschrieben hat, die entscheidende Epoche für die Ausbildung der neueren deutschen Literatursprache und damit folgenreich für die nachmalige Sprachgeschichte überhaupt. In diesen Jahrzehnten wird aus einer inhomogenen, schwerfälligen und zum Teil mit fremdsprachigen Beständen durchsetzten Sprache jenes differenzierte Medium poetischen Ausdrucks, in dem sich die reiche Dichtung am Ende des Jahrhunderts darstellt. In diesem Vorgang, so hat Blackall selbst schon betont, wächst den Zeitschriften eine maßgebliche Bedeutung zu, auf die hier eigens hinzuweisen ist.

Daß sich die Entstehung und Ausbreitung periodischer Medien erheblich auf die Sprachentwicklung ausgewirkt hat, ist bisher nur wenig beachtet worden. Zu sehr war die Sprachgeschichtsschreibung – ähnlich wie die Literahistorie – an den anspruchsvollen, »stilbildenden« Werken orientiert, als daß ihr die gängigen Verkehrsformen periodisch-öffentlicher Kommunikation hätten zulänglich in den Blick treten können. Wenngleich ein solcher Einfluß mitunter durchaus konstatiert worden ist, so erscheint er bislang doch keineswegs ausreichend belegt oder untersucht. Immerhin hat Lutz Mackensen gelegentlich am Beispiel deutscher Zeitungen des 17. Jh.s gezeigt, daß diese Blätter durch das raumübergreifende Zusammentragen und Verbreiten von Nachrichten einen Beitrag zum Ausgleich der mundartlichen Unterschiede und damit zur Schaffung einer gemeinsamen deutschen Hochsprache geleistet haben.

Kaum geringer zu werten ist die sprachgeschichtliche Bedeutung des seit dem ausgehenden 17. Jh.s in Erscheinung tretenden Mediums Zeitschrift. Allerdings herrschte in der gelehrten Welt, die ursprünglich den Wurzelgrund des Zeitschriftenwesens bildet, zu Beginn noch das Lateinische vor, in der höfischen Welt das Französische. Dieser kulturell und politisch bedingte Rückstand der deutschen Sprache ist damals viel beklagt worden. Die barocken Sprachgesellschaften hatten als erste versucht, ihm entgegenzutreten, offenbar jedoch ohne jenen durchgreifenden Erfolg, der es etwa Gottfried Wilhelm Leibniz am Ende des 17. Jh.s erspart hätte, den Zustand der deutschen Sprache massiv zu kritisieren und abermals ihre Verwendung für den wissenschaftlichen Erkenntnisaustausch zu fordern.

Kennzeichnend für diesen Zustand ist schon, daß die erste

große universalwissenschaftliche Zeitschrift auf deutschem Boden, die »Acta Eruditorum« (seit 1682 in Leipzig von Otto Mencke herausgegeben) – im Gegensatz zu den entsprechenden Unternehmen der anderen europäischen Kulturnationen – noch in lateinischer Sprache abgefaßt ist. Dies erklärt sich nicht allein aus dem Willen, ein möglichst breites, internationales Publikum der Gelehrten anzusprechen, sondern es deutet auch auf den unterentwickelten, den neuen Kommunikationsbedürfnissen noch kaum angepaßten Stand der deutschen Sprache hin. Jahrzehntelange intensive sprachliche Arbeit war erforderlich, um das Deutsche zu einem für die großen geistig-literarischen Bewegungen der Epoche tauglichen Ausdrucksmedium zu machen.

Der Fortschritt vollzog sich dabei im wesentlichen auf zwei Ebenen. Einmal wandte man sich, einem sprachkritischen Impuls folgend, verstärkt der theoretischen Klärung und systematischen Grundlegung einer einheitlichen deutschen Sprache zu. Hierher gehören die vielfältigen sprachhistorischen und sprachanalytischen, die grammatischen, lexikographischen und stilnormierenden Bemühungen der Theoretiker. Als Forum der Diskussion schaffen sie sich auch eigene, ausgesprochen sprachthematisch-philologische Zeitschriften, deren Linie etwa von Gottscheds »Beyträgen zur critischen Historie der deutschen Sprache, Poesie und Beredsamkeit« (1732–1744) über die »Critischen Versuche zur Aufnahme der deutschen Sprache« (1741 bis 1746) bis zu Johann Christoph Adelungs »Magazin für die deutsche Sprache« (1782–1784) reicht. Andererseits geht es um Besserung im praktischen Umgang mit der Sprache, d. h. um den »Versuch, die deutsche Sprache Dinge auf andere, neue Weisen sagen oder sie überhaupt neue Dinge sagen zu lassen« (Blackall S. 1). Hier liegen die weiterführenden Antriebe in der poetischen Produktion der Dichter. Der Träger ist – auf das Medium Zeitschrift bezogen – das belletristische, »poetisch-productive« (Prutz) Journal, d. h. es sind jene Blätter, die dem Abdruck kleinerer oder in Ausschnitten auch größerer literarischer Werke dienten. Aber auch die weniger rein ausgeprägten Typen der literarischen Zeitschrift, etwa die umfassenden kritischen und kulturpolitischen Organe, haben die deutsche Sprachentwicklung gefördert, sei es durch theoretische Beiträge, sei es durch die unablässige praktische Stilübung.

Dabei sind es »nicht nur die großen Dichter, die die poetische Ausdruckskraft einer Sprache weiter entwickeln. Die Versager tragen oft gerade durch ihre Bemühtheit ebenfalls dazu bei« (Blackall S. 158). Schwer zu beantworten ist indessen die Frage, wo die Zeitschriften bloß an der allgemeinen, sie übergreifenden Sprachentwicklung teilhaben und wo sie selbst in diese produktiv und förderlich eingreifen. Daß solche, über die bloße Spiegelung hinausgehende und gleichsam mit der »Natur« des Mediums gegebene förderliche Antriebe feststellbar sind, kann im folgenden nur mehr angedeutet als ausgiebig genug belegt werden. Dazu wären weitere Untersuchungen notwendig. Grundsätzlich wird man jedoch davon ausgehen können, daß die Zeitschrift als periodisches Organ zu einer Intensivierung theoretischer und praktischer Sprachbildung geführt hat und daß unter dem Gesetz der Periodizität andere Resultate erzielt wurden als ohne das Medium möglich gewesen wären.

Bedeutsam ist im übrigen schon, daß sprachbildende und literarisch-publizistische Intentionen am Beginn der deutschsprachigen Zeitschrift ausdrücklich zusammenkommen. Christian Thomasius, der 1687 in Leipzig als erster eine Vorlesung in deutscher Sprache angekündigt und damit erheblichen akademischen Aufruhr verursacht hatte, schuf ein Jahr später mit seinen »Monatsgesprächen« auch die erste deutschsprachige Zeitschrift. Dies begründet bis heute seinen Ruhm als Ahnherr der deutschen literarischen Journalistik. Neu waren bei Thomasius überdies Thematik und Ton der Darstellung. Dem durch breite Abhandlungen und Buchauszüge kompilierten, in trocken wissenschaftlichem, lateinischem Stil verfaßten Journal Menckes stellte er ein zwar noch gelehrtes, aber in Gesprächsform und galanter Haltung geschriebenes, auf Belehrung *und* Unterhaltung bedachtes Organ gegenüber, das die schöngeistige Literatur nicht ausklammerte, sondern sie sogar mit mehr Interesse zur Kenntnis nahm als die praktisch lebensferne Gelehrsamkeit. Die Adressaten sollten nicht mehr die Berufsgelehrten, sondern die Vertreter eines größeren, weltläufigen Publikums sein. Allerdings bleibt Thomasius' Stil in der Mischung gelehrter und volkstümlicher Elemente uneinheitlich, die komplizierten Perioden und Partizipialkonstruktionen entsprechen nicht immer der scherzhaft-satirischen Absicht des Verfassers.

Die »Monatsgespräche« hinterlassen somit einen zwiespältigen Eindruck, indem sie »den Bedarf an einem graziösen, leichten Stil beweisen und die Unmöglichkeit enthüllen, das barocke Satzgefüge diesem Zweck anzupassen« (Blackall S. 40). Sind die »Monatsgespräche« in Deutschland der »erste Versuch, einen leichten Feuilleton-Stil zu schreiben«, so ist »die Tatsache, daß der Versuch überhaupt unternommen wurde, ... wichtiger als das Ausmaß des Erfolges« (ebda.). Blackall faßt sein Urteil so zusammen: »Die Bedeutung der ›Monatsgespräche‹ für die Entwicklung der deutschen Sprache zu einem Mittel literarischen Ausdrucks liegt nicht so sehr in ihrer literarischen Qualität als in der simplen Tatsache ihrer Existenz. Hier war eine literarische Zeitschrift in deutscher Sprache, die sich an ein Publikum wandte, das weit über den professionellen Bereich der Gelehrtenwelt hinausreichte, und die in einer Sprache abgefaßt war, die nicht die Sprache der Spezialisten war« (S. 42).

Die von Thomasius in den Zeitschriftenjournalismus eingeführte deutsche Sprache blieb im folgenden naturgemäß nicht auf die literarische Zeitschrift beschränkt. Für die Literatursprache im engeren Sinne hat Blackall neben der Bedeutung der kritischen Journale vor allem die der Moralischen Wochenschriften hervorgehoben. Da die ersten deutschen Gründungen in dieser Gattung (z. B. »Der Vernünfftler«, 1713/14) großenteils aus Übersetzungen der englischen Vorbilder von Addison und Steele bestanden, ist zu beobachten, wie sich hier »das Deutsche ... unter dem Einfluß eines fremdsprachlichen Prosastils zur Reife entwickelt« (Blackall S. 45). Die »graziöse Gewandtheit von Addisons Stil« (ebda.), seine Anmut, Klarheit und Eleganz lockerten in der Übersetzung auch den strengen deutschen Satzbau. Doch die sprachgeschichtlichen Antriebe der Moralischen Wochenschrift reichen weiter: Ihr bürgerlich-praktisches Ethos ist gegen alles Gekünstelte, Unnatürliche gerichtet, was etwa zur Absage an französischen Schwulst und zur Vermeidung von Fremdwörtern führt. Schließlich suchten die Moralischen Wochenschriften besonders stark das wachsende Lesepublikum der Frauen zu gewinnen. Auch dies hatte seine Konsequenzen für den Sprachstil: »Die bewußte Rücksichtnahme auf weibliche Leser ermutigte den entschiedenen Versuch, einfacher, klarer, witziger und selbst eleganter zu schreiben« (Blackall S. 59).

Daß die Zeitschrift als periodisches Medium sprachbildende Kraft gewinnt, hat Blackall noch an den »Discoursen der Mahlern« illustriert, die 1721–1725 in Zürich als Moralische Wochenschrift unter der Leitung von Johann Jakob Bodmer erschienen. So wie die das Organ tragende »Gesellschaft der Mahler« großenteils aus Gelehrten bestand, so war die Zeitschrift selbst ein Produkt der Gelehrsamkeit, d. h. zunächst »fehlt überhaupt jeder Versuch, einen gefälligen, leichten Stil zu schreiben« (Blackall S. 52). Der verwickelte, langatmigsentenziöse und teilweise pedantisch-rhetorische Ton wurde auch vielfach kritisiert. Dabei war es offenbar die zunehmende Einsicht in die spezifische Publikumsorientierung des journalistischen Mediums Zeitschrift, die dazu führte, »daß Bodmer und Breitinger von sich aus zu der Einsicht kamen, daß dieser zweifellos ihr normaler Stil für die

Ziele und Zwecke der Zeitschrift ungeeignet war. Sie machten sich bewußt daran, einen leichtflüssigen, leichtgewichtigeren Stil zu entwickeln; sie bemühten sich bewußt, in einer Weise zu schreiben, die auch ein Publikum jenseits der Schulen und Kirchen anzusprechen vermochte« (ebda. S. 55). So zeigen schon die letzten Teile der ersten Serie des Journals, vor allem aber seine Neuauflage unter dem Titel »Der Mahler der Sitten« (1746) entschiedene Stilkorrekturen (vgl. Brandes S. 130 ff.). Es gibt hier demnach Anzeichen, daß ein dem publizistischen Medium Zeitschrift naheliegendes Gebot zur Popularisierung sich förderlich ausgewirkt hat auf die Entwicklung einer leichter verständlichen, geschmeidigeren deutschen Literatursprache.

Auf diese, zur literarischen Zeitschrift im engeren Sinne parallel laufenden Bemühungen wird hier deshalb hingewiesen, weil sowohl Bodmer und Breitinger als auch Gottsched die exponierten Träger der grundlegenden sprachkritischen und poetologischen Diskussion in der ersten Hälfte des 18. Jh.s gewesen sind. Auch Gottsched war mit den »Vernünfftigen Tadlerinnen« (1725/26) und dem »Biedermann« (1727–1729) auf dem Gebiet der Moralischen Wochenschriften wirksam. Wichtig ist in unserem Zusammenhang, daß der zeitweise alles beherrschende Konflikt zwischen ihm und den Schweizern auch seinen linguistischen Aspekt hat, da sie »zu gänzlich verschiedenen Idealen von einer Literatursprache gelangt zu sein scheinen, indem sie das Experiment einer literarischen Zeitschrift unternahmen. Gottscheds Ideal ist eine klare, natürliche, aber nichtsdestoweniger ›vernünftige‹ Sprache – vernünftig insofern, als sie alle ausländischen Extravaganzen ausschließt und der Vernunft die letzliche Kontrolle überläßt. Bodmers Ideal ist eine metaphorische Sprache, die hochgespannt, durchaus gehoben und primär der Einbildungskraft unterworfen ist« (Blackall S. 74 f.).

Die im frühen 18. Jh. von Leipzig ausgehende Stabilisierung der deutschen Literatursprache und die dabei auftretenden Probleme hat Blackall ausgiebig dargestellt. Danach ist es wesentlich das Verdienst Gotscheds, »die allgemeine Standardisierung der Schriftsprache auf der Grundlage des meißnischen Sprachgebrauchs« (S. 76) erreicht zu haben. In der Frage, ob ein einzelner Dialekt als gemeinsame Norm angenommen oder eine Sprache über den Dialekten geschaffen werden sollte, setzte sich schließlich – wenn auch nicht ohne Widerstände – die Autorität Gottscheds weitgehend durch. Zu seinen vielfältigen Bemühungen auf dem Weg zu diesem Ziel gehörten auch seine Zeitschriften. So wurde die in der »Deutschen Sprachlehre«

(1748) gegebene Kodifizierung vorbereitet in den »Beyträgen zur critischen Historie der deutschen Sprache, Poesie und Beredsamkeit« (1732–1744). »In ihnen ist zu beobachten«, so vermerkt Blackall, »wie er sich vorsichtig und langsam zur systematischen Formulierung vorarbeitete, die er seinem genormten Deutsch in der ›Sprachkunst‹ schließlich zuteil werden ließ« (S. 83). Ähnliches gilt auch für die anderen, durch Gottsched inspirierten Zeitschriften, die Beiträge zur analytischen und historischen Erforschung, zur theoretischen Klärung und praktischen Verbesserung der deutschen Sprache brachten.

Während für Gottsched Klarheit, Kürze und vernünftiger Ausdruck Leitprinzipien bildeten, hat man es bei Bodmer und Breitinger mit der »Verteidigung eines metaphorischen Stils« (Blackall S. 210) zu tun. Ein abwechslungsreicher, durchaus von lokalen sprachlichen Sonderentwicklungen gespeister Wortschatz, überhaupt der Einsatz von Bildern und machtvollen, auf gesteigerte Wirkung angelegten Ausdrücken wurde von ihnen gefordert – entsprechend ihrer Betonung der Einbildungskraft und des Wunderbaren in der Poesie. Durch ihre Erschließung mittelalterlicher Dichtung schufen sie einer solchen Auffassung zusätzliche historische Orientierungspunkte. Die »Spannung zwischen einem Ideal der Klarheit und einem Ideal der Ausdruckskraft« (Blackall S. 84) zeigt nicht nur unterschiedliche Ansätze im Kampf um die aktuelle Durchsetzung einer Sprachnorm für den deutschen Kulturbereich mit seinen nationalpolitischen Implikationen; angedeutet ist damit vielmehr auch, welche sprachlichen Grundlagen für die weitere deutsche Literaturgeschichte geschaffen wurden. Vorgezeichnet ist hier einmal jener schlichte, durchsichtige, zwischen dem übertriebenen Rhetorischen und allzu derb Gewöhnlichen angesiedelte Stil einer »kultivierten Natürlichkeit« in Gellerts Sinne. Angelegt ist aber nicht minder die Entfaltung eines erhabenen, gefühlvoll bewegten und von subjektiver Originalität geprägten Sprachtons, der von Klopstock zum Sturm und Drang führt (vgl. K. L. Schneider). Dabei gewinnt die Zeitschrift für die Literatur auch einen spezifischen, sprachgeschichtlichen Quellenwert: Vieles ist überhaupt nur hier abgedruckt worden oder manches doch durch sie in Vor- und Frühstufen erhalten. Ein denkwürdiges Beispiel sind etwa die ersten drei Gesänge von Klopstocks »Messias«, die 1748 in den »Neuen Beyträgen zum Vergnügen des Verstandes und Witzes« erstmals veröffentlicht wurden, in einer noch »archaischen« Sprachform, die später eine mehrfache Überarbeitung erfuhr.

Die verschiedenen Entwicklungsrichtungen der deutschen Literatursprache im weiteren Verlauf des 18. Jh.s hat Blackall ausgiebig dargestellt. Insoweit die Zeitschriften die Poesie zum Inhalt nehmen, haben sie teil an der übergreifenden, von äußeren und persönlichen Faktoren bestimmten Sprachbildung und fördern sie zugleich. Dies gilt für die locker gefügte, zunehmend belebte und geschmeidige Prosa wie für die gebundene Poesie – und hier wiederum sowohl für den gehobenen Ton des Lehrgedichts und anderer didaktischer Formen wie für den scherzhaft-witzigen Klang der anakreontischen Lyrik. Die überlieferten Gattungsformen werden zunehmend der individuellen Sprachform angepaßt, bis die Entbindung des subjektiven Ausdrucksverlangens schließlich in der Empfindsamkeit und im Sturm und Drang kulminiert.

Eine ähnliche Entwicklung vollzog sich auch in den kritischen Zeitschriften. Dabei ist Lessing von besonderer Bedeutung. Aus einer in den Anfängen durchaus konventionellen und schwerfälligen Prosa entwickelte er in seinem großenteils publizistisch ausgetragenen kritischen Kampf einen spezifischen »Überredungsstil«: »Interjektionen, rhetorische Fragen, plötzliche Apostrophen (manchmal an den Leser), Steigerung durch Wiederholung, Variation oder Aufzählung, die anaphorische Wiederaufnahme eines Gedankens und dessen Weiterspinnen, die Hervorhebung eines Wortes durch ungewöhnliche Wortstellung und den brillanten Gebrauch der Interpunktionszeichen, so daß selbst Punkte und Kommas zu leben beginnen« (Backall S. 277). Bei all diesen Mitteln blieb die klare Kürze Lessings höchstes Stilideal, das zugleich »auf seinem Ideal der Wahrheit gegründet war« (S. 276). So vollzieht sich auch für die kritische Prosa der Übergang zu einem mehr dramatischen, verbal bewegten und persönlich gestimmten Sprachduktus wesentlich im publizistischen Medium. So ist endlich der subjektive Stil der Rezensionen im berühmten Jahrgang 1772 der »Frankfurter gelehrten Anzeigen« weit entfernt von der eher wissenschaftlich diskursiven, mitunter abstrakt und pedantisch trockenen Sprachform der kritischen Journale des frühen 18. Jh.s. Damit einher geht ein Wandel im Erscheinungsbild der Zeitschriften. An die Stelle eines oft mit umfangreichen Beiträgen befrachteten, sprachlich nicht selten schwer lesbaren und eng umbrochenen Druckwerks tritt eine mitunter lockere Fügung aus Poesie und Prosa, die kurzweiligere Formen der Lektüre begünstigte.

Die Herausgeber der großen, am Ende des hier betrachteten

Zeitraums stehenden literarischen Blätter sind bereits entschiedene Träger der voll entwickelten deutschen Literatursprache der siebziger und achtziger Jahre. Dies gilt nicht nur für Wieland, den Herausgeber des »Deutschen Merkur«, dem Blackall »wundervolle Ausgewogenheit zwischen Witz und Empfindung« (S. 314) zuspricht, sondern – auf je eigene Weise – u. a. für J. G. Jacobi, S. von LaRoche, H. Chr. Boie, M. Claudius und für viele andere Mitarbeiter der Journale, zu denen auch die führenden Autoren der Zeit gehörten. Sie haben durch ihre Beiträge die Zeitschrift nicht nur zu einem literarhistorischen, sondern auch zu einem sprachgeschichtlichen Katalysator ersten Ranges gemacht. Im Rückblick auf mehrere Jahrzehnte Zeitschriftengeschichte erscheint es daher weniger als historisch gerechtes Urteil denn als Bedürfnis der Selbstlegitimation, wenn der Lexikograph Johann Christoph Adelung 1782 seine Vierteljahresschrift »Magazin für die deutsche Sprache« mit dem Hinweis einleitet, die »Liebe der Deutschen für ihre Muttersprache scheinet vorzüglich in unsern Tagen zu erwachen, wenigstens hat man sich wohl nicht leicht zu irgendeiner andern Zeit so viel mit ihr zu schaffen gemacht, als eben jetzt«.

Literatur: Sune Hildebrand: Die Discourse der Mahlern, Zürich 1721–23, und Der Mahler der Sitten, Zürich 1746, sprachlich verglichen, ein Beitrag zur Geschichte der neuhochdeutschen Schriftsprache in der Schweiz. Diss. Uppsala 1909. – *Lutz Mackensen:* Zeitungen als Quelle zur Sprachgeschichte des 17. Jahrhunderts. In: Ostdeutsche Wissenschaft Bd. III/IV (1956–57) S. 146 ff. – *ders.:* Über die sprachliche Funktion der Zeitung. In: Worte und Werke. Bruno Markwardt zum 60. Geburtstag. Berlin 1961. S. 232–247. – *ders.:* Zur Sprachgeschichte des 17. Jahrhunderts. Aus der Arbeit der »Deutschen Presseforschung.« In: Wirkendes Wort 14 (1964) S. 157 bis 170. – *Eric A. Blackall:* Die Entwicklung des Deutschen zur Literatursprache 1700–1775. Mit einem Bericht über neue Forschungsergebnisse 1955–1964 von *Dieter Kimpel.* Stuttgart 1966. – *Karl Ludwig Schneider:* Klopstock und die Erneuerung der deutschen Dichtersprache im 18. Jahrhundert. Heidelberg 1960. – *Helga Brandes:* Die »Gesellschaft der Maler« und ihr literarischer Beitrag zur Aufklärung. Bremen 1974. – *Hubert Lengauer:* Zur Sprache Moralischer Wochenschriften. Untersuchungen zur rhetorischen Vermittlung der Moral in der Literatur des 18. Jahrhunderts. Diss. Wien 1975.

5. Die literarische Zeitschrift und das Lesepublikum

So wie die Ausbreitung der literarischen Zeitschrift im 18. Jh. (zusammen mit der erheblichen Steigerung und proportionalen Umschichtung der Buchproduktion) ihre Voraussetzungen und Folgen auf der Seite der als Kommunikatoren wirkenden Herausgeber und Autoren besitzt, so auch auf der anderen Seite des literarischen Kommunikationsprozesses, bei den Rezipienten, beim Publikum. Dabei bedeutet diese Gegenüberstellung von Kommunikatoren und Rezipienten keine strenge Trennung zweier gesellschaftlicher Gruppen, sondern eher nur einen Wechsel in der Perspektive des Rollenverhaltens. Denn man kann davon ausgehen, daß die literarischen Kommunikatoren des 18. Jh.s zunächst gleichzeitig großenteils auch die Rezipienten des Mediums darstellten, weshalb sich der Wandel des Lesepublikums nicht zuletzt auch als ein Vorgang beschreiben läßt, in dem zunehmend literarische Nicht-Kommunikatoren als Rezipienten am literarischen Kommunikationsprozeß teilnahmen. Dies schließt einen Umbruch in den Lesefunktionen mit ein. Wenn z. B. schon im Vorbericht zu der Zeitschrift »Der Liebhaber der schönen Wissenschaften« (1747/48) neben den berufsmäßigen »Kunstrichtern« vor allem auch die »Liebhaber« der Literatur als Zielgruppe des Herausgebers genannt werden, so bedeutet dies, sowohl Stoff für berufliche »Arbeitslektüre« wie für private »Unterhaltungslektüre« liefern zu wollen. Mit der Frage nach dem Lesepublikum steht im übrigen nochmals die literarische Öffentlichkeit im Blick, deren quantitative Dimension durch den Umfang dieses Publikums festgelegt ist.

Da die literarische Zeitschrift des 18. Jh.s kein Bild typologischer Einheitlichkeit bietet, ist dergleichen auch nicht von jenem Publikum zu erwarten, das sich durch die gemeinsame Zuwendung zu diesem Medium konstituiert. Grundsätzlich werden Reichweite und Rezeption von (literarischer) Kommunikation durch mehrere Arten von Variablen bestimmt: Zunächst durch die Persönlichkeitsfaktoren der Rezipienten und ihre Verteilung in einer Gesellschaft, so vor allem durch den Bildungsgrad, die Lesefähigkeit oder – allgemeiner gesprochen – die kognitive Informationsverarbeitungskapazität, aber auch durch andere demographische und soziale Merkmale wie Geschlecht, Alter, Gruppenzugehörigkeit usw. Ferner sind psychologische Faktoren, Motive und Interessen von Bedeutung. Eine andere Gruppe von rezeptionsleitenden Faktoren bilden die Merkmale des Inhalts und der Form von Aussagen, insbesondere die sprachlich-stilistischen Textmerkmale, zudem die äußere Aufmachung und innere Gliederung. Schließlich wären weiterhin noch Umweltfaktoren zu nennen, etwa die politisch-soziale Struktur einer Gesellschaft, auch das die unterschiedliche Verteilung kultureller Güter bedingende territoriale Verhältnis von Stadt und Land. Da sich diese in mancherlei Wechselwirkung stehenden Faktoren geschichtlich zudem verändern, läßt sich Lektüre nur schwer in verallgemeinerter Form beschreiben. »Sie weist«, wie Rolf Engelsing sagt, »thematisch, historisch, sozial und individuell beträchtliche Unterschiede auf. Es gibt verschiedene Lesestoffe, verschiedene Arten zu lesen, verschiedene Gruppen von Lesern und verschiedene einzelne Leser innerhalb einer Gruppe« (1970, Sp. 946).

Ist Leseverhalten demnach nicht als unabhängige, sondern als abhängige Variable zu verstehen, so setzt sein Wandel im 18. Jh. einen Wandel der angeführten Faktoren voraus. Vor allem waren es die stark pädagogisch motivierten und auf Popularisierung des Wissens angelegten Bestrebungen der Aufklärung, die zu einer Ausbreitung der Bildung führten (vgl. u. a. Roessler). Dieser Vorgang geht mit der bereits früher beschriebenen Verschiebung des ständischen Gefüges einher, durch welche das »Bürgertum« zur tragenden, d. h. im vorliegenden Zusammenhang primär publikumsbildenden Schicht wurde. Aus ihr rekrutierten sich vorzugsweise nicht nur die akademisch Gebildeten, deren die literarische Zeitschrift als Publikum bedurfte, so weit sie noch dem Gelehrtenjournalismus nahestand; vielmehr stellte diese Schicht, die jedoch keineswegs homogen erscheint, auch das Reservoir für jene zwar nicht gelehrten, aber zur literarischen Kommunikation hinreichend Befähigten, an die sich schon besonders die Moralischen Wochenschriften wandten (vgl. Currie, Martens) und auf welche ebenso jene Blätter im Gefolge der »Belustigungen des Verstandes und des Witzes« (1741–1745) spekulierten, die außer Belehrung auch literarische Unterhaltung bieten wollten. Ohnehin mußte dem angedeuteten Umbruch in den persönlichen und sozialen Bedingungen der Lektüre ein Wandel in den Lesestoffen entgegenkommen. Daß theologische Werke und religiöse Erbauungsschriften sowie die Bücher für den praktischen Hausgebrauch zunehmend durch schöngeistiges Schrifttum verdrängt oder ergänzt wurden, läßt sich nicht nur an der bekannten quantitativen Umschichtung der Buchproduktion des 18. Jh.s, sondern auch an den Nachlaßinventaren der Zeit beobachten, aus denen man eine Vorstellung vom damaligen Buchbesitz gewinnen kann (vgl. W. Wittmann).

Setzt man akademische Bildung voraus, so kommt man nach neueren Schätzungen »für den Beginn des 18. Jahrhunderts auf ein literarisches Publikum von etwa 80 000 bis 85 000 Personen« (Martino S. 111). Das wäre knapp ein halbes Prozent der angenommenen Gesamtbevölkerung von ca. 20 Millionen. Bei sinkenden Studentenzahlen dürfte sich dieses Verhältnis am Ende des Jahrhunderts jedoch wieder verringert haben (vgl. Martino S. 143). Die Ausweitung des Lesepublikums, d. h. das Anwachsen des Anteils potentieller Leser an der Gesamtbevölkerung, den Schenda (»für Mitteleuropa«) mit 15 Prozent im Jahre 1770 und 25 Prozent im Jahre 1800 angibt (vgl. S. 444), muß sich daher überwiegend in den Bereichen vorakademischer Bildung abgespielt haben, vor allem beim gehobenen und mittleren Bürgertum, aber auch, wenngleich weniger für die literarische Zeitschrift, in den Unterschichten (vgl. Engelsing 1973).

Während das politische Leben in Deutschland noch durch die Höfe und den dort privilegierten Adel bestimmt war, konzentrierte sich das neu aufsteigende literarische Publikum primär in den Städten, den Universitätsstädten, den kulturellen, aber auch den merkantilen Zentren. Rumpf (vgl. S. 549) faßt es als Indiz für den dagegen noch vorzugsweise an Frankreich orientierten literarischen Geschmack der deutschen Höfe auf, wenn der als Bibliothekar in den Diensten des Wolfenbütteler Herzogs stehende Lessing den Freund Nicolai gelegentlich um die Überlassung eines Exemplars seiner »Allgemeinen Deutschen Bibliothek« mit der Entschuldigung bittet, »wir haben kein Geld«, deutsche Journale zu kaufen« (Brief vom 17. 5. 1770). Allenfalls eine Metropole wie Berlin mochte trotz des gerade am dortigen Hofe Friedrichs des Großen vorherrschenden französischen Geschmacks auch über ein ausreichendes »bürgerliches« Reservoir für die Produktion und Rezeption deutschsprachiger Zeitschriften verfügen.

Von weitreichender Bedeutung für die Verbreitung der Lektüre und die Formierung des Publikums wurde in der zweiten Hälfte des 18. Jh.s die soziale Institutionalisierung des Lesens und die »Vergesellschaftung des Leseinteresses« (Jentsch S. 17) durch sogenannte Lesegesellschaften, bei denen es sich um »einen fest organisierten Zusammenschluß mehrerer Personen zum Zwecke der Lektüre von periodischen Schriften oder Büchern oder beiden« (ebda. S. 28) handelte. Nicht nur durch die ältere, grundlegende Studie von Irene Jentsch, sondern auch durch eine Reihe neuerer Arbeiten sind wir über dieses Phänomen des literarischen Lebens des 18. Jh.s recht gut unterrichtet (vgl. Göpfert 1971; Prüsener 1972; Milstein 1972; Prüsener/ Göpfert 1977). Die in verschiedenen Typen und Bezeichnungen

(Lesezirkel, Lesebibliothek, Leseanstalt, Lesekabinett, Leseklub usw.) auftretenden Gesellschaften erschlossen der Lektüre jedoch weniger neue soziale Schichten, sondern organisierten diese in neuen Rezeptionsformen. Schon im 17. Jh. kennt man als Vorläufer Gemeinschaftsabonnements als »zwanglosen Zusammenschluß mehrerer bekannter, oft befreundeter Personen zum gemeinsamen Bezug einer oder mehrerer Zeitungen oder Zeitschriften, die unter den Teilnehmern herumgeschickt werden« (Jentsch S. 20). Ursprünglich aus einem auch später noch akuten »Mißverhältnis zwischen dem Leseinteresse und den finanziellen Möglichkeiten, es zu befriedigen« (ebda. S. 34), trat zu dem ursprünglichen Beweggrund einer Umlage der Finanzierung im 18. Jh. zunehmend auch »das Motiv der Geselligkeit und das Bedürfnis nach Gedankenaustausch hinzu« (Prüsener 1972, Sp. 391). Charakteristisch ist hierfür, daß neben der Umlaufgesellschaft, bei welcher der Lesestoff zirkulierte, jener andere Typ der Lesegesellschaft entstand, die über eigene Räume verfügte, in denen man sich zur gemeinsamen Lektüre und zum geselligen Gespräch zusammenfand.

Nachdem die Lesegesellschaften bis 1770 nur vereinzelt auftraten, kann man in den achtziger Jahren von einer »Gründungswelle« (Prüsener 1972, Sp. 411) und in den neunziger Jahren von ihrer »Blütezeit« (ebda. Sp. 413) sprechen, während ihre Zahl nach der Jahrhundertwende wieder sank. Insgesamt sind für die Jahre 1760 bis 1800 etwa 430 solcher Gesellschaften nachgewiesen, über 80 von ihnen sind wir, wenn auch z. T. nur allgemein, genauer unterrichtet. Ihre Ausbreitung vollzog sich zunächst in Nord- und Mitteldeutschland, erst mit der Verspätung eines Jahrzehnts auch in Süddeutschland. Gegründet wurden sie vor allem in größeren Städten, d. h. »daß sie überall dort entstanden, wo das Bürgertum nach sozialem Aufstieg und größerer politischer Bedeutung strebte« (Prüsener 1972, Sp. 409), wobei es jedoch Hinweise dafür gibt, daß das Wirtschaftsbürgertum unter der Leserschaft eher unter- als überrepräsentiert war. Dementsprechend läßt sich an »den Mitgliederlisten ... die soziale Struktur des ›Gebildetenstandes‹ einer Stadt aufzeigen« (ebda.). In erster Linie findet man hier geistliche Prediger und Domherren, Professoren, Lehrer, höhere und mittlere Beamte, Offiziere, Ärzte, Juristen und Kaufleute. Doch gibt es Beispiele, daß auch Ungelehrte, z. B. Handwerker und Landwirte, an einer Lesegesellschaft beteiligt waren. Andererseits erfolgte die Rekrutierung nicht nur aus dem Bildungsbürgertum, sondern auch aus dem städtischen Patriziat. Während die Umlaufgesellschaften durchschnittlich 15 bis 20 Mitglieder umfaßten und ein ausgewogenes Verhältnis zwichen Teilnehmern und Lektüreangebot bestand, erreichten die Lesegesellschaften mit eigenen Räumen weit höhere Mitgliederzahlen, bis zu mehreren hundert.

Bei manchen lokalen Besonderheiten zeigen die Lesegesellschaften doch gemeinsame Züge in der Organisation und in den Statuten, die z. B. Bestimmungen über den Zugang und über die Mitentscheidung bei Neuanschaffungen enthalten. Daß hier mittelbar politische Antriebe mitwirken, ist unschwer zu vermuten, wird doch das Bestreben statutenmäßig fixiert, »eine ›private‹ Vereinigung in dem Sinne zu bilden, als sie unbehelligt von staatlicher Aufsicht zusammentreten, sich in autonomer Weise ihre Satzung selbst geben, das Geschäft der Vorstandswahl oder insbesondere der Bücherbeschaffung frei von Bevormundung in eigener Verantwortung besorgen wollte« (Prüsener 1972, Sp. 496).

Im vorliegenden Zusammenhang ist von außerordentlicher Bedeutung, daß die Lesegesellschaften primär von der Zeitungs- und Zeitschriftenlektüre ihren Ausgang nahmen. »Nur auf diesem Grundstock aufbauend und soweit es die jeweilige Gesellschaft finanziell erlaubte, wurden dann auch Bücher angeschafft« (ebda. Sp. 480; vgl. Jentsch S. 52 f.). Innerhalb der Gattung der periodischen Druckwerke wurde überdies »vorzüglich auf ein pragmatisches, wirklichkeitsbezogenes Schrifttum, das zur historisch-politischen und auch philosophischen Bestimmung des eigenen Standortes dienen konnte, das aber auch den bürgerlichen Beruf, die Tätigkeit des Alltags einbezog« (Prüsener 1972, Sp. 476), Wert gelegt. Demzufolge stand, wie man aus den erhaltenen Lektürelisten entnehmen kann, der Bezug allgemeinwissenschaftlicher Zeitschriften und gelehrter Zeitungen sowie auch populärer historisch-politischer Organe im Vordergrund.

Welchen Umfang das periodische Lektüreangebot annehmen konnte, zeigt z. B. das entsprechende Verzeichnis der großen Mainzer Lesegesellschaft, das 24 politische Journale, 23 gelehrte Zeitungen und 41 periodische Schriften (d. h. Zeitschriften) aufweist (vgl. »Journal von und für Deutschland«, 1790, S. 470 f.). Von den einzelnen Titeln findet man bei 31 untersuchten Gesellschaften 26mal die bekannte »Allgemeine Literatur-Zeitung« (1785–1849) genannt, ebensooft die »Berlinische Monatsschrift« (1783–1811), 19mal die »Allgemeine Deutsche Bibliothek« (1765–1805), Schlözers »Stats-Anzeigen« (1782 bis 1795) und Bertuchs »Journal des Luxus und der Moden« (1786 bis 1827), 12mal die »Bibliothek der schönen Wissenschaften und der freyen Künste« (1757–1806), elfmal das »Journal von und für Deutschland« (1784–1792). Im engeren Sinne literarische Zeitschriften, die Marlies Prüsener von den bisher genannten Titeln abhebt, waren nach ihren Ermittlungen in den Lektürebeständen nur mit rd. 10 Prozent vertreten (vgl. 1972, Sp. 431). Am häufigsten wurde offenbar der »Deutsche Merkur« (1773–1810) bezogen, der 24mal verzeichnet ist, weniger dagegen das »Deutsche Museum« (1776 bis 1791) mit 13 Nennungen, die »Olla Potrida« (1778–1797) mit sieben, Schillers »Thalia« (1785–1793) mit sechs und seine »Horen« (1795–1797) gar nur mit drei Nennungen. Auch andere Blätter kommen gelegentlich vor, so etwa Jacobis »Iris« (1774–1776) oder Archenholtz' »Litteratur und Völkerkunde« (1782–1791), die Irene Jentsch schon in acht Fällen erwähnt fand, schließlich selbst Wekhrlins »Das graue Ungeheur« (1784–1787) und seine »Hyperboreischen Briefe« (1788–1790). Nicht gering ist ferner die Zahl ausländischer Zeitungen und Zeitschriften, die die Lesegesellschaften abonniert hatten. Im ganzen zeigt sich, daß sowohl im Ästhetischen sehr anspruchsvolle Organe wie z. B. »Die Horen«, als auch eher anspruchslose Blätter wie die »Olla Potrida« im pragmatischen geistigen Klima der Lesegesellschaften auf geringere Resonanz stießen. Ähnlich lagen die Verhältnisse auch bei der Buchliteratur: »Erst später, als die gesellige Freizeitgestaltung mehr berücksichtigt wurde, bezeichnenderweise zumeist in solchen Gesellschaften, zu denen auch Frauen zugelassen waren..., fand auch die ›schöne Literatur‹ Eingang in die Lektürebestände« (Prüsener 1972, Sp. 449).

Die Kumulationseffekte der Lesegesellschaften müssen in Rechnung gestellt werden, wenn man von der Auflage der literarischen Zeitschriften des 18. Jh.s auf ihre tatsächliche Reichweite bzw. die Gesamtleserschaft schließen will. Doch gilt daran zu erinnern, daß, wie auch Welke vermerkt, die Lesegesellschaften »weniger ein neues Lesepublikum erschlossen als vielmehr die bisher schon lesenden, gebildeten oder bildungsbeflissenen Bürger durch ein breites Lektüreangebot befähigt [haben], sich vielseitig zu unterrichten und im geselligen Gespräch unter Gleichgesinnten durch das Gelesene sich anregen zu lassen« (S. 75). Wenn sich bei relativ konstantem Verhältnis von Beziehern und Auflage die Zahl der Leser pro Exemplar durch die Gemeinschaftslektüre überproportional erhöhte, so gilt dies allerdings nicht ohne Vorbehalte: »Durch die oft satzungsgemäß genau festgelegte Zirkulation der Zeitschriften gelangte das einzelne Exemplar zwar in die Hände vieler, da aber meist ein ausgewogenes Verhältnis zwischen der Zahl der bezogenen Zeitschriften und der Mitglieder bestand, kann die Lesegesellschaft zumindest statistisch nicht uneingeschränkt als Multiplikationsfaktor im Distributionsprozeß bezeichnet werden« (ebda.). Folglich wäre davon auszugehen, »daß die Lesegesellschaften nicht die Gesamtheit, wohl aber einen erheblichen Teil der Zeitschriftenleser umfaßten« (ebda.).

Die Lesegesellschaften vermitteln schon insofern kein vollständiges Bild des literarischen Publikums, als z. B. Frauen und Studenten zumeist ausgeschlossen blieben. Doch auch sonst dürften gerade die literarischen Zeitschriften, zumal wenn sie einen gewissen Unterhaltungswert besaßen, einen nicht geringen Teil ihrer Leserschaft außerhalb der institutionalisierten Lektüre und auch »außerhalb des akademisch gebildeten oder berufsmäßig an Fachorganen interessierten und fest organisierten Publikums« (Welke ebda.) gefunden haben. Als Quellen für die genauere Bestimmung des Leserkreises einzelner Organe und als Ausgangspunkt von Verallgemeinerungen für das gesamte Medium oder zumindest bestimmte seiner Typen empfehlen sich außer den Mitgliederverzeichnissen der Lesegesellschaften gelegentlich erhaltene Subskribentenlisten, die in werbender Absicht dem Blatt vorangestellt waren, jedoch mitunter auch unrechtmäßig prominente Namen als Attraktion anführten (vgl. Narr). Vergleicht man solche Subskribentenlisten mit den Mitgliederlisten der Lesegesellschaften, so handelt es sich, von gewissen lokalen Besonderheiten abgesehen, um ein weitgehend ähnliches, »bürgerliches« Publikum. Unter den Subskribenten, die z. B. in August von Kotzebues Zeitschrift »Für Geist und Herz« (1786/87) genannt werden, finden sich vor allem Gerichts- und Verwaltungsassessoren, Offiziere, Kammerherren, Hofräte und Ratsherren, Sekretäre, Pastoren, ein Kreisdoktor, ein Advokat, ein Postmeister und zwei Frauen. Angesichts solcher Publikumsrekrutierung, wie sie vor allem für das belletristisch-unterhaltende Blatt typisch sein mag, darf man jedoch nicht übersehen, daß die für die literarische Traditionsbildung entscheidende Rezeption der Zeitschriften unter den literarischen Autoren und Kommunikatoren erfolgte, mochten diese auch, wie gesagt, gegenüber den literarischen Nichtkommunikatoren zunehmend in die Minderheit geraten.

Eine Gesamtschätzung über den Umfang der Leserschaft literarischer Zeitschriften im 18. Jh. läßt sich nur schwer vornehmen, weil dies von im einzelnen problematischen oder willkürlichen Entscheidungen darüber abhinge, welche Titel man ihr zurechnen will (und Kirchners einschlägige typologische Statistik keine zureichende Grundlage bildet). Allenfalls könnte man die Reichweite einzelner Organe, von denen Auflagenzahlen überliefert sind, oder, wenn man Kirchners Angabe einer durchschnittlichen Auflage der damaligen literarischen Blätter von 1000 Exemplaren mit etwa 700–800 Abonnenten zugrunde legt (vgl. S. 123), einen Durchschnittswert für unseren Zeitschriftentyp global zu beziffern suchen. Schon für die Zeitungen des 17., erst recht aber des 18. Jh.s nimmt Welke nach vorsichtiger Einschätzung durchschnittlich zehn Leser pro Exemplar an. Es läßt sich fragen, ob bei den spezialisierteren, an bestimmte Kenntnisse oder Interessen gebundenen und meist auch teureren Zeitschriften nicht mit weniger Lesern pro Exemplar zu rechnen ist. Andererseits ist an die Kumulations- und Multiplikationseffekte der Lesegesellschaften und Gemeinschaftsabonnements zu erinnern. Selbst für Bücher scheint im übrigen im 18. Jh. eine Zahl von 20 Lesern und mehr nicht ungewöhnlich gewesen zu sein (vgl. Engelsing 1973, S. 56 f.). Schließlich wissen wir auch aus der heutigen Leserschaftsforschung, daß im Erwerb aufwendigere, im Inhalt spezifischere und anspruchsvollere Zeitschriften in der Regel mehr Leser pro Exemplar besitzen als z. B. die sogenannten Publikumszeitschriften. Nimmt man diese Gesichtspunkte zusammen, so dürfte die durchschnittliche Leserzahl zumindest der populäreren literarischen Zeitschriften des 18. Jh.s kaum unter der der zeitgenössischen Zeitungen gelegen haben, so daß man je nach Auflage auf eine Reichweite von 5000 bis 25 000 Lesern käme. Da jedoch ein beträchtlicher Teil dieser Leser (sowohl die Mitglieder der Lesegesellschaften als auch Einzelbezieher wie Verleger, Buchhändler, Literaten und Rezensenten) von berufswegen gleichzeitig noch mehrere andere literarische Zeitschriften las, läßt sich das Publikum nicht durch eine einfache Multiplikation der durchschnittlichen Leserzahl mit der Anzahl gleichzeitig bestehender Organe errechnen. Ohnehin gibt es aufschlußreiche Beispiele auch für eine Überproduktion von Zeitschriften »am Markt vorbei« (vgl. R. Wittmann), wobei überdies zu bedenken ist, daß die literarischen Zeitschriften in dem in der Regel aktueller angelegten »gelehrten« Teil der Zeitungen zunehmend Konkurrenz fanden. Jedenfalls reicht die Zeitschrift unter den obigen Annahmen nicht an die Publizität des älteren periodischen Mediums heran, dessen Publikum Welke zufolge »in Deutschland in der zweiten Hälfte des 18. Jahrhunderts in Millionen gezählt werden muß« (S. 82).

Den für die literarische Rezeption folgenreichen Wandel in der zweiten Hälfte des 18. Jh.s hat Rolf Engelsing beschrieben als den in breiteren Leserschichten vollzogenen Übergang von der »intensiven« zur »extensiven« Lektüre, d. h. als jenen Vorgang, in dem die wiederholte Lektüre weniger Werke durch die jeweils erst- und einmalige Lektüre immer neuer Druckschriften abgelöst wurde.

Zugleich verlagerte sich damit die Lektüre auch inhaltlich: »Als das Publikum in der zweiten Hälfte des 18. Jahrhunderts von der intensiven Lektüre zur extensiven Lektüre überging, äußert sich das darin, daß weithin an die Stelle der Lektüre von Bibel, Katechismus und Erbauungsliteratur die Lektüre von Zeitschriften, Romanen, Schauspielen, Gedichten, Reisebeschreibungen, politischen Biographien usw. trat« (1970, Sp. 980). Dabei scheint die Presse für diesen Wandel noch besondere Bedeutung erlangt zu haben, weil sie durch ihr periodisches Erscheinen die Abwechslung geradezu institutionalisierte. Eigentümlich für sie war, »daß sich bei entsprechendem Leseverfahren zwar der Titel, die Aufmachung, die formale Einteilung gleich blieben und der Lesetermin bei Erscheinen einer neuen Nummer in einem bestimmten zeitlichen Abstand wiederkehrte, daß aber der Inhalt von Ausgabe zu Ausgabe neu war und, wenn auch innerhalb formaler und stofflicher Grenzen, unvorhersehbar wechselte. Damit aber waren in der Zeitungslektüre [und der Zeitschriftenlektüre] die intensive Wiederholungslektüre und die extensive einmalige Lektüre Kehrseiten« (Engelsing 1970, Sp. 973). Darüber hinaus hat man den periodischen Schriften auch in dem Sinne lesefördernde Bedeutung zugeschrieben, als sie »für ungeübte und unregelmäßige Leser einen geeigneten Einstieg zur gewohnheitsmäßigen Lektüre darstellen können« (Erning S. 56).

Der Rezeptionswandel von der intensiven zur extensiven Lektüre besaß nicht nur formalen Charakter und die inhaltliche Komponente einer Umgewichtung zugunsten der profanen Literatur, sondern er hatte schließlich auch soziale Folgen. »Als Voraussetzung der intensiven Wiederholungslektüre«, so schließt Erning, »ist eine vorgängige Meinung des einzelnen Lesers anzusetzen, daß der Text unausschöpflich sei oder die Summe alles dessen enthalte, wessen der Leser bedürfe. Diese Autorität des Buches, über die der Lesende zu urteilen keine Befugnis hatte, wurde im 18. Jh. endgültig erschüttert. Bei der nachfolgenden Lektüre kam dem einzelnen Text diese besondere Stellung nicht mehr zu: sein Gehalt war einholbar und überholbar, was die Konsumierbarkeit der Texte zur Folge hatte« (S. 69).

Die hier beschriebene Änderung im Verhältnis des Lesers zum Text, die Relativierung des normativen Anspruchs von Texten, zeitigten als Konsequenz eine Individualisierung und Subjektivierung der Rezeption, die nicht nur als für den einzelnen schädlich, sondern auch als für die Gesellschaft gefährlich erlebt werden konnte (vgl. Erning S. 83 ff.). Die im späten 18. Jh. üblich gewordenen Schlagworte von der »Lesesucht«, der »Lesebegierde«, ja sogar der »Lesewut« signalisieren zugleich die Ansätze für eine Kritik dieses Phänomens, wobei es auch nicht an Forderungen nach öffentlicher Aufsicht gefehlt hat. In diesem Zusammenhang überrascht es kaum, wenn der alte moralisierende Streit über Nutzen und Schaden der Zeitschriftenlektüre wiederauflebte (vgl. J. Chr. Garve, J. H. Campe, 1788), obwohl dieser mediengeschichtlich längst durch die Zeit entschieden und überlebt war.

Literatur: Johann Christian Garve: Ein Einwurf wider die Nützlichkeit periodischer Schriften; *Joachim Heinrich Campe:* Beantwortung dieses Einwurfs. Beides in: Braunschweigisches Journal 1 (1788) S. 16–19, 19–44. – *Walther Rumpf:* Das literarische Publikum der sechziger Jahre des 18. Jahrhunderts in Deutschland. In: Euphorion 28 (1927) S. 540–564. – *Walter Wittmann:* Beruf und Buch im 18. Jahrhundert. Ein Beitrag zur Erfassung und Gliederung der Leserschaft im 18. Jahrhundert, insbesondere unter Berücksichtigung des Einflusses auf die Buchproduktion, unter Zugrundelegung der Nachlaßinventare des Frankfurter Stadtarchivs für die Jahre 1695–1705, 1746–1755 und 1795–1805. Diss. Frankfurt 1934. – *Irene Jentsch:* Zur Geschichte des Zeitungslesens in Deutschland am Ende des 18. Jh.s. Mit besonderer Berücksichtigung der gesellschaftlichen Formen des Zeitungslesens. Diss. Leipzig 1937. – *Wilhelm Roessler:* Die Entstehung des modernen Erziehungswesens in Deutschland. Stuttgart 1971. – *Rolf Engelsing:* Die periodische Presse und ihr Publikum. Zeitungslektüre in Bremen von den Anfängen bis zur Französenzeit. In: Archiv f. Gesch. d. Buchwesens IV (1962) Sp. 1481–1534. – *ders.:* Die Perioden der Lesergeschichte in der Neuzeit. Das statistische Ausmaß und die soziokulturelle Bedeutung der Lektüre. In: Archiv f. Gesch. d. Buchwesens X (1970) Sp. 945–1002. – *ders.:* Analphabetentum und Lektüre. Zur Sozialgeschichte des Lesens in Deutschland zwischen feudaler und industrieller Gesellschaft. Stuttgart 1973. – *ders.:* Zur Sozialgeschichte deutscher Mittel- und Unterschichten. Göttingen 1973. – *ders.:* Der Bürger als Leser. Lesergeschichte in Deutschland 1500–1800. Stuttgart 1974. – *Dieter Narr:* Vom Quellenwert der Subskribentenlisten. In: Württembergisch Franken. Jahrbuch. 50 = N. F. 40 (1966) S. 159–168. – *Pamela Currie:* Moral Weeklies and the Reading Public in Germany, 1711–1750. In: Oxford German Studies 3 (1968) S. 69–86. – *Wolfgang Martens:* Die Botschaft der Tugend. Die Aufklärung im Spiegel der deutschen Moralischen Wochenschriften. Stuttgart 1968. – *Rudolf Schenda:* Volk ohne Buch. Studien zur Sozialgeschichte der populären Lesestoffe 1770–1910. Frankfurt/M. 1970. 2. Aufl. München 1977. – *Herbert G. Göpfert:* Lesegesellschaften im 18. Jh. In: Dichtung – Sprache – Gesellschaft. Akten des IV. Internationalen Germanisten-Kongresses in Princeton. Hrsg. v. *Victor Lange* u. *Hans-Gert Roloff.* Frankfurt 1971. S. 323–330; dass. in.: Aufklärung, Absolutismus und Bürgertum in Deutschland. Hrsg. v. *Franklin Kopitzsch.* München 1976. S. 403–410. – Der Leser als Teil des literarischen Lebens. Eine Vortragsreihe mit *Marion Beaujean, Hans-Norbert Fügen, Wolfgang Langenbucher, Wolfgang Strauß.* Bonn 1971. – *Barney M. Milstein:* Eight Eighteenth Century Reading Societies. A Sociological Contribution to the History of German Literature. Bern, Frankfurt/M. 1972. – *Marlies Prüsener:* Lesegesellschaften im 18. Jh. Ein Beitrag zur Lesergeschichte. In: Archiv f. Gesch. d. Buchwesens XIII (1972) Sp. 369–594. – *Reinhard Wittmann:* Der lesende Landmann. Zur Rezeption aufklärerischer Bemühungen durch die bäuerliche Bevölkerung im 18. Jh. In: Der Bauer Mittel- und Osteuropas im sozio-ökonomischen Wandel des 18. und 19. Jh.s. Beiträge zu seiner Lage und deren Widerspiegelung in der zeitgenössischen Literatur und Publizistik. Hrsg. v. *Dan Berindei* u. a. Köln, Wien 1973 S. 142–196. – *Günter Erning:* Das Lesen und die Lesewut. Beiträge zu Fragen der Lesergeschichte, dargestellt am Beispiel der schwäbischen Provinz. Bad Heilbrunn 1974. – *Alberto Martino:* Barockpoesie, Publikum und Verbürgerlichung der literarischen Intelligenz. In: Internationales Archiv f. Sozialgesch. d. deutschen Literatur. Hrsg. von *Georg Jäger* u. a. 1 (1976) S. 107–145. – Leser und Lesen im 18. Jh. Colloquium der Arbeitsstelle Achtzehntes Jahrhundert Gesamthochschule Wuppertal Schloß Lüntenbeck 24.–26. Oktober 1976. Heidelberg 1977. – *Marlies Prüsener, Herbert G. Göpfert:* Lesegesellschaften. In: Buchkunst und Literatur in Deutschland 1750 bis 1850. Hrsg. v. *Ernst Hauswedell* u. *Christian Voigt.* Hamburg 1977. Bd. I S. 285–303. – *Martin Welke:* Zeitung und Öffentlichkeit im 18. Jh. Betrachtungen zur Reichweite und Funktion der periodischen deutschen Tagespublizistik. In: Presse und Geschichte. Beiträge zur historischen Kommunikationsforschung. München 1977. S. 71–99. – *Otto Dann:* Die Lesegesellschaften des 18. Jahrhunderts und der gesellschaftliche Aufbruch des deutschen Bürgertums. In: Buch und Leser. Vorträge des ersten Jahrestreffens des Wolfenbütteler Arbeitskreises für Geschichte des Buchwesens 13. u. 14. Mai 1976. Hamburg 1977. S. 160–193.

VII. Erscheinungsmerkmale der literarischen Zeitschrift im 18. Jahrhundert

1. Titel

Wie für jedes Druckwerk, so ist auch für die Zeitschrift zunächst die Wahl des Titels charakteristisch. Dieser soll hier über den wechselnden Inhalt der einzelnen Stücke hinaus die Kontinuität und die einheitliche programmatische Grundlinie des publizistischen Unternehmens anzeigen. Daher dient er auch nicht nur der Unterscheidung von vergleichbaren Organen, sondern ist für die Zeitschrift »stets auch Spiegelbild ihres Innern, ihrer geistigen Einstellung, ihrer Gesinnung und ihres Wollens« (Matysiak S. 1). Dabei unterscheidet sich die Zeitschrift auch von der Zeitung, die stärker von ihrem Standort und dem äußeren Geschehen im Erscheinungsintervall geprägt ist und somit neben Orts- und Zeitangaben (z. B. »Morgenblatt«) meist sachliche, unspezifische Titelwörter verwendet. Die Zeitschriftentitel geben dagegen oft deutlicher ihre thematische Schwerpunktbildung und, soweit in einem »Monogramm des Inhalts« (Schopenhauer) möglich, auch etwas von der publizistischen Absicht zu erkennen. Titeländerungen oder Erneuerungen traditionsreicher Titel, die gerade bei langfristig bestehenden Blättern zuweilen vorkommen, sind ebenfalls Mittel, weiterhin Aufmerksamkeit auf sich zu ziehen.

Versucht man die Zeitschriftentitel des 18. Jh.s zu systematisieren (vgl. Kirchner 1928, I; Matysiak), so verläuft die Unterscheidung zunächst zwischen individuellen Titeln, die originäre Schöpfungen der Herausgeber sind, und Titeln, die gewisse, in vielfältige Verbindungen aufgenommene »Kennwörter« enthalten. Sie lassen bei mancher individuellen Ausgestaltung allgemeine Grundmerkmale der Zeitschrift erkennen. Diese Titelkennwörter sind – den Wurzeln der Zeitschrift entsprechend – anfangs entweder lateinisch (»Acta«) oder französisch (»Journal«) gefaßt oder sind deren deutsche Lehnbildungen und Abwandlungen. Neben den Titelkennwörtern fremdsprachiger Herkunft stehen nach Matysiak zwei andere große Gruppen: 1. Titelkennwörter, die ein Druckerzeugnis als solches bezeichnen. 2. Über Inhalt, Bestimmung und Erscheinungsweise Auskunft gebende Titelkennwörter.

Die erste Gruppe läßt sich wiederum in zwei Typen unterteilen: Kennwörter einer Druckveröffentlichung überhaupt (z. B. »Blatt«,

»Magazin«, »Schrift« usw.) und Kennwörter, die von anderen publizistischen Mitteln übernommen sind (z. B. »Bote«, »Ephemeriden«, »Anzeigen« usw.). Die zweite oben genannte Gruppe ist in sechs Typen zu untergliedern: Kennwörter der Periodizitätsbestimmung (z. B. »Monatsschrift«, »Wochenschrift«, »Vierteljahresschrift« usw.), Kennwörter mit Nachrichtencharakter (z. B. »Brief«, »Begebenheiten«, »Nachrichten«, »Das Neueste« usw.), Kennwörter mit Berichts- und Abhandlungscharakter (z. B. »Beiträge«, »Abhandlung« usw.), Kennwörter der Sammlung und Auswahl (z. B. »Archiv«, »Büchersaal«, »Bibliothek«, »Sammlung«, »Museum« usw.), Kennwörter der Gesprächsform (z. b. »Monatsgespräche«, »Unterredungen« usw.) sowie sonstige Kennwörter (z. B. »Bemühungen«, »Beschäftigungen« usw.).

Die literarischen Zeitschriften des 18. Jh.s bieten in ihren Titeln Beispiele für fast alle diese Typen von Kennwörtern. Auf ihre besondere Symptomatik wird man deshalb jeweils auch zu achten haben. Der Wandel der literarischen Zeitschrift läßt sich überdies schon am Wandel der Titelgebung ablesen. Da ist zunächst die starke Vereinfachung der Titel von der noch barocken Formulierung bei Christian Thomasius, wo Monats- und Jahrestitel zudem noch voneinander abweichen, über die z. T. immer noch umständlichen Fassungen der vierziger Jahre bis zu den kurzen, klaren und eher journalistischen Titeln der späteren Jahrzehnte. Vor allem nehmen aber zu dieser Zeit die individuellen Titelprägungen zu (z. B. »Iris«, »Olla Potrida«, »Das graue Ungeheur«, »Pomona für Teutschlands Töchter« usw.), ein Vorgang, der durch die subjektiven Antriebe der Romantik weiter gefördert wurde.

Der Wandel in der Spezifik der Titelbildungen ist aber noch an etwas anderem zu erkennen. Wenn etwa die gewählten Kennwörter im einzelnen auf den jeweiligen publizistischen Charakter der Zeitschrift hinweisen und anzeigen, ob es sich mehr um ein Rezensionsorgan, ein Sammel- oder Nachrichtenorgan bzw. ein Blatt mit ausgeprägtem Unterhaltungscharakter handelt, so kommt die individuelle Note oft erst über jene zum allgemeinen Kennwort hinzutretenden Bestandteile der Titel zum Ausdruck. Kennzeichnend sind z. B., worauf bereits früher hingewiesen wurde, in der ersten Hälfte des 18. Jh.s die mit dem Attribut »kritisch« gebildeten Zeitschriftentitel, die jene entschieden kritische Haltung des literarischen Journalismus der Zeit signalisieren. Dazu wird der thematische Bereich näher umrissen, d. h. »Sprache, Poesie und Beredsamkeit«, die »schönen Wissenschaften und freien Künste«, die »anmutige Gelehrsamkeit«, »Verstand und Witz« sowie der »Geschmack«

sind weitgehend synonym zu verstehen. Daß ästhetische Schönheit und theoretische Gelehrsamkeit, daß Grazie und Scharfsinn keine Gegensätze sind, sondern daß ihre Vereinigung auch ein publizistisches Programm bilden, belegen mehrere Zeitschriftentitel aus diesen Jahren, so u. a. die »Belustigungen des Verstandes und des Witzes« (1741–1745) die »Neuen Beyträge zum Vergnügen des Verstandes und Witzes« (1744–1750), die »Neuen Erweiterungen der Erkenntnis und des Vergnügens« (1753–1762). In solchen, für die Mitte des 18. Jh.s charakteristischen Formulierungen erscheint Witz in seiner spezifisch aufklärerischen Bedeutung einer scharfsinnigen Einbildungskraft und universal gebildeten Geisteshaltung, die bei aller gelehrten Fundierung jene Leichtigkeit in sich schließt, wie sie dem französischen »ésprit« eigen ist.

Demgegenüber erscheinen die Zeitschriftentitel aus dem Umkreis Lessings und Nicolais eher sachlich-nüchtern, den Archiv-, Sammel- oder Mitteilungscharakter betonend als die sie prägende literarisch-publizistische Gesinnung. Titel wie »Briefe, die neueste Literatur betreffend« (1759–1765) und »Allgemeine Deutsche Bibliothek« (1765–1805) legen diesen Eindruck nahe. Dahinter mag die Vorstellung stehen, den übergreifenden Anspruch der Organe nicht durch allzu individuelle Titel zu relativieren. Dies dürfte auch für die Nationaljournale der siebziger und achtziger Jahre gelten, den »Deutschen Merkur« (1773–1810), das »Deutsche Museum« (1776–1791), die »Deutsche Chronik« (1774–1777) oder das »Journal von und für Deutschland« (1784–1792). Die mit solchen Titeln unverkennbar gesuchte umfassende nationale Ausstrahlung war auch durch die Ambitionen des jeweiligen publizistischen Programms gedeckt. Davon heben sich deutlich die bereits angeführten individuellen Titelprägungen ab.

In der Wahl des Titels versuchen die Herausgeber der Zeitschriften des 18. Jh.s offensichtlich schon verschiedenen publizistischen Erfordernissen gerecht zu werden, wobei diese in bestimmten standardisierten Kennwörtern eine erste Lösung erfahren. Diese Lösungen liegen im Prinzip zwischen Buch- und Zeitungstitel. Die Individualität des Buchtitels war weniger für eine auf periodische Wiederholung und thematische Abwechslung angelegte Publikation geeignet, der Zeitungstitel wiederum nicht, weil er in der Regel zu unspezifisch ist, um schon besondere inhaltliche und programmatische Zielsetzungen wiederzugeben. Dies schließt gelegentliche Annäherung nach beiden Seiten nicht aus.

Literatur: Joachim Kichner: Die Grundlagen des deutschen Zeitschriftenwesens. Mit einer Gesamtbibliographie der deutschen Zeitschriften bis zum Jahre 1790. 1. Teil: Bibliographische und buchhandelsgeschichtliche Untersuchungen. Leipzig 1928. – *Joachim Matysiak:* Die publizistische und kulturgeschichtliche Bedeutung der deutschen Zeitschriftentitel, ihre Entwicklung seit den Anfängen des Journalwesens bis zum Jungen Deutschland. Diss. FU Berlin 1955.

2. Periodizität und Erscheinungsdauer

Konstitutiv für die Zeitschrift als publizistisches Medium ist vor allem das periodische Erscheinen. Dieses grundlegende Merkmal unterscheidet sie zusammen mit der Zeitung nicht nur von anderen Druckschriften wie dem Buch, sondern es bildet zugleich eine grundlegende Voraussetzung für ihre publizistische Wirkung (Kumulation). Bei der Frage, was als ein periodisches Erscheinen anzusehen sei, gibt es, wie bereits an den sogenannten Vorläufern der Zeitschrift zu erörtern war, gewisse Grenzfälle, etwa wo es sich bloß um eine in mehreren unselbständigen Lieferungen herausgekommene Publikation oder um ein sonstiges Sammelwerk handelt. Hier ist die partielle Veröffentlichung jedoch eher eine Notlösung, weil der Umfang, der Arbeitsaufwand oder die Form der Drucklegung eine Aufgliederung des Gesamtwerks verlangen oder nahelegen. Dagegen ist bei der Zeitschrift das periodische Erscheinen als formales Merkmal ausdrücklich intendiert, weil es dem Versuch dient, bestimmte Themen fortlaufend zu behandeln und in ständiger Wiederholung publizistisch zu wirken, ohne die Durchsetzung und Wirkung in der Öffentlichkeit kaum mehr denkbar sind. Durch den Titel, die Numerierung der einzelnen Hefte, ihre Zusammenfassung zu Bänden und Jahrgängen behält das Periodikum jedoch auch äußerlich seine Einheit und Kontinuität.

So grundlegend das periodische Erscheinen zu den Definitions- und Wirkungsfaktoren der Zeitschrift (wie der Zeitung) gehört, so lassen sich die Erscheinungsintervalle doch ganz unterschiedlich wählen, wenn sie auch durch den kalendarischen Rhythmus bestimmt sind. Nimmt man die literarischen Blätter des vorliegenden Zeitraums, so zeigt sich eine Periodizität von zweimal wöchentlichem (z. B. »Deutsche Chronik«) bis zu zweimal jährlichem Erscheinen (z. B. »Magazin der deutschen Critik«). Einen Sonderfall bildet der hier mit aufgenommene »Wandsbecker Bothe« (1771–1775), ein viermal wöchentlich erscheinendes Blatt, das Matthias Claudius redigierte. Kurzfristige Erscheinungsintervalle bringen ohnehin eher eine Nähe zur Zeitung mit sich, während jährliches Erscheinen kaum mehr im publizistischen Sinne zeitschriftengemäß, sondern dem Jahrbuch oder Almanach eigen erscheint. Die Ähnlichkeit der häufiger erscheinenden Blätter zur Zeitung zeigt sich u. a. auch im geringeren Umfang und in der Aufmachung. Dies gilt z. B. für die »Freymüthigen Nachrichten von neuen Büchern, und andern zur Gelehrtheit gehörigen Sachen« (1744–1763) und die »Critischen Nachrichten aus dem Reiche der Gelehrsamkeit« (1750/51).

Wenn man von einer, dem eigentlichen Mediencharakter angemessenen, »natürlichen« Periodizität der Zeitschrift sprechen wollte, so liegt diese aber bei monatlichem bis vierteljährlichem Erscheinen. Hierher gehören die bedeutenden literarischen Organe von Schwabes »Belustigungen des Verstandes und des Witzes« (1741–1745) bis zu Wielands »Deutschem Merkur« (1773 bis 1810). Vorzugsweise ein solcher Rhythmus ermöglicht es über eine gewisse Dauer, die einzelnen Hefte in einem Umfang von mehreren Bogen zu konzipieren und mit einem literarisch abwechslungsreichen Inhalt auszustatten. Doch die Herausgeber und beteiligten Autoren haben nicht selten über den Zwang geklagt, den die Periodizität nach und nach auf die Beschaffung oder Produktion des Stoffs auszuüben begann. Je unspezifischer das Programm und je breiter der Mitarbeiterkreis angelegt war, desto eher ließ sich solche Periodizität trotzdem über längere Zeit einhalten.

Joachim Kirchner hat es »ein ausschlaggebendes Kennzeichen für die Zeitschrift« genannt, daß sie »von ihrem Herausgeber mit der festen Absicht begründet [wird], sie auf unbegrenzte Zeit fortzuführen« (1928, I, S. 15 f.). Nur hierduch könne man sie von einem in Fortsetzungen oder Lieferungen erscheinenden Buch unterscheiden. Allerdings läßt sich die Absicht der unbegrenzten Erscheinungsdauer schwerlich als striktes Kriterium anwenden, zumal etwa bei der Gattung der Moralischen Wochenschriften ein durchaus begrenztes zeitliches Erscheinen vorgesehen oder einkalkuliert war. Sie wird man damit jedoch kaum begrifflich von der Zeitschrift ausschließen wollen.

Erscheint demnach die Forderung nach der Absicht unbegrenzten Erscheinens als ebenso idealtypisch wie unrealistisch formuliert, so kommt hinzu, daß die ursprünglich geplante Periodizität dauerhaft oft gar nicht eingehalten werden konnte. Die Fortführung mancher Blätter geriet zuweilen derart in Verzug, daß später Hefte in wachsendem Zeitabstand und gelegentlich sogar mit mehrjähriger Verspätung herauskamen, was sich z. T. in einer Diskrepanz zwischen Eigendatierung und tatsächlichem Erscheinungstermin niederschlägt. Diese »natürlichen« Folgen des Zwangs zur Periodizität können gleichwohl den Zeitschriftencharakter nicht prinzipiell in Frage stellen. Ohnehin verkennt die Forderung nach der Absicht unbegrenzter Dauer, daß literarische Zeitschriften oft aus bestimmten literaturpolitischen Konstellationen hervorgehen, mit deren Überwindung sie auch selbst obsolet werden oder zumindest eine Umgestaltung erfahren können. Andererseits wurden mitunter auch ganze Zeitschriftentitel nach Jahren wieder neu aufgelegt. Das gilt mehrfach nicht nur für die Moralischen Wochenschriften, sondern auch für literarische Organe. Die »Belustigungen des Verstandes und des Witzes« (1741–1745) wurden z. B. ebenso nachgedruckt wie das Konkurrenzblatt der »Neuen Beyträge zum Vergnügen des Verstandes und Witzes« (1744–1750). Daß dabei nicht die periodische Folge, sondern das verselbständigte Gesamtwerk interessierte, liegt auf der Hand.

Die Erscheinungsdauer der Zeitschriften des 18. Jh.s ist sehr unterschiedlich. Im ganzen überwiegen Kirchner zufolge die kurzlebigen Organe (vgl. 1928, I, S. 37 f.). Entsprechendes gilt auch für die Gesamtzahl der literarischen Blätter. Es gibt Titel, die über wenige Hefte nicht hinauskamen (z. B. »Crito«, 1751), ja im äußersten Falle sogar mit dem ersten Heft wieder eingingen (z. B. »Der Übersetzer verschiedener kleiner, zur Aufnahme des guten Geschmacks dienlicher Schriften«, 1753), weshalb man hier allenfalls von einer beabsichtigten Zeitschrift sprechen kann. Im Vorbericht zu der Zeitschrift »Für ältere Litteratur und neuere Lectüre« stellen sich die Herausgeber K. Chr. Canzler und A. G. Meißner selbstironisch die Frage, »ob unsere Dauer die Dauer des Grases seyn soll, das nicht einmal das Darüberwehen des Windes – dieses passenden Gleichnisses für manche kritischen Journäle! – ertragen kann« (1783, I, Vorbericht). Doch zum anderen haben wir auch Titel vor uns mit relativ langfristigem Erscheinen, zumal dort, wo es zwischenzeitlich zu Erneuerungen der Titel kam (vgl. »Allgemeine Deutsche Bibliothek«, 1765–1792; Neue Allgemeine Deutsche Bibliothek«, 1793–1805; »Deutscher Merkur«, 1773–1789; »Der Neue Teutsche Merkur«, 1790–1810). Gerade der Typ des allgemeinen, wissenschaftlich-literarischen Rezensions- und Nachrichtenorgans vermag unschwer Jahrzehnte zu überdauern, weil er weitgehend bloß vom Büchermarkt und weniger von kurzfristigen literarisch-ideologischen Strömungen abhängig ist. Literarische Zeitschriften, die dagegen einen spezifischen literaturpolitischen Standort einnehmen, etwa für die Durchsetzung bestimmter ästhetischer Prinzipien und poetischer Innovationen kämpfen, können sich oft nur über einen begrenzten Zeitraum halten, weil dann die literarische Entwicklung fortgeschritten ist und sich die Ansatzpunkte der programmatischen Zielsetzung verlagert haben. Doch mehrfach eröffneten oder beteiligten sich die Autoren dann an neuen Organen, in denen sie ihre literarisch-journalistische Arbeit fortsetzen konnten. Sieht man nicht auf die Titel, sondern auf die Herausgeber, so zeigt sich erst deutlich die Kontinuität der literarischen Zeitschrift, die mit Namen wie Gottsched, Lessing, Nicolai, Wekhrlin und anderen verbunden ist.

Literatur: Vgl. *Joachim Kirchner* 1928, Bd. I.

3. *Herausgeber und Mitarbeiter*

Unter den bereits früher erwähnten »sekundären« Merkmalen, durch welche man die Zeitschrift mitunter zusätzlich charakterisiert hat, findet sich mehrfach auch die »Kollektivität« genannt (vgl. Kirchner 1928, I, S. 21 ff.; Lehmann S. 71 f.). Damit ist ursprünglich eine inhaltliche Eigenschaft gemeint, welche die Zeitschrift insofern vom Buch unterscheiden soll, als sie »bei aller Fachlichkeit verschiedenartige Materien, die zu einem Fachgebiet gehören, in den Kreis ihrer Betrachtungen zieht« (Kirchner ebda. S. 21). Wenn auch nicht so universal angelegt wie die Zeitung, so erstrebe die Zeitschrift in ihren Grenzen doch »eine Verschiedenartigkeit des Stoffes« (Lehmann S. 71). Ohne daß man dieses Merkmal über seine bloß deskriptive Funktion hinaus für die Definition konstitutiv machen müßte, wird es hier nochmals angeführt, weil es noch eine andere Seite besitzt bzw. auf eine andere Eigentümlichkeit hinweist: Die Zeitschrift ist, in der Regel wiederum im Unterschied zum Buch, zumindest des 18. Jh.s, ein kollektives Werk, d.h . eine Publikation, an der mehrere, wenn nicht gar zahlreiche Verfasser als Mitarbeiter beteiligt sind.

Doch auch in diesem Sinne gilt Kollektivität für die Zeitschrift nicht prinzipiell, sondern nur der statistischen Häufigkeit nach. Denn schon das erste deutschsprachige Journal, des Christian Thomasius »Monatsgespräche« (1688–1690), ist, von der Aufnahme von Gegenschriften abgesehen, das Werk eines einzelnen Verfassers. Auch später im 18. Jahrhundert gibt es bedeutende Blätter, deren Inhalt vom Herausgeber ganz oder fast ganz allein bestritten worden ist. Erinnert sei nur z. B. an Lessings »Hamburgische Dramaturgie« (1767–1769) und Schubarts »Deutsche Chronik« (1774–1777). Solche Organe hat man als »Individual-Zeitschriften« (vgl. in wenn auch ziemlich unspezifischer Verwendung H. Max S. 84 ff.) bezeichnet, weil hier der Herausgeber seinem Blatt ganz den Stempel seiner Persönlichkeit aufdrückte.

Allein schon der kontinuierliche Stoffbedarf eines Druckwerks mit periodischer Erscheinungsweise läßt Individualzeitschriften im strengen Sinne jedoch im ganzen eher als Ausnahmen erscheinen. Selbst hinter der einheitlichen fiktiven Autorschaft der Moralischen Wochenschriften verbergen sich nicht selten verschiedene Verfasser oder Beiträger. Auch gehört die werbende Bitte um Mitarbeit und Zusendung von Manuskripten zu den geradezu stereotypen Bestandteilen der Ankündigungen oder Vorreden von literarischen Zeitschriften des 18. Jh.s. So wird die kollektive Mitarbeit verschiedener Autoren zu einer Existenzbedingung dieses Mediums, zumindest bei der Sicherung eines möglichst dauerhaften Erscheinens der einzelnen Titel. In der Gewinnung und Pflege eines festen Mitarbeiterstabes liegen zudem wesentliche Aufgaben für die jeweiligen Herausgeber.

Diese Mitarbeiterkreise können unterschiedliche Grade der Organisierung und Abgrenzung nach außen aufweisen. Gottscheds erste literarkritische Zeitschrift, die »Beyträge zur critischen Historie der deutschen Sprache, Poesie und Beredsamkeit« (1732–1744), geht noch aus der Leipziger »Deutschen Gesellschaft« hervor, wie auch sonst nicht wenige periodische Organe des 18. Jh.s der Initiative solcher Vereinigungen zu verdanken sind, deren Mitglieder zugleich als Verfasser der geschaffenen Periodika hervortreten. Wie eine Persiflage darauf, schiebt schon Christian Thomasius in seinen »Monatsgesprächen« (1688 bis 1690) anfangs eine »Gesellschaft der Müßigen« als Trägerin des Journals vor. Doch neben den institutionellen Verbänden bilden zunehmend die für das 18. Jh. typischen Freundschaftsbünde (vgl. Rasch) den Wurzelgrund gemeinsamer literarischer Zeitschriftenunternehmen. Somit erweisen sich diese Freundschaftsbünde nicht nur als Kristallisationspunkte des Empfindungskults, sondern sie gewinnen für die Autoren konkrete Bedeutung für den literarischen Markt. Dabei hat man für die

Zeit seit der Mitte des 18. Jh.s auch im Hinblick auf die literarischen Zeitschriften von »personalpolitischen Bemühungen« (Valjavec S. 7) oder »planmäßiger Personalpolitik« (ebda. S. 9) gesprochen; und für andere Blätter gilt mit gewissen Modifikationen kaum weniger, was Fritz Valjavec exemplarisch für Nicolais »Allgemeine Deutschen Bibliothek« feststellt: Daß sie »durch die Sammlung aufklärerischer Gesinnungsgenossen für Jahrzehnte [zu] einem äußerst einflußreichen literarischen Sammelpunkt der deutschen Aufklärer wurde, durch den die Anhänger der neuen Geistesrichtung Wirkung und Förderung fanden, während man den Andersgesinnten durch das Gewicht des literarischen Urteils in dieser Zeitschrift schweren Schaden zufügen konnte« (ebda.).

Daß die Rekrutierung der Mitarbeiter literarischer Zeitschriften durch deren Programmatik mitbestimmt wird, ist naheliegend. Gleichwohl scheint die »Allgemeine Deutsche Bibliothek« schon eine Grenze zu markieren, denn allein die Vielzahl der Rezensenten läßt sie kaum in dem Sinne zu einer homogenen Programmzeitschrift werden, wie dies für andere Blätter gilt, z. B. den Jahrgang 1772 der »Frankfurter gelehrten Anzeigen«. Im Grunde lassen sich zwei Typen von Mitarbeiter-Zeitschriften beobachten: Auf der einen Seite handelt es sich um Zeitschriften von begrenzten, durch persönliche Verbindungen und gemeinsame Anschauungen eng zusammengeschlossenen Gruppen (z. B. »Neue Beyträge zum Vergnügen des Verstandes und Witzes«, 1744–1748; der besagte Jahrgang der »Frankfurter gelehrten Anzeigen«); zum anderen sind es Organe, deren thematische Breite und programmatische Offenheit die Mitarbeit einer großen Zahl, auch unterschiedlichen geistigen Richtungen und literarischen Positionen anhängender Autoren zuläßt. Hierzu gehören etwa der »Deutsche Merkur« (1773 bis 1810) und das »Deutsche Museum« (1776–1791), die es schon ihrer Intention, Nationaljournale zu sein, schuldig sind, eine allzugroße Exklusivität zu vermeiden, was jedoch gelegentlich durchschlagende Standpunkte nicht ausschließt. Solche Offenheit ist für den einzelnen Autor zudem Voraussetzung, gleichzeitig an verschiedenen Organen mitarbeiten zu können.

Wenn es für die um einzelne literarische Zeitschriften zentrierten Gruppenbildungen bisher noch vielfach an genaueren Angaben oder gar Auszählungen fehlt, so hat dies seinen Grund auch darin, daß die für das literarische Leben des 18. Jh.s typische Praxis anonymer Veröffentlichung gerade die Erschließung kollektiver Werke zusätzlich erschwert hat. Die bibliographische Identifizierung anonymer Beiträge, die auf deren spätere Einverleibung etwa in Gesammelte Werke, auf sonstige persönliche Zeugnisse (z. B. Briefe) oder gar bloß auf thematische und stilkritische Vergleiche angewiesen war, hat aber einer solchen Gruppenanalyse voranzugehen. Als weitere Schwierigkeit kommt hinzu, daß zumindest für das frühe 18. Jh., aber auch noch später, oft schwer zu entscheiden ist, wo es sich tatsächlich um aktive Mitarbeit von Autoren handelt. Denn manche Zeitschriften bestehen teilweise, in einem ursprünglichen Sinne Selektionsmedien, aus Auszügen und Übersetzungen bereits erschienener Werke des In- und Auslands, deren Verfasser damit nicht zu Mitarbeitern erklärt werden können. Erst wo der Rückgriff auf vorhandene literarische Produktion durch originale Produktion ersetzt wird, ist es angebracht von Mitarbeit zu sprechen. Den Nachdruck, gegen den sich die noch ohne Urheberrecht ausgestatteten Schriftsteller des 18. Jh.s mit zunehmender Vehmenz wandten, haben sie insofern z. T. selbst in ihren Zeitschriften gepflegt.

Ohne daß neuere, an heutigen arbeitsrechtlichen Erfordernissen orientierte Typologien freier Mitarbeiter im Pressewesen (vgl. Dovifat/Wilke 1976, S. 21 f.) unmittelbar auf die Situation des 18. Jh.s übertragen werden könnten, lassen sich doch schon dort im Ansatz die künftigen Verhältnisse beobachten. So steht einer geringeren, aber anwachsenden Zahl hauptberuflicher Mitarbeiter, die eine Existenz als freie Schriftsteller zu führen suchten, eine Mehrzahl nebenberuflicher Mitarbeiter zur Seite, die, was die Rekrutierung für die literarische Zeitschrift angeht, großenteils aus dem akademischen, schulischen, bibliothekarischen Bereich oder einer anderen Tätigkeit kamen, in welcher literarische Fertigkeit erworben oder gepflegt werden konnte.

Daß die Herausgeber der (literarischen) Zeitschriften trotz der weithin gewahrten Anonymität schon bald namentlich und dem geistigen Profil nach deutlicher hervortreten, als dies noch bei den Editoren der Zeitungen des 17. Jh.s der Fall war, ist bedingt durch den bereits an früherer Stelle im Anschluß an Baumert beschriebenen Übergang vom »korrespondierenden« zum »schriftstellerischen« Journalismus: Er weist generalisierend auf jenen Unterschied hin, wonach »die Avisenzeitung in erster Linie die gewerbliche Auswertung eines lokal konzentrierten und objektiv vorhandenen Lese- und Nachrichtenbedarfes unter Berücksichtigung der dem Leserkreis bereits innewohnenden Geistesrichtung bezweckte, während die vom Schriftsteller herausgegebene literarisch und politisch-propagandistisch eingestellte Zeitung [besser: Zeitschrift!] erst eine der Weltanschauung des Herausgebers adäquate Lesergemeinde zu schaffen suchte. Deshalb war die Redaktionsarbeit des Zeitungsverlegers mehr technischer, die des Schriftstellers mehr geistiger Natur« (S. 50 f.). Schon vor der Formulierung des Programms verbürgt die Person des Herausgebers die literarischen Intentionen des von ihm geschaffenen periodischen Organs. Dabei muß die Herausgeberschaft keineswegs stets an eine einzelne Person gebunden sein, sondern kann, der Gruppenbildung entsprechend, durchaus kollektiv von mehreren getragen werden.

Doch nicht nur seinen Mitarbeitern gegenüber verkörpert der Herausgeber die programmstiftenden Ideen und erfüllt für sie redaktionelle und organisatorische Aufgaben. Vielmehr gilt dergleichen auch für seine Stellung gegenüber dem mehr technischen Teil im literarischen Produktionsprozeß. »Die Gründung und Herausgabe literarisch-politisch bedeutsamer Zeitschriften«, so formuliert Baumert etwas überspitzt, aber die Tendenz richtig treffend, »ging ... ausschließlich von den Schriftstellern selbst aus, wobei die Mitwirkung des Buchhandels entweder gänzlich ausgeschaltet blieb oder aber den Beziehungen entsprach, wie sie zwischen Verleger und Schriftsteller beim Buchverlag bestanden. Die Zeitschrift, deren einzelne Nummern für den Verleger nichts weiter als eine fortlaufende Reihe einzelner Verlagsobjekte bildeten, blieb als solche Eigentum des herausgebenden Schriftstellers, von dessen Entschluß ihre Fortführung abhing, der nach eigenem Ermessen die Beschaffung des literarischen Materials besorgte, die Mitarbeiter honorierte und zum mehr oder weniger großen Teil auch Träger des geschäftlichen Risikos war. Diese wirtschaftliche Situation bestand oder veränderte sich, je nachdem es sich um Schriftstellerselbstverlag [z. B. die ersten Jahrgänge des »Deutschen Merkur«], Kommissionsverlag oder reinen Buchverlag handelte« (S. 38).

Auch wenn die an der Ausbreitung der literarischen Zeitschrift des 18. Jh.s beteiligten verlegerischen Interessen hiermit unterschätzt sein mögen, zumal die Verleger den mit einmal florierenden Organen zu erzielenden Gewinn durchaus erkannten und sich dann deren Herausgabe zu sichern oder sie durch eigene Unternehmungen nachzubilden suchten, dürfte die Rolle der Herausgeber im ganzen doch bestimmend gewesen sein. Daß dies die Rentabilität der Organe nicht förderte, sondern in der Konkurrenz literarischer und ökonomischer Zielsetzungen dem ersteren Motiv ein Übergewicht verlieh, läßt sich unschwer erkennen. Auf die Dominanz des publizistischen Antriebs weist auch die Tatsache hin, daß eigenmächtige verlegerische Versuche, einmal etablierte Organe auch ohne die ursprünglichen Herausgeber fortzusetzen, nur selten dauerhafter Erfolg beschieden war (vgl. z. B. das Schicksal von Schubarts »Deutscher Chronik«). Allerdings verschob sich das Kräfteverhältnis im Laufe der Zeit, indem sich die ökonomische Logik des literarischen Marktes zugunsten des Verlegers auswirkte: »Je mehr er nun das wirtschaftliche Risiko auf sich nahm und die Zeitschrift mit seinem eigenen Unternehmen verschmolz, in desto größerem Ausmaße trat der Schriftsteller die Unternehmerfunktion an den Verleger ab und beschränkte sich auf seine Hauptfunktion: die literarische Arbeit. Sein Reinertragsanteil verwandelte sich in ein fixiertes Honorar, das – wirtschaftlich betrachtet – mehr einem Werklohn ähnlich sah. Trotzdem blieb die Zeitschrift mit der Persönlichkeit des herausgebenden Schriftstellers untrennbar verknüpft. Denn wohl das Verlagsrecht des Verlegers, nicht aber das Herausgaberecht des Schriftstellers war kündbar« (Baumert S. 39).

Literatur: Joachim Kirchner 1928, Bd. I. – *Dieter Paul Baumert:* Die Entstehung des deutschen Journalismus. Eine sozialgeschichtliche Studie. München, Leipzig 1928. – *Ernst Herbert Lehmann:* Einführung in die Zeitschriftenkunde. Leipzig. 1936. – *Wolfdietrich Rasch:* Freundschaftskult und Freundschaftsdichtung im deutschen Schrifttum des 18. Jahrhunderts. Vom Ausgang des Barock bis zu Klopstock. Halle (Saale) 1936. – *Hubert Max:* Wesen und Gestalt der politischen Zeitschrift. Ein Beitrag zur Geschichte des politischen Erziehungsprozesses des deutschen Volkes bis zu den Karlsbader Beschlüssen. Essen 1942. – *Fritz Valjavec:* Die Entstehung der politischen Strömungen in Deutschland 1770–1815. München 1951. – *Gunter Berg:* Die Selbstverlagsidee bei deutschen Autoren im 18. Jahrhundert. In: Archiv f. Gesch. d. Buchwesens VI (1966) Sp. 1371 bis 1395. – *Hans Widmann:* Geschichte des Buchhandels vom Altertum bis zur Gegenwart. Neubearb. d. Aufl. v. 1952. Teil I: Bis zur Erfindung des Buchdrucks sowie Geschichte des deutschen Buchhandels. Wiesbaden 1975. – *Emil Dovifat, Jürgen Wilke:* Zeitungslehre Bd. II. 6. neu bearb. Aufl. Berlin, New York 1976.

4. Auflagen

Zu den Grundelementen einer pressestatistischen Beschreibung von Zeitungen und Zeitschriften gehören Daten über die jeweiligen Auflagenhöhen, d. h. Angaben über die Zahl der gedruckten bzw. vertriebenen Exemplare. Während man hierzu für die neuere Zeit durch Pressekataloge und heute durch laufend erhobene Auflagenlisten, die vor allem im Auftrag der werbetreibenden Wirtschaft erhoben werden, recht gut unterrichtet ist, fehlt es weithin an entsprechenden Auskünften für die frühe Pressegeschichte. Nicht nur, daß für viele periodische Organe überhaupt keine Auflagenzahlen mehr feststellbar sind; vielmehr steht auch dort, wo solche Daten aus Quellen und Zeugnissen noch ausfindig zu machen sind, deren Verläßlichkeit oft in Frage. Hinzukommt, daß die Auflage eines Presseerzeugnisses keine feste Größe darstellt, sondern in der Regel im Zeitablauf gewissen Schwankungen unterworfen ist. Daher sind selbst gesicherte Daten nicht auf Dauer zu verallgemeinern.

Auf derart unsicherem Boden bewegt man sich folglich mit allen Versuchen, die Auflagenhöhe der Druckmedien in den ersten Jahrhunderten ihres Bestehens zu bestimmen. Wenngleich es für diese Zeit noch weniger als heute möglich ist, allein schon von der Auflage auf die tatsächliche Reichweite der Massenmedien zu schließen, so bildet deren Ermittlung dennoch die Grundlage, um Verbreitung und quantitative Publizität umreißen und damit auch Fragen nach Einfluß und Wirkung überhaupt sinnvoll stellen zu können. Was die Zeitung des 17. Jh.s angeht, so sind erst jüngst, unter Zugrundelegung der Zahl gleichzeitig bestehender Blätter, deren durchschnittlicher Auflage und der spezifischen Rezeptionsformen des damaligen Publikums, einigermaßen realistische Schätzungen der globalen Reichweite dieses Mediums vorgenommen worden (vgl. Welke 1976, S. 154 ff.).

Mit der Auflagenhöhe der Zeitschrift des 18. Jh.s hat sich dagegen schon Joachim Kirchner in seinem Werk von 1928 systematisch befaßt. Durch die vergleichende Auswertung von Verlagsarchiven konnte er hier ein hinreichend verläßliches Fundament schaffen. Seinen Ermittlungen zufolge lag »die Mindestgrenze der Auflagenhöhe bei der Ziffer 500 ... In diesem Falle war aber nur dann ein längerer Bestand der Zeitschrift denkbar, wenn sie eine Gesellschaftsschrift mit festem Abonnentenstamm war ... Zeitschriften mit einer Auflage von 500 Exemplaren, die über einen solchen festen Stamm von Abnehmern nicht verfügten, vermochten sich nicht zu halten; ebensowenig pflegten jene Zeitschriften, die von einer höheren Auflageziffer auf die 500-Grenze herabsanken, fortzubestehen« (S. 54). Indem die genannte Auflagenhöhe die ökonomische Rentabilitätsgrenze eines periodischen Publikationsunternehmens markiert, steht sie in ursächlichem Zusammenhang auch mit seiner Lebensdauer, oder, anders gewendet: Ein bloß kurzer Erscheinungszeitraum läßt auch auf das Erreichen einer nur geringen Auflage schließen. Als »normale Auflagenhöhe für Zeitschriften« (S. 54) bzw. als »*optimale Grenze* der Auflageziffer für den Verleger« (S. 49) bezeichnet Kirchner 1000 Exemplare. Jedoch bedeutet dies eine Druckauflage, nicht schon eine entsprechende Abonnentenzahl, da die Verleger Freistücke und Überschußexemplare für spätere Nachbestellungen einkalkulierten, weshalb anzunehmen ist, daß, »wenn von dieser Auflage 7-800 Exemplare im Abonnement vertrieben wurden, ... die Verleger wohl ganz gut dabei bestehen« konnten (Kirchner S. 56).

Naturgemäß setzt der angeführte Durchschnittswert eine Streuung der Auflagen nach oben und unten voraus. Grundsätzlich ist deren Höhe jeweils entscheidend vom Typ und der besonderen Gestaltung des einzelnen Zeitschriftenunternehmens abhängig. Doch gehören nach Kirchner Zeitschriftenauflagen von über 2000 Exemplaren im 18. Jh. zu den Ausnahmen, so daß dieses Medium in den Größenordnungen damals noch keineswegs jene Spannweite aufweist, wie sie heute etwa zwischen den Publikumszeitschriften und den spezialisierten Fachorganen besteht. Zu den bemerkenswerten Ausnahmen gehört im frühen 18. Jh. vor allem die erste bedeutende Moralische Wochenschrift in Deutschland, der Hamburger »Patriot« (1724 bis 1726), der im ersten Erscheinungsjahr angeblich 5000, im zweiten sogar 6000 Exemplare erreichte. Mit einer ähnlich hohen Spitzenauflage treten am Ende des Jahrhunderts August von Schlözers »Stats-Anzeigen« (1782–1795) hervor: 4000 Exemplare. Damit sind zwei ausgesprochene Erfolgsjournale des frühen und späten 18. Jh.s genannt, »die durch die Originalität ihrer Form oder durch die Besonderheit des Inhalts etwas Neues boten und dadurch in Mode kamen ...« (Kirchner S. 39). So überrascht es denn auch nicht, wenn von den im vorliegenden Band beschriebenen Organen die der historisch-politischen Publizistik nahestehende »Chronik« Chr. F. D. Schubarts die höchste Auflage erreicht zu haben scheint: Nachdem sie es in der ersten Erscheinungsphase (1774–1777) offenbar auf 1600 Exemplare gebracht hatte, stieg die Auflage nach der Wiederaufnahme 1787 bis Juli 1788 auf 1480, bis März 1789 auf 2000 und bis Anfang 1791 sogar auf angebliche 4000 Exemplare.

Im übrigen dürften die literarischen Blätter im vorliegenden Zeitraum solche Werte nicht erreicht haben, sowohl wegen ihrer inhaltlichen Spezialisierung, die nur in bestimmten Teilen des Publikums Aufmerksamkeit erwarten konnte, als auch infolge der Tatsache, daß zahlreiche konkurrierende Titel nebeneinander bestanden. Von Gottscheds »Neuestem aus der anmuthigen Gelehrsamkeit« (1751–1762) und H. A. O. Reichards »Theater-Journal für Deutschland« (1777–1784) ausgehend, für die jeweils ein Druck von 1000 Exemplaren nachgewiesen ist, sieht sich Kirchner »berechtigt, diese Auflagehöhe als Norm für die im 18. Jahrhundert so beliebten literarisch-wissenschaftlichen Journale anzusprechen« (S. 50). Freilich haben manche Organe diese Norm übertroffen und ihren publizistischen Ruf damit auch quantitativ begründet. Für Friedrich Nicolais ambitiöses Rezensionsjournal »Allgemeine Deutsche Bibliothek« (1765–1805) werden z. B. 1777 2500 Exemplare genannt, doch pendelt sich die Auflage dann bei 1500–1800 Exemplaren ein. Nach Übergabe an den Verleger C. E. Bohn 1792 betrug die Auflage noch 1250 Exemplare, davon waren 1795 noch 763 Abonnenten, d. h. die Spanne zwischen Auflagen- und Abonnentenziffer belief sich auf ca. 40 Prozent. Chr. M. Wielands »Deutscher Merkur« (1773–1810) erlebte eine ähnliche Entwicklung: »Im ersten Jahre seines Erscheinens reichten 2500 Eremplare nicht hin, um die Bestellungen auszuführen, im nächsten Jahre (1774) betrug die Zahl der Abonnenten 2000, nach zehnjährigem Bestehen (1783) sank sie auf 1500 herab und 1788 war sie bei 1200 angelangt« (Kirchner S. 52). Den Niedergang konnte auch die Auffrischung als »Neuer Teutscher Merkur« (1790 ff.) nicht aufhalten: Er erreichte 1796 noch 1000, 1798 nur noch 800 Exemplare. Erfolgreich war am Ende des Jahrhunderts vor allem die »Allgemeine Literatur-Zeitung« (1785–1849), die es im ersten Erscheinungsjahr von 600 auf 1000, später sogar auf 2000 Exemplare brachte. Auch Schillers anspruchsvolle Zeitschrift »Die Horen« scheint 1795 zunächst in einer Auflage von 2000 Exemplaren erschienen zu sein.

Für Boies und Dohms »Deutsches Museum« gibt es 1776 lediglich einen Hinweis auf mindestens 1000 Exemplare, während das »Gothaische Magazin der Künste und Wissenschaften« gleichzeitig immerhin bei einer Auflage von 2000 lag. J. G. Jacobis besonders auf das Frauenpublikum spekulierender »Iris« (1774–1776) sind 800–1000 Exemplare zugeschrieben worden. Das von W. G. Becker herausgegebene »Magazin der neuern französischen Literatur« (1780/81) besaß zunächst ebenfalls eine Auflage von 1000, die seit dem 8. Stück auf 750 herabgesetzt wurde. Rückläufig waren die Auflagen mit der Zeit auch sonst. J. Chr. Adelungs »Magazin für die deutsche Sprache« (1782–1784), im Selbstverlag mit einer Auflage von 1000 Exemplaren begonnen und auf 1500 gesteigert, sank nach der Übernahme durch den Verleger Breitkopf wieder auf die »Norm« 1000 zurück.

Daß literarische Spezialisierung oder gar Esoterik der publizistischen Verbreitung und der Erscheinungsdauer Grenzen setzte, läßt sich im 18. Jh. an nicht wenigen Fällen studieren. Dabei kann die quantitativ beschränkte zeitgenössische Verbreitung in umgekehrtem Verhältnis zum späteren literarhistorischen Ruhm der Blätter stehen. Für den berühmten Jahrgang 1772 der »Frankfurter gelehrten Anzeigen« werden nur 200 Bezieher angenommen, und der von Matthias Claudius redigierte »Wandsbecker Bothe« (1771–1775), allerdings dem Typ nach eine Zeitung, erreichte im gleichen Jahr nur eine Auflage von 400 Exemplaren, womit er ständig am Rand der Existenzfähigkeit blieb. Bemerkenswert ist, daß ein von der Firma Flöricke in Danzig 1778 veranstaltete Neuauflage des »Wandsbecker Bothen« bereits in 1417 Exemplaren gedruckt wurde (vgl. Kirchner S. 53). Nachdrucke literarischer Blätter, sowohl einzelner Hefte wie ganzer Bände und Jahrgänge, waren auch früher schon vorgekommen (z. B. bei J. J. Schwabes »Belustigungen des Verstandes und des Witzes«, 1741–1745).

Ein weiteres bekanntes Beispiel für geringe Auflagenhöhe sind am Ende des Jahrhunderts auch Goethes »Propyläen« (1798–1800), für welche man 300 Exemplare als Auflage genannt findet. Ob J. W. von Archenholtz' »Litteratur und Völkerkunde« mit der in der Literatur angegebenen Auflage von 400 Stück tatsächlich (einschließlich der Fortsetzung) ein Jahrzehnt (1782–1791) hätte bestehen können, läßt sich bezweifeln. Immerhin nannte L. F. G. von Goeckingk im Vorbericht zu seinem »Journal von und für Deutschland« (1784–1792) als wünschenswert und tragfähig eine Auflage von mindestens 500 bis 600 Exemplaren. Dies mochte im Selbstverlag hier vielleicht hinreichen.

So sehr Auflagen und Bezieherzahlen die ökonomische Rentabilität einer Zeitschrift bestimmen, so wenig geben sie Auskunft über deren tatsächliche Reichweite. Will man diese annähernd präzisieren, so ist es notwendig, eine Vorstellung vom Lesepublikum des 18. Jh.s, insbesondere von der Zahl der Leser pro Zeitschriftenexemplar zu gewinnen, wie dies hier schon an anderer Stelle beschrieben wurde (vgl. S. 106 f.).

Literatur: Joachim Kichner 1928, Bd. I. – *Martin Welke:* Rußland in der deutschen Publizistik des 17. Jahrhunderts (1613–1689). In: Forschungen zur osteuropäischen Geschichte 23 (1976) S. 105–276.

5. Format, Umfang, Ausstattung

Die im vorliegenden Band monographisch beschriebenen literarischen Zeitschriften des 18. Jh.s sind fast durchweg im Oktavformat erschienen, weichen im einzelnen jedoch durch Groß- oder Kleinoktav voneinander ab. Sie stehen damit dem Buch näher als dem publizistischen Medium der Zeitschrift, die bereits im Quartformat die ihr gemäße äußere Form gefunden hatte. Sieht man vom »Wandsbecker Bothen« (1771–1775) ab, der ohnehin eine Zeitung war, so geht die Wahl des Quartformats bei literarischen Zeitschriften auch mit einer am Informationscharakter der Zeitung orientierten Stoffdarbietung und (zweispaltigen) Aufmachung einher (vgl. »Freymüthige Nachrichten von neuen Büchern, und andern zur Gelehrtheit gehörigen Sachen«, 1744–1763; »Critische Nachrichten aus dem Reiche der Gelehrsamkeit«, 1750/51; auch beim »Journal von und für Deutschland«, 1784–1792). Neben dem Übergang ins Quartformat gibt es bei literarischen Organen gelegentlich auch einen solchen zum Sedezformat, in erster Linie nachdem dieses sich für die beliebten Musenalmanache eingebürgert hatte. Beispielhaft sei hier an W. L. Wekhrlins Journale erinnert.

Beim Umfang der jeweiligen Zeitschriftenexemplare bestehen nicht nur Unterschiede zwischen den einzelnen Organen, sondern mitunter auch zwischen verschiedenen Nummern des gleichen Titels. Der durchschnittliche Umfang einer Zeitschrift ist im wesentlichen von ihrer Periodizität, im weiteren Sinne überhaupt durch ihre typologischen Merkmale bestimmt.

Hier trennen sich wieder die zeitungsähnlichen Organe mit wöchentlichem (z. B. »Critische Nachrichten aus dem Reiche der Gelehrsamkeit«, 1750/51) oder gar zweimal wöchentlichem Erscheinen (z. B. »Frankfurter gelehrte Anzeigen«, 1772–1790; »Deutsche Chronik«, 1774–1777) durch einen Umfang von einem (Quart-) oder einem halben (Oktav-) Bogen von jenen Organen, die vierteljährlich oder monatlich »im allgemeinen ... in der Stärke von etwa 4 bis 6 Bogen« erschienen (Kirchner 1928, I S. 21). Während die literarischen Zeitschriften im Umkreis Gottscheds und auch die späteren Nationaljournale (z. B. »Deutscher Merkur«, 1773–1810; »Deutsches Museum«, 1776–1791) diese »Norm« weitgehend erfüllen, fehlt es aber auch nicht an darüber hinausgehenden Zeitschriftenumfängen. Die »Bibliothek der schönen Wissenschaften und der freyen Künste« (1767–1806) wies in der Regel 14 Bogen, die »Allgemeine Deutsche Bibliothek« (1765–1805) sogar 20 Bogen auf. Ähnlich umfangreich waren u. a. auch Lessings »Theatralische Bibliothek« (1754–1758), G. B. von Schirachs »Magazin der deutschen Critik« (1772–1776) und Chr. J. Jagemanns »Magazin der italienischen Litteratur und Künste« (1780–1785). Damit glichen sich die Journale im Umfang schon sehr den selbständigen Büchern an, wie die Zählung nach Bänden ohnehin ein Versuch war, die einzelnen Hefte einer Zeitschrift auch buchähnlich zusammenzufassen.

Auch was die Aufmachung und Ausstattung der Zeitschriften angeht, so gibt es neben den im publizistischen Typ liegenden Gemeinsamkeiten gelegentliche Besonderheiten und Unterschiede. Präsentieren die zeitungsähnlichen Organe ihre Titel z. B. nur in einer Querleiste auf der ersten Seite jeder Nummer, so verfügen die Monats- und Vierteljahrsschriften über ein eigenes Titelblatt, dessen gleichbleibende Gestaltung Anzeichen für die Einheit des Unternehmens ist. Manche Herausgeber konnten ihre Hefte oder Bände (zumindest auf dem Frontispiz) mit Kupferstichen, häufig Porträts älterer und neuerer Autoren, ausstatten und boten damit in Ansätzen zugleich künstlerische Illustrationen. Daß die Zeitschriften überdies nicht bloß als ephemere Produkte, sondern auch als Kompendien gespeicherten Wissens angelegt waren, darauf weist hin, wenn in nicht wenigen der hier besprochenen Titel der Inhalt der Jahrgänge jeweils durch mehrere Register nach Autoren und Themen aufgeschlüsselt wurde. Wo dies nicht der Fall war, wurden zumindest nochmals Halbjahres- oder Jahresinhaltsverzeichnisse geboten. Die inhaltliche und formale Gestaltung der Zeitschriften, die Anordnung und Mischung der einzelnen Bestandteile in Prosa und Versen, hing schließlich entscheidend davon ab, ob ein Blatt – nach der Unterscheidung von Robert Prutz – dem kritisch-räsonnierenden, dem poetisch-produktiven oder dem gemischten Journaltyp angehörte oder zuneigte.

Literatur: Joachim Kirchner 1928, Bd. I.

6. Preise

Vom Typ der Zeitschrift, insbesondere dem Umfang der Hefte und ihrer periodischen Erscheinungshäufigkeit waren auch die Preise bestimmt, die von den interessierten Lesern für den Kauf oder Bezug eines Organs entrichtet werden mußten.

Vorherrschend war hier schon im 18. Jh. das Abonnement, »bei welchem sich«, wie Karl Bücher diese Vertriebsform beschreibt, »der Bezieher zur Abnahme der während eines längeren Zeitraumes erscheinenden Zeitungen [und Zeitschriften] im voraus verpflichtet und eine Bauschsumme dafür erlegt, welche hinter der Summe der Preise für die einzelnen Nummern zurückbleibt« (S. 193). Allerdings trat zur damaligen Zeit diese finanzielle Ersparnis, der eigentlich ökonomische Vorteil für den Abonnenten, noch keineswegs immer ein, da oft Versandkosten außerdem berechnet wurden und auch sonst »nach Vertriebsmöglichkeiten Aufschläge hinzukamen, auf die Herausgeber oder Verleger keinen Einfluß hatten« (Lindemann S. 43).

In den literarischen Marktverhältnisse des 18. Jh.s verband sich das Abonnement mit zwei seinerzeit typischen Formen der Bezieherrekrutierung, der Subskription und der Pränumeration. Während die Subskription lediglich eine Bereitschaftserklärung zur Abnahme eines Werkes bei Erscheinen erforderte, »verpflichtete sich der Interessent auf die Pränumerationsanzeige hin, ohne also das Werk selbst zu kennen, den angegebenen günstigen Pränumerationspreis bis zu einem bestimmten Termin ... entweder an den Autor selbst, eine von ihm benannte Buchhandlung oder an Kommissionäre bzw. Kollekteure ... einzusenden« (Wittmann Sp. 859). Beide Verfahren sollten, zumal dem als sein eigener Verleger auftretenden Autor, im voraus einen gesicherten Absatz, eine optimale Kalkulation bzw. eine Verminderung seines ökonomischen Risikos ermöglichen. Sie wurden insofern »vor allem als Mittel benutzt, einen noch nicht existierenden oder doch nur latenten, unartikulierten Bedarf zu stimulieren« (ebda.). Listen der geworbenen Subskribenten oder Pränumeranten wurden zudem mitunter demonstrativ zur weiteren Bezieherwerbung den Druckwerken vorangestellt und dienten damit zugleich einer öffentlich erkennbaren, literarischen Gemeindebildung. Sie besitzen noch heute einen Quellenwert für die Bestimmung des Publikums einzelner Publikationen (vgl. Narr), obwohl bekannt ist, daß manche Autoren und Herausgeber des 18. Jh.s illustre zeitgenössische Namen unberechtigt als angebliche Subskribenten mit anführten.

Die anzutreffenden Preisangaben für die literarischen Zeitschriften des 18. Jh.s sind uneinheitlich, so weit sie verschiedenen Währungssystemen angehören.

Während die Angaben in Nord- und Mitteldeutschland meist in guten Groschen (gGr.) und Reichstalern (Rthlr.) erfolgen, hat man es in Süddeutschland vorwiegend mit Kreuzern (kr.) und Gulden (fl.) als Rechnungseinheiten zu tun (vgl. Widmann 1965 II, S. 423 bis 426). Die einzelnen Hefte der literarischen Organe des frühen 18. Jh.s kosteten drei (»Beyträge zur critischen Historie der deutschen Sprache, Poesie und Beredsamkeit«, 1732–1744; »Neue Beyträge zum Vergnügen des Verstandes und Witzes«, 1744–1748) oder zwei gute Groschen (z. B. »Belustigungen des Verstandes und des Witzes«, 1741–1744; »Bemühungen zur Beförderung der Critik und des guten Geschmacks«, 1743–1747; »Neue Belustigungen des Gemüths«, 1745). Wenn Franz Ulbrich (vgl. S. 78 Anm. 1) für die acht Halbjahresbände der »Belustigungen des Verstandes und des Witzes« einen Ladenpreis von acht Reichstalern angibt, so bleibt offen, ob es sich hier um den Abonnements- oder um einen nachträglichen Kaufpreis für das gesamte Werk handelt, der eher über der Summe der Preise für die monatlichen Einzelstücke lag. Die Moralischen Wochenschriften, die gleichzeitig erschienen, waren zwar im Nummernpreis, kaum aber auf den Jahrgang gesehen, erschwinglicher: Der »Patriot« (1724–1726) und die »Vernünfftigen Tadlerinnen« (1725/26) kosteten sechs Pfennig das Stück (12 Pfg. = 1 gGr.), der »Naturforscher« (1747/48) acht Pfennig, im Abonnement 6 gGr. pro Quartal.

Für die Pränumeration von Lessings »Briefen, die neueste Litteratur betreffend« (1759–1765) mußten im Vierteljahr 12 gGr. bezahlt werden, sonst kostete jeder Bogen (= eine Nummer) einen gGr. Die umfänglichere »Allgemeine Deutsche Bibliothek« (1765–1805) kam dagegen erheblich teurer: Für eine Ausgabe wurden 18 gGr. verlangt, für den Band (= zwei Ausgaben) ein Rthlr. und 12gGr., was genau dem Doppelten entspricht. Für die monatlich erscheinenden literarischen Blätter und Nationaljournale der siebziger und achtziger Jahre bürgerte sich ein Preis für das Jahresabonnement von vier bis fünf Reichstalern ein, je nach Einschluß der postalischen Versandkosten (so z. B. »Deutsches Museum«, 1776–1791; »Journal von und für Deutschland«, 1784–1792; »Litteratur und Völkerkunde«, 1782 bis 1791; »Journal des Luxus und der Moden«, 1786–1827). Der zuerst vierteljährlich herauskommende »Deutsche Merkur« (1773–1810) wurde dagegen an Abonnementen für 2½ Rthlr., an Nicht-Abonnenten für 3½ Rthlr. pro Jahr abgegeben. Für sechsmal jährliches Erscheinen legte das »Magazin der neuern französischen Litteratur« (1780/81) einen Preis von einem Rthlr. und 12 gGr. fest. Während ein Heft des »Deutschen Museums« im Umfang von sechs Bogen für acht gGr. zu haben war, kostete ein Band des »Magazins der spanischen und portugiesischen Literatur« (1780–1782) mit über 20 Bogen 18 gGr. Auf den gleichen Betrag belief sich im Vierteljahr der Bezug von W. L. Wekhrlins »Chronologen« (1779–1783) und »Hyperboreischen Briefen« (1788–1790). Im ganzen billiger als die Zeitschriften sind schon damals offenbar die Zeitungen gewesen: Eine Ausgabe des »Wandsbecker Bothen« (1771–1775) kostete einen Sechsling, das Jahresabonnement zwei Rthlr. Für Schubarts »Deutsche Chronik« (1774–1777) werden dagegen schon fürs Halbjahresabonnement drei Gulden genannt.

Absolut genommen besitzen die hier gemachten Preisangaben noch nicht allzuviel Aussagekraft. Diese würden sie erst gewinnen in einem Vergleich etwa mit zeitgenössischen Buchpreisen oder gar mit den Preisen für andere Waren und Güter. Gottscheds »Versuch einer critischen Dichtkunst« (1730) kostete z. B. ein Rthlr. und vier gGr., Lessings »Laokoon« (1766) ein Rthlr. und 8 gGr., die achtbändige Ausgabe von Goethes »Schriften« (1787/90) acht Rthlr. Entsprechende Vergleichszahlen für die damaligen Preise von Konsumgütern und Lebenshaltung ließen sich aus dem umfangreichen Quellenwerk von Moritz J. Elsas entnehmen. Allerdings bliebe hierbei zu berücksichtigen, daß die »Preise ... an verschiedenen verwaltungsmäßig getrennten Orten außerordentlich variiert [haben] ... und es ... in der früheren Zeit an einem Preisangleich fehlte ...« (Elsas Bd. I, S. 3).

Literatur: Karl Bücher: Gesammelte Aufsätze zur Zeitungskunde. Tübingen 1926. – *Moritz J. Elsas:* Umriß einer Geschichte der Preise und Löhne in Deutschland. Vom ausgehenden Mittelalter bis zum Beginn des 19. Jahrhunderts. 3 Bde. Leiden 1936–1949. – Der deutsche Buchhandel in Urkunden und Quellen. Hrsg. v. *Hans Widmann* unter Mitarb. v. *Horst Kliemann* u. *Bernhard Wendt.* 2 Bde. Hamburg 1965. – *Dieter Narr:* Vom Quellenwert der Subskribentenlisten. In: Württembergisch Franken. Jahrbuch 50 = N.F. 40 (1966) S. 159–168. – *Margot Lindemann:* Deutsche Presse bis 1815. Geschichte der deutschen Presse Teil I. Berlin 1969. – *Reinhard Wittmann:* Die frühen Buchhändlerzeitschriften als Spiegel des literarische Lebens. In: Archiv f. Gesch. d. Buchwesens XIII (1973) Sp. 613–932.

7. Ankündigungen, Vorreden

Der ökonomische und publizistische Erfolg eines Zeitschriftenunternehmens hing auf Dauer entscheidend davon ab, ob es gelang, das Organ auf dem literarischen Markt als eigenständige Schöpfung zu etablieren. Da dieser Markt zunehmend durch ein Verhältnis wechselseitiger Anonymität zwischen Autor und Publikum gekennzeichnet war, bedurfte es im einzelnen erheblicher Anstrengungen, sich bekannt zu machen, die Aufmerksamkeit der Öffentlichkeit zu gewinnen und sich aus der Zahl der anderen, parallel laufenden Bemühungen herauszuheben. Der Autor schrieb, wie Reinhard Wittmann, H. J. Haferkorn zitierend, feststellt, »nicht mehr für eine geregelte literarische Bedarfsdeckung, sondern mußte in scharfer Konkurrenz mit anderen Autoren ›neue schöngeistige Bedürfnisse bei ihm unbekannten Lesern hervorrufen‹« (Sp. 853).

Im Dienst solcher Profilierung steht im 18. Jh. nicht nur bei den Zeitschriften die Gewohnheit, das Werk mit einer Vorrede zu versehen und ihm darin eine Legitimation mit auf den Weg in die Öffentlichkeit zu geben. Daß es solcher Rechtfertigung überhaupt bedurfte, wenn individuelle geistige Produkte aus dem Schutzraum des Privaten heraustraten, im Druck veröffentlicht wurden und damit gewissermaßen eine andere Qualität annahmen, so weist dies auf ein noch problematisches Verhältnis von privater und öffentlicher Sphäre hin. Zwar hatte es Vorreden schon lange und auch im 17. Jh. gegeben, doch waren diese hier meistens in direkter Wendung an konkrete, namentlich genannte Fürsten und Gönner gerichtet, zugleich Widmung und Devotion des ständischen Dichters zum Ausdruck bringend. Im 18. Jh. wird diese Vorrede dagegen auf das weithin anonyme Publikum bezogen, es handelt sich sozusagen um eine säkularisierte »Sammeldedikation an eine unsichtbare, ideale, aber dennoch real apostrophierte Leserschaft« (Wittmann Sp. 855). In diesem Sinne blieb sie zwangsläufig jedoch ein »Monolog ins Leere« (ebda. Sp. 854).

Der Vorrede zeitlich vorgeschaltet war überdies noch »die mit ihr verwandte, wenngleich funktional verschiedene Subskriptionsanzeige« (ebda. Sp. 853). Ankündigungen mit der Einladung zur Subskription und Pränumeration (häufig auch zugleich zur Mitarbeit) stellten einen ersten Kontakt zwischen Autor und möglichem Rezipientenkreis eines neuen Publikationsvorhabens dar. Daß dies besonders wichtig war für periodische Druckwerke, die ein dauerhaftes Interesse voraussetzen oder wecken mußten, wurde bereits zuvor betont. Bei den Zeitschriften des 18. Jh.s lassen sich im wesentlichen zwei Formen der Ankündigung beobachten: Einmal in Form eines gesonderten, selbständigen Schriftstücks oder Rundschreibens, zum anderen als Bekanntmachung in anderen, bereits erscheinenden Blättern, was vielleicht überraschen mag, weil damit doch Konkurrenz um das m. E. gleiche, nicht beliebig vergrößerbare Publikum begründet wurde.

Ankündigungen und Vorreden stimmen im Wortlaut nicht selten überein, zumindest teilweise. Im ganzen enthalten die Ankündigungen und Subskriptionsanzeigen neben der inhaltlichen Charakterisierung des beabsichtigten Organs auch mehr technische Hinweise zu Erscheinungsform, Umfang, Vertrieb, Bezugsmöglichkeiten und Preisangaben. Die Vorreden dagegen explizieren meist noch stärker die Legitimation und Programmatik des literarisch-publizistischen Unternehmens. Obwohl man annehmen könnte, daß sich an dieser Stelle besonders deutlich die jeweilige herausgeberische Individualität und die spezifische publizistische Linie ausgedrückt fänden, fallen vielmehr stark stereotype Züge ins Auge. Man kann geradezu von einem Arsenal rhetorischer Topoi sprechen, »Veranlassungstopoi«, wie Wittmann (vgl. Sp. 865) sagt, die immer wieder zur Begründung des eigenen publizistischen Vorhabens angeführt werden. Ja selbst die Klage über die bereits bestehende Überfülle von Journalen gehört seit dem frühen 18. Jh. zu den häufig wiederkehrenden Einleitungsformeln, ohne daß dies wirkliche Konsequenzen für den Rechtfertigungsaufwand des neu erscheinenden Blatts gehabt hätte.

Die oft formelhaften Auskünfte der Vorreden beziehen sich, in unterschiedlichem Umfang, auf drei Hauptthemen: den Autor, das Werk und das Publikum (vgl. Wittmann Sp. 863 ff.). Der Autor spricht dabei gern von den Schwierigkeiten des Unternehmens, beteuert seine besten, humanitären Absichten, verspricht Unparteilichkeit und sucht den Lesern seine Dienste anzubieten. Zugleich äußert er den Wunsch nach Mitarbeit, die Bitte um Zusendung von Manuskripten, ja erklärt sich mitunter bereit, auch Widerlegungen zu akzeptieren. Doch Formelhaftigkeit herrscht nicht nur in diesen vergleichsweise äußeren Bezugspunkten vor. Auch in den inhaltlichen Absichtserklärungen, in der eigentlich literarischen Programmatik findet man oft weniger individuelle Züge als einen allgemeinen Rahmen, in den durchaus Verschiedens hineinpaßt.

Fundamental ist für die literarischen Zeitschriften des 18. Jh.s, zumindest soweit es sich nicht um eher wissenschaftliche Organe handelt, schon seit des Thomasius »Monatsgesprächen« (1688–1690) die doppelte Zielsetzung von Nutzen und Vergnügen, von Wissensvermittlung und kurzweiliger »Unterhaltung«. Des Horaz berühmter Satz »Aut prodesse volunt aut delectare poetae«, für die poetologische Selbstbestimmung in dieser Zeit noch ganz verbindlich, gerät damit auch zur literarisch-publizistischen Maxime und bestimmt die Grundlinie eines periodischen Mediums, das, der Sprechweise der Zeit zufolge, im Bereich der »schönen Wissenschaften und freien Künste« angesiedelt war. Hinzukommt unverkennbar eine nationale Grundströmung, gepaart mit dem Hinweis auf die entsprechenden Fortschritte des Auslands. Wenngleich dieser nationalpatriotische Antrieb gegen Ende des Jahrhunderts anwächst und den Kosmopolitismus der Aufklärung verdrängt, so zieht er sich doch von Gottsched, dessen »Beyträge zur critischen Historie der deutschen Sprache, Poesie und Beredsamkeit« (1732 bis 1744) »ein ganzes Volk aus seiner natürlichen Rauhigkeit und Barbarey« (1732, I, Vorrede) reißen sollten, bis zu den eigentlichen Nationaljournalen der siebziger und achtziger Jahre, welche »die Deutschen mit sich selbst bekannter und auf ihre Nationalangelegenheiten aufmerksamer zu machen« suchten (»Deutsches Museum«, 1777, I, S. 4).

Daß die Zeitgenossen selbst die Gepflogenheiten der Vorreden schon kritisch gesehen haben, belegen z. B. nicht ohne Selbstironie, die Vorreden zu den beiden ersten Jahrgängen der von J. J. Bodmer und J. J. Breitinger herausgegebenen »Freymüthigen Nachrichten von neuen Büchern, und andern zur Gelehrtheit gehörigen Sachen« 1744 und 1745. »Und die Vorrede«, so heißt es dort, »ist endlich ein ebenso wesentliches Stück eines Buches, als der Eingang zu einer Predigt oder Canzel-Rede ist: Da hat man die beste Gelegenheit das Gemüth des Lesers oder Zuhörers durch süße Worte und Vorstellungen zu seinem Vortheil einzunehmen, sich seiner Aufmerksamkeit und Gewogenheit im Voraus zu versichern, und ihm diejenige Lenkung zu geben, die für unsere Absichten und für unsern Ruhm die vortheilhafteste seyn kan« (1745, Vorrede). Mehr moralisierend, als die literarisch-publizistische Marktbedingtheit der Vorreden erkennend, hatte es schon ein Jahr zuvor geheißen: »Und in dieser Absicht lassen sie keine Kunstgriffe unversucht, die Welt um ihren Beyfall und Gewogenheit für etwas, das dieselbe kaum noch dem Nahmen nach kennet, zu berücken, und also ihre Richter durch großsprechende Verheissungen, durch unmässige Lobeserhebungen und Schmeicheleyen zu ihrem Vortheile einzunehmen. Deßwegen sind die Vorreden überhaupt ein betrugliches und verführerisches Blatt, derethalben man auf der Hut seyn ... soll ...! Wer demnach vor dem Betrug derselben gesichert sey, und die Freyheit nach seiner eigenen Einsicht und Empfindung von dem Werth einer Schrift zu urtheilen ungestöhrt beybehalten will, der muß die Vorrede eines Buchs so lange vor ungeschrieben halten, bis er zuerst das Buch selbst ganz durchgelesen, und nun im Stande ist das Vorhaben mit der Ausführung *a posteriori* zu vergleichen« (1744, Vorrede).

Literatur: Reinhard Wittmann: Die frühen Buchhändlerzeitschriften als Spiegel des literarischen Lebens. In: Archiv f. Gesch. des Buchwesens XIII (1973) Sp. 613–932.

NAMENREGISTER

Nicht aufgenommen wurden in das Register die in den summarischen Mitarbeiter- und Literaturverzeichnissen aufgeführten Namen

Abraham a Sancta Clara 59
Addison, J. 46 f., 95
Adelung, J. Chr. 93, 99, 126
Anton Ulrich von Braunschweig 59
Archenholtz, J. W. von 105, 126

Bäumler, A. 83, 87
Baumert, D. P. 72 f., 77, 120–122
Baumgarten, A. G. 87
Bausch, J. L. 50
Bayle, P. 44, 58, 79, 81
Becker, E. D. 64
Becker, W. G. 125
Bertuch, F. J. J. 105
Beurmann, E. 16
Beutler, J. H. Chr. 15
Biedermann, K. 17
Blackall, E. A. 62 f., 92–99
Bloch, E. 54
Blühm, E. 50
Bodmer, J. J. 4, 48, 81, 85, 95–97, 134
Bogel, E. 50
Bohn, C. E. 125
Bohrmann, H. 19
Boie, H. Chr. 3, 6, 99, 125
Boileau, N. 59
Bormann, A. von 83 f.
Brandes, H. 96
Breitinger, J. J. 4, 48, 79, 81, 85, 95–97, 134
Breitkopf, G. I. 126
Bücher, K. 19, 128
Bürger, G. A. 26

Campe, J. H. 16, 108
Canzler, K. Chr. 116
Carlsson, A. 90
Cervantes, M. de 59
Claudius, M. 10, 99, 114, 126
Consentius, E. 18
Cornand, J. 47

de la Crose, Jean s. Jean Cornand
Cuper, G. 64
Currie, P. 101

Defoe, D. 47
Dehn, M. 64
Desfontaines, P. F. G. 44
Diesch, C. 8, 20
Dingelstedt, F. 16
Dohm, Chr. K. W. von 3, 6, 125
Dovifat, E. 28 f., 120
Dryden, J. 46
Dunton, J. 47

Elsas, M. J. 131
Engelsing, R. 77, 79, 100, 102, 107 f.
Ernesti, J. Chr. 14
Erning, G. 108
Ersch, J. S. 16
D'Ester, K. 14, 19

Fambach, O. 90
Fischer, H.-D. 21
Francisci, E. 40
Freydank, H. 55
Friedrich der Große 102
Frisch, J. 50

Garve, J. Chr. 16, 108
Gellert, Chr. F. 97
Gervinus, G. G. 17
Goeckingk, L. F. G. von 126
Göpfert, H. G. 102
Görres, J. 2
Goethe, J. W. von 16, 126, 131
Götten, H. L. 14 f.
Gottsched, J. Chr. 3, 4, 48, 78 f., 81–86, 93, 96 f., 117 f., 125, 127, 131, 133
Graevenitz, G. von 67, 69
Graham, W. 48
Granet, Abbé 44
Groth, O. 14, 28 f.

Günther, J. Chr. 4
Guthke, K. S. 64
Guthsmuths, J. Chr. F. 15 f., 20, 32, 64

Haacke, W. 20
Habermas, J. 66–70
Haferkorn, H. J. 73–76, 78, 131
Happel, E. W. 59, 61
Harsdörffer, G. Ph. 38 f.
Hegel, G. W. F. 1
Herder, J. G. 16, 78, 87 f.
Heuss, H. (Heuß) 50
Hill, W. 18
Hocks, P. 8
Hofstaetter, W. 18
Hohenthal, P. Frhr. von 26
Horaz 61, 133
Huhold, M. P. 14 f.

Iser, W. 21

Jacobi, J. G. 99, 105, 125
Jagemann, Chr. J. 128
Jentsch, I. 102, 103, 104, 105
Juncker, Chr. 14

Kant, I. 79 f., 88
Kawzynski, M. 18
Kepplinger, H. M. 34
Kieslich, G. 27, 32, 38 f.
Kirchner, J. 8 f., 19–21, 26, 30, 32, 50–52, 54, 64, 106 f., 111, 115–117, 123–127
Klopstock, F. G. 97
Köster, A. 18
Kopitzsch, F. 67
Koschwitz, H. 26
Koselleck, R. 69, 88 f.
Kotzebue, A. von 106

Lachmann, K. 86
Lachmanski, H. 18
La Roche, S. von 99
Lehmann, E. H. 19, 50, 117
Leibnitz, G. W. 51, 92
Lessing, G. E. 3–5, 10, 18, 79, 81, 86 f., 98, 102, 113, 117 f., 128, 130 f.

Lindemann, M. 21, 50, 129
Lohenstein, D. C. von 59, 61
Lorenz, E. 19
Luden, H. 54
Lyser, P. 14

Mackensen, L. 92
Mantzel, E. J. F. 14
Martens, W. 9, 21, 48, 62, 73, 101
Martini, S. 36
Martino, A. 102
Masius, H. G. 59
Mattauch, H. 42–45, 64
Matysiak, J. 111
Max, H. 19, 118
Meissner, A. G. 116
Mencke, O. 49–52, 55, 93 f.
Menz, G. 19, 36 f.
Merten, K. 28 f.
Milberg, E. 18
Milstein, B. M. 102
Milton, J. 46, 85
Morhof, D. G. 51, 59
Motteux, P. 47
Muncker, F. 86
Muth, F. 39 f.
Mylius, Chr. 78 f.

Narr, D. 106, 129
Nicolai, F. 5, 85, 102, 113, 117, 119, 125
Noack, R. 43 f.
Nöhbauer, H. F. 33
Noelle-Neumann, E. 67

Oldenburg, H. 46

Paul, Jean s. Richter, Jean Paul F.
Pope, A. 46, 81
Prévost, Abbé (A. F. Prévost d'Exiles) 45
Prüsener, M. 102–105
Prutz, R. E. 1–7, 9, 14–17, 32, 54–56, 59–61, 93

Raabe, P. 12

Rasch, W. 118
Rau, F. 47
Reichard, H. A. O. 125
Richter, Jean Paul F. 16
Riedel, F. J. 1
Rist, J. 39 f.
Roessler, W. 101
Rohr, J. B. von 14
Rosenfeld, H. 37, 40
Rumpf, W. 102
Ryssel, J. von 55

Salfeld, Chr. 60
Sallo, D. de 42
Salomon, L. 17
Schenda, R. 102
Schiller, F. 3, 9, 105, 125
Schipping, P. 59
Schirach, G. B. von 128
Schlözer, A. L. von 104, 124
Schmidt, P. 8
Schmidtchen, G. 68
Schneider, K. L. 97
Schneider, P. 19
Schöne, W. 64
Schopenhauer, A. 111
Schröder, Chr. M. 21
Schubart, Chr. F. D. 118, 122, 124, 130
Schulz, G. 21
Schwabe, J. J. 115, 126
Shakespeare, W. 46

Steele, R. 46 f., 95
Swift, J. 46

Thomasius, Chr. 3 f., 47, 50, 54 f., 57–62, 90, 94 f., 112, 117 f., 133
Tschirnhaus, E. W. Graf von 59

Ukena, P. 68
Ulbrich, F. 18, 130

Valjavec, F. 119
Visé, D. de 43
de Voss, E.-M. 81 f., 84 f., 89

Wahl, H. 18
Weidmann, M. G. 62
Weissenborn, B. 62
Wekhrlin, W. L. 105, 117, 127, 130
Welke, M. 7, 105–107, 123
Wellek, R. 88
Widmann, H. 129
Wieland, Chr. M. 3, 5, 76 f., 99, 115, 125
Wilke, J. 26, 28 f., 74, 120
Winckelmann, J. J. 87
Wittmann, R. 64, 129, 131–133
Wittmann, W. 101
Woitkewitsch, Th. 58 f., 60–62
Wolfsohn, W. 1

TITELREGISTER

Acta Eruditorum 26, 49, 50 f., 54–58, 93
Für ältere Litteratur und neuere Lectüre 116
Allgemeine Deutsche Bibliothek 5, 9, 102, 104, 113, 116, 119, 125, 128, 130
Allgemeine Literatur-Zeitung 104, 125
Altonaische Relation 50
Athenian Gazette 47
Athenian Mercury 47

Belustigungen des Verstandes und des Witzes 5, 9, 18, 101, 113, 115, 116, 126, 130
Bemühungen zur Beförderung der Critik und des guten Geschmacks 80, 130
Berliner Literaturbriefe
s. Briefe, die neueste Litteratur betreffend
Berlinische Monatsschrift 104
Berlinische Privilegierte Staats- und Gelehrte Zeitung (Vossische Zeitung) 10, 79
Beyträge zur critischen Historie der deutschen Sprache, Poesie und Beredsamkeit 80, 93, 97, 118, 129, 130, 133
Bibliothek der besten deutschen Zeitschriften 26
Bibliothek der schönen Wissenschaften und der freyen Künste 128
Bibliothèque anglaise 44
Bibliothèque germanique 44
Der Biedermann 48, 96
Bremer Beiträge
s. Neue Beyträge zum Vergnügen des Verstandes und Witzes
Briefe, die neueste Litteratur betreffend 5, 113, 130

Chronik
s. Deutsche Chronik

Chronologen 130
Critische Beiträge
s. Beyträge zur critischen Historie der deutschen Sprache, Poesie und Beredsamkeit
Critische Bibliothek 80
Critische Nachrichten aus dem Reiche der Gelehrsamkeit 115, 127
Critischer Versuch zur Aufnahme der deutschen Sprache 93
Crito 80, 116
Deutsche Bibliothek der schönen Wissenschaften 78
Deutsche Chronik 9, 113 f., 118, 122, 124, 127, 130
Der Deutsche Merkur 3, 6, 76, 99, 105, 113, 115 f., 119, 121, 125, 127, 130
Deutsches Museum 1, 3, 5, 18, 105, 113, 119, 125, 127, 130, 134
Discourse der Mahler 48, 95

Erbauliche Ruh-stunden 50

Frankfurter gelehrte Anzeigen 18, 98, 119, 126 f.
Frauenzimmer Gesprechspiele 38 f.
Freymüthige Nachrichten von neuen Büchern, und anderen zur Gelehrtheit gehörigen Sachen 115, 127, 135
Für Geist und Herz 106
The Gentleman's Journal 47
Giornale de Letterati 43
Gothaisches Magazin der Künste und Wissenschaften 125
Das graue Ungeheuer 105, 112
Guardian 46, 48

Hallische Bemühungen
s. Bemühungen zur Beförderung der Critik und des guten Geschmacks

Hamburgische Dramaturgie 86 f., 118
Hamburgische Neue Zeitung
s. Kayserlich privilegierte Hamburgische Neue Zeitung
Hamburgischer Unpartheyischer Correspondent
s. Staats- und gelehrte Zeitung des Hamburgischen Unpartheyischen Correspondenten
Haude- und Spenersche Zeitung
s. Berlinische Nachrichten von Staats- und gelehrten Sachen
History of Learning 47
History of the Works of the Learned 47
Die Horen 3, 9, 105, 125
Hussiten Glock 36 f.
Hyperboreische Briefe 105, 130

Iris 105, 112, 125

Journal von und für Deutschland 104 f., 113, 126 f., 130
Journal littéraire 44
Journal des Luxus und der Moden 105, 130
Journal des Sçavans 3, 36, 41 f., 46, 49, 54
Journal de Trévoux 44

Der Liebhaber der schönen Wissenschaften 100, 105
Litteratur und Völkerkunde 105, 126, 130
Little Review 47

Magazin der deutschen Critik 81, 114, 128
Magazin für die deutsche Sprache 93, 99, 126
Magazin der italienischen Litteratur und Künste 128
Magazin der neueren französischen Litteratur 125, 130
Magazin der spanischen und portugiesischen Litteratur 130

Der Mahler der Sitten 96
Memoirs for the Ingenious 47
Mercure de France 43
Mercure galant 43 f., 47
Mercure Scandale 47
Mercurius Eruditorum 47
Miscellanea Curiosa Medico-Physica 49
Miscellaneous Letters 47
Miscellanies over Claret 47
Monatsgespräche (Thomasius) 3, 54–62, 90, 94 f., 117 f., 133
Monatsgespräche (Rist) 39

Der Naturforscher 130
Neue Allgemeine Deutsche Bibliothek 116
Neue Belustigungen des Gemüths 130
Neue Beyträge zum Vergnügen des Verstandes und Witzes (Bremer Beiträge) 5, 90, 97, 113, 116, 119, 130
Neue Erweiterungen der Erkenntnis und des Vergnügens 113
Der Neue Teutsche Merkur 116, 125
Das Neueste aus der anmuthigen Gelehrsamkeit 125
Das Neueste aus dem Reiche des Witzes 10
Nouvelle République des Lettres 44
Le Nouvelliste du Parnasse 44

Oeconomische Nachrichten 26
Olla Potrida 105, 112

Der Patriot 124, 130
Pegasus 47
Philosophical Transactions of the Royal Society 42 f., 46
Pomona für Teutschlands Töchter 112
Post-Angel 47
Le Pour et Contre 45
Propyläen 126

Sammlung critischer, poetischer, und anderer geistvollen Schriften, zur Verbesserung des Urtheils und des Witzes in den Wercken der Wolredenheit und der poesis 80

Sammlung einiger Schriften zum Zeitvertreibe des Geschmacks 26

Schleswigsche Literaturbriefe
s. Briefe über Merkwürdigkeiten der Litteratur

Schubarts Vaterländische Chronik
s. Deutsche Chronik

Spectateur Inconnu 44

Spectator 46, 48

Stats-Anzeigen 104, 124

Tatler 46, 48

Teutsche Chronik
s. Deutsche Chronik

Der teutsche Merkur
s. Der deutsche Merkur

Thalia 105

Theater-Journal für Deutschland 125

Theatralische Bibliothek 128

Der Übersetzer verschiedener kleiner, zur Aufnahme des guten Geschmacks dienlicher Schriften 116

Universal Historical Bibliotheque 47

Vaterlandschronik
s. Deutsche Chronik

Die Vernünfftigen Tadlerinnen 96, 130

Der Vernünfftler (1713/14) 95

Vollständige Einleitung in die Monatsschriften der Deutschen 15, 32

Vossische Zeitung
s. Berlinische privilegirte Staats- und Gelehrte Zeitung

Wandsbecker Bothe 10, 114, 126, 127, 130

Weekly Review 47

Works of the Learned 47

Der Zeitvertreiber 26

M	44	Nagel *Hrotsvit von Gandersheim*
M	45	Lipsius *Von der Bestendigkeit. Faksimiledruck*
M	46	Hecht *Christian Reuter*
M	47	Steinmetz *Die Komödie der Aufklärung*
M	48	Stutz *Gotische Literaturdenkmäler*
M	49	Salzmann *Kurze Abhandlungen. Faksimiledruck*
M	50	Koopmann *Friedrich Schiller I: 1759–1794*
M	51	Koopmann *Friedrich Schiller II: 1794–1805*
M	52	Suppan *Volkslied*
M	53	Hain *Rätsel*
M	54	Huet *Traité de l'origine des romans. Faksimiledruck*
M	55	Röhrich *Sage*
M	56	Catholy *Fastnachtspiel*
M	57	Siegrist *Albrecht von Haller*
M	58	Durzak *Hermann Broch*
M	59	Behrmann *Einführung in die Analyse von Prosatexten*
M	60	Fehr *Jeremias Gotthelf*
M	61	Geiger *Reise eines Erdbewohners i. d. Mars. Faksimiledruck*
M	62	Pütz *Friedrich Nietzsche*
M	63	Böschenstein-Schäfer *Idylle*
M	64	Hoffmann *Altdeutsche Metrik*
M	65	Guthke *Gotthold Ephraim Lessing*
M	66	Leibfried *Fabel*
M	67	von See *Germanische Verskunst*
M	68	Kimpel *Der Roman der Aufklärung (1670–1774)*
M	69	Moritz *Andreas Hartknopf. Faksimiledruck*
M	70	Schlegel *Gespräch über die Poesie. Faksimiledruck*
M	71	Helmers *Wilhelm Raabe*
M	72	Düwel *Einführung in die Runenkunde*
M	73	Raabe *Einführung in die Quellenkunde*
M	74	Raabe *Quellenrepertorium*
M	75	Hoefert *Das Drama des Naturalismus*
M	76	Mannack *Andreas Gryphius*
M	77	Straßner *Schwank*
M	78	Schier *Saga*
M	79	Weber-Kellermann *Deutsche Volkskunde*
M	80	Kully *Johann Peter Hebel*
M	81	Jost *Literarischer Jugendstil*
M	82	Reichmann *Germanistische Lexikologie*
M	83	Haas *Essay*
M	84	Boeschenstein *Gottfried Keller*
M	85	Boerner *Tagebuch*
M	86	Sjölin *Einführung in das Friesische*

M 87	Sandkühler *Schelling*
M 88	Opitz *Jugendschriften. Faksimiledruck*
M 89	Behrmann *Einführung in die Analyse von Verstexten*
M 90	Winkler *Stefan George*
M 91	Schweikert *Jean Paul*
M 92	Hein *Ferdinand Raimund*
M 93	Barth *Literarisches Weimar. 16.–20. Jh.*
M 94	Könneker *Hans Sachs*
M 95	Sommer *Christoph Martin Wieland*
M 96	van Ingen *Philipp von Zesen*
M 97	Asmuth *Daniel Casper von Lohenstein*
M 98	Schulte-Sasse *Literarische Wertung*
M 99	Weydt *H. J. Chr. von Grimmelshausen*
M 100	Denecke *Jacob Grimm und sein Bruder Wilhelm*
M 101	Grothe *Anekdote*
M 102	Fehr *Conrad Ferdinand Meyer*
M 103	Sowinski *Lehrhafte Dichtung des Mittelalters*
M 104	Heike *Phonologie*
M 105	Prangel *Alfred Döblin*
M 106	Uecker *Germanische Heldensage*
M 107	Hoefert *Gerhart Hauptmann*
M 108	Werner *Phonemik des Deutschen*
M 109	Otto *Sprachgesellschaften des 17. Jahrh.*
M 110	Winkler *George-Kreis*
M 111	Orendel *Der Graue Rock (Faksimileausgabe)*
M 112	Schlawe *Neudeutsche Metrik*
M 113	Bender *Bodmer/Breitinger*
M 114	Jolles *Theodor Fontane*
M 115	Foltin *Franz Werfel*
M 116	Guthke *Das deutsche bürgerliche Trauerspiel*
M 117	Nägele *J. P. Jacobsen*
M 118	Schiller *Anthologie auf das Jahr 1782 (Faksimileausgabe)*
M 119	Hoffmeister *Petrarkistische Lyrik*
M 120	Soudek *Meister Eckhart*
M 121	Hocks/Schmidt *Lit. u. polit. Zeitschriften 1789–1805*
M 122	Vinçon *Theodor Storm*
M 123	Buntz *Die deutsche Alexanderdichtung des Mittelalters*
M 124	Saas *Georg Trakl*
M 126	Klopstock *Oden und Elegien (Faksimileausgabe)*
M 127	Biesterfeld *Die literarische Utopie*
M 128	Meid *Barockroman*
M 129	King *Literarische Zeitschriften 1945–1970*
M 130	Petzoldt *Bänkelsang*